智能网联和新能源汽车

战略性新兴领域"十四五"高等教育系列教材

现代车用电驱动系统原理和控制理论

丁荣军 刘侃 刘海涛 主编

机械工业出版社
CHINA MACHINE PRESS

本书将前沿的研究成果与实际应用相结合，通过深入研究车用电驱动系统的关键技术，为读者提供系统的知识框架，并通过丰富的理论分析与应用验证展示帮助读者更好地理解和应用这一领域的先进技术。本书沿着汽车电动化总成开发的技术路线，从电路波形、器件特性、开关负载行为、脉宽调制、状态平均、系统控制等基本概念延伸至DC/DC、DC/AC和AC/DC等电力电子技术专业知识。以车用电驱动系统原理以及控制理论为基础，拓展数学建模、仿真验证、实践操作等课程。本书可作为普通高等教育车辆工程、新能源汽车工程、智能车辆工程等专业的教材，也可以供其他面向市场需求培养的复合型专业人才以及相关工程技术人员参考。

图书在版编目（CIP）数据

现代车用电驱动系统原理和控制理论 / 丁荣军，刘侃，刘海涛主编. -- 北京：机械工业出版社，2024.10. -- （战略性新兴领域"十四五"高等教育系列教材）. ISBN 978-7-111-77046-6

Ⅰ．U463.63

中国国家版本馆 CIP 数据核字第 2024VH4446 号

机械工业出版社（北京市百万庄大街22号　邮政编码100037）
策划编辑：何士娟　　　　　责任编辑：何士娟
责任校对：龚思文　张亚楠　封面设计：张　静
责任印制：常天培
固安县铭成印刷有限公司印刷
2024年12月第1版第1次印刷
184mm×260mm · 20.5印张 · 458千字
标准书号：ISBN 978-7-111-77046-6
定价：79.90元

电话服务　　　　　　　　　网络服务
客服电话：010-88361066　　机　工　官　网：www.cmpbook.com
　　　　　010-88379833　　机　工　官　博：weibo.com/cmp1952
　　　　　010-68326294　　金　　书　　网：www.golden-book.com
封底无防伪标均为盗版　　　机工教育服务网：www.cmpedu.com

序

全球汽车产业正快速进入以电动化、智能化为主的转型升级阶段,汽车产业生态和竞争格局正加剧重构,中国汽车强国之路面临着前所未有的机遇与挑战。智能网联新能源汽车产业的快速变革,推动汽车产业对人才能力需求的根本性改变。作为人才培养过程中的基础性核心要素,专业教材建设工作应为高质量人才培养体系提供坚实支撑,为人才培养提供知识载体,促使学生在知识学习中通过实践获得智慧,进而实现人才驱动产业高质量发展的倍增效应。

为全面贯彻党的二十大精神,深入贯彻落实习近平总书记关于教育的重要论述,深化新工科建设,加强高等学校战略性新兴领域卓越工程师培养,在教育部高等教育司和中国汽车工程学会的指导下,我们联合车辆工程相关专业的二十余所院校、十余家汽车及科技公司,共同开展了智能网联和新能源汽车战略性新兴领域"十四五"高等教育教材的建设工作。

本系列教材内容贯穿智能网联新能源汽车的全产业链,紧紧围绕立德树人的根本任务,用心打造培根铸魂、启智增慧的精品教材。同时结合信息时代、数字时代的学习特点,在教材建设过程中积极推进数字化转型,以更丰富的教材形态和内容供给助推育人方式变革。本系列教材建设旨在充分发挥教材作为人才培养关键要素的重要作用,着力破解战略性新兴领域高等教育教材整体规划性不强、部分内容陈旧、更新迭代速度慢等问题,加快建设体现时代精神、融汇产学共识、凸显数字赋能、具有战略性新兴领域特色的高等教育专业教材体系,牵引带动相关领域核心课程、重点实践项目、高水平教学团队建设，着力提升人才自主培养质量。特别值得指出的是，在本系列教材建设过程中，智能网联新能源汽车头部企业以极大的热情积极投入教材建设工作中，以丰富的工程实践反哺人才培养，高校和企业优势互补、加强协同，共同大力推进新时代、新形势下的汽车人才培养工作。

在智能网联新能源汽车高速发展的阶段，技术积累、梳理、传播和创新非常重要。本系列教材不仅可以为高等院校、汽车研究机构和企业工程技术人才培养提供非常有价值的内容，而且可以直接服务于电动汽车产业的自主创新，对深入推进供给侧结构性改革、提高我国电动汽车产业自主研发创新能力、提升自主品牌零部件和整车企业的竞争力、培育智能网联新能源汽车行业新动能，都具有非常重要的价值。

中国工程院院士

2024 年 6 月

前言

车辆动力系统的电动化转型逐渐成为当前产业和技术发展的主流趋势。基于电机、电池和电控的"三电系统"技术，已经逐步取代传统的内燃机技术，成为当前新一代乘用车、商用车、特种车和非道路机动车的动力首选。通过对当前车辆行业头部企业的调研显示，企业对车用电驱动系统技术的人才需求非常迫切，而当前高校的本科生和研究生培养环节中，缺乏来打通"车辆技术"和"电驱动系统技术"之间联系的课程，企业需要投入较长的培养周期来获得自己想要的人才。本书旨在全面探讨、分析"现代车用电驱动系统原理和控制"理论、方法与实际应用案例，以完善车辆工程/智能车辆工程专业方向的教材体系。

然而，要实现全面、透彻地向本科生及研究生讲授电驱动系统原理和控制技术并非易事。专业背景、学生兴趣以及实践能力的限制使得复合型人才的培养面临着不小的挑战。高校丰富的学术资源以及充足的实践平台整合，为教材及课程体系的完善夯实了基础并提供了完备的支持。本书将以立德树人为根本目标，深入探讨这些挑战与机遇，为读者提供应对未来就业环境与价值观养成的理论基础和实践指导。

本书将前沿的研究成果与实际应用相结合，通过深入研究车用电驱动系统的关键技术，为读者提供系统的知识框架，并通过丰富的理论分析与应用验证展示，帮助读者更好地理解和应用这一领域的先进技术。本书可作为相关专业本科生和研究生的教材，推动相关专业学生培养质量的提升，使得培养的人才更好地满足国家战略和行业需求，也可供工程技术人员参考学习，以推动技术进步和行业发展。

本书的主要特点如下：

1）本书内容体系完整、由浅入深，沿着汽车电动化总成开发的技术路线介绍，从电路波形、器件特性、开关负载行为、脉宽调制、状态平均、系统控制等基本概念延伸至DC/DC、DC/AC和AC/DC等电力电子技术专业知识。以车用电驱动系统原理以及控制理论为基础，拓展数学建模、仿真验证、实践操作等课程。因此，对于刚进入车用电驱动系统领域学习的学生，这些章节能够补足其知识上的不足。对于相关技术开发人员，也可以加深其对该技术领域的了解以扩展知识面。本书还涵盖了车用电驱动技术目前的发展现状以及主流趋势，这对于高校及企业研发人员来说，可以作为科研项目选题的参考。

2）为了更好地将理论知识转化为实际应用能力，本书通过丰富的电驱动应用和场景分析，通过对电驱动系统结构设计和控制系统应用开发的深入剖析，读者将了解电驱动技术在各种实际工程场景的应用。这一特点使得本书不仅适用于学术研究人员，还能够为汽车工程师和其他从业人员提供实际应用方面的借鉴及指导。

3）本书突出整合了前沿技术和创新方法，在对车用电驱动系统的关键技术进行深入剖析的基础上，汇集编者在车用电驱动系统（电机、电力电子和驱动控制技术）十余年的科研成果。通过深度融合这些前沿技术，本书为读者展示了理论与实践结合、不断创新的技术发展路径。这一整合性的创新点使得本书在行业内更具有前瞻性，能够引导读者对车用电驱动系统关键技术的认知和实践。

4）区别于电气工程学科的电力电子技术书籍，本书的内容聚焦于新能源汽车电动化技术的基础知识，设计案例化的理论、方法和技术，借此帮助读者快速入门和培养持久学习专业知识的兴趣。

5）本书以新能源汽车的快速发展为背景，致力于落实普通高等教育立德树人的根本任务。通过阅读·思考板块，介绍中国制造与中国创造故事案例，培养学生的大国情怀、爱国情怀和工匠精神；通过综合实践题，让学生深入思考国家相关政策、了解技术发展方向，培养学生将理论应用于工程实践的能力。

6）本教材采用案例式教学，先阐述基本概念和专业理论，后举例说明。这些案例取自编者亲手实践的仿真电路，有助于学生掌握。另外，本书配套了例题讲解视频（通过微信扫描二维码即可观看），便于学生准确、快速掌握分析方法和建模能力。

本书由丁荣军、刘侃、刘海涛主编，由韩晓筱、陈泳丹、褚文强、陈锋、胡伟、魏东、黄沛丰共同编写。在本书编写过程中，感谢湖南工程学院助理教授刘云峰给予的支持，感谢中车株洲电力机车研究所有限公司、宁波海天驱动有限公司等企业工程师在项目合作过程中给予的启发。在创作过程中，也非常感谢王伟彬博士、高莉博士、桑鹏飞博士及团队的其他研究生，他们为书稿的整理、校正内容提供了很大的帮助，在这里对大家表示衷心的感谢。

由于编者水平有限，书中存在的错误及不当之处在所难免，恳请读者提出宝贵建议，以便修订时予以纠正。

编　者

二维码清单

名称	图形	页码	名称	图形	页码
DC-DC 变换器		246	氢燃料电池		291
锂电池与三元锂		286	动力电池的电量管理（SOC 管理）		296
镍氢电池概述		287	纯电动汽车能量管理系统		299
燃料电池		290	混合动力汽车能量管理系统		299

本教材附带的数字资源均放置在机械工业出版社的公共服务平台——天工讲堂。该平台按照国家有关规定备案，自主可控，可确保数字资源安全。

目 录

序
前言
二维码清单

第1章 导论   1
1.1 车用电驱动系统结构及原理   1
    1.1.1 电动汽车电驱动系统介绍   2
    1.1.2 混合动力电动汽车电驱动系统介绍   5
1.2 车用电机的分类和基本特征   7
    1.2.1 直流电机   8
    1.2.2 感应电机   9
    1.2.3 永磁同步电机   10
    1.2.4 开关磁阻电机   11
1.3 车用电力电子器件和基本特性   13
    1.3.1 MOSFET 的基本结构和工作原理   13
    1.3.2 MOSFET 的基本特性   17
    1.3.3 IGBT 的基本结构和工作原理   19
    1.3.4 IGBT 的基本特性   21
1.4 车用逆变系统和基本原理   22
    1.4.1 逆变电路的基本原理   23
    1.4.2 电压型逆变电路   25
    1.4.3 电流型逆变电路   25
1.5 车用电源系统和基本原理   27
    1.5.1 车用电源系统的组成   27
    1.5.2 车用电力电子设备   29
1.6 车用储能系统和能量管理技术   32
    1.6.1 车载储能系统   32
    1.6.2 电池管理系统   34
    1.6.3 多动力系统能量管理   36
习题   37
参考文献   39

第2章 车用三相交流感应电机   41
2.1 交流感应电机的结构和运行原理   41
    2.1.1 交流感应电机的基本结构   42

2.1.2　三相交流感应电机的运行原理　　　43
　　　2.1.3　交流感应电机的基本方程　　　45
　2.2　交流感应电机绕组的构成原则和分类　　　49
　　　2.2.1　感应电机绕组的基本参数　　　49
　　　2.2.2　三相单层绕组　　　50
　　　2.2.3　三相双层绕组　　　51
　2.3　交流感应电机绕组的电动势　　　53
　　　2.3.1　导体的感应电动势　　　53
　　　2.3.2　线圈的电动势与节距因数　　　55
　　　2.3.3　分布绕组的电动势与分布因数　　　56
　　　2.3.4　相电动势和线电动势　　　57
　2.4　交流感应电机绕组的磁动势　　　59
　　　2.4.1　线圈磁动势　　　59
　　　2.4.2　分布绕组的磁动势　　　62
　　　2.4.3　单相绕组磁动势　　　64
　　　2.4.4　三相绕组的合成磁动势　　　65
　2.5　交流感应电机运行特性的电枢反应　　　69
　　　2.5.1　三相感应电机的转矩 - 转差率特性　　　69
　　　2.5.2　三相感应电机的工作特性　　　71
　2.6　交流感应电机的启动和转矩转速控制特性　　　72
　　　2.6.1　三相感应电机的启动　　　72
　　　2.6.2　三相感应电机的调速　　　77
习题　　　87
参考文献　　　90

第3章　车用三相交流永磁同步电机　　　92

　3.1　永磁同步电机分类和运行原理　　　92
　　　3.1.1　结构组成　　　92
　　　3.1.2　运行原理　　　95
　3.2　永磁材料的性能和主要参数　　　96
　　　3.2.1　磁性能　　　97
　　　3.2.2　常用永磁材料　　　97
　　　3.2.3　主要参数　　　100
　　　3.2.4　永磁材料的选用方法　　　104
　3.3　永磁同步电机磁路和电磁参数　　　104
　　　3.3.1　永磁同步电机磁路计算基础　　　104
　　　3.3.2　永磁同步电机等效磁路　　　107
　　　3.3.3　等效磁路解析法　　　109
　　　3.3.4　等效磁路图解法　　　113
　　　3.3.5　电磁参数及计算　　　115
　3.4　永磁同步电机齿槽转矩和常用极槽配合　　　120

	3.4.1	齿槽转矩的定义及优化方式	120
	3.4.2	每极每相槽数	124
	3.4.3	整数槽与分数槽定义及优缺点	125
	3.4.4	极槽配合选取方式	126
3.5	永磁同步电机运行特性和电枢反应		127
	3.5.1	电机空载磁场及空载反电动势	127
	3.5.2	对称负载时的电枢反应	128
	3.5.3	交、直轴电枢反应电抗与磁动势折算系数	131
3.6	永磁同步电机转矩转速控制特性		133
	3.6.1	永磁同步电机的启动方式	133
	3.6.2	永磁同步电机的转矩转速控制特性	135
习题			137
参考文献			140

第 4 章　永磁同步电机控制原理　　　　　　　　　　　141

4.1	永磁同步电机交直轴数学模型		141
	4.1.1	三相永磁同步电机静止坐标系数学模型	141
	4.1.2	三相永磁同步电机的坐标变换	143
	4.1.3	同步旋转交直轴坐标系下的数学建模	145
4.2	车用逆变器拓扑结构和工作原理		146
	4.2.1	车用逆变器拓扑结构	146
	4.2.2	单相电压型逆变电路	147
	4.2.3	三相电压型逆变电路	150
4.3	空间电压矢量调制技术原理		152
	4.3.1	三相电压的空间矢量表示	152
	4.3.2	SVPWM 算法实现	154
	4.3.3	SVPWM 与传统 SPWM 的比较	157
	4.3.4	五段式 SVPWM 算法	158
	4.3.5	七段式 SVPWM 算法	159
4.4	过调制控制技术		161
	4.4.1	过调制技术简介	161
	4.4.2	单模式过调制	162
	4.4.3	双模式过调制	164
	4.4.4	过调制控制算法谐波分析及谐波抑制策略	170
4.5	永磁同步电机的双闭环矢量控制		173
	4.5.1	永磁同步电机开环控制	173
	4.5.2	永磁同步电机矢量控制	174
	4.5.3	永磁同步电机控制解耦	177
	4.5.4	永磁同步电机速度、电流双闭环控制	178
4.6	内置式永磁同步电机调速控制方案		182
	4.6.1	最大转矩电流比控制方案	183
	4.6.2	基速与转折速度	184

	4.6.3 弱磁控制方案	185
	4.6.4 最大转矩电压比控制方案	187
4.7	最优效率输出控制	188
	4.7.1 永磁同步电机损耗分析及数学模型	188
	4.7.2 基于损耗模型的最优效率输出控制	189
4.8	无位置传感器控制	191
	4.8.1 高频激励下的三相永磁同步电机数学模型	191
	4.8.2 高频旋转电压注入法	192
	4.8.3 高频脉振电压注入法	194
习题		197
参考文献		199

第5章 新能源汽车典型驱动系统结构及其原理   201

5.1	纯电动驱动系统	201
5.2	混合动力驱动系统	206
	5.2.1 串联式驱动系统	206
	5.2.2 并联式驱动系统	209
	5.2.3 混联式驱动系统	213
5.3	新能源汽车变速系统	216
	5.3.1 纯电驱动系统多档减速器	217
	5.3.2 混合动力驱动系统专用变速器	217
5.4	多电机分布式驱动系统	220
	5.4.1 分布式驱动系统的结构	220
	5.4.2 分布式驱动系统的基本原理	221
	5.4.3 分布式驱动系统的应用	222
	5.4.4 分布式驱动系统多电机稳定性分析	225
	5.4.5 分布式驱动系统多电机耦合控制策略	229
	5.4.6 分布式驱动系统多电机同步控制	229
习题		236
参考文献		239

第6章 车用整流和 DC/DC 电源技术   240

6.1	常用整流电路及整流滤波电路	240
	6.1.1 半波整流	241
	6.1.2 全波整流	242
	6.1.3 桥式整流	243
	6.1.4 整流滤波电路	244
6.2	典型 DC/DC 变换电路	246
	6.2.1 Buck 降压电路	246
	6.2.2 Boost 升压电路	248
	6.2.3 Buck-Boost 升降压电路	249

6.3 车用移相全桥变换器原理 251
6.3.1 移相全桥变换器原理 251
6.3.2 移相全桥变换器控制方法 251
6.3.3 移相全桥变换器技术难点 254
6.4 车用 LLC 谐振变换器原理 256
6.4.1 LLC 谐振变换器的基本原理 256
6.4.2 LLC 谐振变换器的等效电路模型 260
6.4.3 电压增益公式推导与电压增益曲线分析 264
6.5 车用交错并联抬压式变换器原理 266
6.5.1 大功率交错并联抬压式变换器实现原理 266
6.5.2 拓扑结构的种类及其特点 268
6.5.3 交错并联抬压式变换器均流控制策略 273
6.6 无线电能传输技术 275
6.6.1 无线电能传输的理论基础和实现原理 275
6.6.2 无线电能传输系统的拓扑结构及其特点 277
习题 280
参考文献 283

第 7 章　车用储能系统和能量管理技术 285
7.1 电化学蓄电池组和燃料电池系统简介 285
7.1.1 电化学储能组成与特征 286
7.1.2 电化学储能系统的组成与工作原理 289
7.1.3 燃料电池系统的工作原理 290
7.2 电池系统状态监测与管理 291
7.2.1 电池性能测试 292
7.2.2 电池系统管理 295
7.2.3 电池系统保护 298
7.3 车载储能系统 299
7.3.1 车载储能系统组成 299
7.3.2 多种储能形式与特点 300
7.3.3 能量分配 301
7.4 制动能量回收 302
7.4.1 串联制动工作原理 302
7.4.2 并联制动工作原理 303
7.4.3 制动能量回收策略 304
7.5 混合储能系统的智能化能量管理策略 306
7.5.1 混合储能系统的功能与特点 306
7.5.2 基于规则的能量管理策略 306
7.5.3 基于优化的能量管理策略 310
习题 313
参考文献 316

第1章
导 论

本章对现代车用电驱动系统的基本组成，包括车用电机、车用电力电子器件、车用逆变系统、储能系统等进行简单概括，建立本书的知识架构。

学习目标

1. 学习现代车用电驱动系统及车用电机的基本结构与特征，了解车用电驱动系统的主要组成部分。
2. 了解 MOSFET 和 IGBT 的基本特性及车用储能系统技术。
3. 激发学生对车用电驱动系统的兴趣，建立理论知识的基础。

1.1 车用电驱动系统结构及原理

从使用能源的角度来说，汽车的发展史可以分为 4 个阶段：蒸汽车时代、电动汽车时代、燃油汽车时代、新能源汽车时代。

1. 蒸汽车时代

最早在汽车上使用的动力机械是蒸汽机。第一辆实用的原型车是在 1800 年前后由 Richard Trevithick 发明的，"汽车"这一名字也是由蒸汽机而来。

2. 电动汽车时代

电动汽车的出现基于 19 世纪诸多电磁场领域理论以及电池、电机在工程上的巨大突破。1831 年，法拉第发现了电磁感应现象。1839 年，罗伯特·安德森用四轮马车装上电池和电机改装成了世界上第一辆电动车，使用的是铁锌电池。1859 年，普兰特发明了可充放电的铅蓄电池，大大推动了电动汽车的发展。1881 年，法国工程师古斯塔夫·特鲁夫改进了铅蓄电池，并装配了以铅蓄电池为动力的电动汽车，成为世界上第一辆以可充电电池为动力的电动汽车。

3. 燃油汽车时代

燃油汽车的发展历史可以追溯到 19 世纪末期。当时，内燃机被发明出来，随后便出现了第一辆燃油车。1885 年，德国人卡尔·本茨发明了世界上第一辆以汽油为动力的三轮汽车，这是燃油汽车最早的雏形。随后，燃油汽车逐渐发展壮大，成为全球汽车市场的主导。20 世纪初，随着汽车工业的快速发展，燃油汽车开始大规模生产。各大汽车制造商如福特、通用、克莱斯勒等纷纷推出不同的燃油汽车车型。这些车型以内燃机燃烧汽油为动力，推动车辆前进。随着技术的不断发展，燃油汽车在性能、舒适性和安全性等方面有很大的提升。20 世纪六七十年代，美国和欧洲的汽车制造商开始推出高性能的燃油汽车，如法拉利、兰博基尼、保时捷等品牌的跑车。这些车型拥有强劲的发动机和轻便的车身，使得燃油汽车的速度和加速性能得到了大幅提升。同时，燃油汽车在外观设计方面也非常时尚和具有个性化，受到了消费者的喜欢和信赖。

4. 新能源汽车时代

进入 21 世纪以来，全球环保意识逐渐增强，人们对汽车的环保性能提出了更高的要求。为了降低排放和减少对石油资源的依赖，各大汽车制造商开始研发新能源汽车，如混合动力汽车、电动汽车等。同时，政府出台了一系列政策来鼓励消费者购买新能源汽车，推动新能源汽车产业的可持续发展。此外，新能源汽车从"电动化"开始转向"智能化"。基于"智能化"的产业发展趋势，现代车用电驱动控制技术也以高精度、高效率为目标快速发展。

电驱动系统是电动汽车（Electric vehicle，EV）和混合动力汽车（Hybrid electric vehicle，HEV）的心脏，其高效、可靠的性能对于整车的动力输出和能效至关重要。这一系统主要由电动力、功率变换器和电子控制器 3 个关键部件构成。电动力将电能转换成机械能驱动车辆，或在需要时反向工作，通过再生制动系统将机械能转化为电能，从而为车载储能装置进行充电。功率变换器的基本功能是调节和转换电能，以满足电机所需的特定电压和电流，属于电驱动系统的"中枢"部分。电子控制器的作用是根据来自车辆其他系统的输入信号来对功率变换器进行控制，进而精确调整电机的运行，以产生特定的转矩和转速。电子控制器可进一步分为 3 个功能单元：检测器、接口电路和处理器：①检测器通过接口电路将所测量的物理量（如电流、电压、温度、速度、转矩和磁通）转换为电信号；②接口电路处理来自检测器的信号，并将其转化为适合处理器分析的电平；③处理器根据接收到的信号计算出合适的响应，通过输出信号控制功率变换器中的功率半导体器件，以调整电机的转矩和转速。

1.1.1　电动汽车电驱动系统介绍

电动汽车（EV）与传统的内燃机汽车在设计和运行机制上有显著的不同，这些差异不仅表现在动力来源和排放上，还涉及能效和维护成本等方面。EV 采用电机作为驱动装置，并以化学蓄电池组、燃料电池组、超级电容器组和 / 或飞轮组作为其相应的能源，具有零排放、效率高、石油依赖性低、静音、运行平稳等诸多优势，是未来汽车发展的重要方向。

在电动汽车的发展过程中，动力系统的演变从初期的基础构成到现代多系统复杂布局体现了技术进步和设计优化。图 1-1 为初期电动汽车的动力系统，主要采用了电驱动装置和动力蓄电池组以替代内燃机和燃油箱，配置较为简单。现代电驱动系统更为高效和复杂，如图 1-2 所示，其包括 3 个主要的子系统：电机驱动、能源和辅助子系统。电机驱动子系统由车辆控制器、电力电子变换器、电机、机械传动装置和驱动轮组成；能源子系统由能源、能量管理单元和能量的燃料供给单元组成；辅助子系统由功率控制单元、车内温度控制单元和辅助电源单元组成。

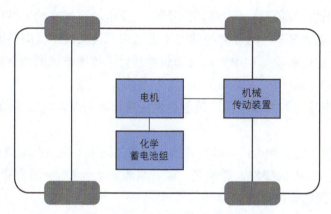

图 1-1　初期电动汽车的动力系统

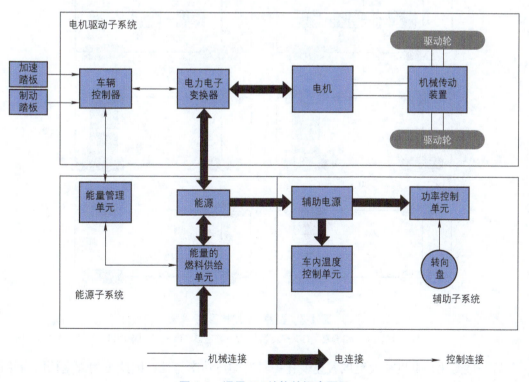

图 1-2　通用 EV 结构的概念图示

基于加速和制动踏板的控制输入，车辆控制器向电力电子变换器发出正确的控制信号，以调节电机与能源之间的功率流。加速时车辆控制器计算所需的动力和速度，然后向电力电子变换器发送控制信号以调节电机的功率输出。制动状态下，不仅减少向电机供电，还能启动再生制动系统将机械能转换为电能，并将其回馈到能源系统中。大多数的动力电池组、超级电容器组以及飞轮组都可有效接收再生能量。能量管理单元与车辆控制器协同工作，控制再生制动及其能量的回收，它也与能量的燃料供给单元一起控制燃料供给单元，并起到监控能源性能的作用[1]。

由于电驱动特性以及能源供给方面的不同，因此电动汽车在动力结构形式上存在多样性。图 1-3 展示了电动汽车不同种类的动力结构形式以及从内燃机向纯电系统过渡的演变过程。在较为传统的电驱动结构中，电驱动装置替代了传统车辆的内燃机，它由电机、离合器、变速器和差速器组成（图 1-3a）。

1）离合器和变速器可由自动传动装置替代，离合器用以将电机的动力连接到驱动轮，或从驱动轮处脱开。

2）变速器提供一组传动比，以满足转速 – 功率（转矩）曲线匹配载荷的要求。

3）差速器是一种机械部件（通常是一组行星齿轮），当车辆沿着弯曲的路径行驶时，它使两侧车轮以不同的转速转动。

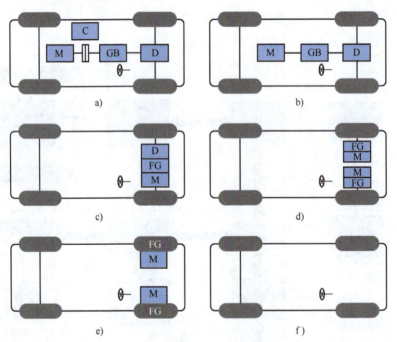

图 1-3　多种 EV 结构形式

M—电机　C—离合器　GB—变速器　D—差速器　FG—牵引电动机

后经过简化，电机在大范围转速变化中具有的恒功率特性，因此可用固定档的齿轮传动装置替代多速变速器，并减少离合器的需要（图 1-3b）。这一结构不仅减小了机械传动装置的尺寸和重量，而且由于不需要换档，因此简化了驱动系的控制。类似于图 1-3b 中的驱动系、电机、固定档的齿轮传动装置和差速器可进一步集成为单个组合件，而其两侧的轴连接两边的驱动轮，整个驱动系由此得以进一步的简化和小型化（图1-3c）。在图1-3d中，机械差速器被两个驱动电机所替代，每台电机分别驱动一侧的车轮，当车辆沿弯曲路径行驶时，两侧车轮以不同的转速运转。为进一步简化驱动系统，驱动电机可安置在车轮内，形成了轮式驱动结构（图1-3e）。一个薄型行星轮组可用以降低电机转速并增大输出转矩。该薄型行星齿轮组具有高减速比，并且其输入和输出轴具有纵向配置的优点。如图1-3f所示，通过舍弃电机和驱动轮之间任何的机械传动装置，轮式驱动的低速外转子型电机可直接连接到驱动轮上。此时，电机的转速控制等价于轮速控制，即车速控制。然而，这一配置要求电机在车辆起动和加速运行时具有高转矩性能。

1.1.2 混合动力电动汽车电驱动系统介绍

传统内燃机（Internal Combustion Engines，ICE）车辆提供了良好的运行性能，并利用石油燃料高能量密度的优点实现了远距离的行驶。然而，传统ICE车辆存在燃油经济性差和污染环境等缺点。造成燃油经济性差的主要原因包括：发动机燃油效率特性与实际的运行需求不相匹配；制动器件消耗车辆动能，特别是在市区行驶时尤为明显；现代汽车在采用停车-起动运行模式时，其液压传动装置的效率低等。配置动力电池的EV虽然具有效率高和零环境污染等特点，但相比于汽油较高的能量密度，动力电池组使EV的性能远不能与ICE车辆性能相竞争，尤其明显体现在其续驶里程性能上。HEV结合了ICE和EV两种驱动方式并搭载了两个能源（基本能源和）辅助能源，在兼顾ICE和EV两者优点的同时避开了它们的缺点，使得其在不同的驾驶条件下能实现更优的性能和效率。

本质上，车辆的动力系统应具有以下要求：产生足够的动力以满足车辆性能的需要；配置充分的车载能量以保证车辆行驶足够的路程；高效率的显示；污染物的低排放量。在本书中，动力系统被定义为能源和能量变换器或功率源的组合。配置有两个或更多动力系统的车辆被称为混合动力汽车，配置有电气动力系统的混合动力汽车被称为混合动力电动汽车。其驱动系统通常由不多于两个的动力系统组成，多于两个动力系统的结构将使驱动系统非常复杂。为回收传统ICE车辆中以热形式消耗的制动能量，常见的混合动力电驱动系统含有一个可实现双向能量流的动力系统，少部分产品单向能量流的动力系统。图1-4展示了混合动力电驱动系统的概念，以及各种可能的动力流的通路。

混合动力电驱动系统通过动力系统向载荷提供动力，为与载荷需求相配合，由两动力系统运作的有效模式如下：

1）动力系统Ⅰ单独向载荷提供动力。
2）动力系统Ⅱ单独向载荷提供动力。
3）动力系统Ⅰ和动力系统Ⅱ都向载荷提供动力。
4）动力系统Ⅱ由载荷获得功率（再生制动）。
5）动力系统Ⅱ由动力系统Ⅰ中获得功率。
6）动力系统Ⅱ从动力系统Ⅰ和载荷中同时获得功率。

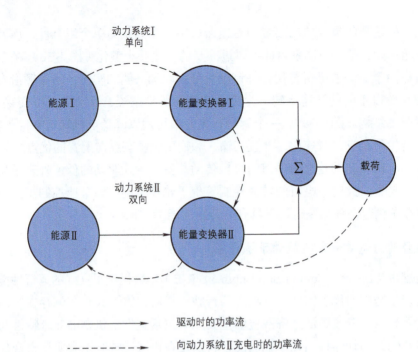

图 1-4 混合动力电驱动系统概念图示

7）动力系统Ⅰ同时向载荷和动力系统Ⅱ提供动力。

8）动力系统Ⅰ向动力系统Ⅱ提供功率，同时动力系统Ⅱ向载荷提供动力。

9）动力系统Ⅰ向载荷提供动力，同时载荷向动力系统Ⅱ提供功率。

在混合动力汽车系统中，由于拥有多种运行模式，单动力系统车辆具备更大的灵活性。通过特有的结构和控制，每种特定的运行模式都能针对特定的工况进行优化，从而提升车辆的整体性能、效率和排放控制[2]。

混合动力电动汽车的构造可按照能量流通路与控制端口组件之间的连接关系来分类，从传统意义上可分为串联式和并联式两种形式。随着技术的发展，其形式逐渐多样化，出现了串联式、并联式、混联式和复合式等新的结构样式，如图 1-5 所示。

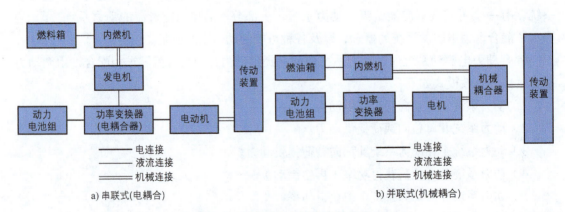

图 1-5 混合动力电动汽车的分类

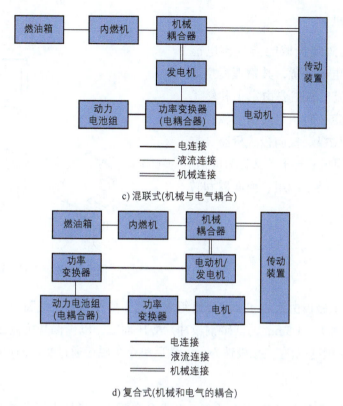

图 1-5 混合动力电动汽车的分类（续）

1.2 车用电机的分类和基本特征

电机是依据电磁感应定律实现电能转换或传递的装置，其历史可以追溯到 19 世纪初。1821 年，法拉第设计了一个简单的装置，当电路中有电流通过时，电线便会绕着磁铁持续旋转。1831 年，法拉第发现了电磁感应现象，为后续的电机研究奠定了理论基础。同年，法拉第制造了世界上首台圆盘发电机。1832 年，威廉·斯特金发明了第一台能够连续转动的换向器直流电机，标志着电机应用的正式起步。1879 年，沃尔特·贝利设计了多相电动机，开启了现代多相交流电机发展的新时代。

随着新能源汽车的飞速发展，其核心驱动部件——电机也得到了人们的广泛关注。目前，车用电机主要分为感应电机（常称为异步电机）、永磁同步电机和开关磁阻电机 3 种形式。感应电机具有结构紧凑、坚固耐用、运行可靠、维护方便、价格低廉、体积小、质量小、环境适应性好等优点，在新能源汽车中占据了一席之地。永磁同步电机因其功率密度大、体积小、效率高、结构简单牢固等特点，在新能源汽车中得到了广泛应用。此外，采用永磁电机作为驱动元件的电动汽车驱动系统具有较低的运行和维护成本，加上我国也拥有丰富的稀土永磁材料储备，因此永磁同步电机得到了快速的发展。开关磁阻电机的结构相较于上述两种电机更加简单，但其转矩波动大、振动噪声大等问题是其需要解决的主要难题，因此在电动汽车上的应用还较为有限。

1.2.1 直流电机

直流电机是实现机械能与直流电能之间相互转化的电磁装置，其物理模型如图 1-6 所示。直流电机主要由定子和转子两大部分构成，定、转子之间的间隙称为气隙。定子由主磁极、换向极、机座、端盖、电刷装置等组成；转子（又称为电枢）则包含转子铁心、转子绕组、换向器和转轴等部件。

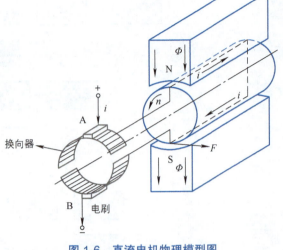

图 1-6　直流电机物理模型图

1. 定子

（1）主磁极

直流电机的主磁极由铁心和励磁绕组组成，其主要作用是在气隙内产生磁场。主磁极铁心通常由厚度为 1～1.5mm 的低碳钢板冲片叠压而成，以确保其机械强度和磁性能。预先绕制好的励磁绕组被套在主磁极铁心上，然后整个主磁极通过螺栓固定在机座的内表面。

（2）换向极

通常情况下，功率在 1kW 以上的直流电机会在两个主磁极之间设置换向极，其作用是改善换向性能。换向极同样由铁心和绕组组成，铁心用一整块钢或者薄钢板制成，换向极的绕组和电枢绕组串联。

（3）机座

直流电机机座具有两个作用：导磁和机械支撑。机座通常采用导磁性能较好的软磁材料铸钢或钢板制造来确保其导磁作用。

（4）电刷装置

电刷装置是将直流电流引入或引出的关键部件。电刷安装在刷握（或称为刷盒）内，并通过弹簧压紧在换向器上。电刷上连接有铜丝辫，用于引出或引入直流电流。在直流电机中，通常将若干个电刷并联安装在一个刷杆上。电刷组的数量可以用电刷杆的数量表示，而电刷杆的数量与电机的主磁极数量相等。各刷杆沿圆周方向均匀分布，在正常运行时，电刷杆相对于换向器表面应处于正确的位置。若电刷杆的位置不合理，会直接影响到电机的性能，包括电机的效率、运行平稳性和寿命等。

2. 转子（电枢）

（1）转子（电枢）铁心

直流电机的转子（电枢）铁心是电机磁路的重要组成部分，同时也是放置转子（电枢）绕组的部件。转子铁心通常由厚度为 0.5mm 的硅钢片冲压成型，硅钢片的两面应有绝缘层。硅钢片上冲制出转子槽，以便放置转子绕组。冲制好的硅钢片叠压在一起，形成转子铁心。此设计不仅能有效增强电机的磁性能，还能确保转子绕组的稳定性和电机的整体运行效率。

（2）转子（电枢）绕组

转子（电枢）绕组由线圈按照一定的规律排列和连接而成，是产生感应电动势和电磁转矩的关键部件。线圈由绝缘扁线或者利兹线⊖等绕制而成，俗称元件，所有元件按照一定规律连接进而形成转子（电枢）绕组。

（3）换向器

换向器是直流电机的关键部件，承担着重要的电流转换功能。在发电机中，换向器将转子绕组内的交变电动势转化为电刷两端的直流电动势；在电动机中，换向器则将电刷流过来的直流电流转化为转子绕组内的交变电流。换向器安装在转轴上，由许多换向片组成，这些换向片之间用云母片隔开。换向片的数量与绕组中的元件数相等。

1.2.2 感应电机

感应电机常称为异步电机，定、转子组合的径向切面结构如图 1-7 所示，其主要结构分为定子和转子两大部分。定子是电动机中的固定部分，由定子导磁部分（通常为硅钢片）及绕组组成，主要任务是产生一个旋转磁场。转子是可转动的部分，主要由转子铁心、转子绕组和转轴组成，转子绕组通常呈鼠笼状由此被称为笼型感应电机。旋转磁场是在定子绕组中通入三相对称的正弦波交流电，使其产生的磁场磁极性质循环改变，故相当于一个旋转的磁场。感应电机的一个特点是其转子的机械转速与旋转磁场的同步转速之间存在一定的转差率，因此其调速性能相对较差。此外，相对于永磁同步电机，异步电机的效率和功率因素较低。

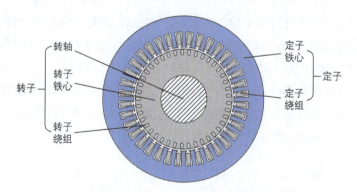

图 1-7 感应电机定、转子径向切面结构示意图

⊖ 利兹线源于德语 Lizendraht，指一根导线是由多根独立绝缘的导体绞合或编织而成，也称 Litz 线。

1. 定子

（1）定子铁心

定子铁心是主磁路的重要组成部分，采用 0.5mm 厚、两面有绝缘层的硅钢片叠压而成，以减少磁滞和涡流损耗。在定子铁心内圆有均匀分布的槽，用于放置定子绕组。感应电机定子槽型主要有半闭口槽、半开口槽和开口槽 3 种。半闭口槽对于提高效率和功率因素的效果最好，因为它可以减少气隙磁阻和励磁电流。但是半闭口槽的绕组绝缘和嵌线工艺比较复杂，因此多用于低压中、小型电机。中型感应电机通常采用半开口槽，而高压中、大型感应电机则通常采用开口槽的形式，便于嵌线和绝缘处理。

（2）定子绕组

三相定子绕组在定子槽内对称分布，常见的连接方式有星形和三角形两种。绕组分单层和双层两种形式，绕组和铁心之间使用绝缘纸实现槽绝缘。双层绕组还需额外进行层间绝缘，绕组嵌放、整形、接线、绑扎并经过检测合格后，还需通过浸漆或环氧灌注等方式进行绝缘固定处理。

2. 转子

感应电机转子结构主要有两种：笼型转子结构及绕线式转子结构。其主要部件有：

（1）转子铁心

转子铁心也是电机磁路的一部分，由 0.5mm 厚的硅钢片叠压而成。转子铁心固定在转轴上，呈圆柱形，在铁心外圆开有均匀的槽用于放置转子绕组。

（2）转子绕组

笼型转子依据不同的加工工艺，可分为焊接式和铸铝（铜）式。焊接式转子在槽内放置导条，两端放置端环，导条两端与端环焊接在一起。焊接式转子通常采用铜材料制作导条。采用离心铸铝或者压力铸铝（铜）的工艺，将融化的铝（铜）注入转子槽内，同时完成导条、端环和风扇的制造，称为铸铝（铜）式转子。笼型转子自行闭合构成短路绕组，如若去掉铁心，转子绕组呈"鼠笼"状，因此称其为"笼型转子"。

绕线转子绕组结构和定子绕组的结构相似，在转子槽内放置三相绕组，通过集电环、电刷等部件与外部电路连通。这种结构相较于笼型转子结构复杂，因此仅用于对起动性能有较高要求或需进行小范围调速的特定场合[4]。

1.2.3 永磁同步电机

永磁同步电机结构如图 1-8 所示，定子结构与感应电机类似，但转子部分主要由永磁体和导磁部件构成，导磁部件常用硅钢片制成。电动汽车用驱动电机与常规工业电机不同，其对性能有特定要求，如高效率、高功率密度、强过载能力、轻量化、结构紧凑和高可靠性等，这些要求与永磁电机的特性基本吻合。与感应电机相比，永磁同步电机无需无功励磁电流，功率因素显著提升（可接近1）。在稳定运行时，由于电机转子与定子磁场同步旋转，转子中没有感应电流，也就没有转子电阻损耗[5]。这一特性可以提升电机效率约2%～8%。因永磁电机定子部分与异步电机一致，且其具体结构将在第3章中详细介绍，故在此不再赘述。

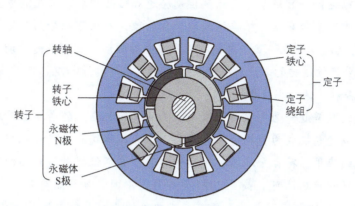

图1-8 永磁同步电机定、转子径向切面结构示意图

1.2.4 开关磁阻电机

和前面介绍的几种电机相比，开关磁阻电机的结构最为简单，其具体结构如图1-9所示。其定子和转子均由普通硅钢片叠压而成，形成双凸极结构，且转子上没有绕组，而定子装有简单的集中绕组。基于此结构形式，开关磁阻电机具有结构简单坚固、可靠性高、质量小、成本低、温升低、易于维修等诸多优点。开关磁阻电机的工作原理与传统的交、直流电机有显著区别[6]。它不是通过定、转子绕组电流所产生磁场的相互作用而产生转矩，而是依靠"磁阻最小原理"产生转矩。"磁阻最小原理"具体而言就是：磁通总是沿着磁阻最小的路径闭合，从而产生磁拉力，进而形成磁阻性质的电磁转矩。磁力线具有缩短磁通路径以减小磁阻和增大磁导的趋势，这一特性是开关磁阻电机产生转矩的基础。然而，正是基于这一原理，开关磁阻电机在运行过程中会产生较大的振动和噪声，这成为制约其发展的重要因素。

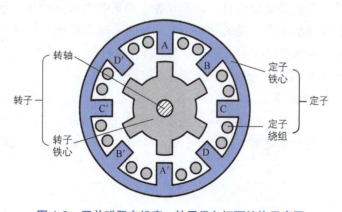

图1-9 开关磁阻电机定、转子径向切面结构示意图

阅读·思考

电机的分类多种多样。根据工作电源种类，电机可分为直流电机和交流电机。直流电机依靠直流电源运行，常用于需要精确控制转速和转矩的场合。交流电机依靠交流电源运行，广泛应用于工业和家庭。根据结构和工作原理，电机可以分为直流电机、交流感应（异步）电机和交流同步电机。直流电机利用直流电源驱动，具有良好的调速性能；交流感应电机常用于需要连续运转的工业设备；交流同步电机的转速与电源频率成严格比例关系，常用于大功率和高精度的应用场景。

环保和可持续发展趋势为电机行业带来了新的发展机遇。随着全球对环保和可持续发展的重视，高效节能电机成为市场的热点产品。企业在研发和生产过程中注重环保材料的使用和节能技术的应用，符合全球绿色发展的趋势。这不仅提升了产品的市场竞争力，还为企业赢得了更多的市场认可。截至2024年6月，中国电机行业共有21家上市公司，同比增加了10.53%。平均上市时长为8年，其中最长的公司是佳电股份，已上市25年。电机行业占A股总市值的0.15%，同比无变化，显示出该行业在整体A股市场中的份额较为稳定。

中国电机行业未来的发展前景光明。在政策支持、技术创新和国际市场开拓的共同推动下，电机行业有望实现新的突破和发展。企业应抓住机遇，加强研发投入和技术创新，提升产品质量和市场竞争力，以应对未来的挑战和变化，继续在全球市场中保持领先地位。

——摘自《2024年中国电机行业研究报告》—《千际投行》

想一想1.电机的分类和应用场景

电机根据工作电源种类可以分为直流电机和交流电机，两者在应用场景上的区别主要表现在哪些方面？例如，为什么直流电机常用于需要精确控制转速和转矩的场合，而交流电机广泛应用于工业和家庭？

想一想2.感应电动机和同步电动机的工作原理

感应电动机常用于需要连续运转的工业设备，而同步电动机的转速与电源频率成严格比例关系，常用于大功率和高精度的场合。思考一下，这两种电动机的工作原理有什么不同？这种差异是如何影响它们在不同应用场景中的表现的？

想一想3.技术创新在电机行业中的作用

随着环保和可持续发展趋势的加强，高效节能电机成为市场的热点产品。企业在研发和生产过程中注重环保材料的使用和节能技术的应用。思考一下，哪些具体的技术创新可能会在未来的电机行业中起到重要作用？这些创新将如何改变现有电机的性能和市场竞争力？

1.3 车用电力电子器件和基本特性

随着国家持续推进新能源汽车产业的发展，现代车用电驱动系统在能耗和功率密度方面提出了更高的要求。基于电驱动系统的结构，功率变换器可以成为提升整个电驱动系统能效的新方向。在此过程中，电力电子器件制造技术是基础。

20 世纪 40 年代时期，贝尔实验室发现 PN 结的电气效应并以此为基础发明了晶体管，为半导体器件的设计奠定了基础。1957 年，美国通用电气公司研制出世界第一个晶闸管（Silicon Controlled Rectifier，SCR），标志着电力电子技术的诞生。以晶闸管为代表的第一代的电力电子器件只能通过门极控制其导通而无法控制关断，常被称为半控型器件。20 世纪 70 年代后期，以门极可关断晶闸管（Gate-Turn-Off Thyristor，GTO）、双极型晶体管（Bipolar Junction Transistor，BJT）、电力场效应管（Power-MOSFET）为代表的全控型器件全速发展，推动了电力电子设备智能化、高频化的进程。20 世纪 80 年代后期，以绝缘栅双极型晶体管（Insulate-Gate Bipolar Transistor，IGBT）为代表的复合型器件集成了 MOSFET 和 BJT 的优点，优越的性能使之成为现代电力电子技术的主导器件。自 20 世纪 80 年代中后期开始，电力电子装置区域趋于模块化，构成功率集成电路（Power Integrated Circuit，PIC），但其功率还比较小。

在现代车用电驱动系统中，MOSFET 和 IGBT 常作为主流功率器件。它们与电源的调制方式相配合，实现弱电控制与强电运行，稳定电源电压的输出。MOSFET 的驱动功率小、高频特性好，最高工作频率可达 1MHz 以上，适合于开关电源和高频感应加热等高频场合。但受到工艺技术和材料的限制，电力 MOSFET 很难具备高耐电压、高载流量的特性。IGBT 综合了 MOSFET 和 BJT 的优点，具有输入阻抗高、输出电流密度大、耐电压高的优点，但其开关速度低于 MOSFET 管。

本节将分别介绍车用电力电子器件 MOSFET 和 IGBT 的基本结构和工作原理，进一步讨论它们的基本特性。后续章节将主要介绍电力 MOSFET 和 IGBT 在各种变换器中的应用。

1.3.1 MOSFET 的基本结构和工作原理

20 世纪 60 年代，贝尔实验室的科学家科恩（Dawon·Kahng）和马丁·阿塔拉（M. M. Atalla）等人研发了金属 – 氧化物 – 半导体场效应管（Metal-Oxide-Semiconductor Field Effect Transistor，MOSFET），也常被称为 MOS 管。这一发明成为半导体发展史上最重要的里程碑之一，对电子技术的发展产生了深远的影响。

1. 基本结构

图 1-10 所示为 N 沟道增强型 MOSFET 的

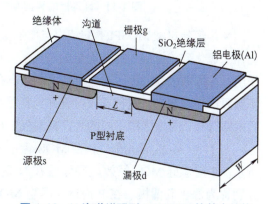

图 1-10　N 沟道增强型 MOSFET 的基本结构

基本结构。其主体是一块掺杂浓度较低、电阻率较高的 P 型硅半导体薄片，常被称为 P 型衬底。在它上面掺入高浓度的五价杂质元素，形成高掺杂的 N 型区域（N^+ 区域）。然后在 P 型衬底表面生成一层很薄的二氧化硅绝缘层，并在二氧化硅绝缘层以及两个 N 型区域表面分别安置 3 个铝电极，分别为栅极（gate）、源极（source）和漏极（drain），常以字母 g、s、d 标注。其中，栅极与其他电极绝缘，故称为绝缘栅极。当栅极施加正电压时，会在 P 型衬底与栅极之间的二氧化硅绝缘层下方产生一个电场，该电场将 P 型衬底表面的一部分电子吸引到栅极附近，从而在源极和漏极之间形成一个导电沟道。导电沟道的几何尺寸长度 L 和宽度 W 是影响场效应管导电特性的重要参数。它们一般在微米数量级，且宽度尺寸通常大于长度尺寸。具体来说，长度 L 是源极和漏极之间的距离，而宽度 W 是沟道的宽度。这些尺寸直接影响 MOSFET 的导通电阻、开关速度和电流能力。通过调整 L 和 W 的比例，可以优化 MOSFET 的性能以适应不同的应用需求。

为了便于分析，场效应管常常采用纵向剖面图展示其结构，如图 1-11 所示。两个 N 型区与 P 型衬底之间一定会出现很薄的耗尽层，形成两个 PN 结。在源极接地，栅极无电压时，无论漏极和源极之间加何种极性的电压，两个 PN 结总有一个处于反向偏置状态，漏、源极之间都是无法导通的，这样的场效应管称为增强型场效应管。当栅极电压大于固定某个电压时，电场效应将会在漏极和源极中间的 P 型衬底上方形成很薄的 N 型沟道，这表示该管为 N 沟道场效应管。右图为 N 沟道增强型 MOSFET 的代表符号。漏极与源极之间的断线表示栅极未加适当电压时，漏极与源极之间的导电沟道是断开的。箭头方向与管内 PN 结正向导通方向一致，即由衬底（P）指向沟道（N）。

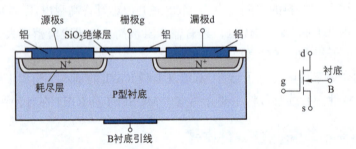

图 1-11　N 沟道增强型 MOSFET 的纵向剖面图和电路符号

N 沟道耗尽型 MOSFET 的结构与增强型相似，如图 1-12a 所示。在制造这种 MOS 管时，会在二氧化硅绝缘层中掺杂大量的正离子。即使栅极无任何电压，也会由于绝缘层的正离子作用，在源极区和漏极区感应出较多的负电荷（电子），在 P 型衬底上方形成 N 型导电沟道，将漏源极连通起来，这种场效应管称为耗尽型场效应管。图 1-12b 为 N 沟道耗尽型 MOSFET 的电路符号，与增强型不同的是，其漏极、衬底和源极之间用一根长线连接。

与 N 型 MOS 管相似，P 型 MOS 管也分为增强型和耗尽型两种，如图 1-13 和图 1-14 所示。P 沟道硅 MOS 场效应晶体管在 N 型硅衬底上有两个高掺杂的 P 型区域（P^+ 区域），分别称为源极和漏极。在 P 沟道耗尽型 MOS 管中，二氧化硅绝缘层中掺杂大量的负离子，负离子将感应更多的空穴，形成 P 型导电沟道。

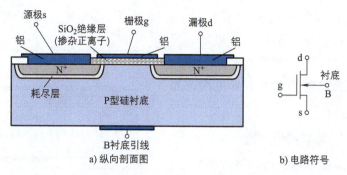

图 1-12　N 沟道耗尽型 MOSFET 的纵向剖面图和电路符号

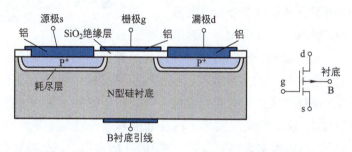

图 1-13　P 沟道增强型 MOSFET 的纵向剖面图和电路符号

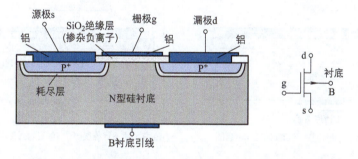

图 1-14　P 沟道耗尽型 MOSFET 的纵向剖面图和电路符号

上述 4 种 MOS 管中，常用的车用电力电子器件 MOSFET 多为 N 沟道增强型 MOS 管，因此在不加说明时，后文中的 MOS 管均指 N 沟道增强型 MOS 管。因此，本节以 N 沟道增强型 MOS 管为例进行分析其工作原理和基本特性。

2. 工作原理

（1）$v_{GS} < V_{th}$，没有导电沟道

如图 1-15 所示，当栅极与源极短接（即 $v_{GS} = 0$）时，P 型衬底会与源极和漏极形成两个背靠背的 PN 结二极管。无论漏源电压的极性如何，都会有一个 PN 结反偏，无法形成导电沟道。

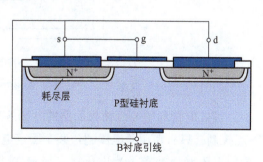

图 1-15　$v_{GS} = 0$，N 沟道增强型 MOSFET 的基本工作原理

在栅极和源极之间加一个正电压 V_{GG}，即栅源电压 $v_{GS} = V_{GG}$。由于绝缘层的存在，此电压会在栅极和衬底之间形成一个电场。当 v_{GS} 电压还比较小时，不会对器件产生明显的影响。漏极与源极之间仍然没有导电沟道如图 1-16 所示。

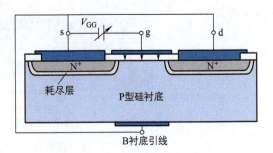

图 1-16　$v_{GS} < 0$，N 沟道增强型 MOSFET 的基本工作原理

（2）$v_{GS} \geq V_{th}$，出现导电沟道

逐渐增大栅源极电压，电场将逐渐增强，如图 1-17a 所示。当栅源极电压增大到一定程度时，在电场力作用下，半导体中会出现明显的变化，如图 1-17b 所示。在此情况下，P 型区靠近绝缘层下方的多数载流子空穴将被排斥远离绝缘层，而少数载流子自由电子被吸引到绝缘层下，同时两个 N 型区的多数载流子也被吸引到栅极区域绝缘层下。在电子层下方由于缺少载流子而形成耗尽区。而紧靠绝缘层下方，由于累积了带负电荷的电子，因此形成了 N 型层（反型层），这个反型层实际上就是漏极和源极之间的导电沟道。导电沟道是在电场作用下形成的，所以也称为感生沟道，如图 1-17c 所示，场效应管也因此而得名。

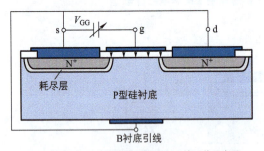

a) v_{GS} 较小时，N 沟道增强型 MOSFET 的工作示意图

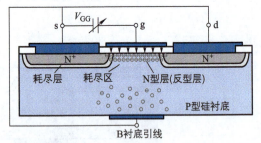

b) v_{GS} 增大到一定程度时，N 沟道增强型 MOSFET 的工作示意图

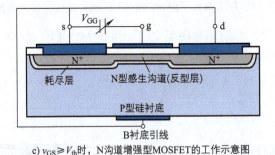

c) $v_{GS} \geq V_{th}$ 时，N 沟道增强型 MOSFET 的工作示意图

图 1-17　$v_{GS} \geq V_{th}$，N 沟道增强型 MOSFET 的基本工作原理

场效应管利用控制输入回路的电场效应来控制输出回路电流。电场的强弱受栅源电压 v_{GS} 控制，只有在栅源电压超过某个固定电压时，才会感生出导电沟道。这个固定电压称为阈值电压 V_{th}，也称开启电压。它与 MOS 管的制造工艺有关，当栅源电压增大时，电场增强，导电沟道变厚，沟道的等效电阻减小；反之，电场减弱，沟道变薄，等效电阻增大。

若此时在漏极和源极之间加入电压 V_{DD}，即漏源电压 $v_{DS} = V_{DD}$，当 v_{DS} 从零开始逐渐增大时，便开始有回路电流流过 i_D 导电沟道。由于沟道存在电阻，回路电流在沟道长度方向上的不同位置产生的压降不同，因此沟道从源极到漏极有一定的电位梯度，如图 1-18 所示，电位从源极到漏极逐渐升高。但是栅极电位沿沟道长度方向是相同的，导致栅极与沟道长度之间的压差出现变化。靠近漏极附近的压差减小，相应地电场强度减弱，沟道变薄。而靠近源极附近的压差不变，沟道厚度也不变，此时沟道呈楔形分布。当 v_{DS} 继续增大时，靠近漏极的电位继续升高，漏极附近栅极与沟道之间压差也继续减小，沟道变得更薄且沟道倾斜程度加大。在此变化过程中，虽然沟道电阻略有增加，但总体上漏极电流还是随漏源电压的增加而呈快速增大的趋势。

当 v_{DS} 增加到使栅漏电压 v_{GD} 减小到等于阈值电压 V_{th} 时，如图 1-19 所示，紧靠漏极附近的电场就会减弱，导致该处的反型层消失，形成沟道夹断现象。出现夹断后，如果继续增大 v_{DS}，沟道的电位梯度会继续增大，靠近漏极附近的电场也会继续减小，夹断点就会向左移动。夹断区域会向源极方向延伸，沟道电阻也随之明显增大。因为漏极电流 i_D 等于漏源电压 v_{DS} 除以沟道电阻 r_{DS}，而 v_{DS} 增加时引起 r_{DS} 增大，所以 i_D 基本保持不变，即 i_D 趋于饱和。

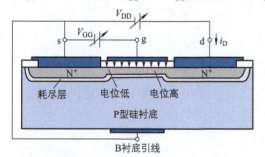 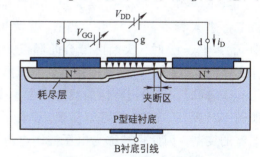

图 1-18　$v_{GS} \geq V_{th}$、$v_{DS} > 0$、$v_{GD} > V_{th}$ 时，N 沟道增强型 MOSFET 的工作示意图　　　　图 1-19　$v_{GS} \geq V_{th}$、$v_{DS} > 0$、$v_{GD} \leq V_{th}$ 时，N 沟道增强型 MOSFET 的工作示意图

这时难免会出现疑问：沟道出现夹断后为什么还会有漏极电流存在？由于夹断区的长度比沟道本身长度短很多，并且夹断区就是耗尽区，其沟道电阻远小于耗尽区电阻。漏源之间再增加的电压绝大部分降落在了耗尽区上，这样耗尽区上就有一个从漏极指向源极的水平方向的电场。在这个电场力作用下，沟道中的自由电子仍然可以顺利穿过耗尽区，漂移到漏极，进而形成漏极电流。由以上可知，漏极和源极之间的电压对沟道产生的影响可以分成夹断前和夹断后两种情况。夹断前，漏极电流随漏源电压的增加而快速增大；夹断后，漏极电流基本上不随漏源电压变化，近似为水平线。夹断的临界条件是漏源电压等于栅源电压减去阈值电压。漏源电压小于这个值的区域称为可变电阻区，而大于这个值的区域称为饱和区。夹断点也是可变电阻区与饱和区的分界点，常称为临界点。

1.3.2　MOSFET 的基本特性

1. 输出特性

MOSFET 的输出特性是指在栅源电压 v_{GS} 一定的情况下，漏极电流 i_D 与漏源电压 v_{DS}

之间的关系。图 1-20 所示为某一 N 沟道增强型 MOSFET 的输出特性曲线。输出特性可以分为 3 个区域：截止区、可变电阻区和饱和区。

（1）截止区

当 $v_{GS} < V_{th}$ 时，导电沟道尚未形成，$i_D = 0$，处于截止工作状态。

（2）可变电阻区

当栅源电压为一固定值时，即 $v_{GS} = V_{GS} > V_{th}$，并且漏源电压 $v_{DS} < V_{GS}-V_{th}$ 时，器件的电阻值是变化的。因为在漏源电压 v_{DS} 的作用下，不同倾斜程度的楔形导电沟道会影响内部电阻值。导电沟道倾斜程度越大，沟道电阻阻值越大[9]。

（3）饱和区

当 $v_{GS} = V_{GS} > V_{th}$、$v_{DS} = V_{GS}-V_{th}$ 时，MOSFET 将进入预夹断临界点。当 v_{DS} 继续增大，即 $v_{DS} \geq V_{GS}-V_{th}$ 时，夹断区域会向源极方向延伸，导致 r_{DS} 增大，i_D 基本保持不变。当栅源电压 v_{GS} 不同时，其输出特性曲线也会发生变化，如图 1-21 所示。MOS 管可以实现 v_{GS} 电压对 i_D 电流的控制，因此也被称为电压控制电流器件（VCCS）。器件在预夹断前，i_D 与 v_{DS} 呈近似线性关系，预夹断后，i_D 趋于饱和。

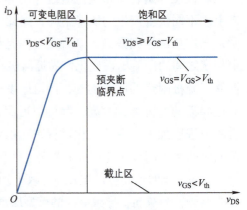

图 1-20　N 沟道增强型 MOSFET 的输出特性曲线

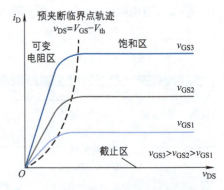

图 1-21　不同栅源电压下 N 沟道增强型 MOSFET 的输出特性曲线

2. 转移特性

MOSFET 的转移特性是指在漏源电压 v_{DS} 一定的情况下，漏极电流 i_D 与栅源电压 v_{GS} 之间的关系。转移特性表示了电力 MOSFET 的放大功率，由于电力 MOSFET 是电压控制器件，因此可以用跨导来表示，即 $\Delta I_D / \Delta V_{GS}$。当器件进入饱和区，$i_D$ 受到 v_{DS} 的影响很小，其转移特性基本重合如图 1-22 所示。

在功率器件领域，导通大电流、耐受高电压和提高功率处理的能力是首要要求。为了兼具 MOS 器件的场控优势和双极型晶体管（BJT）的优点，20 世纪 70 年代提出了垂直导电型 MOSFET，如图 1-23 所示。这类器件包括平面栅 MOSFET 和沟槽型 MOSFET 两种结构：平面栅 MOSFET 的栅极生长在外延表面，而沟槽型 MOSFET 则将栅极置于结构

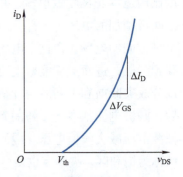

图 1-22　MOSFET 的转移特性

内挖出的沟槽中。两者均为垂直安装漏极，电流自底部漏极垂直向上流动，依次经过漏极（d）、N^+ 型高掺杂硅片衬底、N^- 高阻漂移区、导电沟道和 N^+ 源区，最终到达源极（s）。这一设计采用了双重扩散技术，不仅替代了光刻工艺控制沟道长度，还实现了精确的短沟道，降低了沟道电阻，提高了工作频率。

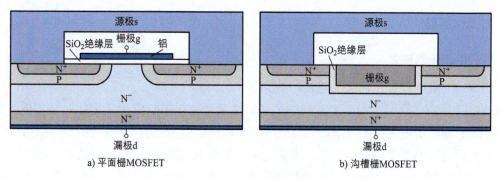

a) 平面栅MOSFET　　　　　　　　b) 沟槽栅MOSFET

图 1-23　垂直导电型 MOSFET

从结构上看，由于 MOSFET 漏极装在硅片衬底上，因此能够充分利用硅片面积和双重扩散技术垂直传导电流，获得大的电流容量。器件中间的 N^- 高阻漂移区的掺杂浓度和厚度直接影响这器件的耐压等级。在相同的电压等级下，SiC 材料的 MOSFET 比 Si 的厚度薄很多，并且显著降低了正向压降以及导通损耗。

1.3.3 IGBT 的基本结构和工作原理

1. 基本结构

绝缘栅双极型晶体管（IGBT）是一种适用于中、大功率应用的电力电子器件。它是由绝缘栅型场效应管（MOSFET）和双极型晶体管（BJT）组成的复合全控型电压驱动式功率半导体器件，兼有 MOSFET 高输入阻抗和 BJT 的低导通压降两方面的优点。IGBT 的结构剖面图和简化等效电路图如图 1-24 所示。从结构上看，IGBT 和垂直导电型 MOSFET 的结构非常相似，即在靠近集电极 C 处的 N^+ 型高掺杂区域下方添加了 P^+ 型高掺杂集电区域。P^+ 注入区和 N^+ 缓冲区形成 PN 结 J_1 结，P 型基区与 N^- 漂移区形成 PN 结 J_2 结，P 型基区

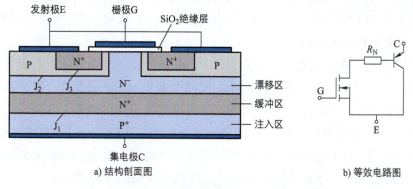

a) 结构剖面图　　　　　　　　b) 等效电路图

图 1-24　IGBT 的结构剖面图和简化等效电路图

与 N^+ 型发射区形成 PN 结 J_3 结。故而，IGBT 内既有 PNP 晶体管结构，还有 NPN 晶体管结构，也被称为 4 层 PNPN 结构。IGBT 简化等效图中 R_N 是 PNP 晶体管的调制电阻。图 1-25 为 N 型 IGBT 和 P 型 IGBT 的电路图形符号。

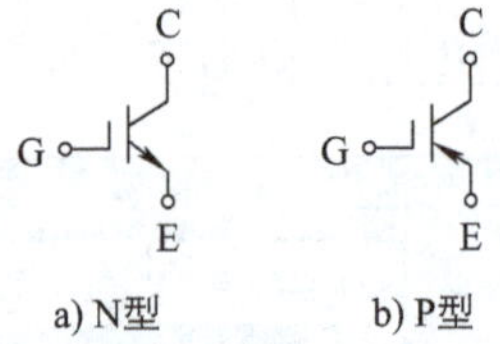

图 1-25 IGBT 的电路图形符号

2. 工作原理

（1）正向阻断模式

当 IGBT 集电极加正向偏置电压、发射极与栅极短路接地，即 $V_{GE} = 0$、$V_{CE} > 0$ 时，IGBT 处于正向阻断模式，此时 J_1 结正偏、J_2 结反偏。随着集电极电压的不断增加，J_2 结反偏形成的耗尽层不断向轻掺杂的 N^- 漂移区扩展，从而来支撑外加的集电极偏置电压，击穿电压主要由 N^- 漂移区的厚度来决定。若集电极偏压继续增大，耗尽区中的载流子发生碰撞电离进而产生雪崩倍增效应，器件会发生雪崩击穿，此时对应的集电极电压即为最大正向阻断电压。

（2）反向阻断模式

当 IGBT 集电极加反向偏置电压、发射极与栅极短路接地，即 $V_{GE} = 0$、$V_{CE} < 0$ 时，IGBT 处于反向阻断模式，此时 J_1 结反偏、J_2 结正偏。随着集电极电压的不断增加，J_1 结反偏形成的耗尽层不断向轻掺杂的 N^- 漂移区扩展，从而来支撑外加的集电极反向偏置电压，击穿电压主要由 N^- 漂移区的厚度决定。当集电极电压继续增加时，J_1 结将会快速达到材料的临界击穿电场，从而发生雪崩倍增效应，此时对应的集电极电压称为最大反向阻断电压。

（3）正向导通模式

当 IGBT 集电极加正向偏置电压、发射极接地或者加反向偏置电压时，栅电压高于 IGBT 内部 MOSFET 的阈值电压，即 $V_{GE} \geq V_{th}$、$V_{CE} > 0$ 时，IGBT 处于正向导通模式。平面栅下部的 P 型基区中形成了连接 N 型发射区与 N^- 漂移区的电子导通通路，此时电子从 N 型发射区流向 N^- 漂移区，构成了寄生 PNP 晶体管中的基极电流。随着集电极电压的不断增大，J_1 结导通，此时集电区将向 N^- 漂移区注入大量的空穴形成空穴电流，大量的空穴与大量的电子在 N^- 漂移区内产生电导调制效应，使得 N^- 漂移区中的电阻急剧降低，从而大幅度降低了 IGBT 的导通压降。

当器件处于正向导通模式下且栅极电压不断减小至 MOSFET 的阈值电压时，器件开始进入关断状态。随着集电极电流不断减小，关断电路中 IGBT 承受的电压 V_{CE} 不断增大且最终等于母线电压 V_{CC}。此过程中 J_2 结处于反向偏置状态，随着 V_{CE} 的逐渐增大，J_2 结形成的耗尽层不断向 N^- 漂移区扩展，N^- 漂移区内部的非平衡载流子不断被耗尽层电场扫出。由于电荷存储效应，N 型电场阻止层中的过剩载流子复合速度远不如被耗尽层电场扫出的速度，因此关断过程有一个较长的电流拖尾，其会增加 IGBT 的关断损耗。

1.3.4 IGBT 的基本特性

1. 输出特性

IGBT 的输出特性通常表示为在不同栅极 – 发射极电压 v_{GE} 下，漏极电流 i_C 和集电极 – 发射极电压 v_{CE} 之间的关系曲线。由于 IGBT 可等效理解为 MOSFET 和 PNP 的复合结构，因此其输出特性曲线与 MOSFET 密切相关，如图 1-26 所示。输出特性可以分为 3 个区域：阻断区、有源区和饱和区。

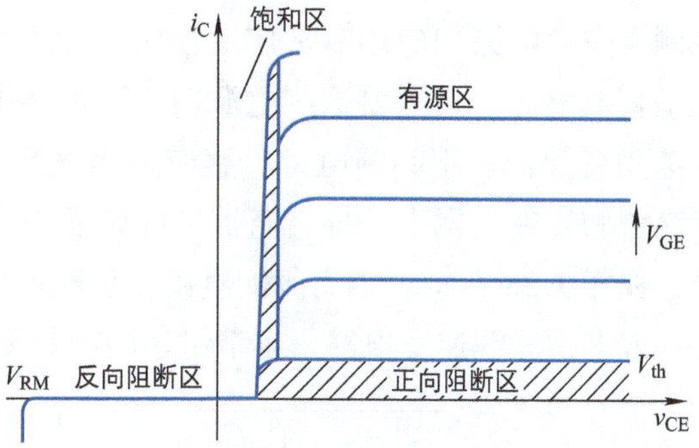

（1）阻断区

当 v_{CE} < 0 时，IGBT 处于反向阻断区；当 0 < v_{CE} < V_{th} 时，IGBT 处于正向阻断区。阻断状态下的 IGBT，正向电压由 J_2 结承担，反向电压由 J_1 结承担。如果 N^+ 无缓冲区，则正、反向阻断电压可以做到同样的水平。加入 N^+ 缓冲区后，反向阻断电压只能达到几十伏的水平，因此限制了 IGBT 的某些应用范围。

图 1-26 不同栅极电压下 N 沟道增强型 IGBT 的输出特性曲线

（2）有源区

在起始处，IGBT 并没有立即随栅压或集电极电压的升高而有电流通过，是因为背面 PN 结导通需要 0.7V。当 v_{CE} 增加到超过阈值电压 V_{th} 时，IGBT 进入有源区，电流开始流过 IGBT。如图 1-26 所示，电流 i_C 将随着 v_{CE} 的增加而增加。

（3）饱和区

在 IGBT 的正常使用过程中，集电极电流 i_C 不再随 v_{CE} 增加而升高，这是 IGBT 进入饱和区的重要特征。IGBT 常处在大电流高电压的功率环境，热电应力对器件、封装材料的影响都非常大，过热、过电流、过电压是 IGBT 损坏的三大主因，需要进行检测避免器件长时间处在该状态。

2. 转移特性

IGBT 的转移特性是指在集射极电压 v_{CE} 一定的情况下，集电极电流 i_C 与栅射极电压 v_{GE} 之间的关系。它与电力 MOSFET 的转移特性大致相同，如图 1-27 所示。

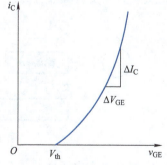

图 1-27 IGBT 的转移特性

1.4 车用逆变系统和基本原理

逆变系统是指将直流电能转变成定频定压或调频调压交流电的变换器，它由逆变桥、控制逻辑和滤波电路组成。一般将直流电能输入部分简称为直流侧，交流输出部分称为交流侧。逆变电路的应用非常广泛，在已有的各种电源中，蓄电池、干电池、太阳能电池等都是直流电源。当需要这些电源向交流负载供电时，就需要逆变电路。另外，交流电动机调速用变频器、不间断电源、感应加热电源等电力电子装置的核心部分都存在逆变电路。当交流侧接在电网上，即将直流电能转换为工频交流电能并馈入公共电网时，称为有源逆变，如图1-28所示。当交流侧直接和负载连接时，称为无源逆变。在不加说明时，逆变电路一般多指无源逆变电路，本节讲述的就是无源逆变电路。

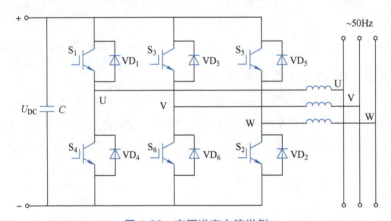

图1-28 有源逆变电路举例

逆变电路经常和变频电路的概念联系在一起，变频电路有交-交变频和交-直-交变频两种形式。交-直-交变频电路由交-直变换电路和直-交变换电路两部分组成，中间通过储能环节进行连接，如图1-29所示。前一部分属整流电路，后一部分就是本节所要讲述的逆变电路。由于交-直-交变频电路的整流电路部分常常就采用最简单的二极管整流电路，因此交-直-交变频电路的核心部分就是逆变电路。正因为如此，一些国家和学者也常常把交-直-交变频器称为逆变器。

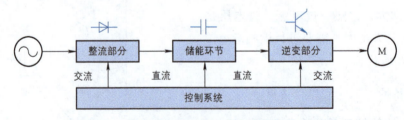

图1-29 交-直-交变频电路

逆变电路在电力电子电路中占有十分突出的位置，其在工作过程中不断发生电流从一个支路向另一个支路的转移，这个过程称为换流。换流方式在逆变电路中有突出的地位。逆变电路可以从不同的角度进行分类，如换流方式、输出的相数和直流电源的性质等。一般使用场景中常按直流电源的性质分类,可分为电压型和电流型两大类。本节会在1.4.1 小节介绍逆变电路的基本原理,在 1.4.2 和 1.4.3 小节分别讲述电压型逆变电路和电流型逆变电路的结构和基本工作原理。本节仅讲述基本逆变电路的内容。

1.4.1 逆变电路的基本原理

以图 1-30a 所示的单相桥式逆变电路为例说明其最基本的工作原理。图中 $S_1 \sim S_4$ 是由电力电子器件及其辅助电路组成的四个开关(如 MOSFET 或 IGBT),它们组成了桥式电路的 4 个臂。逆变电路工作时,其参考电流和电压方向如图 1-30a 所示。当开关 S_1、S_4 闭合,S_2、S_3 断开时负载电压 u_o 为正;当开关 S_1、S_4 断开,S_2、S_3 闭合时,u_o 为负,其电压波形如图 1-30b 所示。这样,就把直流电变成了交流电,改变两组开关的切换频率,即可改变输出交流电的频率。这就是逆变电路最基本的工作原理。

图 1-30b 给出的是纯电阻负载和阻感负载时的电压电流波形。当负载为阻感类型时,由于电感对电流的阻碍作用,电压方向变化时电流无法瞬时改变,导致 i_o 的基波相位滞后于 u_o 的基波,且两者波形的形状也不同。设 t_1 时刻以前 S_1、S_4 导通,u_o 和 i_o 均为正。在 t_1 时刻断开 S_1、S_4,同时闭合 S_2、S_3,则 u_o 的极性立刻变为负。但是,因为阻感负载中有电感,其电流极性不能立刻改变而仍维持原方向。这时负载电流从直流电源负极流出,经 S_2、负载和 S_3,流回正极,负载电感中储存的能量向直流电源反馈,负载电流逐渐减小,到 t_2 时刻之后 i_o 才反向并逐渐增大。S_2、S_3 断开,S_1、S_4 闭合时的情况类似。上面是 $S_1 \sim S_4$ 均为理想开关时的分析,实际电路的工作过程和电压电流变化要更为复杂。

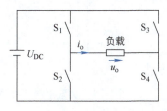
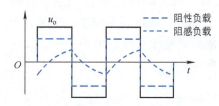

a) 单相桥式逆变电路结构　　　　b) 单相桥式逆变电路电压电流波形

图 1-30　逆变电路及其波形举例

在图 1-30 所示的逆变电路工作过程中,在 t_1 时刻出现了电流从 S_1 到 S_2 以及从 S_4 到 S_3 的转移。电流从一个支路向另一个支路转移的过程称为换流,换流也常被称为换相。在换流过程中,有的支路要从通态转移到断态,有的支路要从断态转移到通态。从断态向通态转移时,无论支路是由全控型还是半控型电力电子器件组成,只要给门极适当的驱动信号,就可以使其开通。但从通态向断态转移的情况就不同。全控型器件可以通过对门极的控制使其关断,而对于半控型器件的晶闸管来说,就不能通过对门极的控制使其关断,必须利用外部条件或采取其他措施才能使其关断。一般来说,要在晶闸管电流过零后再施加一定时间的反向电压,才能使其关断。因为使器件关断,主要是使晶闸管关断,要比使其开通复杂得多,因此,研究换流方式主要是研究如何使器件关断。

应该指出,换流并不是只在逆变电路中才有的概念,在整流电路以及直流-直流变换电路和交流-交流变换电路中都涉及换流问题。但在逆变电路中，换流及换流方式问题反映的最为全面和集中。一般来说，换流方式可分为以下几种：

(1) 器件换流

利用全控型器件的自关断能力进行换流称为器件换流（Device Commutation）。在采用IGBT、电力MOSFET等全控型器件的电路中，依靠全控型器件本身栅源极电压的变化就能控制电流通断，其换流方式即为器件换流。

(2) 电网换流

由电网提供换流电压称为电网换流（Line Commutation）。对于相控整流电路，无论其工作在整流状态还是有源逆变状态，都是借助于电网电压实现换流的，都属于电网换流。一些三相交流调压电路和采用相控方式的交-交变频电路中的换流方式也都是电网换流。在换流时，只要把负的电网电压施加在欲关断的晶闸管上即可使其关断。这种换流方式不需要器件具有门极可关断能力，也不需要为换流附加任何元件，但是不适用于没有交流电网的无源逆变电路。

(3) 负载换流

由负载提供换流电压称为负载换流（Load Commutation）。凡是负载电流的相位超前于负载电压的场合，都可以实现负载换流。当负载为电容性负载时，就可实现负载换流，如图1-31所示。另外，当负载为同步电机时，由于可以控制励磁电流使负载呈现为容性，因而也可以实现负载换流。

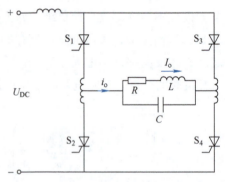

图1-31 负载换流拓扑举例

(4) 强迫换流

设置附加的换流电路，给欲关断的晶闸管强迫施加反向电压或反向电流的换流方式称为强迫换流（Forced Commutation）。强迫换流通常利用附加电容上所储存的能量来实现，因此也称为电容换流。

上述四种换流方式中，器件换流只适用于全控型器件，其余几种主要是针对晶闸管而言的。器件换流和强迫换流都是因为器件或变流器自身的原因而实现换流的，二者都属于自换流；电网换流和负载换流不是依靠变流器内部的原因，而是借助于外部手段（电网电压或负载电压）来实现换流的，它们属于外部换流。采用自换流方式的逆变电路称为自换流逆变电路，采用外部换流方式的逆变电路称为外部换流逆变电路。当电流不是从一个支路向另一个支路转移，而是在支路内部终止流通而变为零，则称为熄灭。

逆变电路根据直流侧电源性质的不同可分为两种：直流侧是电压源的称为电压型逆变电路；直流侧是电流源的称为电流型逆变电路。它们分别被称为电压型逆变电路和电流源逆变电路，后续会针对这两种类型的电路进行介绍。

1.4.2 电压型逆变电路

电压型逆变电路是指由电压型直流电源供电的逆变电路,如图 1-32 所示(图中 $VD_1 \sim VD_4$ 为反馈二极管)。它的直流侧为电压源或并联有大电容,相当于电压源,直流回路呈现低阻抗的特性。电压型逆变电路主要应用于各种直流电源。

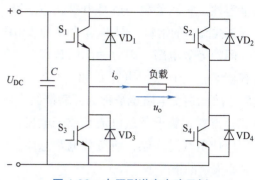

图 1-32 电压型逆变电路示例

电压型逆变电路特点:

1)直流侧为电压源或并联大电容,电压基本无脉动。

2)输出电压为矩形波,输出电流因负载阻抗不同而不同。

3)阻感负载时需提供无功。为了给交流侧向直流侧反馈的无功提供通道,逆变桥各臂并联反馈二极管。

1.4.3 电流型逆变电路

与电压型逆变电路类似,系统电源为电流源的逆变电路称为电流型逆变电路。电流源是一个广义的概念,并不特指专用的电流源。实际上,由于电感抑制电流突变的特性,直流侧串联大电感的电路可以近似看作直流源。典型的电流型逆变电路如图 1-33 所示。

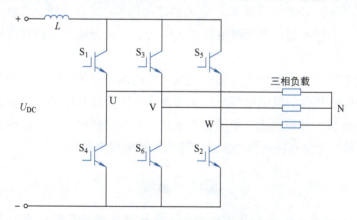

图 1-33 三相电流型全桥逆变电路示例

电流型全桥逆变电路有以下特点:

1)直流侧串联的大电感相当于电流源,输入电流基本无脉动,直流回路呈现高阻抗。

2)电路中开关器件仅有改变直流电流的流通路径的作用,因此交流侧输出电流为矩形波,与负载阻抗角无关。而交流侧输出电压波形和相位则因负载阻抗情况的不同而不同。

3)当交流侧为阻感负载时,需要提供无功功率,直流侧电感起缓冲无功能量的作用。因为反馈无功能量时直流电流并不反向,所以无需与电压型逆变电路一样给开关器件反并联二极管。

电流型逆变电路常采用负载换相方式工作，要求负载电流略超前于负载电压，即负载略呈容性。实际负载一般是电磁感应线圈，用来加热置于线圈内的钢料。图1-34中R和L_r串联即为感应线圈的等效电路。因为功率因数很低，需要并联电容器C进行补偿。电容C和L_r、R构成并联谐振电路，故此逆变电路也被称为并联谐振式逆变电路。负载换流方式要求负载电流超前于电压，因此补偿电容应使负载过补偿，使负载电路总体上工作在容性并略失谐的情况下[14]。

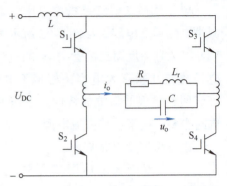

图1-34 单相桥式电流型逆变电路示例

由于这是电流型逆变电路，故其交流输出电流波形接近矩形波，其中包含基波和奇次谐波，且谐波幅值远小于基波。因基波频率接近负载电路谐振频率，故负载电路对基波呈现高阻抗，而对谐波呈现低阻抗，谐波在负载电路上产生的压降很小，因此负载电压的波形接近正弦波。

电流型逆变电路的交流输出电流波形接近矩形波，其中包含基波和奇次谐波，且谐波幅值远小于基波。因为基波频率接近负载电路谐振频率，所以负载电路对基波呈现高阻抗，而对谐波呈现低阻抗，谐波在负载电路上产生的压降很小，因此负载电压的波形接近正弦波。三相电流型逆变电路拓扑如图1-33所示，其基本工作方式为120°导电方式，即每个桥臂在1个周期内导通120°，按照$S_1 \sim S_6$的顺序每隔60°依次导通。这种工作方式每个时刻上下桥臂各有一个臂导通，换流时也是在横向的上三桥臂或下三桥臂内依次换流，因此又称为横向换流。

电流型逆变电路主要用于中大功率交流电动机的调速系统，也可以用于驱动同步电动机，利用滞后于电流相位的反电动势可以实现换流。因为同步电动机是逆变器的负载，所以这种换流方式也属于负载换流。用逆变器驱动同步电动机时，其工作特性和调速方式都和直流电动机相似，但没有换向器，因此被称为无换向器电动机。

阅读·思考

我国凭借完善的产业配套以及庞大的电子元器件产能，已经成为全球最大的车载逆变器生产国之一，产品产量规模庞大，出口稳定增长，销售收入也保持稳定的增长态势。2022年，我国车载逆变器产值达到18.35亿元，市场规模上升至12.26亿元。

车载逆变器市场需求主要取决于两个方面：一个是汽车行业的产销量和相关的汽车保有量；二是移动电子产品的渗透率和居民对电子产品的使用情况。从汽车市场来看，我国汽车工业发展至今，已经成为全球最大的汽车生产国。据中汽协统计，2022年我国汽车产销量分别完成2702.1万辆和2686.4万辆，同比增长3.4%和2.1%。

目前，有些国外乘用车继续使用车载逆变器，如法国标致雪铁龙（长期）、德国大众（新增）等，车载逆变器在乘用车领域出现新的应用场景。2021年起，我国SUV车型行李舱装配车载逆变器产品的需求开始显现,主要是满足越野、旅行、露营等应用场景下的户外用电需求,而且产品输出从低功率向中功率提升。

——摘自《2023年中国车载逆变器应用场景、竞争格局及行业市场规模分析》—《共研网》

想一想1. 逆变器的工作场景

光伏、风电新能源和电网上的电能有什么区别,逆变器为何能够在并网系统中应用?在新能源并网时逆变器调节的目的是什么?

想一想2. 逆变器的性能要求

光伏、风电等新能源由于海拔、地理位置等自然因素的影响,发电并不稳定,如果部署了风力发电机的区域风力增大,导致风电功率变大,怎么保证逆变器不被损坏?新能源产生的电能经过并网逆变器之后,需要满足什么条件才可以并入电网?

想一想3. 驱动系统中的逆变器

新能源并网时大多使用何种逆变器?其优势主要体现在什么方面?新能源汽车上也会配备逆变器,相比于并网逆变器,新能源汽车上通常使用何种逆变器?为什么?

1.5 车用电源系统和基本原理

随着电子技术和电池技术的发展,汽车上的用电器越来越多也越来越复杂,从最开始的照明电灯到车载娱乐设备再到电控点火电控喷油技术,现代的燃油车已经拥有了复杂的电源系统。随着新能源汽车的迅猛发展,车用电源系统的发展又进入了一个新的阶段,新能源汽车的电源系统除了给照明、刮水器、车载娱乐设备等低压用电器供电以外,还需要给车辆提供行驶的动力,大功率的高压动力电池、DC/DC变换器、车载充电机和电池管理系统成为新能源汽车车用电源系统的重要组成部分。

1.5.1 车用电源系统的组成

车用电源系统是现代汽车的重要组成部分,它不仅负责提供车辆起动所需的能量,还支持车辆运行过程中的各种电子设备。随着电动汽车和混合动力汽车的发展,车用电源系统的复杂性和重要性进一步提升。电动汽车的电源系统主要包括高压电气系统、低压电气系统和整车网络化控制系统。

1. 高压电气系统

高压电气系统主要由动力电池(或燃料电池)、驱动电机和功率变换器等大功率、高电压电气设备组成,根据车辆行驶的功率需求完成从动力电池(或燃料电池)到驱动电机的能量变换与传输过程。低压电气系统采用直流12V或24V电源,一方面为灯光、刮水器等车辆的常规低压电器供电,另一方面为整车控制器、高压电气设备的控制电路和辅助部件供电。电动汽车各种电气设备的工作统一由整车控制系统协调控制。一般电动汽车电源系统的结构原理如图 1-35 所示。

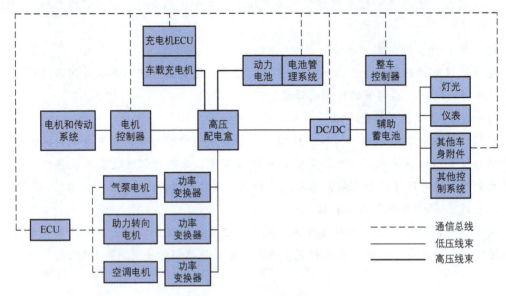

图 1-35　电动汽车电源系统的结构原理

2. 低压电气系统

电动汽车低压电气系统主要由 DC/DC 变换器、辅助蓄电池和若干低电器设备组成。电动汽车的低压电器设备主要包括灯光系统、仪表系统、娱乐系统、电动车窗、刮水器、除霜器和各种控制器等。燃油汽车与电动汽车低压电气系统的主要区别在于：燃油汽车的辅助蓄电池由与发动机相连的发电机来充电，而电动汽车的辅助蓄电池则由动力电池通过 DC/DC 变换器来充电。在传统的燃油汽车中，电动助力转向系统、制动系统等主要由低压电气系统供电，而在电动汽车中，为了节约能源，对于功率较大的子系统如制动气泵电动机、电动助力转向系统和电动空调等一般采用高压供电。12V 低压电气系统由高压动力电池通过 DC/DC 变换器为其充电，而高压动力电池系统通过车载充电器进行充电。

3. 整车网络化控制系统

整车网络化控制系统是电动汽车的大脑，负责协调和控制车辆的各个系统，以实现最佳的性能和效率。它的主要组成部分包括控制器网络（CAN）、车载通信系统和各类电子控制单元（ECU）。

（1）控制器网络（CAN）

控制器局域网络（CAN）是一种高效的通信协议，用于连接车辆内部的各个电子控制单元，实现数据的快速和可靠传输。CAN 总线是现代汽车中最常用的通信网络，具有实时性强、抗干扰能力强和成本低的优点。

（2）车载通信系统

车载通信系统包括车辆与外部设备之间的通信，如车辆与充电桩、智能手机和云端服务器之间的连接。常见的通信技术包括蓝牙、Wi-Fi 和 4G/5G 等。

（3）电子控制单元（ECU）

电子控制单元（ECU）是整车网络化控制系统的核心部件，负责控制和管理车辆的各个子系统。主要的 ECU 包括：

1）动力控制单元（PCU）：管理电机和逆变器的运行，优化动力输出和能量回收。

2）电池管理系统（BMS）：监控和管理电池的状态，确保电池的安全和高效运行。

3）车辆控制单元（VCU）：协调和控制整个车辆的运行，包括动力系统、制动系统和悬挂系统等。

4）驾驶辅助系统控制单元（ADAS ECU）：管理驾驶辅助功能，如自动紧急制动、车道保持和自适应巡航等。

电动汽车的电源系统由高压电气系统、低压电气系统和整车网络化控制系统共同组成。高压电气系统提供驱动电机所需的高电压电能，低压电气系统为车载电子设备和辅助系统提供电能，而整车网络化控制系统则负责协调和控制车辆的各个系统。未来，随着技术的不断进步，电动汽车的电源系统将更加高效、智能和可靠，为实现绿色交通和可持续发展提供重要支持。

1.5.2 车用电力电子设备

1. 车载充电机

车载充电机（On Board Charger）是固定安装在电动汽车上的充电机，它以交流电源作为输入，以直流电为输出，实现电动汽车动力电池的安全自动充电，其外观如图 1-36 所示。

车载充电机是由输入端口、控制单元、低压辅助单元、功率单元和输出端口组成。

1）输入端口由三类连接的 7 个 pin 口组成，包括高压电源连接线、高压中性线、车辆底盘地线、低压信号的充电连接确认线和控制确认线。标准的输入端口采用工频单相输入 220V 电压。但如果功率需要，也可以启用两个备用 pin 口（NC1 和 NC2），实现 380V 输入。

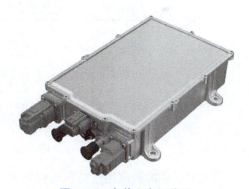

图 1-36　车载充电机外观

2）控制单元，其功能是采样输出电流和电压，处理后将实时值传递给 PID（一种闭环自动控制技术，是比例、积分、微分控制器的简称）控制回路，由控制器比较测量值与期望值之间的差距，再将调节要求传递给 PWM 回路，用脉冲宽度变化去控制高压回路中功率器件的开闭时间的长短，最终实现输出电流和电压尽量接近于主控系统要求的数值。

3）低压辅助单元是一个标准低压电源，输出直流电压为 12V 或者 24V，用于充电期间给电动汽车上的用电器供电，如电池管理系统、热管理系统、汽车仪表等。

4）功率单元，用于将输入的工频交流电转化成适合动力电池系统能够接受的适当电压的直流电，一般包括输入整流、逆变电路和输出整流 3 个部分。

5）输出端口，包括低压辅助电源正负极两个 pin 口、高压充电回路正负极两个 pin 口、底盘地、通信线 CANH 和 CANL（还可以有 CAN 屏蔽）、充电请求信号线。其中，高压两个 pin 口与电池包相连；充电请求信号线用于充电机的输入端口与外部电源之间完成充电连接确认以后，通过"充电请求信号"线向车辆控制器发送充电请求信号，同时或延时一小段时间后，用低压辅助电源给整车供电。

2. DC/DC 模块

DC/DC（直流/直流）模块是新能源汽车的重要组成部分之一，主要用于将高压电池输出的直流电转换为低电压电子系统需要的直流电。新能源汽车动力电池包内部储存的是高压直流电，这个电能是不能给车辆照明、娱乐、仪表等低压设备直接使用的，那么就需要一个设备将高压直流电转换成 12V 的低压直流电，为车辆低压设备提供电能，这个工作就是由电控系统中的 DC/DC 模块来完成的。DC/DC 不仅可以为车辆电压设备提供电能，当车辆蓄电池电量过低时，也可以为变换器蓄电池进行充电，如图 1-37 所示。

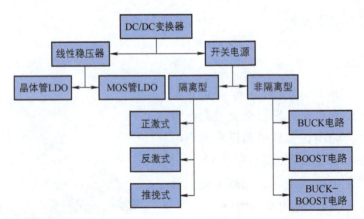

图 1-37 DC/DC 变换器类型

DC/DC 变换器应用广泛而种类繁多。线性稳压电源是一种采用线性电路实现电压稳定功能的电源。它的工作原理是通过将高电压的输入信号降低到合适的输出电压，同时保持输出电流的恒定不变，从而达到稳定输出电压的目的。

线性稳压电源具有稳定度高、纹波小、噪声低、调节响应快等优点，特别适合对输出电压稳定性要求较高的场合使用。开关稳压电源采用开关型电路实现电压稳定功能的电源。它的工作原理是通过控制开关管的导通和断路，将高频脉冲信号输入到变压器中或者电感元件中，将输入电压调节到所需要的失稳输出电压。

开关稳压电源采用开关型电路实现电压稳定功能的电源。它的工作原理是通过控制开关管的导通和断路，将高频脉冲信号输入到变压器中或者电感元件中，将输入电压调节到所需要的失稳输出电压。

开关稳压电源具有效率高、体积小、质量小等优点，特别适合对输出电流大、功率密度高的场合使用[17]。

3. 配电系统

（1）高压配电系统

高压配电系统是将动力电池的高压电分配给电机控制器、驱动电机、电动空调压缩机、PTC 加热器、DC/DC 模块等高压用电设备，同时将交流、直流充电接口高压充电电流分配给动力电池，以便为动力电池充电。

一般高压配电系统由分线盒（有些车型也称之为高压配电单元、高压电器盒等）、直流充电接口、交流充电接口、高压配电线束、电动空调压缩机线束、PTC 加热器线束、电机二相线等组成。

（2）低压配电系统

1）低压（12V）系统概述。电动汽车一般带有一个启动蓄电池和一个辅助蓄电池，如果 12V 启动电池发生故障，辅助蓄电池将为 12V 部件提供备用电源，这将确保在启动蓄电池系统发生全面故障的情况下车辆可安全停车。在所有工作模式下，12V 电源网络均由直流/直流（DC/DC）变换器提供支持。DC/DC 变换器由高压蓄电池通过高压接线盒供电，然后它会将 350V 以上的电压降至约 14V。在高压系统运行时，启动蓄电池和辅助蓄电池均由配电盒连接在电路中，二者均由 DC/DC 变换器进行充电。

2）直流/直流（DC/DC）变换器工作逻辑。DC/DC 变换器由电动汽车动力电池供电。DC/DC 变换器将来自动力电池的高压直流电源转换成 14V 直流电，供所有 12V 车辆系统和启动蓄电池、辅助蓄电池充电。蓄电池监测系统（Battery Management System，BMS）模块将会监测启动蓄电池的荷电状态。如果启动蓄电池荷电状态的降幅超过 5%，则 BMS 会通过 LIN 电路向网关模块（Gateway Module，GWM）发送一个唤醒信号，GWM 将会通过 HS CAN 总线与 DC/DC 变换器进行通信，唤醒 DC/DC 变换器，以便为启动蓄电池充电。达到预定值后，BMS 将会通知 GWM，然后 DC/DC 变换器将被关闭。

3）配电盒。配电盒包含两排 MOS 管，由 BCM/GWM 激活，以进行以下控制：

① 将车辆 12V 电气负载在启动蓄电池和辅助蓄电池之间切换。

② 为辅助蓄电池充电。充电配电盒包含一个微控制器，它通过 CAN 总线接收来自 BCM/GWM 的命令。配电盒根据 BCM/GWM 命令，连接或断开启动蓄电池或辅助蓄电池与车辆 12V 电气负荷的连接。在配电盒和 BCM/GWM 之间也有一条诊断线，用于检测配电盒的故障。

1.6 车用储能系统和能量管理技术

1.6.1 车载储能系统

车载储能系统（Vehicle Energy Storage Systems，VESS）在现代交通工具中扮演着至关重要的角色。随着电动汽车（EV）和混合动力汽车（HEV）的迅速普及，车载储能系统不仅影响着车辆的性能和续驶里程，还对环境保护和能源利用效率产生了深远的影响。

车载储能系统的发展可以追溯到20世纪初期的电动汽车。当时的电动汽车主要采用铅酸电池作为储能装置，但由于铅酸电池的能量密度低、自重大，导致车辆的续驶里程和性能受到很大限制。因此，在内燃机技术迅速发展的背景下，早期的电动汽车逐渐被淘汰。随着材料科学和电化学技术的进步，镍镉电池、镍氢电池等新型电池逐步被应用于车载储能系统中。这一阶段的电池技术大幅提升了能量密度和使用寿命，为电动汽车的发展提供了新的动力。然而，由于成本高、充放电效率有限等问题，这些电池并未得到广泛普及。20世纪90年代，锂离子电池的问世标志着车载储能系统进入了一个全新的发展阶段。锂离子电池具有能量密度高、循环寿命长、自放电率低等优点，迅速成为电动汽车和混合动力汽车的主流选择。特斯拉等电动汽车制造商的崛起进一步推动了锂离子电池技术的应用和普及。近年来，随着新能源技术的不断进步，车载储能系统正向着更高效、更环保的方向发展。固态电池、石墨烯电池、硅碳电池等新型储能技术的研究和应用，正在为电动汽车提供更大的潜力和可能性。

1. 车载储能系统的组成

电动汽车储能系统主要由动力电池组、充电系统、能量管理系统等构成，这些子系统分别承担能量存储、能量供应、能量管理功能。

1）动力电池组是储能系统的主要组成部分，动力电池作为能量储存装置，由多个锂电池单体串联、并联而成，根据需要提供所需的电压和容量。动力电池组负责电能储存，并通过蓄电池控制器控制电池的充放电过程。

2）充电系统由外部电源、充电连接器、充电控制器构成，外部电源向电动汽车提供电能，充电连接器将电源与电动汽车连接起来，而充电控制器通过控制充电电流、充电速率来对锂电池组进行。

3）能量管理系统是对储能系统中的能量流动高效利用、充分管理的系统。在管理系统运行过程中，其根据车辆驾驶需要，结合电池的状态和充电条件来对电池组能量输出和充电过程实时监测。通过能量分配优化，提高电动汽车的能源利用效率，延长电池寿命。

2. 车载储能系统的应用

电动汽车是车载储能系统的主要应用领域之一。电动汽车通过车载电池提供动力，具有零排放、低噪声和高效率的优点。随着电池技术的不断进步，电动汽车的续驶里程和充电速度逐渐提升，市场占有率也在快速增长。混合动力汽车结合了内燃机和电动机的优点，通过车载电池和燃油系统共同提供动力。混合动力汽车在城市道路中可以依靠电动机驱动，减少排放；在高速公路上则可以利用内燃机提供更高的动力输出。车载储能系统在混合动力汽车中的应用，不仅提高了燃油效率，还减少了尾气排放。

除了电动汽车和混合动力汽车，车载储能系统还广泛应用于轨道交通、船舶、电动自行车等领域。例如，电动公交车和电动高速列车利用车载储能系统实现了零排放和低噪声的运行模式；电动船舶则通过电池储能减少了海洋污染和燃油消耗。

3. 车载储能系统面临的挑战

（1）能量密度

虽然锂离子电池的能量密度已经有了显著提升，但仍不足以满足部分高续驶里程需求的电动汽车。提高能量密度一直是电池技术发展的核心目标，需要在材料科学和电化学研究方面取得进一步突破。

（2）成本

高成本是车载储能系统普及的一大障碍。尽管近年来电池成本有所下降，但大规模应用仍需进一步降低生产成本、提高经济性。通过技术创新和规模效应，可以在一定程度上缓解这一问题。

（3）安全性

电池的安全性是影响车载储能系统可靠性的重要因素。电池在使用过程中可能会因过充电、过放电、短路等原因引发热失控，导致起火或爆炸。提高电池的安全性能，需要从材料、结构和管理系统等多个方面进行改进。

（4）循环寿命

电池的循环寿命直接影响车辆的使用寿命和经济性。锂离子电池的循环寿命虽然较长，但仍存在容量衰减的问题。通过优化电池材料和改进充放电策略，可以有效延长电池的使用寿命。

4. 车载储能系统的未来前景

（1）新型电池技术

未来，固态电池、石墨烯电池、硅碳电池等新型电池技术有望在车载储能系统中得到广泛应用。这些新型电池具有更高的能量密度、更长的循环寿命和更好的安全性能，将大幅提升电动汽车的性能和市场竞争力。

（2）智能化管理系统

智能化管理系统通过实时监测和控制车载储能系统的状态，优化充放电过程，提高能量利用效率和系统安全性。随着物联网和人工智能技术的发展,智能化管理系统将在车载储能领域发挥越来越重要的作用。

(3) 回收和再利用

电池的回收和再利用是解决资源浪费和环境污染的重要途径。未来,通过建立完善的电池回收体系和技术,可以实现电池材料的循环利用,降低生产成本和对环境的影响。

(4) 多能源融合

多能源融合是车载储能系统未来发展的重要方向之一。通过将电池、超级电容器、飞轮储能系统等多种储能技术结合起来,可以充分发挥各自的优势,实现更高效、更可靠的能量管理。

总之,车载储能系统作为新能源交通工具的核心技术,正在不断发展和完善。随着科技的进步和市场需求的增加,车载储能系统将在未来发挥更加重要的作用,为实现可持续交通和清洁能源利用做出更大贡献。

1.6.2 电池管理系统

电池管理系统(Battery Management System,BMS)是电池组的核心管理机构,其主要功能是确保电池的安全、可靠和高效运行。BMS 在电动汽车、储能系统、消费电子等领域中发挥着至关重要的作用。BMS 是用于监测和管理电池组状态的电子系统,其主要功能包括电池状态监测、充放电控制、均衡管理、温度管理和故障诊断等。BMS 的目标是优化电池组的性能,延长电池寿命,确保使用安全。

在电池技术刚刚起步的早期阶段,电池管理主要依靠简单的电路控制和手动监测。这一时期的 BMS 功能有限,主要是为了防止电池过充电或过放电。随着电池技术和电子技术的发展,BMS 逐渐引入了微处理器和数字控制技术,能够实现更精确的电池状态监测和控制。尤其是在锂离子电池广泛应用之后,BMS 的重要性显著提升,功能也逐步完善。进入 21 世纪,随着物联网、大数据和人工智能技术的发展,BMS 逐渐向智能化方向发展。现代 BMS 不仅能够实时监测电池状态,还能通过数据分析和算法优化充放电过程,提高电池的使用效率和安全性。

电动汽车是 BMS 的主要应用领域之一。BMS 在电动汽车中起着关键作用,通过实时监测和管理电池状态,确保电动汽车的续驶里程和安全性能。BMS 还通过智能化控制充放电过程,提高电池的利用效率和寿命。储能系统用于将电能存储在电池中,以便在需要时释放。BMS 在储能系统中用于监测和管理电池状态,优化充放电策略,提高储能系统的效率和稳定性。储能系统广泛应用于电网调峰、分布式发电、家庭储能等领域。在手机、笔记本电脑、平板电脑等消费电子产品中,BMS 用于监测和管理电池状态,确保设备的续驶里程和安全性能。现代消费电子产品对电池的要求越来越高,BMS 通过优化电池管理策略,提升用户体验。在叉车、机器人、无人机等工业设备中,BMS 用于监测和管理电池状态,确保设备的可靠性和安全性。BMS 通过优化充放电过程,提高电池的利用效率和寿命，降低设备的运行成本。在便携式医疗设备中，BMS 用于监测和管理电池状态，确保设备的续驶里程和安全性能。医疗设备对电池的可靠性和安全性要求极高，BMS 通过实时监测和故障诊断，保障设备的正常运行。

由于动力电池能量和端电压的限制，电动汽车需要采用多块电池进行串、并联组合，但是鉴于动力电池特性的非线性和时变性，以及复杂的使用条件和苛刻的使用环境，对动力电池的监控与管理尤为重要。如果管理不善，不仅可能会显著缩短动力电池的使用寿命，还可能引起着火等严重安全事故，因此，动力电池管理系统成为电动汽车的必备装置。BMS 的主要任务及相应的传感器输入和输出控制见表 1-1。

常见动力电池管理系统的功能主要包括数据采集、数据显示、状态估计、热管理、数据通信、安全管理、能量管理（包括动力电池电量均衡功能）和故障诊断共 8 项，其中前 6 项为动力电池管理系统的基本功能。

1）数据采集是动力电池管理系统所有功能的基础，需要采集的数据信息有电池组总电压和电流、电池模块电压和温度。

2）数据显示部分是用户与电池系统之间的重要接口，它通过直观地展示电池的关键参数、状态和故障信息，使用户能够及时了解电池的运行情况，采取相应的措施，保障电池的安全、可靠运行，并提高电池的使用寿命和性能。

3）电池状态估计包括 SOC 估计和 SOH 估计，SOC 提供电池剩余电量的信息，SOH 提供电池健康状态的信息，目前的 BMS 都实现了 SOC 估计功能，但 SOH 估计技术尚不成熟。

4）热管理是指 BMS 根据热管理控制策略进行工作，以使电池组处于最优工作温度范围。BMS 的主要任务及相应的传感器输入和输出控制见表 1-1。

表 1-1 BMS 的主要任务及相应的传感器输入和输出控制

任务	传感器输入信号	执行器件
防止过充电	动力电池电压、电流和温度	充电器
避免过放电	动力电池电压、电流和温度	电动机控制器
温度控制	动力电池温度	热管理系统
动力电池电压和温度的均衡	动力电池电压、电流和温度	均衡装置
预测动力电池的 SOC 和剩余里程	动力电池电压、电流和温度	显示装置
动力电池诊断	动力电池电压、电流和温度	非在线分析装置

5）数据通信是指电池管理系统与整车控制器、电动机控制器等车载设备及上位机等非车载设备进行数据交换的功能。

6）安全管理是指电池管理系统在电池组的电压、电流、温度、SOC 等出现不安全状态时给予及时报警并进行断路等紧急处理。

7）能量管理是指对电池组充放电过程的控制，其中包括对电池组内单体或模块进行电量均衡。

8）故障诊断是指使用相关技术及时发现电池组内出现故障的单体或模块。

1.6.3 多动力系统能量管理

多动力系统（Hybrid Power System，HPS）能量管理是指在多个能量源之间进行协调、优化和控制，以实现高效、可靠和经济的能源利用。这种系统广泛应用于混合动力汽车、微电网、智能建筑和分布式发电等领域。

多动力系统的概念可以追溯到 20 世纪初期，当时的混合动力车辆（如蒸汽机车）就已经初步应用了多动力技术。然而，由于技术和成本的限制，早期的多动力系统并未得到广泛应用。随着电力电子技术、控制技术和材料科学的发展，多动力系统在 20 世纪后期开始进入实用阶段。尤其是在混合动力汽车领域，内燃机与电动机的结合显著提高了车辆的燃油效率和减排效果。进入 21 世纪，随着物联网、大数据和人工智能技术的发展，多动力系统逐渐向智能化方向发展。智能化的能量管理系统能够实时监测和控制各能量源的状态和输出，实现系统的自适应优化和故障诊断。

混合动力汽车是多动力系统的重要应用领域之一。混合动力汽车通过内燃机和电动机的结合，实现了高效的能量利用和排放控制。能量管理系统在混合动力汽车中起着关键作用，它通过优化内燃机和电动机的工作模式，提高车辆的燃油效率和动力性能。

在电动汽车实时运行中，能量管理策略对混合储能系统的功率分配起到至关重要的作用。能量管理策略需要在满足电动汽车负载需求的前提下，以提高电动汽车性能、减少锂电池寿命退化同时提高运行效率为目标，合理分配混合储能系统两个能量源所承担的负载功率。能量管理策略主要有 3 类方法，分别为基于规则的能量管理策略、基于优化的能量管理策略和基于人工智能的能量管理策略，见表 1-2。

表 1-2 不同策略的优缺点比较

策略	优点	缺点
基于规则的能量管理策略	实现简单、易于理解，适用于实时控制	灵活性不足，难以实现全局优化
基于优化的能量管理策略	能够实现系统的全局优化，灵活性强	计算复杂度高，适用实时控制的场景有限
基于人工智能的能量管理策略	自适应性强，智能化程度高，适应复杂的非线性问题	数据依赖性强，计算复杂度高

1）基于规则的能量管理策略通过一组预定义的规则来控制系统的运行，这些规则通常是基于经验或系统特性设定的。当系统处于不同的运行状态时，能量管理系统按照这些规则进行决策，调整各能量源的输出和负载分配。

2）基于优化的能量管理策略通过建立系统的数学模型，并定义一个或多个优化目标（如最小化能耗、最大化效率、最小化排放等），利用优化算法求解最优的能量调度方案。这类方法需要对系统的运行特性和约束条件进行详细建模，并选择合适的优化算法进行求解。

3）基于人工智能的能量管理策略通过利用人工智能技术，如机器学习、深度学习、强化学习等，学习和预测系统的运行状态和能量需求，自动生成和优化能量调度方案。这类方法不依赖于预定义的规则或固定的优化模型，而是通过数据驱动的方式进行决策和优化。多动力系统的能量管理策略可以分为基于规则的能量管理策略、基于优化的能量管理策略和基于人工智能的能量管理策略 3 类。每类策略都有其优缺点和适用场景。

在实际应用中，通常需要结合具体的系统特性和运行需求，选择和优化合适的能量管理策略，以实现多动力系统的高效、可靠和经济运行。未来，随着技术的不断进步，多动力系统的能量管理策略将更加智能化、优化和集成化，为实现可持续的能源利用和绿色发展提供重要支撑。

习题

一、选择题

1. 能够提高功率密度，同时减小体积、降低成本，对于提高电动车动力性能来说尤为重要的是（　　）。
   A. 电机高速化　　　　B. 平台化设计　　　　C. 多档减速器　　　　D. 高度集成化
2. 直流电机定子、转子分别由（　　）组成。
   A. 主磁极、电刷装置；转子铁心、转子绕组
   B. 转子铁心、转子绕组；电刷装置，换向器和转轴
   C. 电刷装置，换向器和转轴；主磁极、电刷装置
   D. 主磁极、换向极、机座、电刷装置；转子铁心、转子绕组、换向器和转轴
3. 变换器的损耗主要是（　　）。
   A. 开关损耗　　　　B. 导通损耗　　　　C. 变压器损耗　　　　D. 以上都是
4. 下列（　　）方法是通过改变定子绕组的接法来实现交流感应电机的调速。
   A. 改变供电频率　　B. 星–三角转换　　C. 改变转子电阻　　D. 变极调速

二、填空题

1. 基于来自加速和制动踏板的_____，车辆控制器向电力电子变换器给出正确的控制信号，变换器控制电动机与能源之间的功率流。起因于电动汽车再生制动所导致的_____，以及该再生能量可储存于能源之中，构成了有接收_____的能源。
2. 直流电机是实现机械能与直流电能之间相互转化的_____，由静止的定子和转动的转子组成，定、转子之间的间隙称为_____，定子由主磁极、换向极机座、电刷装置组成。转子由电枢铁心、_____、换向器和转轴组成。
3. 逆变系统是指将直流电能转变成_____或_____交流电的转换器，它由逆变桥、控制逻辑和_____组成。一般将直流电能输入部分简称为直流侧，交流输出部分称为交流侧。

三、问答题

1. 什么是电池管理系统（BMS）？它的主要功能是什么？

2. 车用电力电子器件主要有哪些？其优缺点分别是什么？

3. 电动汽车电驱动系统主要由哪几个子系统组成？各子系统的主要功能是什么？

4. 车用逆变系统的作用是什么？它主要由哪几部分组成？

四、综合实践题

1. MOSFET 的 I-V 特性测试

（1）目的

掌握 MOSFET 的输入（转移）特性曲线和输出特性曲线测试原理和测试方法。

（2）背景说明

在汽车电力装置中，功率 MOSFET 管通常是主要的电力器件之一，同时也是易损器件。掌握和分析功率 MOS 管的 I-V 特性能对汽车内的变换器工作具有重要意义。

（3）要求

1）学生需要详细记录驱动控制器安装拆解过程中的关键数据，包括安装时间、操作步骤、工具使用等。

2）掌握 MOSFET 的输入（转移）特性曲线和输出特性曲线测试原理和测试方法。

3）学习 Agilent4156C 半导体参数分析仪的使用方法。

4）利用 MOSFET 的输入（转移）特性曲线求跨导和阈值电压等。

5）利用绘图软件处理和分析实验数据。

6）学生个人需要根据实践项目的要求撰写实践报告。报告应包括项目目的、背景、实验过程、数据分析、优化方法和结果对比等内容。报告要求条理清晰、数据准确。

2. 电压型和电流型逆变电路的设计与性能测试

（1）目的

通过对逆变电路工作原理的学习，使用测量仪器对逆变电路进行测试和性能评估，掌握电压型逆变电路和电流型逆变电路的设计、搭建和测试方法，对其进行数据分析并优化逆变电路的性能，学习其性能特点和应用场景。

（2）背景说明

逆变电路是将直流电源转换为交流电源的关键装置，广泛应用于电动汽车、可再生能源系统和电力传输中。电压型逆变电路和电流型逆变电路是两种常见的逆变电路类型，各有其优缺点和应用场景。掌握这两种逆变电路的设计和测试方法，对于提高电力电子系统的性能具有重要意义。

（3）要求

1）详细记录电压型和电流型逆变电路驱动控制器安装和拆解过程中的关键数据，包括安装时间、操作步骤、工具使用等。

2）绘制并搭建实际的逆变电路，记录设计和搭建过程中的关键步骤和数据。

3）使用示波器、功率计和电流探头等测试仪器，测试电压型和电流型逆变电路的输入 – 输出特性，包括电压、电流波形和效率等。

4）使用绘图软件处理和分析实验数据，生成电压型和电流型逆变电路的输入-输出特性曲线，分析不同负载条件下逆变电路的性能差异。计算电压型和电流型逆变电路的效率和总谐波失真。

5）依据实验数据，提出优化电压型和电流型逆变电路性能的方法。比较优化前后的逆变电路性能，特别是效率和总谐波失真。

6）学生需要根据实践项目的要求撰写实践报告。报告内容应包括：电压型和电流型逆变电路的基本原理、驱动控制器安装和拆解过程、电路设计与搭建过程、实验数据的处理和分析、优化前后的实验数据、性能提升情况、总结实验的主要发现和成果。

参 考 文 献

[1] 王志福，张承宁. 电动汽车电驱动理论与设计[M]. 北京：机械工业出版社，2017.
[2] 李全，暴杰，赵慧超，等. 车用电驱动系统技术发展趋势及其技术要求[J]. 汽车实用技术，2021，46（23）：188-192.
[3] 戈宝军，梁艳萍，温嘉斌. 电机学[M]. 北京：中国电力出版社，2016.
[4] 李巍，刘阳，陈伟. 基于谐响应的大型异步电机电磁振动分析[J]. 电机与控制学报，2024，28（3）：123-130.
[5] 杨永喜，蔡蔚，赵慧超，等. 新能源汽车高速电机定子换位绕组优化设计[J]. 电机与控制学报，2023，27（10）：85-95.
[6] 任萍，朱景伟，赵燕，等. 基于双滑模控制器的开关磁阻电机调速策略[J]. 中国电机工程学报，2024，44（11）：4501-4513.
[7] 吴沛飞，杜泽晨，杨霏，等. 6500V SiC MOSFET模块测试与分析[J]. 中国电机工程学报，2022，42（3）：1081-1092.
[8] 何赟泽，邹翔，李孟川，等. 30V条件下功率MOSFET器件应力波理论与试验研究[J]. 中国电机工程学报，2021，41（16）：5683-5693.
[9] 梁美，郑琼林，可翀，等. SiC MOSFET、Si CoolMOS和IGBT的特性对比及其在DAB变换器中的应用[J]. 电工技术学报，2015，30（12）：41-50.
[10] 付永升，任海鹏. 一种新型可调驱动电压的SiC/Si混合开关驱动电路[J]. 中国电机工程学报，2024，44（7）：2774-2786.
[11] 朱琴跃，于逸尘，占岩文，等. 基于短时傅里叶变换和深度网络的模块化多电平换流器子模块IGBT开路故障诊断[J]. 电工技术学报，2024，39（12）：3840-3854.
[12] 申永鹏，刘迪，梁伟华，等. 三相桥式逆变电路电流检测方法综述[J]. 电工技术学报，2023，38（2）：465-484.
[13] 罗潇，於锋，丁雷青，等. 计及最小飞跨电容的单相三电平微型逆变器[J]. 电力电子技术，2022，56（4）：133-136.
[14] 冯清秀，邓星钟. 机电传动控制[M]. 武汉：华中科技大学出版社，2011.
[15] 沈世辉，曾洁，薛志红. 基于ZVS PWM的小功率车用电源功率变换器设计[J]. 电气自动化，2018，40（3）：20-22，115.
[16] 余紫薇，范越，赵建勇，等. 考虑供电半径延长的配电网用电力电子调压器控制策略[J]. 电力科学与技术学报，2022，37（3）：61-69.

[17] 高大威. 汽车驱动电机原理与控制 [M]. 北京：清华大学出版社，2022.

[18] 马泽宇，姜久春，文锋，等. 用于储能系统的梯次利用锂电池组均衡策略设计 [J]. 电力系统自动化，2014，38（3）：106-111.

[19] 李雨佳，欧阳权，刘灏仪，等. 基于支持向量机与改进高斯过程混合模型的车用电池容量预测方法 [J]. 电气工程学报，2024，19（1）：87-96.

[20] 陈欢，林程，熊瑞. 车用复合电源系统在线自适应能量管理 [J]. 电工技术学报，2020，35（S2）：644-651，660.

第 2 章 车用三相交流感应电机

感应电机（常称其为异步电机）通过电磁感应原理产生驱动转矩，在工程机械中应用广泛。其转速会随着负载的变化而变化，但调整范围较小。

本章介绍了感应电机的具体结构与绕组的组成等，在此基础上分析电动势和磁动势的产生机制，进而阐述感应电机的运行特性和启动与调速方法。

> **学习目标**
> 1. 学习车用三相交流感应电机的基本知识，包括基本结构和重要理论。
> 2. 学习交流绕组的构成原则，需具备计算和分析特定磁场中电动势和磁动势的能力。
> 3. 了解感应电机的运行特性。
> 4. 了解感应电机的启动与调速方法。

2.1 交流感应电机的结构和运行原理

车用三相交流感应电机被广泛应用于现代电动汽车和混合动力汽车中。与内燃机不同的是，交流感应电机依靠电磁感应原理将电能转换为机械能，从而驱动汽车行驶。感应电机具有效率高、结构简单、运行可靠、稳定性好和动态特性好等优势，因此在新能源汽车领域倍受青睐[1]。

三相交流感应电机主要由定子、转子、气隙 3 部分组成。定子是感应电机中静止的部件，同时是形成主磁路的一部分。转子是感应电机中的旋转部件，也是主磁路的一部分。定子、转子之间的间隙称为气隙，电机的能量主要储存于气隙之中。电机运行是基于电磁感应原理，在定子绕组中通入励磁电流产生旋转磁场，转子绕组在旋转磁场中产生感应电动势，进而产生感应电流并形成转子磁场。定转子间的磁场相互作用，从而产生电磁转矩。

2.1.1　交流感应电机的基本结构

1. 定子

定子由定子绕组、定子铁心、端盖、机座等组成。定子铁心作为电机的主体部分，参与磁路交换，常用厚 0.5mm 的硅钢片叠压而成。硅钢片的两侧涂有绝缘漆以减少涡流损耗。

在定子铁心上冲有形状大小相同、均匀分布的定子槽，用以嵌入定子绕组。梨形槽和平底槽是感应电机中常用的两种槽形，两者最大的区别于槽底形状的不同，其具体结构如图 2-1 所示。大多数小功率电机及 Y 系列的感应电机采用梨形槽结构，可以容纳更多的线匝，并且圆底可以改善电机轭部的磁密路径。对于大型的高压电机，若是采用成型绕组，平底槽结构将大大增加槽面积有效利用率，并且方便下线。另外，大型电机一般采用矩形开口或半开口槽，以便嵌入成型绕组。

定子绕组通常采用三相对称分布，每个相位的绕组均匀地分布在定子铁心的槽中，如图 2-2 所示。在三相交流感应电机中，每相绕组相隔 120° 电角度。定子绕组主要有两种分布方式：集中绕组和分布绕组。集中绕组在绕组分布上表现为同一线圈仅跨越 1 个齿，这种分布方式结构简单，可以减短绕组端部长度[2]；分布绕组在绕组分布上表现为同一线圈跨越多个齿，这种分布方式结构较为复杂，且绕组端部较长。分布绕组又可分为整距绕组和短距绕组，整距绕组每个线圈跨距等于 1 个极距，而短距绕组跨距小于 1 个极距。

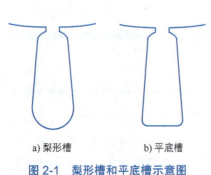

图 2-1　梨形槽和平底槽示意图

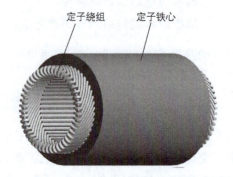

图 2-2　定子模型示意图

2. 转子

感应电机转子由转子铁心、转子绕组及转轴组成。其中，转子冲片如图 2-3 所示，同为磁通回路的一部分。转子铁心材料通常和定子铁心相同，结构上也相类似。转轴主要作用为连接转子铁心和负载，传递负载转矩。

感应电机转子结构分为笼型和绕线式两类。

（1）笼型转子结构

笼型转子绕组通常采用铝或铜制成，如图 2-4 所示。笼型

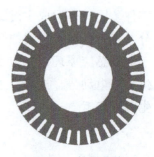

图 2-3　转子冲片

转子绕组由多个平行的导体条组成，导体条两端通过短路环连接起来，形成闭合的回路。鼠笼型转子具有简单、坚固，且维护成本低等优势。

（2）绕线式转子结构

绕线式转子绕组由多个线圈组成，线圈与转子铁心之间通过绝缘材料分隔开。与定子绕组相似，绕线式转子槽内同样嵌有绝缘线圈组成的三相绕组。绕组通过集电环和电刷连接到外部电路，如图 2-5 所示。这种设计允许通过变阻器调整转子回路的阻抗，从而改变电机的特性，适用于需要启动转矩大和启动电流小的场合。线圈的绕法可以有不同的连接方式，如星形联结、三角形联结等。

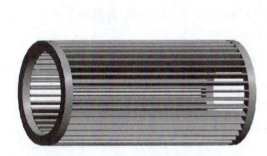

图 2-4　笼型转子绕组结构示意图　　图 2-5　绕线式转子异步电机电路示意图（星形联结）

笼型转子结构由于制造简单、可靠性高、成本低等优势，广泛应用于各种工、农业机械领域。而绕线式转子结构由于其有一定的可调性，适用于有特殊要求的场合。

3. 气隙

气隙为定、转子之间的间隙，双边长度大小为定子内径减转子外径。感应电机的气隙主磁场是由励磁电流所产生，励磁电流属无功电流，其越大，导致功率因数越低，所以一般中小型电机气隙选择 0.2～2mm 之间，高压大型电机可达到 2mm 以上。

2.1.2　三相交流感应电机的运行原理

在定子绕组中通入三相对称的交流电流，产生的旋转磁场通过气隙作用于转子导条。转子导条切割磁力线产生感应电动势，并在闭合回路中产生感应电流。感应电流在旋转磁场的作用下，在转子上产生转矩。静止转子在此转矩作用下会开始旋转并加速，由于转子无法达到同步速度，转子和旋转磁场之间将始终存在速度差，这个速度差称为转差。只有定、转子磁场之间存在速度差时，转子导体才会切割定子磁场的磁力线，并产生感应电流和转矩[3]。

1. 旋转磁场

当定子绕组中通入三相对称的交流电流时，每一相的电流会在各自的绕组中产生交变的磁场。由于三相电流之间存在相位差，这些磁场的合成效果会产生一个空间上旋转的磁场,即定子旋转磁场。这个旋转磁场的速度被称为同步转速,同步转速与电网的频率和电机的极数相关。

2. 感应电流

感应电机运行时,由于转子的转速与定子产生的旋转磁场转速不相等,闭合的转子回路中会产生感应电流。

3. 电磁转矩

转子感应电流产生的磁场与定子绕组产生的旋转磁场相互作用,产生电磁转矩。在额定负载工况继续增加转矩,且负载转矩不超过感应电机能承受的最大转矩时,感应电机会降低转速,以此产生更大的感应电流,从而增加电磁转矩,适应不同的负载转矩工况。具体过程如图 2-6 所示。D 点为额定负载工况,当负载转矩增加时,电机为了适应更大的负载转矩,转速会开始下降,运行状态从 D 点转换到 C 点,从而获得更大的驱动转矩。A 点为启动转矩,一般感应电机的启动转矩为额定转矩的 1.5 倍以上。B 点为最大转矩,即电机能够承受的最大负载转矩。

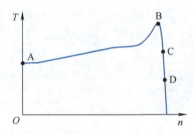

图 2-6 感应电机转矩 – 转速图

4. 交流感应电机调速

由于转子的旋转速度 n 恒小于同步转速 n_s,因此把这种电动机称为异步电机。转速差 $(n_s - n)$ 与同步转速 n_s 的比值称为感应电机的转差率,用 s 表示。感应电机的转速公式如下:

$$n = n_s(1-s) = \frac{60 f_1}{p}(1-s) \qquad (2-1)$$

式中,f_1 为定子绕组电流频率;p 为电机的极对数。

从物理本质上来分析,感应电机的运行和变压器相似:电能从电源输入定子绕组(一次线圈),通过电磁感应的形式,以旋转磁场作为媒介,传送到转子绕组(二次线圈)。感应电机在额定负载时,n 接近于 n_s,转差率 s 很小,一般为 0.015 ~ 0.060。

5. 交流感应电机运行状态

如图 2-7a 所示,当转差率 $0 < s < 1$,转子转速低于同步转速($0 < n < n_s$)时,定义定子产生的旋转磁场为逆时针旋转,此时电磁转矩的方向将与转子转向一致,即电磁转矩为驱动性质的转矩,处于电动机状态,如图 2-7b 所示;当转差率 $s < 0$,转子转速高于同步转速($n > n_s$)时,此时电磁转矩成为制动性质的转矩,处于发电机状态,如图 2-7c 所示;当转差率 $s > 1$,转子转速小于零($n < 0$)时,电磁转矩将表现为制动转矩,处于电磁制动状态。

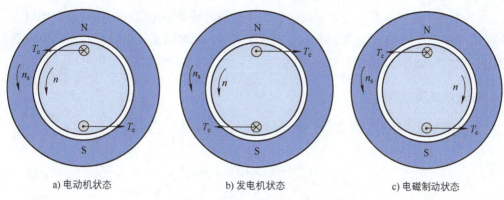

a) 电动机状态　　　　　　b) 发电机状态　　　　　　c) 电磁制动状态

图 2-7　交流感应电机的 3 种运行状态

2.1.3　交流感应电机的基本方程

1. 电压方程

（1）定子电压方程

定子绕组电压是由电源电压、主磁场和漏磁场感应的电动势以及定子电阻的电压降三者决定的。气隙旋转磁场以同步速度旋转，将在定子绕组内感应出一组频率为 f_1 的对称三相电动势 $\boldsymbol{E}_1$，即

$$\boldsymbol{U}_1 = -\boldsymbol{E}_1 + \boldsymbol{I}_1(R_1 + jX_{1\sigma}) \tag{2-2}$$

式中，$\boldsymbol{U}_1$ 为电源电压；$\boldsymbol{I}_1$ 为定子电流；R_1 为定子电阻；$X_{1\sigma}$ 为定子漏电抗。而三相电动势 $\boldsymbol{E}_1$ 为

$$\boldsymbol{E}_1 = -\boldsymbol{I}_m Z_m \tag{2-3}$$

式中，$\boldsymbol{I}_m$ 为励磁电流；Z_m 为励磁阻抗，$Z_m = R_m + jX_m$。

（2）转子电压方程

在转子绕组中，主磁场感应电动势、漏磁场电动势和电阻电压降三者之和与端电压 U_2 相平衡。气隙主磁场除了在定子绕组内产生感应电动势 $\boldsymbol{E}_1$，还将在转子绕组内感应出转差频率为 $f_2 = sf_1$ 的电动势 $\boldsymbol{E}_{2s}$，$\boldsymbol{E}_{2s}$ 的有效值 E_{2s} 为

$$E_{2s} = 4.44 s f_1 N_2 k_{w2} \Phi_m \tag{2-4}$$

式中，N_2 为转子绕组匝数；k_{w2} 为转子基波绕组因数；Φ_m 为感应电机主磁通。

当转子静止不转时，转子每相的感应电动势 E_2 为

$$E_2 = 4.44 f_1 N_2 k_{w2} \Phi_m \tag{2-5}$$

当转子转动时，主磁场在转子绕组中的感应电动势频率不再是电源频率 f_1，而是与转

差率 s 成正比的 f_2，同时感应电动势的大小也变为 $E_{2s}=sE_2$。这表明转子感应电动势的有效值 E_{2s} 与转差率 s 成正相关。随着 s 的增加，主磁场与转子绕组之间的相对速度也增大，从而导致 E_{2s} 增大。在电动机正常运行时，s 通常很小，此时转子绕组中感应电动势频率 f_2 为 $1\sim 3\mathrm{Hz}$，感应电动势 E_2 也相对较小。

2. 等效电路和相量图

定子电压方程、转子电压方程、电动势方程和绕组归算方程为

$$\begin{cases} U_1 = -E_1 + I_1(R_1 + \mathrm{j}X_{1\sigma}) \\ E_2' = I_2'\left(\dfrac{R_2'}{s} + \mathrm{j}X_{2\sigma}'\right) \\ E_1 = E_2' = -I_\mathrm{m} Z_\mathrm{m} \\ I_\mathrm{m} = I_1 + I_2' \end{cases} \quad (2\text{-}6)$$

式中，E_2' 为转子感应电动势；I_2' 为转子电流；R_2' 为转子回路电阻；$X_{2\sigma}'$ 为转子漏电抗。

由此可画出 T 形等效电路，如图 2-8 所示，等效电路和基本方程是完全等效的，便于求解等效电路计算电动机在运行状态下的性能。需要注意的是，图 2-8 中电压、电流均为相电压、相电流。

在空载工况时，转子转速接近于同步转速，转差率 s 接近于 0，$R_2' + \dfrac{1-s}{s}R_2' = \dfrac{R_2'}{s}$ 趋向于无穷大，转子相当于开路，此时电流几乎都是励磁电流。在负载工况时，定子的电流和漏抗压降增大，E_1 和主磁通比空载工况略小。

用相量图可以直观地看到感应电机中各电磁量的大小和相位关系。如图 2-9 所示，可见 U_1、$-E_1$、I_1R_1、$\mathrm{j}X_{1\sigma}I_1$ 这 4 个相量构成的多边形表示了定子电压关系。E_2'、$\dfrac{I_2'R_2'}{s}$、$\mathrm{j}I_2'X_{2\sigma}'$ 构成的直角三角形代表转子电压平衡关系。I_1、I_2'、I_m 这 3 个相量构成的平行四边形代表磁动势的平衡关系。其中，α_Fe 为 I_m 超前于 Φ_m 的铁耗角

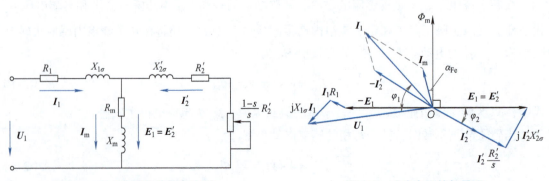

图 2-8　感应电机的等效电路图　　　图 2-9　感应电机的相量图

3. 功率方程

如图 2-10 所示，电源给三相感应电机的输入功率为 P_1。其中，一部分作用于定子绕组电阻产生定子铜耗 p_{Cu1}，剩下的部分作用于定子铁心产生铁耗 p_{Fe}，余下的大部分功率将通过气隙传送到转子，这部分功率称为电磁功率，用 P_e 表示。上述关系可表述为

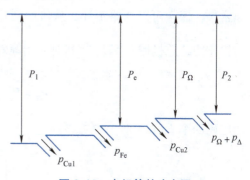

图 2-10 电机等效功率图

$$P_1 = p_{Cu1} + p_{Fe} + P_e \quad (2\text{-}7)$$

式中，P_1 为电机输入功率；p_{Cu1} 为定子铜耗；p_{Fe} 为铁耗，P_e 为电磁功率。由电源供给电动机的输入功率 P_1 为

$$P_1 = m_1 U_1 I_1 \cos\varphi_1 \quad (2\text{-}8)$$

式中，m_1 为电机定子相数；φ_1 为电源电压 U_1 超前定子电流 I_1 的相位角，即功率因数角。

输入功率的一部分消耗于定子绕组电阻 R_1 上，电流通过定子绕组时，电阻产生的功率消耗称为定子绕组铜耗，主要以散热形式散发，可表示为

$$p_{Cu1} = m_1 I_1^2 R_1 \quad (2\text{-}9)$$

式中，R_1 为定子绕组直流电阻。

另一部分损耗发生在定子铁心，主要是涡流和磁滞损耗，由于转子转速与基波磁场转速几乎相同，因此转子铁心的损耗可以忽略不计。总铁损耗则对应于等效电路中 R_m 上的损耗，即

$$p_{Fe} = m_1 I_m^2 R_m \quad (2\text{-}10)$$

式中，R_m 为励磁电阻。

由等效电路可知电磁功率 P_e 为

$$P_e = m_1 E_2' I_2' \cos\varphi_2' = m_1 I_2'^2 \frac{R_2'}{s} \quad (2\text{-}11)$$

式中，R_m 为励磁电阻；R_2' 为转子绕组直流电阻（折算值）；$\cos\varphi_2'$ 为转子的内功率因数，$\varphi_2' = \arctan\dfrac{X_{2\sigma}'}{R_2'/s}$。

电磁功率 P_e 中的一部分会在转子电阻上消耗并转变为热能，其能量同样以热的形式散发出去，称为转子铜耗 p_{Cu2}，其计算式为

$$p_{Cu2} = m_1 I_2'^2 R_2' \quad (2\text{-}12)$$

在正常运行情况下，转差率较小导致转子中磁通的变化频率很低，因此转子中的铁耗

非常小，通常可以忽略不计。从传送到转子的电磁功率 P_e 中扣除铜耗 p_{Cu2}，即可得到转换为机械能的总机械功率 P_Ω，其对应于等效静止转子中附加电阻 $\dfrac{1-s}{s}R_2'$ 上消耗的功率，即

$$P_\Omega = P_e - p_{Cu2} = m_1 I_2'^2 \dfrac{1-s}{s} R_2' \qquad (2\text{-}13)$$

用电磁功率 P_e 表示时，也可写成

$$\begin{cases} p_{Cu2} = sP_e \\ P_\Omega = (1-s)P_e \end{cases} \qquad (2\text{-}14)$$

式（2-14）表明，转子的电磁功率 P_e 中，s 部分变为转子铜耗，$(1-s)$ 部分转换为总机械功率 P_Ω。由于转子铜耗等于 sP_e，因此也被称为转差功率。从 P_Ω 中扣除转子的机械损耗 p_Ω 和杂散损耗 p_Δ，可得轴上输出的机械功率 P_2 为

$$P_2 = P_\Omega - (p_\Omega + p_\Delta) \qquad (2\text{-}15)$$

式中，P_Ω 为总机械功率；p_Δ 为杂散损耗；p_Ω 为转子机械损耗。

在小型的笼型感应电机中，满载时的杂散损耗 p_Δ 可达输出功率的 1~3%。

4. 转矩方程和电磁转矩

将式（2-15）除以机械角速度 Ω，可以得到转子的转矩方程：

$$T_e = T_0 + T_2 \qquad (2\text{-}16)$$

式中，T_e 为电磁转矩；T_0 为与机械损耗和杂散损耗相对应的阻力转矩，若忽略杂散损耗，其可代表为空载转矩；T_2 为电动机的输出转矩。

电磁转矩、空载转矩及输出转矩可分别表示为

$$\begin{cases} T_e = \dfrac{P_\Omega}{\Omega} \\ T_0 = \dfrac{p_\Omega + p_\Delta}{\Omega} \\ T_2 = \dfrac{P_2}{\Omega} \end{cases} \qquad (2\text{-}17)$$

由于总机械功率 $P_\Omega = (1-s)P_e$，转子的机械角速度 $\Omega = (1-s)\Omega_s$，因此电磁转矩 T_e 就等于

$$T_e = \dfrac{P_\Omega}{\Omega} = \dfrac{P_e}{\Omega_s} \qquad (2\text{-}18)$$

可以看出，电磁转矩可以通过总机械功率或电磁功率来计算。若使用总机械功率来求电磁转矩，需要将其除以转子的机械角速度。而若用电磁功率 P_e 求电磁转矩 T_e 时，则需要除以旋转磁场的同步角速度，因为电磁功率通过气隙旋转磁场传送到转子。考虑到电磁功率：

$$\begin{cases} P_e = m_1 E'_2 I'_2 \cos\varphi_2 \\ E'_2 = \sqrt{2}\pi f_1 N_1 k_{w1} \Phi_m \\ I'_2 = \dfrac{m_2 k_{w2} N_2}{m_1 k_{w1} N_1} I_2 \\ \Omega_s = 2\pi f_1 / p \end{cases} \quad (2\text{-}19)$$

将式（2-19）代入式（2-18）中，经过整理可以得到

$$T_e = \frac{1}{\sqrt{2}} p m_2 N_2 k_{w2} \Phi_m I_2 \cos\varphi_2 = C_T \Phi_m I_2 \cos\varphi_2 \quad (2\text{-}20)$$

式中，C_T 为三相感应电机的转矩常数，$C_T = \dfrac{1}{\sqrt{2}} p m_2 N_2 k_{w2}$。

式（2-20）表明，电磁转矩与气隙主磁通 Φ_m 和转子电流的有功分量 $I_2 \cos\varphi_2$ 成正比，因此增加转子电流的有功分量，可使得电磁转矩增大。

2.2 交流感应电机绕组的构成原则和分类

交流感应电机是利用交流电在定子绕组中产生的旋转磁场来驱动电机旋转，其构成原则是[4]：

1）合成电动势与合成磁动势的波形要接近于正弦波形且幅值大。
2）三相绕组的布置均匀，确保磁场的对称性，电阻、电抗平衡。
3）绕组的匝数和线径需要根据电机的额定电压和额定电流进行设计，以减少铜的用量并降低电机铜耗。
4）绝缘根据实际工况设计，要求机械强度高、耐压等级高、散热工艺好。

电机的绕组分布直接关系到其产生旋转磁场的能力，进而影响电机的启动特性、效率和输出功率。定子绕组的设计必须考虑到电流的平衡、磁场的波形及铜损和铁损的优化。转子绕组的设计则需兼顾启动特性、转差和运行效率。

2.2.1 感应电机绕组的基本参数

交流感应电机的绕组分布是指电机内部线圈的排列方式，排列方式会影响电机的电磁性能和运行效率。绕组在设计过程中有几个重要的参数。

1. 极距 τ

电机的极距是指每极所占铁心圆周表面的距离。定子极距以定子铁心内圆表面计算，转子极距则以转子铁心外圆表面计算。式（2-21）为极距的两种表示方法：一种以长度表示；另一种则以槽数表示，习惯上以槽数表示。

$$\begin{cases} \tau = \dfrac{\pi D_\mathrm{i}}{2p} \\ \tau = \dfrac{Q}{2p} \end{cases} \quad (2\text{-}21)$$

式中，D_i 为定子铁心内径；Q 为定子槽数。

2. 节距

电机绕组每个线圈两元件边之间所跨占的铁心槽数称为节距，也称跨距，常用 y 来表示。当节距等于极距时称为整距绕组，又称为全距绕组，即 $y = \tau$；节距小于极距时称为短距绕组，即 $y < \tau$；节距大于极距时称为长距绕组，即 $y > \tau$。短距绕组具有端部较短和功率因数较高等优点，因此在常见的双层叠绕组中大多采用短距绕组。

3. 每极每相槽数

每极每相槽数是指每相绕组在每一个磁极内所占的槽数，用 q 表示。

$$q = \dfrac{Q}{2pm} \quad (2\text{-}22)$$

式中，m 表示电机相数，对三相电机而言，$m = 3$。

交流绕组可按相数、绕组层数、每极每相槽数和绕法来分类，从相数上可分为单相和多相绕组；从槽内线圈边数可分为单层和双层绕组；从每极每相槽数分为整数槽和分数槽；从绕法上分为集中式绕组和分布式绕组。

2.2.2 三相单层绕组

三相交流感应电机单层绕组在每个定子槽内只放置一层线圈，如图 2-11 所示，整个绕组的线圈数等于总槽数的一半。单层绕组的优点包括结构简单、制造成本低、维修简单等；缺点是由于每个定子槽只有一层线圈，会有较大的漏磁和谐波损失[5]。

在三相交流感应电机中，每一相的绕组通常都是均匀分布在整个定子铁心的槽中，这样可以确保当电流流过绕组时，产生均匀的旋转磁场。

以三相二极 24 槽的定子同心式绕组为例，其绕组由不同节距的同心线圈组成。按照最大电动势原则，将定子可以分为 6 个相带，每个相带内有 4 个槽，见表 2-1。根据表内的槽号画出三相二极 24 槽的 U 相绕组展开图，如图 2-12 所示。1-12 相连，组成一个大线圈；2-11 相连，组成一个小线圈，即可得到一个同心式线圈组；再将 13-24 相连、14-23 相连，组成另一个同心式线圈组；最后将这两个线圈组反连，尾端 11 和 23 相连，首端 1 和 13 引出，即得 U 相的首段 U_1 和尾端 U_2。同理，可以得 V、W 两相绕组。

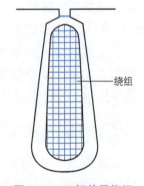

图 2-11 三相单层绕组示意图

表 2-1　三相二极 24 槽电机槽号排列表

相带	U_1	W_2	V_1	U_2	W_1	V_2
槽号	23、24 1、2	3、4 5、6	7、8 9、10	11、12 13、14	15、16 17、18	19、20 21、22

同心式绕组主要用于两极的小型感应电机，端部重叠层数少，便于散热。单层绕组常用的线圈组合还有链式绕组和交叉式绕组，链式绕组容易大批量生产，但缺陷为绕组端部较长，电磁性能一般；交叉式绕组各方面性能均较优秀，但其生产成本较高、工艺较难，且因其特殊结构，散热条件较差。

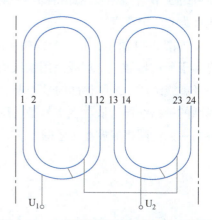

图 2-12　U 相单层同心式定子绕组展开图

2.2.3　三相双层绕组

三相交流感应电机双层绕组是指在电机的定子铁心的每个槽中放置两层线圈，通过层间绝缘将两个线圈分隔开。槽锲为安装槽纸预留的位置，便于固定槽纸[6]。如图 2-13 所示。这种绕组形式相比于单层绕组，提供了更高的灵活性和更好的电磁性能，包括更低的漏磁和谐波损失以及更高的槽内空间利用率。

对于相带及其划分，以 U 相为例，由于 $q = 4$，故每个极下 U 相应有 4 个槽，整个定子中 U 相共有 16 个槽。通常把每个极下每相所占的区域称为相带。为使每相的合成电动势最大，在第一个 N 极下选取 1～4 共 4 个槽作为 U_1 相带；在第一个 S 极下选取 13～16 共 4 个槽作为 U_2 相带（U 相的负相带）。把属

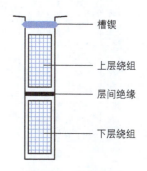

图 2-13　三相双层绕组示意图

于同一相带内的 1～4 这 4 个槽中的线圈串联起来所组成的线圈组，称为极相组。1～4 这 4 个槽为相邻槽，槽内相量参数间的夹角最小，故串联以后极相组的合成电动势为最大。13～16 槽分别与 1～4 槽相隔 180° 电角度，这 4 个槽中的线圈将组成另一个极相组。在第二对极下选取 25～28 共 4 个槽作为 U_1 相带，37～40 槽作为 U_2 相带，见表 2-2。最后，根据给定的支路数，把这 4 个极相组按照一定的规律连接起来，即可得到 U 相绕组。

表 2-2　三相四极 48 槽电机槽号排列表

相带	U_1	W_2	V_1	U_2	W_1	V_2
槽号 （第一对极下）	1、2 3、4	5、6 7、8	9、10 11、12	13、14 15、16	17、18 19、20	21、22 23、24
槽号 （第二对极下）	25、26 27、28	29、30 31、32	33、34 35、36	37、38 39、40	41、42 43、44	45、46 47、48

同理，在距离 U 相 120° 电角度（相隔 8 个槽）处选取 9～12 槽和 21～24 槽，作为第

一对极下的 V_1 相带和 V_2 相带（即 V 相的负相带），33~36 槽和 45~48 槽，作为第二对极下的 V_1 相带和 V_2 相带，即可组成 V 相绕组。在距离 U 相 240° 电角度出选取 17~20 槽和 41~44 槽，以及 5~8 槽和 29~32 槽分别作为 W_1 相带和 W_2 相带（即 W 相的负相带），即可组成 W 相绕组。由此得到一个对称的三相绕组，这个绕组的每个相带各占 60° 电角度，故称为 60° 相带绕组。

如图 2-14 所示，是一个三相 4 极 48 槽的双层叠绕组 U 相展开图，整个绕组的线圈数应等于所占槽数。上层线圈用实线表示，下层线圈用虚线表示，每个线圈都由一半实线和一半虚线组成，线圈顶部的号码表示线圈号。由于线圈的极距为 12、节距为 10，所以 1 号线圈的一条线圈边嵌放在 1 号槽上层时，另一条线圈边应在 11 号槽的下层。同理，2 号线圈的一条线圈边嵌放在 2 号槽上层时，另一条线圈边应在 12 号槽的下层，以此类推。

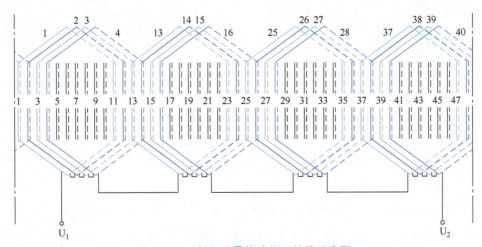

图 2-14　三相双层叠绕式绕组接线示意图

在双层绕组中，每个槽包含一个上层线圈和一个下层线圈，可以是同一相的不同部分，也可以是不同相的线圈。这样的布局使得线圈更容易设计出不同的极数和绕组连接方式，进而提供不同的电机性能特点。双层绕组设计还可以减少谐波影响、提高电机的效率和转矩性能[7]。

在设计时，双层绕组允许更多的线圈组合和排列方式，使得电机设计者能够针对特定的应用需求调整绕组设计，以达到所需的电机特性。在一些特殊应用中，双层绕组形式可以设计出特殊的绕组组合来实现变速或者多速运行。

阅读・思考

发展新能源汽车是我国从汽车大国迈向汽车强国的必由之路，是应对气候变化、推动绿色发展的战略举措。自 2012 年国务院发布《节能与新能源汽车产业发展规划（2012—2020 年）》以来，我国坚持电驱动战略取向，新能源汽车产业发展取得了巨大成就，成为世界汽车产业发展转型的重要力量之一。与此同时，我国新能源汽车发展也面临核心技术创新能力不强、质量保障体系有待完善、基础设施建设仍显滞后、产业生态尚不健全、市场竞争日益加剧等问题。为推动新能源汽车产业高质量发展,加快建设汽车强国,制定本规划。

到2025年,我国新能源汽车市场竞争力明显增强,动力电池、驱动电机、车用操作系统等关键技术取得重大突破,安全水平全面提升。纯电动乘用车新车平均电耗降至12.0kW·h/100km,新能源汽车新车销售量达到汽车新车销售总量的20%左右,高度自动驾驶汽车实现限定区域和特定场景商业化应用,充换电服务便利性显著提高,力争经过15年的持续努力,我国新能源汽车核心技术达到国际先进水平,质量品牌具备较强国际竞争力。纯电动汽车成为新销售车辆的主流公共领域用车全面电动化,燃料电池汽车实现商业化应用,高度自动驾驶汽车实现规模化应用,充换电服务网络便捷高效,氢燃料供给体系建设稳步推进,有效促进节能减排水平和社会运行效率的提升。

——摘自《新能源汽车产业发展规划(2021—2035年)》

想一想1:感应电机在车用电机中的应用。

感应电机具有结构简单、成本较低、维护方便和可靠性高等优点,在纯电动汽车和混合动力汽车的驱动系统中得到了广泛的应用。你知道感应电机在车用电机中的应用有何优势和挑战吗?

想一想2:感应电机在高温环境下的应用。

在高温环境中,感应电机的材料选择尤为重要,绕组绝缘材料和轴承润滑剂必须能够承受高温而不降解,以确保电机的长期可靠运行。你知道感应电机在高温环境下的应用及采取的相关技术方案吗?

想一想3:感应电机在不同领域中的应用。

感应电机凭借其高可靠性和低维护成本,展现出良好的应用前景,在电动汽车、轨道交通、船舶及航空领域有着广泛应用。你知道感应电机在这些领域中的应用优势和发展趋势是什么吗?

2.3 交流感应电机绕组的电动势

前面阐明了三相绕组的构成,下面将引出气隙磁场为正弦分布时交流绕组的感应电动势。在交流感应电机中,当交流电流通过定子绕组时,会产生一个随时间变化的磁场。变化的磁场在穿过转子绕组时,会在转子绕组中感应出电动势。电动势的大小和相位取决于电源的频率、绕组的匝数以及磁场的强度。

2.3.1 导体的感应电动势

导体的感应电动势是指在导体中因为磁场的变化而产生的电动势,产生电动势的那部分导体相当于电源。这一现象是由法拉第电磁感应定律描述的,它揭示了电动势的产生与磁场变化之间的关系。导体的感应电动势可以通过几种不同的方式产生[8]。

1) **移动导体**：导体在磁场中移动时，导体切割磁场线，导致导体两端产生感应电动势。

2) **变化磁场**：穿过导体的磁场强度随时间变化时，即便导体静止不动，也会在导体中产生感应电动势。

3) **变化面积**：如果导体回路的面积在磁场中变化，即使磁场强度保持不变，也会产生感应电动势。

4) **变化方向**：当导体相对于磁场的方向改变时，会产生感应电动势。

电路中存在电源，是闭合电路中产生电流的必要条件。在电磁感应现象中，既然闭合电路中存在感应电流，这个电路中就相应存在电动势。即使电路断开，没有感应电流，也存在电动势。若电机为 p 对极，则转子每旋转 1 周，定子导体中的感应电动势将交变 p 次。设转子的转速为 n（单位为 r/min），则感应电动势的频率为

$$f = \frac{pn}{60} \tag{2-23}$$

电角度是相对于电机运行周期的一个角度度量，而槽距电角度则用来描述电机内部结构与电磁场之间的关系，是相邻槽之间导体感应电动势相差的相位对应角度。

$$\alpha_1 = \frac{p \times 360°}{Q} \tag{2-24}$$

式中，α_1 为槽距电角度。

交流感应电机绕组的电动势是由变化的磁场在导体中产生的，可以通过法拉第电磁感应定律来描述该现象：

$$e = -N\frac{\mathrm{d}\Phi}{\mathrm{d}t} = B_1 l v \sin\omega t \tag{2-25}$$

式中，e 是感应电动势；N 是绕组匝数；$\frac{\mathrm{d}\Phi}{\mathrm{d}t}$ 是磁通量随时间的变化率；Φ 是穿过线圈的磁通量；t 是时间；B_1 是气隙磁场的幅值；l 是导体长度；v 是导体的运动速度。

由于定子磁场是旋转的，磁通量 Φ 随时间变化，从而在每个线圈中产生电动势。由单根导线组成的闭合电路可以看作只有一匝的线圈，如果线圈的匝数为 N，每匝线圈中的感应电动势都是 $\frac{\Delta\Phi}{\Delta t}$，当 N 匝线圈串联在一起时，整个线圈中的感应电动势 $E = N\frac{\Delta\Phi}{\Delta t}$。因此，为获得较大的感应电动势，常采用多匝线圈。

以 4 极 36 槽三相双层绕组感应电机为例，如图 2-15 所示，1 号导体感应电动势为相量 1，2 号导体和 1 号导体电动势相位差 20°，磁场的方向决定超前还是滞后，现假定为滞后，3 号导体电动势再滞后 20°，依次画出 1 对极下 18 个槽导体的电动势相量。19 号槽与 1 号槽空间差 1 对极，空间电角度相差 360°，故电动势相位差 360°，因此相量 1 和相量 19 重合。

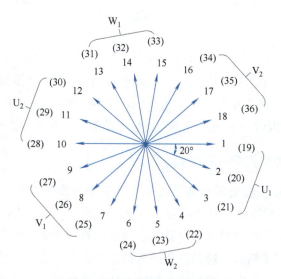

图 2-15 导体电动势星形图

2.3.2 线圈的电动势与节距因数

三相交流电通过绕组时,每个绕组都会产生交变的磁通量,这 3 个交变的磁通量合成一个时间上变化且空间上旋转的总磁通量。根据法拉第电磁感应定律,旋转磁场会在定子线圈中感应出交变的电动势。

单层绕组或双层绕组均由线圈构成。线圈的节距 y 通常为整距或短距。如图 2-16 所示,按电动势图所规定的参数方向计算线圈的感应电动势时,线圈电动势 E_{c1} 应为构成线圈的两根导体感应电动势之间相量差,设上层导体电动势为 E_1,下层导体电动势为 E_1',则线圈电动势 E_{c1} 为

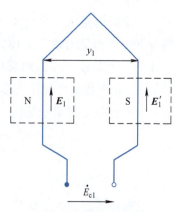

图 2-16 匝电动势线圈

$$E_{c1} = E_1 - E_1' \qquad (2\text{-}26)$$

因各导体感应电动势有效值均相等,设为 E_1,感应电动势相位差可由电动势星形图决定。当线圈节距为 y_1 时,线圈两边导体感应电动势相位差为 $\gamma = \dfrac{y_1}{\tau} \times 180°$。

三相交流感应电机的节距因数是评估电机绕组中线圈的节距对电机性能影响的重要参数,如图 2-17 所示,为一个短距线圈的两个导体电动势的向量关系,由图中的几何关系可知

$$E_{c1} = 2E_1 \cos\frac{1}{2}\left(180° - \frac{y_1}{\tau}180°\right) = 2E_1 \sin\frac{y_1}{\tau}90° = 4.44 f \Phi_1 K_{p1}$$

$$(2\text{-}27)$$

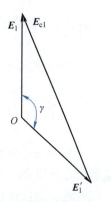

图 2-17 匝电动势相量图

$$K_{p1} = \sin\frac{y_1}{\tau}90° \qquad (2\text{-}28)$$

式中，K_{p1} 是节距因数。

式（2-28）表明，当线圈为整距时，即 $y_1 = \tau$，电动势相位差为 $180°$，此时节距因数 $K_{p1} = \sin 90° = 1$，线圈基波电动势为最大值。但若 $y_1 \neq \tau$ 时，$K_{p1} < 1$，即线圈电动势将减小到 K_{p1} 倍。因此，节距因数代表线圈短距后感应电动势与整距时感应电动势的比值。

2.3.3 分布绕组的电动势与分布因数

电动势的大小与旋转磁场的磁通量密度、绕组中线圈的匝数以及磁场的旋转速度有关。在理想情况下，若旋转磁场完全均匀，则绕组中感应出的电动势将是标准的正弦波形。由于绕组的分布、铁心的饱和特性以及其他非线性因素的影响，因此实际感应出的电动势与会理想的正弦波形有所偏离。通过优化绕组的设计，采用分数槽绕组、改善绕组的分布比例等措施，可以在一定程度上减少这种偏离，使电动势波形更加正弦，进而提高电机的效率和性能。

一个线圈组由 q 个分布线圈构成，利用电动势星形图来确定其电动势。q 个整距线圈感应电动势相量图如图 2-18 所示，图中每个线圈的电动势为 E_{y1}，彼此之间的相位差即为相邻槽电角度 α_1。线圈组感应电动势为大小相等、彼此差电角度 α_1 的 q 个线圈电动势的相量和。q 个相量可视作正多边形的一部分，作正多边形的外接圆，并以 R 表示外接圆的半径，可得线圈组电动势为

$$E_{q1} = 2R\sin\frac{q\alpha_1}{2} \qquad (2\text{-}29)$$

且线圈电动势 E_{y1} 为

$$E_{y1} = 2R\sin\frac{\alpha_1}{2} \qquad (2\text{-}30)$$

由式（2-29）和式（2-30）可知

$$E_{q1} = E_{y1}\frac{\sin\dfrac{q\alpha_1}{2}}{\sin\dfrac{\alpha_1}{2}} \qquad (2\text{-}31)$$

三相交流感应电机的分布因数，是指绕组中每个匝数所受到磁通量的影响，其决定了磁通量在绕组中的分布。与理想的集中绕组相比，其产生的磁动势波形会有所不同。

分布因数的计算公式为：

$$K_{d1} = \frac{\sin\frac{q\alpha}{2}}{q\sin\frac{\alpha}{2}} \quad (2\text{-}32)$$

式（2-32）表明，当绕组为集中式时，分布因数为 1；当绕组为分布式时，分布因数总是小于 1，这会导致电机的磁动势波形畸变，降低电机的效率和性能。在设计电机时，通常会优化绕组布局，提高分布因数，减少波形的畸变。

2.3.4 相电动势和线电动势

在三相感应电机中，相电动势和线电动势是关键的电气参数，它们描述了电机内部和外部连接点之间的电压差。这两种电动势之间的关系对于电机的设计、操作和故障诊断至关重要。

相电动势是指电机单个绕组两端的电压。在三相系统中，有 3 个相电动势，彼此之间存在 120° 的相位差。线电动势是指连接电机与电源之间两条线之间的电压。在三相系统中，有 3 个线电动势，彼此之间同样存在 120° 的相位差。

以三相 4 极 36 槽绕组为例，$\alpha_1 = 30°$，$q = 3$。如图 2-18 所示，根据线圈电动势图形的几何关系，可以得出线圈组有效值为

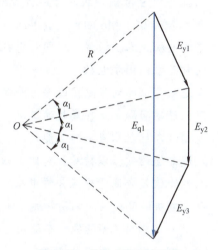

图 2-18 分布式绕组电动势

$$E_{q1} = 2 \times \frac{E_{y1}}{2\sin\frac{\alpha_1}{2}}\sin\frac{q\alpha_1}{2} = qE_{y1}\frac{\sin\frac{q\alpha_1}{2}}{q\sin\frac{\alpha_1}{2}} = qE_{y1}k_{d1} \quad (2\text{-}33)$$

故得线电动势为

$$E_{q1} = qE_{y1}k_{d1} = 4.44qN_c k_{p1} k_{d1} f\Phi_1 \quad (2\text{-}34)$$

通常将节距系数与分布系数的乘积称为基波绕组系数，表示考虑短距与分布影响时，线圈组电动势的修正系数，即

$$k_{w1} = k_{p1}k_{d1} \quad (2\text{-}35)$$

由电路原理可知，每一并联支路电动势相等，而每一支路所串联的线圈组电动势都是同大小、同相位的，故相电动势有效值为

$$E_{\varphi 1} = qN_1 E_{y1} k_{d1} = 4.44qN_a N_c k_{p1} k_{d1} f\Phi_m \quad (2\text{-}36)$$

式中，N_a 为每相串联匝数；N_c 为每个线圈的匝数。

由于线圈是每极下一个相带 q 个线圈串联构成，因此线圈组也称为极相组。若干个线

圈组串联为一相,因线圈组之间感应电动势没有相位差,因此,只需要将 E_{q1} 再乘以串联组数即可得到相电动势,即

$$E_{\varphi 1} = 4.44 f N_a \Phi_1 k_{w1} \tag{2-37}$$

阅读·思考

特斯拉的早期车型多采用感应电机（Roadster 等），2019 款的海外特斯拉 Model3 在单电机版本上依然搭载了感应电机,在双电机版本上则搭载前驱永磁同步电机搭配后驱感应电机。2019 款国产版的特斯拉 Model3 单电机版本则搭载的是永磁同步电机。现阶段,特斯拉 Model3、ModelY、ModelS、Model X 等车型均在单电机版本上搭载永磁同步电机,在双电机版本上搭载永磁同步电机＋感应电机。新款特斯拉 ModelS Plaid 三电机版本搭载的都是永磁同步电机。总体来看,特斯拉的驱动电机配置的趋势是数量越来越多,性能越来越强,永磁同步电机的渗透率越来越高。弱磁控制问题、反电动势问题、高温振动环境下的退磁问题都是在高转速工况下的局限性,这些因素解释了为什么搭载永磁同步电机的电动汽车往往零百加速性能优越,但是高速巡航工况下的二次加速疲软、峰值车速有限以及超高速巡航难以持续。对比永磁同步电机与交流感应电机的效率图,可发现永磁同步电机的峰值效率高于感应异步电机,但是高效区间更多集中在转速相对较低的区域,而感应异步电机的高效区间向高转速区域延伸的更多。

——摘自《新能源汽车驱动电机行业研究：市场空间、发展趋势和产业链拆解》

想一想1：感应电机与永磁同步电机的比较

特斯拉的驱动电机配置从早期的感应电机到如今的永磁同步电机和感应异步电机组合,反映了不同电机在不同应用场景下的优劣势。为什么在单电机版本上特斯拉逐渐倾向于使用永磁同步电机,而在双电机版本上则选择前驱永磁同步电机和后驱感应异步电机的组合？这其中有什么技术和性能上的考虑？

想一想2：感应电机在高速工况下的应用优势

永磁同步电机在高转速工况下面临弱磁控制、反电动势以及高温振动环境下的退磁等问题,而感应电机在高转速下表现更稳定。感应电机是如何在高速工况下保持高效和稳定的性能？特斯拉为什么选择在双电机版本的后驱电机上使用感应电机？

想一想3：感应电机在电动汽车中的未来发展

特斯拉的车型驱动电机配置表明,感应电机在高速区间的高效性能和永磁同步电机在低速区间的高效性能互补,为车辆提供了更好的综合性能。未来感应电机在电动汽车中的发展趋势会是怎样？在不断追求更高性能和更高效率的电动汽车市场,感应电机会在何种应用场景中继续发挥优势？

2.4 交流感应电机绕组的磁动势

交流感应电机绕组产生的磁动势是电机正常工作的关键。当绕组中通入交流电流时就会产生磁动势（通常用符号 F 表示），在磁动势的作用下电机的磁路（包括气隙、定子铁心和转子铁心）中会产生磁通。

当交流电流在绕组中流过时，会生成磁动势和相应的磁场。若交流绕组位于定子一侧，为确保电机正常工作，绕组的连接方式需确保定子磁场极数与转子磁场极数相匹配。当电机带负载运行时，这样的配置能够确保电磁转矩的平均值不为零，从而使电机稳定运行[9]。

本节研究线圈内通有正弦电流 $i_c = \sqrt{2}I_c \cos\omega t$ 时单相绕组及三相绕组的磁动势。先从分析线圈及分布绕组的磁动势入手，然后分析单相绕组的磁动势，最后推导出三相绕组的磁动势。为简化分析过程，我们做出以下假设：

1）定、转子铁心的磁导率 $\mu_{Fe} = \infty$，即认为铁心内的磁位降可忽略不计。
2）定、转子之间的气隙均匀分布。
3）槽内电流主要集中于槽中心处，而槽开口的影响忽略不计。

2.4.1 线圈磁动势

1. 整距线圈

图 2-19 表示一台 2 极电机的定子槽内，嵌有一个 N_c 匝的整距线圈 U_1-U_2 时的磁动势分布情况。其中，电流 i_c 从线圈边 U_1 流出（用 ⊙ 表示），从 U_2 流入（用 ⊗ 表示）。线圈为整距设计，其节距等于定子内径的一半，即 $y_1 = \tau = \pi D_i/2$，其中 D_i 为定子内径。因此，当线圈边 U_1 置于定子内圆左边的某一槽内时，线圈边 U_2 将置于右边与 U_1 相差 180° 的另一槽内，如图 2-19a 所示。明显可见，载流导体 U_1 和 U_2 在定子表面的分布是对称的，因此载流线圈产生的磁场也呈现对称性，形成 2 极磁场，如图 2-19a 中虚线所示。若以线圈轴线处作为 θ_s 的原点，则沿定子内圆，在 $-\pi/2 \leq \theta_s \leq \pi/2$ 范围内，磁场由定子内圆指向

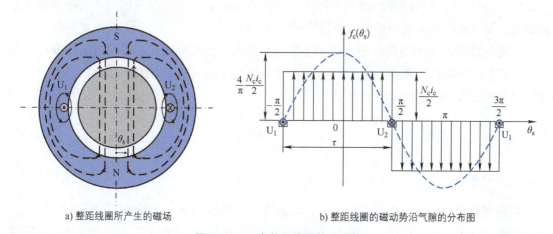

a) 整距线圈所产生的磁场　　　　　　b) 整距线圈的磁动势沿气隙的分布图

图 2-19　一个整距线圈的磁动势

转子,故定子在此范围内为 N 极;在 $\pi/2 \leq \theta_s \leq 3\pi/2$ 范围内,磁场由转子指向定子内圆,故定子在此范围内为 S 极。

在忽略铁心内磁位降的前提下,线圈的磁动势 $N_c i_c$ 将完全作用于两个气隙之中。当气隙分布均匀时,气隙各点的磁动势值将保持一致,均为恒定值 $N_c i_c/2$。考虑到磁场的极性特征,一个极下的磁动势 f_c 可具体计算为

$$\begin{cases} f_c = \dfrac{N_c i_c}{2} & -\dfrac{\pi}{2} \leq \theta_s \leq \dfrac{\pi}{2} \\ f_c = -\dfrac{N_c i_c}{2} & \dfrac{\pi}{2} \leq \theta_s \leq \dfrac{3\pi}{2} \end{cases} \quad (2\text{-}38)$$

图 2-20 表示两组整距线圈($y_1 = \tau = \pi D_i/4$)形成 4 极磁场的情况。图 2-20b 表示把定子和转子展开后,磁动势在气隙中的分布情况。从图中可以清晰地看到,整距线圈在气隙内形成了一正一负、矩形分布的磁动势波,矩形的幅值等于 $N_c i_c/2$。若槽内电流集中于槽中心处,磁动势波在过载流线圈边 U_1 和 U_2 处,将发生大小为 $N_c i_c$ 的突变。

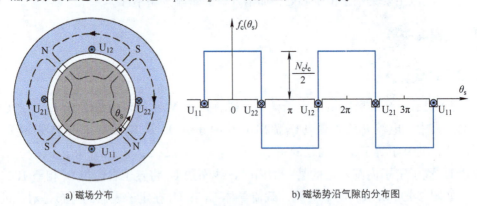

a)磁场分布　　　b)磁场势沿气隙的分布图

图 2-20　两组整距线圈形成的 4 极磁场

4 极磁场特性与 2 极磁场相同,磁动势的波形仍呈现出周期性的矩形波特性,幅值为 $N_c i_c/2$。可以看出,4 极磁场的情况实际上是 2 极磁场的重复。所以只要把 2 极磁场情况分析清楚,即可推广到 4 极乃至更多极的情况。

将整距线圈产生的周期性矩形磁动势波进行傅里叶级数分解,可以得到基波及一系列奇次的高次空间谐波,基波的幅值应为矩形波幅值的 $4/\pi$。仍以线圈轴线处作为坐标原点,如图 2-19b 所示,基波磁动势 f_{c1} 可以写成

$$f_{c1} = \dfrac{4}{\pi} \dfrac{N_c i_c}{2} \cos \theta_s \quad (2\text{-}39)$$

2. 短距线圈

在定子表面每对极下的相应位置处,均装有一个匝数为 N_c、节距为 y_1 的短距线圈,电流 i 从线圈的尾端 U_{21} 流入、首端 U_{11} 流出,如图 2-21 所示。可以看出,此载流的短距线

圈将在每对极内产生一个一正一负、幅值分别为 F_{c1} 和 F_{c2} 的周期性矩形波磁动势，其中区域 $U_{11}U_{21}$ 内的磁动势 F_{c1} 为向上（即从气隙指向定子表面），取为正值；区域 $U_{21}U_{12}$ 内的磁动势 F_{c2} 为向下，取为负值。

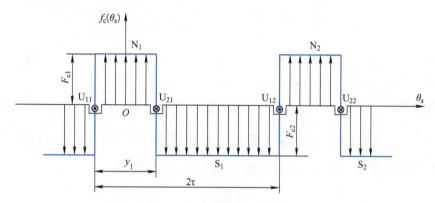

图 2-21　短距线圈的磁动势

以线圈 $U_{11}U_{21}$ 的轴线位置处作为坐标原点（即 $\theta_s = 0$），则短距线圈的磁动势 f_c 应为

$$f_c = \begin{cases} F_{c1}, & -\dfrac{y_1}{2}\dfrac{\pi}{\tau} \leq \theta_s \leq \dfrac{y_1}{2}\dfrac{\pi}{\tau} \\ F_{c2}, & \dfrac{y_1}{2}\dfrac{\pi}{\tau} \leq \theta_s \leq \left(2\tau - \dfrac{y_1}{2}\right)\dfrac{\pi}{\tau} \end{cases} \qquad (2\text{-}40)$$

根据安培环路定律可知

$$F_{c1} + F_{c2} = N_c i_c \qquad (2\text{-}41)$$

对于对称的整数槽绕组，每对极下的磁场分布呈现一致性。基于磁通连续性定律，每个 N 极发出的磁通与每个 S 极进入的磁通相等。由于气隙磁密 $B = \mu_0 H$，而气隙磁场强度 H 则等于作用于气隙的磁动势 f 除以气隙长度 δ，即 $H = f/\delta$，故

$$B = \mu_0 \dfrac{f}{\delta} \qquad (2\text{-}42)$$

在气隙均匀的情况下，气隙内的磁通密度 B 应与作用于该处的磁动势 f 成正比。由此可知，N 极和 S 极下的磁动势分布应平衡，即 N 极磁动势曲线下的面积应等于 S 极磁动势曲线下的面积，则

$$F_{c1} y_1 = F_{c2}(2\tau - y_1) \qquad (2\text{-}43)$$

由式（2-41）和式（2-43）联立可得

$$\begin{cases} F_{c1} = \dfrac{2\tau - y_1}{\tau} \dfrac{N_c i_c}{2} \\ F_{c2} = \dfrac{y_1}{\tau} \dfrac{N_c i_c}{2} \end{cases} \qquad (2\text{-}44)$$

将式（2-44）代入式（2-40），可得短距线圈磁动势 f_c 为

$$f_c = \begin{cases} F_{c1} = \dfrac{2\tau - y_1}{\tau} \dfrac{N_c i_c}{2}, & -\dfrac{y_1}{2}\dfrac{\pi}{\tau} \le \theta_s \le \dfrac{y_1}{2}\dfrac{\pi}{\tau} \\ F_{c2} = \dfrac{y_1}{\tau} \dfrac{N_c i_c}{2}, & \dfrac{y_1}{2}\dfrac{\pi}{\tau} \le \theta_s \le \left(2\tau - \dfrac{y_1}{2}\right)\dfrac{\pi}{\tau} \end{cases} \quad (2\text{-}45)$$

综上所述，短距线圈所产生的磁动势表现为一正一负，呈周期性分布的矩形波；虽然矩形波的正、负幅值不等，但面积相等。

把短距线圈所产生的周期性矩形磁动势波分解为基波和一系列高次空间谐波，可知基波幅值为 $\dfrac{4}{\pi}\dfrac{N_c i_c}{2}$，再乘以基波的节距因数 k_{p1}。k_{p1} 的表达式与计算电动势时相同。若仍以线圈轴线处作为坐标原点，则短距线圈的基波磁动势 f_{c1} 可以写成：

$$f_{c1} = \dfrac{4}{\pi}\dfrac{N_c i_c}{2} k_{p1} \cos\theta_s \quad (2\text{-}46)$$

2.4.2 分布绕组的磁动势

1. 整距分布绕组的磁动势

图 2-22 表示一个由 $q = 3$ 的整距线圈所组成的极相组，极相组的 3 个线圈依次置放在 3 个相邻的槽内，所以此绕组为整距分布绕组。

每个整距线圈都会产生一个矩形波磁动势，把 q 个整距线圈所产生的矩形磁动势波逐一进行叠加，即可得到极相组的合成磁动势。由于每个线圈的匝数和电流相等，因此各个线圈的磁动势具有相同的幅值；由于绕组是分布形式，相邻线圈在空间彼此移过 α 角，因此各个线圈的矩形磁动势波在空间也相隔 α 电角度。将 3 个矩形波叠加，所得合成磁动势是一个阶梯形波，如图 2-22a 中粗线所示。

图 2-22b 表示这 3 个整距线圈的基波磁动势，它们具有相同的幅值，但在空间上彼此相差 α 电角度。将这 3 个线圈的基波磁动势逐点叠加，即可得到极相组的基波合成磁动势。由于基波磁动势在空间上遵循余弦分布规律，因此可用空间量进行表示和运算，于是 q 个线圈的基波合成磁动势矢量就可以表示为各个线圈的基波磁动势矢量的矢量和，如图 2-22c 所示。可以看出，利用矢量运算时，分布

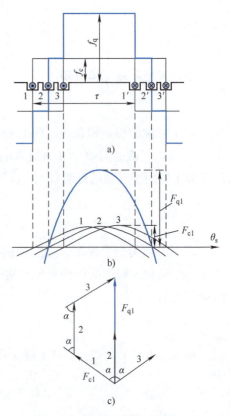

图 2-22 整距分布绕组的磁动势
a）合成磁动势波 b）基波合成磁动势
c）基波合成磁动势空间矢量

线圈基波磁动势的合成与基波电动势的合成相似。因此，为了考虑线圈分布的影响，可以引入基波分布因数 k_{d1}。于是，坐标原点取在线圈组的轴线处时，单层整距分布绕组的基波合成磁动势 f_{q1} 可以表示为

$$f_{q1} = (qf_{c1})k_{d1} = \frac{4}{\pi} \frac{qN_c i_c}{2} k_{d1} \cos\theta_s \qquad (2\text{-}47)$$

式中，qN_c 为 q 个线圈的总匝数。

对于双层整距绕组，考虑到上、下两层的作用，需要将式（2-47）乘以 2。考虑到双层绕组的每相总串联匝数 N 为

$$N = \frac{N_c p}{a} 2q \qquad (2\text{-}48)$$

式中，a 为支路数。

故双层整距分布绕组的基波合成磁动势可以表示为

$$f_{q1} = \frac{4}{\pi} \frac{Nk_{d1}}{2p} i_\phi \cos\theta_s \qquad (2\text{-}49)$$

式中，i_ϕ 为相电流，$i_\phi = ai_c$。

2. 短距分布绕组磁动势

常用的双层绕组通常采用短距分布设计。图 2-23 所示为 $q=3$ 线圈节距 $y_1=8$（极距 $\tau=9$ 槽）的双层短距分布绕组。图中，U_1 和 U_2 是一对极下属于同一相的两个极相组。由图 2-23 可知，由于线圈为短距分布绕组，因此属于同一相的上层导体和下层导体之间会错开 ε 角，此 ε 角就是短距线圈的节距比整距时线圈节距缩短的电角度，$\varepsilon = \frac{\tau - y_1}{\tau} \times 180°$。

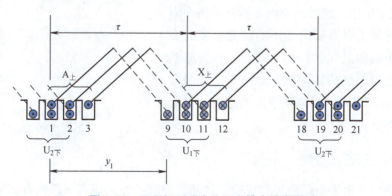

图 2-23 双层短距分布绕组在槽内的布置

在前文中已经说明，在计算基波磁动势的幅值时，对于短距绕组，需要引入基波的节距因数 k_{p1} 来准确反映其影响；对于分布绕组，则必须考虑基波分布因数 k_{d1} 的影响。于是，双层短距分布绕组的基波磁动势 f_{q1} 可以表示为

$$f_{q1} = \frac{4}{\pi} \frac{Nk_{d1}}{2p} k_{w1} i_\phi \cos\theta_s \tag{2-50}$$

式中，k_{w1} 为基波磁动势的绕组因数，$k_{w1} = k_{d1}k_{p1}$。

2.4.3　单相绕组磁动势

1. 单相绕组基波磁动势

因为各对极下的磁动势和磁阻构成一个对称分支磁路，所以单相绕组的磁动势与一个极相组的磁动势相等，即坐标原点位于相绕组的轴线处时，单相绕组基波磁动势可以表示为

$$f_{\phi 1} = f_{q1} = \frac{4}{\pi} \frac{Nk_{w1}}{2p} i_\phi \cos\theta_s \tag{2-51}$$

式（2-51）表明，基波磁动势幅值与每极下每相的有效串联匝数 $Nk_{w1}/2p$ 和相电流 i_ϕ 之间成正比。若相电流随时间作余弦变化，其有效值为 I_ϕ，即 $i_\phi = \sqrt{2} I_\phi \cos\omega t$，则单相绕组的基波磁动势可以写成

$$f_{\phi 1}(\theta, t) = \frac{4}{\pi} \frac{\sqrt{2} Nk_{w1}}{2p} I_\phi \cos\theta_s \cos\omega t = F_{\phi 1} \cos\theta_s \cos\omega t \tag{2-52}$$

式中，$F_{\phi 1}$ 为单相绕组所产生基波磁动势的幅值。

式（2-52）表明单相绕组基波磁动势的特性为：在空间上随角度变化呈现余弦分布规律，而在时间上则随电流交变以余弦形式脉振。前者可以通过空间位置角 θ_s 的函数来描述，而后者则用时间 t 的函数来描述。这种从空间上看其轴线为固定不动，从时间上看其瞬时值不断地随电流的交变而在正、负幅值之间脉振的磁动势，称为脉振磁动势。脉振磁动势的脉振频率取决于电流的频率。图 2-24 表示不同时刻单相绕组的基波脉振磁动势波的变化情况。

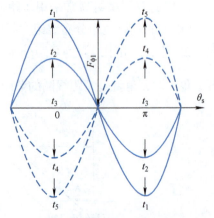

图 2-24　不同时刻单相绕组的基波脉振磁动势波

2. 单相绕组谐波磁动势

整距线圈所产生的矩形磁动势波中，除基波磁动势外，还有一系列奇次的高次空间谐波磁动势，当以线圈的轴线处 θ_s 作为原点时，ν 次谐波分量 $f_{c\nu}$ 为

$$f_{c\nu} = \frac{1}{\nu} \frac{4}{\pi} \frac{N_c i_c}{2} \cos\nu\theta_s \quad (\nu = 3, 5, \cdots) \tag{2-53}$$

按照对基波磁动势相同的处理方法，把 q 个线圈以及双层绕组上、下层线圈所产生的

同次谐波磁动势叠加,即可推导出单相整距绕组的高次空间谐波磁动势 $f_{\phi v}$ 为

$$f_{\phi v} = \frac{1}{v}\frac{4}{\pi}\frac{N_c k_{wv}}{2p}\sqrt{2}I_\phi \cos\omega t \cos v\theta_s = F_{\phi v}\cos v\theta_s \cos\omega t \quad (v=3,5,\cdots) \quad (2\text{-}54)$$

式中,k_{wv} 为 v 次谐波的绕组因数;θ_s 以相绕组的轴线处作为原点;$F_{\phi v}$ 为 v 次空间谐波磁动势的幅值。

对于双层短距绕组,单个短距线圈所产生的磁动势包含奇次和偶次的高次谐波。然而,对于对称的整数槽绕组,当 N 极下的定子绕组中有一组流经电流为某一数值的载流导体时,在 S 极下的相应位置处,必定有一组载流导体,流经电流与其大小相等、方向相反。这两组载流导体所产生的偶次谐波磁动势大小相等、方向相反,合成的偶次谐波磁动势为 0。因此,对整个单相绕组而言,双层短距整数槽绕组的合成磁动势仅包含奇次谐波,而不含有偶次谐波。

根据式(2-54)可以看出谐波磁动势 $f_{\phi v}$ 的特性:从空间分布上看,它按照特定的谐波作余弦分布;而从时间变化的角度看,它仍按照电流的余弦函数进行脉振。

2.4.4 三相绕组的合成磁动势

前文已经分析了单相绕组磁动势,将 U、V、W 三相绕组产生的磁动势进行叠加即为三相绕组合成磁动势。

1. 三相绕组基波合成磁动势

图 2-25 表示一台 2 极三相交流电机的定子示意图。为了简化表达,各相绕组均用一个集中线圈来表示,并用虚线标出各相绕组的轴线。其中,V 相轴线相对于 U 相轴线滞后了 120° 电角度,而 W 相轴线又相对于 V 相轴线滞后了 120° 电角度。由于三相绕组在空间上彼此相差 120° 电角度,因此它们产生的基波磁动势在空间中也相应地相差 120° 电角度。在三相绕组中通以对称的正序电流

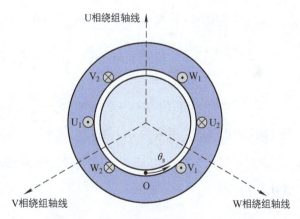

图 2-25 2 极三相交流电机的定子示意图

$$\begin{cases} i_U = \sqrt{2}I_\phi \cos\omega t \\ i_V = \sqrt{2}I_\phi \cos\left(\omega t - \dfrac{2\pi}{3}\right) \\ i_W = \sqrt{2}I_\phi \cos\left(\omega t - \dfrac{4\pi}{3}\right) \end{cases} \quad (2\text{-}55)$$

各相的脉振磁动势在时间上亦将互相相差 120° 电角度。将 U、V、W 3 个单相的基波

脉振磁动势叠加，即可得到三相绕组的基波合成磁动势。

将定子内圆 U 相绕组的轴线作为空间坐标的原点，并以逆时针方向为空间角度 θ_s 的正方向。在某一瞬间 t，距离 U 相绕组轴线 θ_s 处，各相的基波磁动势分别为

$$\begin{cases} f_{\text{U1}} = F_{\phi 1} \cos\theta_s \cos\omega t \\ f_{\text{V1}} = F_{\phi 1} \cos\left(\theta_s - \dfrac{2\pi}{3}\right)\cos\left(\omega t - \dfrac{2\pi}{3}\right) \\ f_{\text{W1}} = F_{\phi 1} \cos\left(\theta_s - \dfrac{4\pi}{3}\right)\cos\left(\omega t - \dfrac{4\pi}{3}\right) \end{cases} \quad (2\text{-}56)$$

式（2-56）的 3 个表达式揭示了三相绕组基波磁动势的特点。其中，空间上 120° 的相角差是由于三相绕组轴线在空间中的布局所致；而时间上的 120° 相角差，则是由对称三相电流在时间上互相相差 120° 电角度所引起。把 U、V、W 三相的基波脉振磁动势叠加，得

$$f_1(\theta_s, t) = f_{\text{U1}} + f_{\text{V1}} + f_{\text{W1}} = F_{\phi 1}\cos\theta_s \cos\omega t + F_{\phi 1}\cos\left(\theta_s - \dfrac{2\pi}{3}\right)\cos\left(\omega t - \dfrac{2\pi}{3}\right) + \\ F_{\phi 1}\cos\left(\theta_s - \dfrac{4\pi}{3}\right)\cos\left(\omega t - \dfrac{4\pi}{3}\right) \quad (2\text{-}57)$$

利用"积化合差"将式（2-57）右端中的每一项分解为两项，可得

$$f_1(\theta_s, t) = \dfrac{1}{2}F_{\phi 1}\cos(\omega t - \theta_s) + \dfrac{1}{2}F_{\phi 1}\cos(\omega t + \theta_s) + \dfrac{1}{2}F_{\phi 1}\cos(\omega t - \theta_s) + \\ \dfrac{1}{2}F_{\phi 1}\cos\left(\omega t + \theta_s - \dfrac{4\pi}{3}\right) + \dfrac{1}{2}F_{\phi 1}\cos(\omega t - \theta_s) + \dfrac{1}{2}F_{\phi 1}\cos\left(\omega t + \theta_s - \dfrac{2\pi}{3}\right) \quad (2\text{-}58)$$

式（2-58）中相角为 $\omega t + \theta_s$、$\omega t + \theta_s - \dfrac{4\pi}{3}$、$\omega t + \theta_s - \dfrac{2\pi}{3}$ 的 3 项为具有相同幅值、相位互差 120° 的正弦波，其和为 0，故式（2-58）可改写为

$$f_1(\theta_s, t) = F_1 \cos(\omega t - \theta_s) \quad (2\text{-}59)$$

式中，F_1 为

$$F_1 = \dfrac{3}{2}F_{\phi 1} = \dfrac{3}{2} \times 0.9 \dfrac{Nk_{\text{w1}}}{p}I_\phi = 1.35 \dfrac{Nk_{\text{w1}}}{p}I_\phi \quad (2\text{-}60)$$

由式（2-59）可知，当时间 $t = 0$ 时，$f_1(\theta_s, t) = F_1\cos(-\theta_s)$；当 $t = t_1$ 时，$f_1(\theta_s, t) = F_1\cos(\omega t - \theta_s)$。把这两个瞬间的磁动势波进行比较可以发现：磁动势的幅值未变，但 $f_1(\theta_s, t_1)$ 比 $f_1(\theta_s, 0)$ 向前推进了 β 角度，$\beta = \omega t_1$。如图 2-26 所示，随着时间的推移，β 不断增大，即磁动势波不断地向 $+\theta_s$ 方向移动，所以 $f_1(\theta_s, t)$ 是一个恒幅值、正弦分布的正向行波。因为定子内腔为圆柱形，所以 $f_1(\theta_s, t)$ 是一个沿着气隙圆周不断向前推移的旋转磁动势波，如图 2-27 所示。

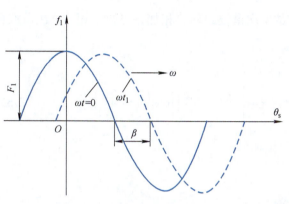

图 2-26 不同时刻三相基波合成磁动势 $f_1(\theta_s, t)$ 的位置　　图 2-27 旋转磁动势波

$f_1(\theta_s, t)$ 的推移速度可从波上任意一点的推移速度来确定。对于波峰点，其振幅恒为 F_1，即式（2-58）中的 $\cos(\omega t - \theta_s) = 1$ 或 $\omega t - \theta_s = 0$，把 $\omega t - \theta_s = 0$ 对时间求导数，可得波幅推移的角速度 $\dfrac{d\theta_s}{dt}$ 为

$$\frac{d\theta_s}{dt} = \omega \quad (2\text{-}61)$$

式（2-61）表明，磁动势波推移的角速度与交流电流的角频率相对应，由于一转为 $p \times 2\pi$ 电弧度，因此用转速表示时，旋转磁动势波的转速为

$$n = \frac{\omega}{2\pi p} = \frac{f}{p}(\text{r}/\text{s}) = \frac{60f}{p}(\text{r}/\text{min}) = n_s \quad (2\text{-}62)$$

由式（2-62）可知，旋转磁动势波转速与同步转速相等。

由式（2-62）及式（2-57）可以看出，当某相电流达到交流的最大值时，基波合成旋转磁动势波的幅值就将与该相绕组的轴线重合。例如 $\omega t = 0$ 时，U 相电流达到最大值，此时基波合成磁动势为

$$f_1 = F_1 \cos(-\theta_s) \quad (2\text{-}63)$$

可见合成磁动势的幅值位于 U 相绕组的轴线 $\theta_s = 0$ 处。当 $\omega t = 2\pi/3$ 时，V 相电流达到最大值，此时基波合成磁动势为

$$f_1 = F_1 \cos\left(\frac{2\pi}{3} - \theta_s\right) \quad (2\text{-}64)$$

其幅值位于 $\theta_s = 2\pi/3$ 处，即位于 V 相绕组的轴线处。同理，当 W 相电流达到最大值时，合成磁动势的幅值将与 W 相绕组的轴线相重合。

以上分析表明，对称三相绕组中通有对称三相正序电流时，基波合成磁动势是一个正弦分布、以同步转速向前推移的正向旋转磁动势波。基波合成磁动势的幅值为单相基波磁动势幅值的 1.5 倍。

2. 三相绕组合成磁动势高次谐波

同理，把 U、V、W 三相绕组所产生的 v 次谐波磁动势相加，可得三相的 v 次谐波合成磁动势 $f_v(\theta_s,t)$ 为

$$f_v(\theta_s,t) = f_{Uv}(\theta_s,t) + f_{Vv}(\theta_s,t) + f_{Wv}(\theta_s,t)$$

$$= F_{\phi v}\cos v\theta_s \cos \omega t + F_{\phi v}\cos\left[v\left(\theta_s - \frac{2\pi}{3}\right)\right]\cos\left(\omega t - \frac{2\pi}{3}\right) + \quad (2\text{-}65)$$

$$F_{\phi v}\cos\left[v\left(\theta_s - \frac{4\pi}{3}\right)\right]\cos\left(\omega t - \frac{4\pi}{3}\right)$$

经过运算可得：

1）当 $v = 3k$（$k = 1,3,5,\cdots$），即 $v = 3,9,15,\cdots$ 时

$$f_v = 0 \quad (2\text{-}66)$$

这说明对称三相绕组的合成磁动势不存在 3 次及 3 的倍数次谐波磁动势。

2）当 $v = 6k+1$（$k = 1,2,3,\cdots$），即 $v = 7,13,19,\cdots$ 时

$$f_v = \frac{3}{2}F_{\phi v}\cos(\omega t - v\theta_s) \quad (2\text{-}67)$$

此时谐波合成磁动势是一个正向旋转、转速为 n_s/v、幅值为 $3F_{\phi v}/2$ 的旋转磁动势波。

3）当 $v = 6k-1$（$k = 1,2,3,\cdots$），即 $v = 5,11,17,\cdots$ 时

$$f_v = \frac{3}{2}F_{\phi v}\cos(\omega t + v\theta_s) \quad (2\text{-}68)$$

此时谐波合成磁动势是一个反向旋转、转速为 n_s/v、幅值为 $3F_{\phi v}/2$ 的旋转磁动势波。

在同步电机中，谐波磁动势产生的磁场会在转子表面引发涡流损耗，进而引发发热并降低电机效率。在感应电机中，谐波磁场会产生一定的寄生转矩，对电动机的启动性能造成负面影响，甚至导致电机无法正常启动或达到预定转速。因此，为抑制谐波磁动势，线圈的节距选择至关重要，最好选择在（0.8～0.83）τ 范围内[10]。

阅读·思考

随着新能源汽车市场的高速增长，驱动电机的需求也在快速释放，特别是双电机配置的应用增加，预计到 2030 年，全球对驱动电机的总需求量将接近 8200 万台，市场规模约 2000 亿元。从技术形态来看，未来驱动电机系统的发展趋势是集成化、扁线化和平台化，第三方企业难以兼顾。在驱动电机及其零部件领域，专注于扁线电机的研发，并与汽车企业的专属电动车平台对接，将成为提升市场份额的突破口。新能源汽车市场的发展前景广阔，驱动电机作为核心零部件之一，将迎来巨大的市场需求。

——摘自《新能源电机未来 3 大趋势：高效性、智能化、可持续发展》

想一想 1：扁线电机的优势

新能源汽车钟爱于扁线电机，扁线电机与传统圆线电机相比有哪些优势是与新能源汽车的特点契合的？

想一想 2：扁线电机性能优势与结构特点的关联

扁线电机的结构与传统电机大有不同，本章前 4 节对绕组的结构形式与性能特点之前的联系已经进行了详细的介绍。扁线电机的诸多性能特点分别与其哪些结构特点相对应呢？

想一想 3：扁线电机的应用目前还有哪些难题

扁线电机虽然在性能上比传统圆线电机有诸多优势，但其目前仍只在新能源汽车上应用较多。扁线电机在制造加工和装配上有哪些难题？扁线电机想要得到广泛应用还存在哪些问题？

2.5 交流感应电机运行特性的电枢反应

2.5.1 三相感应电机的转矩 – 转差率特性

三相感应电机的输出主要体现在转矩和转速上。在电源电压为额定电压的情况下，电机的电磁转矩与转差率之间的关系 $T_e = f(s)$，就称为转矩 – 转差率特性[11]。

电磁转矩 T_e 与电磁功率 P_e 间关系为

$$T_e = \frac{P_e}{\Omega_s} = \frac{m_1}{\Omega_s} I_2'^2 \frac{R_2'}{s} \tag{2-69}$$

式中，Ω_s 为同步角速度；m_1 为定子相数；R_2' 为转子电阻；转子电流 $I_2'^2$ 为

$$I_2'^2 = -\frac{U_1}{Z_1 + cZ_2'} \approx -\frac{U_1}{\left(R_1 + c\dfrac{R_2'}{s}\right) + j(X_{1\sigma} + cX_{2\sigma}')} \tag{2-70}$$

式中，U_1 为电源电压；Z_1 为定子阻抗；Z_2' 为转子阻抗；R_1 为定子电阻；$c = |\dot{c}| \approx 1 + \dfrac{X_{1\sigma}}{X_m}$；$X_{1\sigma}$ 为定子漏抗；$X_{2\sigma}'$ 为转子漏抗；X_m 为励磁电抗。

将式（2-70）中 $I_2'^2$ 的模代入式（2-69）中可得

$$T_e = \frac{m_1}{\Omega_s} \frac{U_1^2 \dfrac{R_2'}{s}}{\left(R_1 + c\dfrac{R_2'}{s}\right)^2 + (X_{1\sigma} + cX_{2\sigma}')^2} \tag{2-71}$$

把不同的转差率 s 代入式（2-71）中，算出对应的电磁转矩 T_e，再将这些计算结果连成线，便可得到转矩 – 转差率特性，如图 2-28 所示。图中 $s > 1$ 时，电机处于电磁

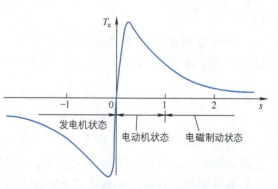

图 2-28 感应电机的转矩 – 转差率特性

制动状态，$0<s<1$ 时，电机处于电动机状态，$s<0$ 时，电机处于发电机状态。

由图 2-28 可知，T_e-s 曲线有正、负最大电磁转矩。令 $\dfrac{dT_e}{ds}=0$，即可求出产生最大转矩 T_{max} 时的临界转差率 s_m 为

$$s_m=\pm\frac{cR_2'}{\sqrt{R_1^2+(X_{1\sigma}+cX_{2\sigma}')^2}} \tag{2-72}$$

将式（2-72）中的 s_m 代入式（2-71）可得最大转矩 T_{max} 为

$$T_{max}=\pm\frac{m_1}{\Omega_s}\frac{U_1^2}{2c\left[\pm R_1+\sqrt{R_1^2+(X_{1\sigma}+cX_{2\sigma}')^2}\right]} \tag{2-73}$$

式中，± 中的正号对应电动机状态，负号对应发电机状态。

当 $R_1 \ll X_{1\sigma}+cX_{2\sigma}'$、系数 $c\approx 1$ 时，s_m 和 T_{max} 近似等于

$$\begin{cases} s_m \approx \pm\dfrac{R_2'}{X_{1\sigma}+X_{2\sigma}'} \\ T_{max} \approx \pm\dfrac{m_1U_1^2}{2\Omega_s(X_{1\sigma}+X_{2\sigma}')} \end{cases} \tag{2-74}$$

由式（2-74）可知，最大转矩与电源电压的二次方成正比，与定、转子漏抗之和近似成反比。最大转矩的大小与转子电阻值无关，临界转差率 s_m 与转子电阻 R_2' 成正比；R_2' 增大时，s_m 增大，但 T_{max} 保持不变，此时 T_e-s 曲线的最大值将向左偏移，如图 2-29 所示。图中，$R_{2a}<R_{2b}<R_{2c}<R_{2d}$。电动机的最大转矩与额定转矩之比为过载能力，用 k_T 表示，$k_T=T_{max}/T_N$。为了保证电动机不因短时过载而停转，通常取 $k_T=1.6\sim2.5$。

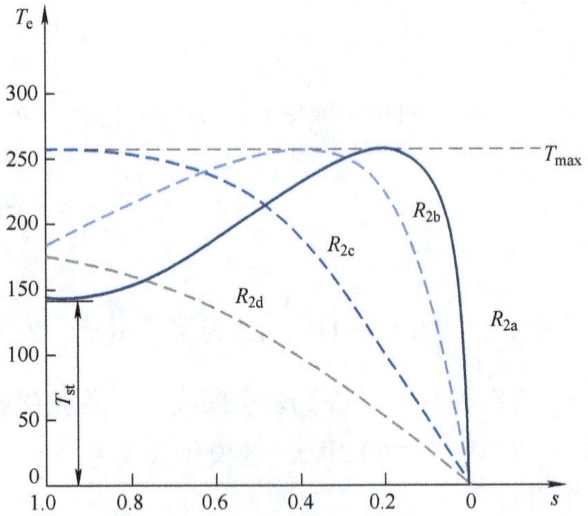

图 2-29　转子电阻变化时的 T_e-s 特性

感应电机接通电源开始启动（$s=1$）时的电磁转矩，称为启动转矩，用 T_{st} 表示。将 $s=1$ 代入式（2-71）中，可得

$$T_{st}=\frac{m_1}{\Omega_s}\frac{U_1^2R_2'}{(R_1+cR_2')^2+(X_{1\sigma}+cX_{2\sigma}')^2} \tag{2-75}$$

通过分析式（2-74）、式（2-75）及图 2-29 可知，当转子电阻增大时，临界转差率 s_m 会相应增大，启动转矩 T_{st} 将随之增大，直到达到最大转矩值为止。但是，如果继续增大转子电阻，则启动转矩反而会从最大转矩值开始逐渐减小。对于绕线转子感应电机，可以在

转子中外接电阻来实现这一点。

启动时电机的定子电流称为启动电流，用 I_{st} 表示。I_{st} 可用近似等效电路算出，表示为

$$I_{st} \approx \frac{U_1}{X_m} \frac{1}{c + \frac{X_{1\sigma}}{X_{2\sigma}}} + \frac{U_1}{\sqrt{(R_1 + cR_2')^2 + (X_{1\sigma} + cX_{2\sigma}')^2}} \quad (2\text{-}76)$$

2.5.2 三相感应电机的工作特性

感应电机的工作特性是指在电机的定子绕组加额定电压，且电压的频率为额定值时，电机的转速 n、定子电流 I_1、功率因数 $\cos\varphi_1$、电磁转矩 T、效率 η 等与输出功率 P_2 的关系[12]。工作特性可以通过直接在感应电机上施加负载测得，也可以利用等效电路计算而得。图 2-30 是三相感应电机的工作特性曲线[13]。

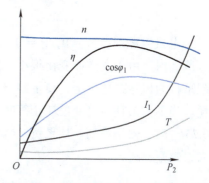

图 2-30 三相感应电机的工作特性曲线

1. 转速特性

三相感应电机在空载状态下运行时，其转子的转速 n 接近于同步转速 n_s。随着负载的增加，转速 n 会略有下降，这时转子电动势 E_{2s} 及转子电流 I_{2s} 均会增大，以产生足够大的电磁转矩来平衡增加的负载转矩。因此，随着 P_2 的增加，转子转速 n 下降，转差率 s 增大。

2. 定子电流特性

当电机在空载状态下运行时，转子电流接近为零，定子电流等于励磁电流 I_m。随着负载的增加，转速下降，转子电流增大，定子电流也增大。

3. 定子边功率因数 $\cos\varphi_1 = f(P_2)$

三相感应电机在运行过程中需要从电网中吸收无功功率，它的功率因数永远小于 1。空载时，定子功率因数很低，不超过 0.2。随着负载的增加，定子电流中的有功电流会相应增加，从而提高了功率因数。接近额定负载时，$\cos\varphi_1$ 达到最高值。然而，如果负载进一步增大，则随着转差率 s 的增大，φ_2 角增大，但 $\cos\varphi_1$ 开始减小。

4. 电磁转矩特性 $T_e = f(P_2)$

稳定运行时，感应电机的转矩方程为

$$T_e = T_2 + T_0 \quad (2\text{-}77)$$

输出功率 $P_2 = T_2\Omega$，所以

$$T_e = \frac{P_2}{\Omega} + T_0 \quad (2\text{-}78)$$

电动机在空载状态下运行时，电磁转矩 $T_e = T_0$。随着负载增加，P_2 增大，由于机械角速度 Ω 变化不大，电磁转矩 T_e 随 P_2 的变化可以近似为一条直线。

5. 效率特性 $\eta = f(P_2)$

根据

$$\eta = \frac{P_2}{P_1} = 1 - \frac{\sum p}{P_2 + \sum p} \tag{2-79}$$

电机空载时，$P_2 = 0$，$\eta = 0$，随着输出功率 P_2 的增加，效率 η 逐渐提高。在正常运行范围内，由于主磁通变化很小，因此铁损耗变化不大，机械损耗变化也很小，这两者合起来称为恒定损耗。定、转子铜损耗与电流二次方成正比，变化显著，因此被称为可变损耗。当不变损耗与可变损耗相等时，电机的效率达最大。对中、小型异步电机，大约 $P_2 = 0.75 P_N$ 时，效率最高。如果负载继续增大，则效率反而要降低。一般来说，电机的容量越大，效率越高。

2.6 交流感应电机的启动和转矩转速控制特性

2.6.1 三相感应电机的启动

感应电机在启动过程中，磁通经过定转子铁心及气隙形成闭合回路。当电流刚通入时，由于转子的惯性，它尚未开始转动。定子绕组产生的旋转磁场以同步转速切割转子绕组，使转子绕组感应出可能达到的最高电动势，在转子导体中流过很大的电流，使转子受电磁力开始跟随定子磁场的转速旋转，但无法达到同步转速。感应电机的启动大体上分为直接启动和减压启动两种[14]。

1. 直接启动

直接启动也就是全压启动，是最简单的启动方式，将电机直接连接到带有额定电压的电网上。图 2-31 所示为三相异步电机直接启动时的固有机械特性和电流特性。从三相电机的固有机械特性曲线可以看出，如果在额定电压下直接启动电动机，启动瞬间的主磁通将减小到额定值的一半左右，功率因数很低，会造成堵转电流（启动电流）很大而堵转转矩（启动转矩）较小的情况。一般来说，定子启动电流 I_{1s} 满足式（2-80）：

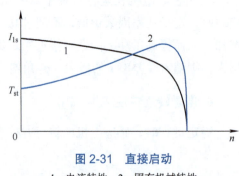

图 2-31 直接启动
1—电流特性 2—固有机械特性

$$I_{1s} = K_I I_N = (4 \sim 7) I_N \tag{2-80}$$

式中，K_I 为启动电流倍数；I_N 为额定电流。

启动转矩 T_{st} 满足式（2-81）：

$$T_{st} = K_T T_N = (1 \sim 2.2) T_N \tag{2-81}$$

式中，K_T 为启动转矩倍数；T_N 为额定转矩。

启动过程中产生的大电流对电机有多方面的影响：

1）对于不常启动的感应电机，短暂的大电流通常不会造成太大问题。然而，对于频繁启动的电机，这种短时间内多次出现的大电流会导致电动机绕组温度升高，加速绝缘材料的老化，从而缩短电动机的使用寿命。除此之外，频繁大电流启动还会对电动机的结构和机械部件造成冲击。

2）启动电流大还可能引发电源电压的波动，影响到电机的输入功率和输出转矩，从而影响到电机的工作性能。特别是在电网容量较小或负载较重的情况下，这种电压波动可能更加明显。在正常运行时，由于电流保持在额定值以内，输出电压相对稳定，电压变化率可控。然而，如果变压器的额定容量与电机的额定功率相比过小，电机启动时的短暂大电流可能导致变压器输出电压大幅度下降，超出正常规定值。例如 $\Delta U > 10\%$ 或更大，那么很有可能会由于电机本身电压太低导致启动转矩下降很多（$T_{st} \propto U_1^2$），特别是在负载较重的情况下，可能导致电机无法正常启动。

鉴于上述情况对电机的负面影响，当变压器的额定容量相对于电机的额定功率较小时，应避免采用直接启动方式启动三相感应电机。

式（2-82）是定子启动电流 I_{1s} 和启动转矩 T_{st} 表达式。

$$\begin{cases} I_{1s} \approx I'_{2s} = \dfrac{U_1}{\sqrt{(R_1 + R'_2)^2 + (X_1 + X'_2)^2}} \\ T_{st} = \dfrac{3pU_1^2 R'_2}{2\pi f_1 [(R_1 + R'_2)^2 + (X_1 + X'_2)^2]} \end{cases} \tag{2-82}$$

式中，I'_{2s} 为转子启动电流；U_1 为电源电压；R_1 为定子回路电阻；R'_2 为转子回路电阻；X_1 为定子电抗；X'_2 为转子电抗；p 为极对数；f_1 为电源频率。

从式（2-82）可以看出，降低转子启动电流的有效方法包括降低电源电压、增大定子电阻或电抗，以及增大转子电阻或电抗；而增加启动转矩的方法只有适当增加转子电阻，且如果增加过大还会导致启动转矩减小 [15]。

2. 减压启动

（1）定子串接电抗器启动

三相感应电机定子串接电抗器启动是一种常用的启动方式，主要用于限制启动电流。其基本工作原理是在电机的定子电路中串联一个电感（即电抗器），以在启动过程中控制电流的大小，启动后则切除电抗器，进入正常运行。

三相感应电机直接启动时，每相等效电路如图 2-32a 所示，电源电压直接施加在电机

短路阻抗 $Z_k = R_k+jX_k$ 上。定子侧串接电抗 X 启动时，每相等效电路如图 2-32b 所示，电源电压加在（$jX+Z_k$）上，由电抗 X 分担一部分电压后作用在 Z_k 上的电压是 U_1'。这种定子侧串接电抗启动的方式可以视为增大定子电抗值，也可以理解为降低定子实际所加电压，其目的是减小启动电流。

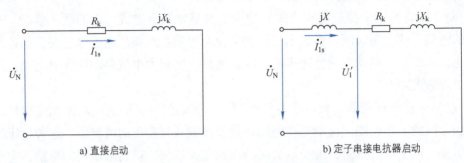

图 2-32　定子串接电抗器启动时的等效电路

根据图 2-32 等效电路可以得出

$$\begin{cases} \dot{U}_N = \dot{I}_{1s} Z_k = \dot{I}_{1s}'(Z_k + jX) \\ \dot{U}_1' = \dot{I}_{1s}' Z_k \end{cases} \quad (2\text{-}83)$$

三相感应电机的短路阻抗为 $Z_k = R_k+jX_k$，其中电抗 $X_k \approx Z_k$ 占据主导地位。因此，串电抗启动时，可以近似把 Z_k 看成电抗性质，把 Z_k 的模直接与外串电抗 X 相加。假设串电抗为 X 时，电机定子电压降为 U_1' 与直接启动时额定电压 U_N 比值为 λ，则

$$\begin{cases} \dfrac{U_1'}{U_N} = \lambda = \dfrac{Z_k}{Z_k + X} \\ \dfrac{I_{1s}'}{I_{1s}} = \lambda = \dfrac{Z_k}{Z_k + X} \\ \dfrac{T_s'}{T_s} = \lambda^2 = \left(\dfrac{Z_k}{Z_k + X}\right)^2 \end{cases} \quad (2\text{-}84)$$

由式（2-84）可以看出，三相感应电机定子串接电抗器启动的方式虽然能够有效降低启动电流，但是启动转矩的降低程度要大于启动电流的降低程度，所以这种启动方法只能用于电机的空载或轻载启动。

工程实际中，往往先给定线路允许电机启动电流的大小 I_{1s}'，再计算出电抗 X 的大小。根据式（2-84）得

$$X = \dfrac{1-\lambda}{\lambda} Z_k \quad (2\text{-}85)$$

其中电机短路阻抗为

$$Z_k = \frac{U_N}{\sqrt{3}I_s} = \frac{U_N}{\sqrt{3}K_I I_N} \qquad (2\text{-}86)$$

（2）丫-△启动

对于额定电压运行时定子绕组接成△型的笼型三相感应电机，为了减小启动电流，在启动过程中，可以采用丫-△减压启动方法，即启动时，定子绕组丫接法，启动后，换成△接法，其接线图如图 2-33 所示。开关 K_1 闭合接通电源之后，开关 K_2 与下方连通，电机定子绕组丫接法，电机开始启动；当转速升高到一定程度后，开关 K_2 从下边断开合向上边，定子绕组△接法，电机进入正常运行[16]。

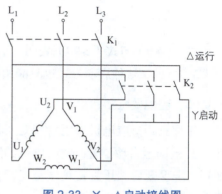

图 2-33　丫-△启动接线图

电机直接启动时，定子绕组采用△接法，如图 2-34a 所示，每一相绕组加的是额定电压 U_N，相电流为 $I_\triangle$，线电流为 $I_s = \sqrt{3}I_\triangle$。采用丫-△启动，启动时定子绕组为丫接法，如图 2-34b 所示，每相电压降为 $U'_1 = U_N/\sqrt{3}$，每相启动电流为 I_Y，则

$$\frac{I_Y}{I_\triangle} = \frac{U'_1}{U_N} = \frac{\frac{U_N}{\sqrt{3}}}{U_N} = \frac{1}{\sqrt{3}} \qquad (2\text{-}87)$$

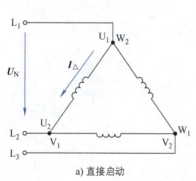

a) 直接启动

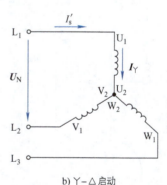

b) 丫-△启动

图 2-34　丫-△启动的启动电流

线启动电流为 I'_s，则

$$I'_s = I_Y = \frac{1}{\sqrt{3}}I_\triangle \qquad (2\text{-}88)$$

于是

$$\frac{I'_s}{I_s} = \frac{\frac{1}{\sqrt{3}}I_\triangle}{\sqrt{3}I_\triangle} = \frac{1}{3} \qquad (2\text{-}89)$$

式（2-89）说明，虽然Y-△启动的相电压和相电流比直接启动时降低了$1/\sqrt{3}$；但是，其对供电变压器造成冲击的启动电流降低到直接启动的 1/3。

若直接启动时转矩为 T_s，Y-△启动时的启动转矩为 T'_s，则

$$\frac{T'_s}{T_s} = \left(\frac{U'_1}{U_1}\right)^2 = \frac{1}{3} \qquad (2\text{-}90)$$

式（2-89）与式（2-90）表明，启动转矩与启动电流降低的倍数一样，都是直接启动的 1/3。可见，这种启动方式也只能用于空载或轻负载启动。

（3）自耦变压器启动

笼型三相感应电机采用自耦变压器减压启动的接线图如图 2-35 所示，在启动过程中，开关 K 被调至启动位置，此时电机的定子绕组通过自耦变压器接到三相电源上。当转速升高到一定程度后，开关 K 被调至运行位置，此时自耦变压器被切除，电机定子直接接在电源上，电动机进入正常运行状态。

自耦变压器减压启动感应电机时，一相的电路如图 2-36 所示。其中，U_N 是自耦变压器一次绕组的额定电压，U' 是二次电压，施加在定子绕组上。

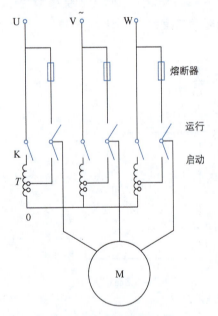

图 2-35 自耦变压器减压启动

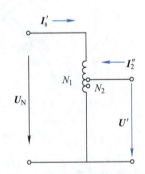

图 2-36 自耦变压器启动一相电路

根据变压器原理可知

$$\begin{cases} \dfrac{U'}{U_N} = \dfrac{N_2}{N_1} \\ \dfrac{I'_s}{I''_s} = \dfrac{N_2}{N_1} \end{cases} \qquad (2\text{-}91)$$

式中，N_1、N_2 分别是自耦变压器一次和二次绕组的串联匝数；I_s'、I_s'' 分别是自耦变压器施加额定电压 U_N 时的一次和二次绕组的电流。

如果电机定子绕组施加额定电压 U_N 直接启动，其启动电流为 I_s；若施加减压后的电压 U' 启动，其启动电流为 I_s''，比较 I_s 与 I_s''，则

$$\frac{I_s}{I_s''} = \frac{U'}{U_N} = \frac{N_2}{N_1} \quad (2\text{-}92)$$

额定电压 U_N 施加在电机定子直接启动时，供电变压器提供的电流为 I_s；若 U_N 施加在自耦变压器一次绕组上，二次绕组电压 U' 接入感应电机，这时供电变压器提供的电流为 I_s'。比较 I_s' 和 I_s，二者关系如下：

$$\frac{I_s'}{I_s} = \left(\frac{N_2}{N_1}\right)^2 \quad (2\text{-}93)$$

自耦变压器减压启动时，电机的启动转矩 T_s' 和直接启动时的启动转矩 T_s 之间关系如下：

$$\frac{T_s'}{T_s} = \left(\frac{U'}{U_N}\right)^2 = \left(\frac{N_2}{N_1}\right)^2 \quad (2\text{-}94)$$

式（2-93）和式（2-94）表明，采用自耦变压器启动，与直接启动相比，电压降低至原来的 N_2/N_1，启动电流和启动转矩降低至原来的 $(N_2/N_1)^2$。

到现在为止，前文所述的几种感应电机减压启动方法，主要目的都是减小启动电流，但同时也不可避免地导致启动转矩降低。因此，这些方法只适合电动机空载或轻载启动。对于重载启动，特别是需要快速启动的场合，通常要求感应电动机具备较大的启动转矩。增大转子电阻是提升启动转矩的有效方法，对于绕线转子式感应电机，可在其转子回路内串联电阻来实现。对于笼型感应电机，只能设法加大笼型转子绕组自身的电阻值。

（4）三相反并联晶闸管减压启动

三相反并联晶闸管减压启动的启动器也称软启动器，其结构由反并联晶闸管及其控制器组成。这些反并联晶闸管被串联在三相交流电源与被控电机之间，如图 2-37 所示。

启动电机时，可以通过改变反并联晶闸管的导通角，即所谓相控，减小其输出电压，限制电动机的启动电流，故名软启动。实际上，这种启动器并不改变输出电压的频率，输出电压频率与电源电压频率保持一致，仅改变输出电压的波形。受晶闸管相控影响，输出电压波形偏离了正弦形。

2.6.2 三相感应电机的调速

三相感应电机分为笼型电机和绕线转子式电机两种，对于两种形式的电机分别有不同的调速方式[17]。

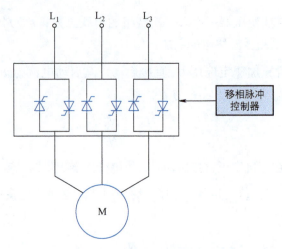

图 2-37 三相反并联晶闸管软启动器

1. 笼型感应电机调速

（1）调电压调速

三相感应电机调低电源电压后，其机械特性表现为同步转速保持不变，电磁转矩 $T \propto U^2$。若电机拖动恒转矩负载，降低电源电压可以降低转速。如图 2-38 曲线 1 所示，A 点为固有机械特性曲线上的运行点，B 点为降低电压后的运行点，分别对应转速 n_A 和 n_B，可以看出调速的范围很窄。若电机拖动风机负载，负载特性如图 2-38 中曲线 2 所示，在调压过程中，C、D、E 3 个运行点的转速虽然相差较大，但应注意电机在低速运行时存在的过电流及功率因数低的问题。一般笼型感应电机不采用调压调速方式。

（2）变极对数调速

感应电机的旋转磁动势同步转速 n_1 与电机极对数成反比，通过调整笼型三相感应电机定子绕组的极对数，可以改变了同步转速 n_1，实现变极对数调速。通过改变定子绕组的接线方式，可以改变其磁极对数。

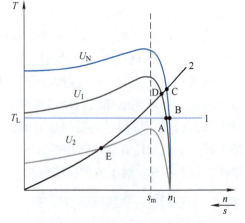

图 2-38 三相异步电机降压调速

1—恒转矩负载 2—风机负载

（注：$\dfrac{n}{s}$ 表示 n 与 s 的变化是相反的，n 增大时 s 减小）

图 2-39 所示为三相感应电机定子绕组接线及对应的磁极数，这里仅展示了 A 相绕组的情况。每相绕组由两个等效集中线圈正向串联组成，例如 U 绕组为 $U_{11} - U_{21}$ 与 $U_{12} - U_{22}$ 头尾串联，因此由 U 相绕组产生的磁极数便是四极的，即为四极感应电机。

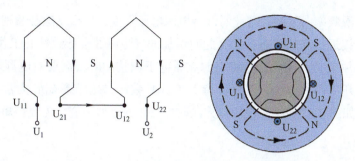

图 2-39 四极三相感应电机定子 A 相绕组

如果把图 2-39 中的接线方式改变一下，每相绕组不再是两个线圈头尾串联，而变为两个线圈尾尾串联，即 U 相绕组为 $U_{11}-U_{21}$ 与 $U_{12}-U_{22}$ 反向串联，如图 2-40 所示；或者每相绕组两个线圈变为头尾串联后再并联，即为 $U_{11}-U_{21}$ 与 $U_{12}-U_{22}$ 反向并联。那么改变后的两种接线方式，U 相绕组产生的磁极数都是二极，三相绕组的磁极数也是二极，即为二极感应电动机。

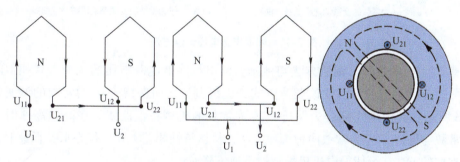

图 2-40 二极三相感应电机定子 U 相绕组

由此可见，三相笼型感应电机的定子绕组，若改变每相绕组中一半线圈的电流方向，即半相绕组反向，则电机的极数便成倍变化。因此，同步转速 n_1 也成倍变化，转子的转速也接近成倍改变。笼型感应电机转子磁极数取决于定子的磁极数，变极运行时，电机转子磁极数随着进行改动。绕线转子式感应电机转子极数不能自动随定子极数变化，因此不能采用变极调速。

（3）变频调速

三相感应电机的同步转速为

$$n_1 = \frac{60 f_1}{p} \tag{2-95}$$

因此，改变三相感应电动机电源频率 f_1，可以改变旋转磁动势的同步转速，达到调速的目的。额定频率称为基频，变频调速时可以从基频向上调，也可以从基频向下调[18]。

1）从基频向下调。三相感应电机每相电压为

$$U_1 \approx E_1 = 4.44 f_1 N_1 k_{dp1} \Phi_1 \tag{2-96}$$

调速时将电源频率向下调,若此时保持电源电压不变,那么气隙磁通则会增加。若电机铁心本就工作在接近饱和的状态,那么此时增加的气隙磁通会导致铁心工作在过饱和状态,导致励磁电流急剧增加。因此,在将电源频率向下调整的时候需要对电源电压进行同步降低。降低电源电压有两种方法,一是保持 E_1/f_1 为常数,二是保持 U_1/f_1 为常数,二者变频调速机械特性曲线如图 2-41 所示。使用该方法时保持磁通近似不变,为恒转矩调速方式[19]。

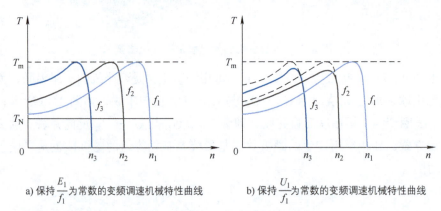

a) 保持 $\dfrac{E_1}{f_1}$ 为常数的变频调速机械特性曲线　　b) 保持 $\dfrac{U_1}{f_1}$ 为常数的变频调速机械特性曲线

图 2-41　降低电源电压调速方法

保持 E_1/f_1 为常数时,调速方法与他励直流电机降低电源电压的调速方式相似。由于频率是可以连续调节的,因此该调速方式为无级调速。而保持 U_1/f_1 为常数的调速曲线如图 2-41b 所示。其中虚线部分为保持 E_1/f_1 为常数的机械特性曲线。在高频高速时,保持 U_1/f_1 为常数与保持 E_1/f_1 为常数两种调速方法,机械特性相差无几。但在低频低速时,保持 U_1/f_1 为常数的方法,会使得电机机械特性迅速下降。

2）从基频向上调。调速时不允许升高电源电压,所以升高频率进行调速时只能保持电压不变,频率越高,磁通越低,类似于弱磁控制的调速方式,此时的电磁转矩为

$$T = \dfrac{mpU_1^2\dfrac{R_2'}{s}}{2\pi f_1\left[\left(R_1+\dfrac{R_2'}{s}\right)^2+(X_1+X_2')^2\right]} \quad (2\text{-}97)$$

由于 R_1 比 X_1、X_2' 及 $\dfrac{R_2'}{s}$ 都要小很多,所以最大转矩 T_m 及临界转差率 s_m 分别为

$$T_m = \dfrac{1}{2}\dfrac{m_1pU_1^2}{2\pi f_1\left[R_1+\sqrt{R_1^2+(X_1+X_2')^2}\right]} \approx \dfrac{1}{2}\dfrac{m_1pU_1^2}{2\pi f_1(X_1+X_2')} \quad (2\text{-}98)$$

$$s_m = \dfrac{R_2'}{\sqrt{R_1^2+(X_1+X_2')^2}} \approx \dfrac{R_2'}{X_1+X_2'} \quad (2\text{-}99)$$

因此,当 f_1 升高时,T_m 及 s_m 都会下降,最大转矩对应的转速变化为

$$\Delta n_m = s_m n_1 \quad (2\text{-}100)$$

Δn_m 为常数,故升高电源频率的机械特性曲线如图 2-42 所示,其运行段近似平行。

升高频率保持电源电压不变调速时,近似为恒功率调速方式。由于正常运行时,s 很小,$\dfrac{R_2'}{s}$ 比 R_1、(X_1+X_2') 都大得多,因此忽略 R_1 和 (X_1+X_2'),此时功率为

$$P_M = T\Omega_1 = \dfrac{mpU_1^2 \dfrac{R_2'}{s}}{2\pi f_1\left[\left(R_1+\dfrac{R_2'}{s}\right)^2+(X_1+X_2')^2\right]}\dfrac{2\pi f_1}{p} \approx \dfrac{m_1 U_1^2}{R_2'}s \qquad (2\text{-}101)$$

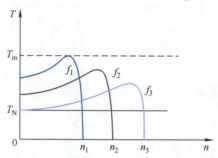

图 2-42 保持电源电压不变升频调速的机械特性曲线

运行时若保持 I_1 不变,s 的变化即可忽略不计,P_M 近似为常数。

综上所述,三相感应电机变频调速有以下特点:

① 从基频向下调速,为恒转矩调速方式;从基频向上调速,近似为恒功率调速模式。
② 频率 f_1 可以连续调节,变频调速为无级调速。
③ 调速范围大。
④ 运行时 s 小,效率高。

2. 绕线式转子感应电动机调速

(1) 绕线式异步电机转子回路串入电阻

改变转子回路串入的电阻值,可以改变电机的机械特性,当转子绕组串入不同电阻值时($R_{a1}<R_{a2}<R_{a3}$),其机械特性曲线如图 2-43 所示。

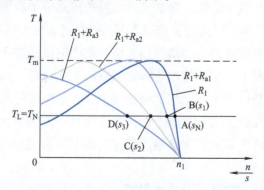

图 2-43 绕线式转子感应电机串入电阻机械特性曲线

图中 A、B、C、D 为串入各电阻值后转矩 – 转差率曲线与额定转矩工况线的交点。通过观察这四个点的横坐标变化，可以清楚地了解绕线式转子感应电机的调速性能。

可以看出，在额定负载工况下，串入电阻阻值逐渐增大时，电机转差率由 s_N 变为 s_1、s_2、s_3，串入电阻越大，则转速越低。当电源电压一定时，主磁通 Φ_M 基本是定值，转子电流 I 可以维持在额定值工作。

转子电流计算式如下

$$I = I_N = \frac{E}{\sqrt{\left(\dfrac{R_1}{s_N}\right)^2 + X_1^2}} = \frac{E}{\sqrt{\left(\dfrac{R_1 + R_a}{s}\right)^2 + X_1^2}} \quad (2\text{-}102)$$

式中，R_a 为串入电阻值。

由式（2-102）可知，绕线式转子感应电机串电阻调速时，要保持电流为额定值，则

$$\frac{R_1}{s_N} = \frac{R_1 + R_a}{s} \quad (2\text{-}103)$$

转子回路功率因数为

$$\cos\varphi = \frac{R_1 / s_N}{\sqrt{\left(\dfrac{R_1}{s_N}\right)^2 + X_1^2}} = \frac{(R_1 + R_a)/s}{\sqrt{\left(\dfrac{R_1 + R_a}{s}\right)^2 + X_1^2}} \quad (2\text{-}104)$$

可以看出，绕线式转子感应电机通过转子回路串联电阻实现调速，该方式属于恒转矩调速。不过，这种调速方法的应用范围相对有限，通常仅能达到 2~3 倍的调速范围，当负载较小时，调速范围就更小。如果想要扩大调速范围，就必须增大转差率，使转子回路中的铜损增加，降低电机效率。由于转子回路电流很大，导致电阻的体积较大，因此调速的平滑性不好，基本上属于有级调速。

（2）双馈电机调速

绕线式转子感应电动机因其具有高启动转矩和调速性能，常被应用于如球磨机、矿井提升机、桥式起重机等重载设备中。尽管通过在转子回路中串联电阻可以实现调速，但这种方法效率较低且调速效果不尽人意。相较之下，双馈调速技术则展现出更为优异的效果。

双馈调速技术是一种高效的电动机控制方法，其中电机的定子和转子绕组分别连接到两个独立的三相对称电源上。定子绕组连接到恒频的工业电源，而转子电源则需要根据电机的实际运行需求进行精确调节。在双馈调速法中，转子电源的频率必须与转子的感应电动势保持同频，这要求在任何运行状态下都保持高度精准的频率调节。这种调节能力使得双馈电机在重载、高启动转矩和需要高精度调速的情况下表现出色，有效提升了电机的性能和效率[20]。

绕线式转子感应电机双馈调速系统不仅能调节电动机转速，还能改变电动机定子端的功率因数。当感应电机定子端施加额定电压及机械负载时，转子有功电流有效值为

$$I_{2a} = \frac{sE_2}{\sqrt{R_2^2 + X_{2\sigma}^2}} \frac{R_2}{\sqrt{R_2^2 + X_{2\sigma}^2}} = \frac{sR_2 E_2}{R_2^2 + X_2^2} \quad (2\text{-}105)$$

式中，E_2 为转子一相感应电动势；R_2、$X_{2\sigma}$ 分别为转子一相的电阻和漏电抗；s 为转差率。

为了简化分析，暂时忽略转子漏电抗 $X_{2\sigma}$ 的影响，当定子电源电压及负载转矩保持不变的条件下，I_{2a} 应为常数，即

$$I_{2a} \approx \frac{sE_2}{R_2} \quad (2\text{-}106)$$

接下来，分析绕线式转子感应电动机转子回路接有外电源的情况。为了简化分析，凡是转子的各物理量都应理解为已经进行过折合，因此不再用上标符号 "'" 表示。定子电压、转子电压、电动势和电流的正方向如图 2-44 所示，其中 U_2 是转子外接三相对称电源相电压的有效值。下面将分几种不同情况进行讨论。

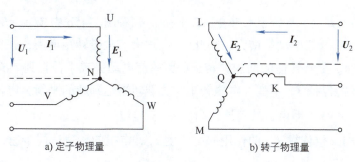

图 2-44 定、转子各量的正方向

1) 转子外接电压 U_2 与转子电动势 sE_2 反相。这种情况的相量图如图 2-45a 所示。起初，转子回路合成电动势的减小，使电流 I_{2a} 减小，于是电磁转矩随之减小，因负载转矩不变，故转子减速。随着转速的逐渐降低，转子回路感应电动势增大，当转差率增大到了 s' 时，转子感应电动势为 $s'E_2$。此时，直到 $s'E_2 + U_2$ 变化到等于原来的 sE_2，即可保

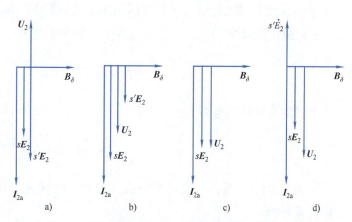

图 2-45 绕线式转子感应电机转子接转差频率电压调速

持电子电流 I_{2a} 不变。电磁转矩与负载转矩达到新的平衡，电机在新的转差率 s' 下运行，即 $s' > s$，转速降低。注意，这里的转差率 s 不再是电动机实际运行的转差率，它的含义是在同样负载转矩下，转子回路未接电压 U_2 时的转差率，是个固定的数值。

这种情况下转子电流为

$$I_{2a} = \frac{s'E_2 + U_2}{R_2} = \frac{sE_2}{R_2} \tag{2-107}$$

所以电机实际运行的转差率为

$$s' = s + \frac{U_2}{E_2} \tag{2-108}$$

由式（2-108）看出，当电机空载运行时，I_{2a} 接近于 0，转差率 s 值很小，这时电机的空载转差率为

$$s'_0 = \frac{U_2}{E_2} \tag{2-109}$$

可见，即使电机空载运行，也能对其进行调速。升高 U_2，s' 随之增大，显然，可以有 $s' \geqslant 1$ 的运行情况。

2）**转子外接电压 U_2 与转子电动势 sE_2 同相**。先看图 2-45b 中 $U_2 < sE_2$ 的情况。刚开始时，由于转子回路合成电动势增大，因此使 I_{2a} 增大，电磁转矩增大，在负载转矩不变的条件下，转子加速。随着转速的增加，转子回路感应电动势减小，直到 $s'E_2 + U_2$ 变化到等于原来的 sE_2，才能保持 I_{2a} 不变，电磁转矩与负载转矩达到新的平衡，电机在新的转差率 s' 下运行。这时，$s' < s$，即电机的转速升高。

当 $U_2 = sE_2$ 时，仅依靠 $\dot{U}_2$ 的作用即可产生 I_{2a}，电机的转速达同步速，$s'E_2$ 大小为 0，如图 2-45c 所示。

显然，当 $U_2 > sE_2$ 时，在负载转矩不变的条件下，电机的转速可以超过同步速，转差率 $s' < 0$，如图 2-45d 所示。在这种情况下，转子电流为

$$I_{2a} = \frac{s'E_2 + \dot{U}_2}{R_2} = \frac{sE_2}{R_2} \tag{2-110}$$

电机的实际转差率为

$$s' = s - \frac{U_2}{E_2} \tag{2-111}$$

由式（2-111）看出，当电机空载运行时，I_{2a} 接近于 0，转差率 s 值很小，此时电机的空载转差率为

$$s'_0 \approx \frac{U_2}{E_2} \tag{2-112}$$

这样同样能把电机的转速调到高于同步转速。

3）**转子外接电压 U_2 与转子电动势 sE_2 相位差 90°**。在分析过程中，我们依然假设负载转矩保持不变，即 sE_2 不变。如图 2-46a 所示，当 U_2 领先 sE_2 90° 时，转子回路的合成

电动势 $\sum E_2$ 与产生的转子电流 I_2 同相（仅考虑 R_2 的作用），其中有功电流为 I_{2a}，无功电流为 I_{2r}。由于无功电流 I_{2r} 与气隙磁密 B_δ 同相，起了励磁电流的作用。已知电机定子电流为

$$I_1 = I_0 + (-I_2) \tag{2-113}$$

式中，I_0 为定子励磁电流。

为了简化分析，忽略定子侧漏阻抗压降，将定子端电压 U_1、电流 I_1 都画在图 2-46a 中。从图中可以看出，定子侧的功率因数 $\cos\varphi_1$ 得到改善。

当 U_2 与 sE_2 的相位差为某一角度时，如图 2-46b 所示，可以将 U_2 分解为 U_2' 及 U_2'' 两个分量，分别按照上述方法进行分析。图 2-46b 所示的情况是电机运行于次同步速，此时既能调速，又能提高定子功率因数。

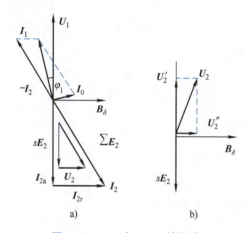

图 2-46 U_2 对 $\cos\varphi_1$ 的影响

（3）晶闸管感应电机串级调速

前述的双馈调速要求电机转子绕组上施加的电压频率与转子绕组感应电动势频率相同。如果把感应电机转子感应电动势变为直流电动势，同时把转子外加电压也变为直流量（即频率都为零），也能满足同频率的要求，这就是串级调速的基本思路。

图 2-47 所示为感应电机内反馈串级调速系统主电路。电机转子绕组连接到整流桥的输入端，而由晶闸管构成的有源逆变桥输出则连接到绕线式转子感应电机定子中的反馈绕组（电

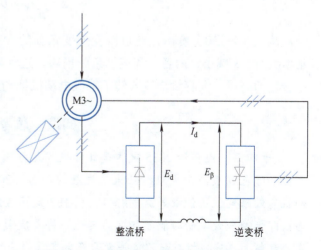

图 2-47 感应电机内反馈串级调速系统主电路

机定子内包含两套独立的三相绕组）。运行时，整流桥把感应电机转子的转差电动势、电流变成直流，逆变器的作用是给电机转子回路提供直流电动势，同时给转子电流提供通路，并把转差功率 sP_M（扣除转子绕组铜损耗）通过电动机的反馈绕组反送回交流电源。

感应电机转子相电动势为

$$E_{2s} = sE_2 \qquad (2\text{-}114)$$

E_{2s} 经三相整流器后变为直流电动势 E_d：

$$E_d = k_1 E_{2s} = k_1 s E_2 \qquad (2\text{-}115)$$

式中，k_1 为整流系数。

逆变器直流侧直流电动势为

$$E_\beta = k_2 U_2 \cos\beta \qquad (2\text{-}116)$$

式中，k_2 为逆变器系数；U_2 为变压器二次绕组相电压；β 为逆变角。

于是，直流回路电流为

$$I_d = \frac{E_d - E_\beta}{R} \qquad (2\text{-}117)$$

式中，R 为直流回路等效电阻。

式（2-117）可写为

$$E_d = E_\beta + I_d R \qquad (2\text{-}118)$$

因 R 较小，可忽略不计，上式变为

$$E_d = E_\beta = k_1 s E_2 = k_2 U_2 \cos\beta \qquad (2\text{-}119)$$

当整流器、逆变器都为三相桥式电路时，$k_1 = k_2$，得转差率为

$$s = \frac{U_2}{E_2} \cos\beta \qquad (2\text{-}120)$$

从式（2-120）看出，通过改变逆变角 β 的大小就可以改变电动机的转差率 s。当 β 角增大时，s 减小，两者之间遵循余弦规律。这种调速方法适合于对调速性能要求不高的场合，如高压、大容量绕线式转子感应电动机拖动风机、泵类负载等。

阅读·思考

"十四五"规划和2035碳达峰目标将"大力发展绿色经济"被提升到新的高度，高效节能和绿色发展成为电机行业未来发展的趋势。2021年6月实施的 GB 18613—2020《电动机能效限定值及能效等级》标准，将 IE3 定为3级能效的最低标准，保证我国电机能效与国际标准一致。新版能效标准的实施，将淘汰大部分低能效电机产品，对电机企业的技术、装备、工艺、材料和销售等方面产生直接影响。

——摘自《"十四五"启程,电机行业如何破危揽机?》,控制工程网,2021.3.23.

想一想1:感应电机能效问题的决定因素

感应电机的能效问题由多种因素决定,包括电磁设计、材料选择、制造工艺、冷却条件和运行条件。你知道在实际应用中,这些因素具体如何影响感应电机的能效吗?例如,冷却系统设计和智能控制系统的引入对能效的提升有哪些具体作用?

想一想2:提高能效的感应电机启动技术应用

为了减小启动电流和机械冲击,感应电机采用了多种减压启动技术。常见的有星-三角启动、自耦变压器启动、软启动器和变频器启动,这些技术不仅能降低启动时的能量损耗,还能延长电机的使用寿命。你知道在工业生产中,不同启动技术的选择依据是什么吗?

想一想3:提高能效的感应电机调速技术应用

在提高感应电机能效方面,调速技术同样重要。变频器调速通过改变电源频率,实现电机的无级调速,在部分负载下显著降低能耗。智能控制系统可以实时监测电机运行状态、优化运行参数,进一步提高能效。机械特性和能效优化结合使用新型传感器和控制算法,也可以显著提升电机的性能和效率。在具体应用中,如何结合负载特性和生产要求选择合适的调速技术?你能想到哪些新型调速技术在未来可能会被应用于感应电机中?

习题

一、选择题

1.在交流电机中,绕组的构成应遵循一定的原则并进行分类。请问下列关于交流绕组构成原则和分类的说法中,正确的是(   )。

A.交流绕组应尽可能减少绕组间的互感,以提高电机的效率

B.集中式绕组通常用于大型电机,因为其结构简单且散热效果好

C.分布式绕组相比集中式绕组,其绕组系数通常较小

D.叠绕组和波绕组的主要区别在于它们在空间中的排列方式不同

2.交流感应电机是一种常见的电机类型。下列关于其工作原理的说法中,正确的是(   )。

A.交流感应电机的工作基于电磁感应原理,当定子绕组通入交流电时,会在转子中产生感应电流

B.交流感应电机的转子不需要外部电源供电,其旋转动力完全由定子产生的旋转磁场提供

C.交流感应电机的定子绕组通常采用直流电供电,以产生恒定的磁场

D.交流感应电机的转子转速与定子产生的旋转磁场转速完全相同,实现同步旋转

3. 交流感应电机的转子主要由（　　）组成。

　　A. 转子铁心和转子绕组　　　　　　　　B. 转子铁心和端盖

　　C. 转子绕组和端盖　　　　　　　　　　D. 转子铁心、转子绕组和端盖

4. 在交流感应电机中，转子电动势的幅值主要取决于（　　）。

　　A. 电源频率　　　B. 定子电压　　　C. 转子电阻　　　D. 转子转速

5. 如果定子每相绕组的电流为正弦波形，磁动势的最大值为 NI，那么在三相绕组的情况下，下列（　　）关于总磁动势的描述是正确的。

　　A. 三相绕组的总磁动势等于单相磁动势的 3 倍

　　B. 三相绕组的总磁动势等于单相磁动势的 $\sqrt{3}$ 倍

　　C. 三相绕组的总磁动势在任意时刻都为 0

　　D. 三相绕组的总磁动势在任意时刻等于 0，但瞬时值不为 0

6. 下列（　　）方法通过在启动过程中逐渐升高电压，达到减小启动电流的目的？

　　A. 直接启动　　　　　　　　　　　　　B. 星 – 三角启动

　　C. 自耦变压器启动　　　　　　　　　　D. 串电阻启动

二、填空题

1. 在车用三相交流感应电机中，绕组分布决定了电机内部的磁场特性，其中三相绕组的_____决定了磁场的旋转方向，而电流的_____则影响了磁场的强弱和旋转速度。

2. 车用三相交流感应电机的转子中，当转子导体与旋转磁场产生相对运动时，会在导体中感应出_____，这是电机实现电能转换为机械能的关键过程。

3. 在分析车用三相交流感应电机的性能时，需要关注其转速、转矩与_____之间的关系，这对于优化电机的运行效率和控制性能至关重要。

4. 在一台三相交流感应电机中，定子每相绕组的匝数为 $N = 100$ 匝。定子每相绕组的电流为正弦波形 $I_t = I_m \sin\omega t$，其中最大电流 $I_m = 10A$、频率 $f = 50Hz$。

请根据以下描述完成填空。

单相绕组在某一时刻 t 的磁动势 $MMF_a(t)$ 为_____。

若三相绕组的电流分别为 $I_a = I_m\sin\omega t$、$I_b = I_m\sin(\omega t - 2\pi/3)$ 和 $I_c = I_m\sin(\omega t + 2\pi/3)$，则在 $t = 0$ 时，三相绕组的总磁动势 $MMF_{total}(t)$ 为_____。

在任意时刻 t 下，三相绕组的总磁动势 $MMF_{total}(t)$ 为_____。

5. 交流感应电机的运行特性受到各种因素的影响。请根据以下描述完成填空。

当交流感应电机的负载增加时，电机的转速会_____。

在交流感应电机的启动过程中，通常会采用_____方法来限制启动电流。

在交流感应电机的运行过程中，若电压降低，电机的转矩会_____。

在交流感应电机的正常运行中，转子的转速接近于_____。

6. 交流感应电机的启动和调速方法多种多样，每种方法都有其适用的场景和特点。请根据以下描述完成填空：

某三相交流感应电机的额定功率为10kW、额定电压为400V、额定电流为18A。当该电机使用星-三角启动时，启动电流约为直接启动电流的_____倍（保留两位小数）。

某变频调速系统运行在频率为30Hz时，其输出转速为900r/min。当频率调整为50Hz时，输出转速应为_____r/min。

三、问答题

1. 请解释交流感应电机中定子绕组的分布及其对电机性能的影响。
2. 请详细解释交流感应电机中笼型转子和绕线式转子的结构及其对电机性能的影响，并比较它们各自的优缺点。
3. 请详细解释交流感应电机中节距因数的概念及其在定子绕组设计中的作用，并说明节距因数如何影响电机的电动势和谐波含量。
4. 感应电机带额定负载运行时，若电源电压下降过大，会产生什么严重后果？试说明其原因。如果电源电压下降，对感应电机的最大转矩、启动转矩、转差率有何影响？
5. 绕线式转子感应电机拖动恒转矩负载运行时，试分析转子回路突然串入电阻后降速的电磁过程。

四、综合实践题

1. 异步电机启动与调速试验

（1）目的

通过试验操作感应电机的启动与调速，对不同启动和调速技术进行分析。通过本实践项目，学生可以了解各种启动和调速技术的原理和应用，掌握实际操作技能，并培养分析和解决问题的能力。

（2）背景说明

感应电机是常用的工业动力设备，其启动和调速方式直接影响设备的能效和运行成本。常见的启动及调速方式包括直接启动、星-三角启动、自耦变压器启动、绕线式转子感应电机绕组串入可变电阻器启动及绕线式转子感应电机绕组串入可变电阻器调速。

（3）要求

1）试验操作与数据记录。

学生需要详细记录试验中启动及调速技术的关键数据，包括启动时间、启动电流、稳态运行电流和转速变化等。通过对数据的分析，认识各启动和调速技术的优缺点。

2）学生需要分组进行试验，每组4~5人。团队成员之间需要相互协作，明确分工，包括操作、数据记录、分析和报告撰写，确保试验项目的顺利进行。

3）学生个人需要根据实践项目的要求撰写实践报告，包括实践目的、背景、试验过程、结果分析和改进建议等。报告要求条理清晰、数据准确、分析深入。

2. 车用三相交流感应电机的定转子设计

通过对车用三相交流感应电机的定转子设计，对电机设计学习进行研讨。

（1）目的

通过对车用三相交流感应电机的定子与转子设计进行深入分析，识别并优化设计中的潜在问题，以提高电机的性能、效率和可靠性。通过本研讨，参与者将能够理解电机设计的基本原理，掌握关键设计参数的分析方法，培养解决实际工程问题的能力。

（2）背景说明

车用三相交流感应电机作为新能源汽车的动力来源之一，其性能直接影响到整车的动力输出和能源效率。电机的定子和转子设计是影响电机性能的关键因素，合理的设计可以减少能量损耗，提高电机的功率密度和效率。

（3）要求

1）学生需对车用三相交流感应电机的工作原理有基本了解，并能够分析定子和转子设计对电机性能的影响。

2）学生需收集并记录电机设计的关键参数，包括但不限于线圈匝数、线圈材料、磁路设计、冷却系统等，并分析这些参数如何影响电机的性能。

3）利用仿真软件对不同设计方案进行模拟，评估其性能，并记录仿真结果。

4）分析仿真结果，识别设计中的不足之处，并提出改进方案。

5）每组3~4人，团队成员需明确分工，相互协作，共同完成研讨任务。

6）根据研讨过程和结果，撰写研讨报告，报告应包括研讨目的、背景、设计参数分析、仿真结果、问题识别、改进方案等。报告应条理清晰、数据准确、分析深入。

参 考 文 献

[1] 汤蕴璆. 电机学 [M]. 北京：机械工业出版社，2014.

[2] 许祥威，骆皓，侍正坤，等. 分数槽集中绕组双转子感应电机电磁耦合特性的分析 [J]. 微电机，2019，52（9）：34-40.

[3] 刘庆. 低电压纯电动车用异步电机优化设计及控制研究 [D]. 重庆：重庆大学，2019.

[4] 刘锦波，张承慧. 电机与拖动 [M]. 北京：清华大学出版社，2006.

[5] 李泽辰，鲍晓华，徐威，等. 单双层低谐波绕组感应电机振动噪声分析 [J]. 微电机，2018，51（10）：17-21，31.

[6] 谢颖，武鑫，刘海松，等. 采用磁性槽楔的笼型感应电机电磁振动特性研究 [J]. 电机与控制学报，2017，21（11）：53-61.

[7] 凌在汛，周理兵，张毅，等. 笼型实心转子屏蔽感应电机电磁场及参数研究（二）：二维多层电磁场模型及其解析计算 [J]. 电工技术学报，2018，33（17）：4016-4028.

[8] 许实章. 电机学 [M]. 北京：机械工业出版社，1981.

[9] 王秀和，孙雨萍. 电机学 [M]. 北京：机械工业出版社，2018.

[10] 徐威，任晓明，宁银行，等. 笼型感应电机转子轴向分段错开结构削弱同步附加转矩的研究 [J]. 电工技术学报，2023，38（20）：5411-5420.

[11] 辜承林. 电机学 [M]. 武汉：华中科技大学出版社，2001.

[12] 李聪波，黄明利，李伟，等. 基于电磁-结构耦合的异步电机外特性优化 [J]. 华中科技大学学报（自

然科学版），2022，50（6）：74-80.
- [13] 陈军炜. 三相异步电机固有机械特性离线测试技术研究 [D]. 上海：东华大学，2023.
- [14] 赵涛. 三相异步电动机软启动与调压节能技术的研究 [D]. 天津：天津理工大学，2017.
- [15] 夏云彦，孟大伟，于清明，等. 紧凑型高压电机起动特性及阻抗的电磁耦合计算 [J]. 电工技术学报，2017，32（1）：183-189.
- [16] 谢颖，蔡翔，单雪婷，等. 抽油机用高启动转矩感应电机设计与研究 [J]. 哈尔滨理工大学学报，2019，24（3）：66-73.
- [17] 李发海，王岩. 电机与拖动基础 [M]. 北京：清华大学出版社，2012.
- [18] 刘佳男. 变频供电下异步电机电磁振动的特性分析 [D]. 沈阳：沈阳工业大学，2016.
- [19] 易山，卢子广，袁凯南，等. 中低频轻载工况下引入虚拟电抗的感应电机变频调速系统稳定控制 [J]. 电工技术学报，2022，37（8）：1959-1971.
- [20] 卢浩，杜怿，刘新波，等. 磁场调制型双馈无刷混合励磁电机及其静态性能分析 [J]. 电工技术学报，2020，35（14）：2969-2978.

第 3 章
车用三相交流永磁同步电机

车用三相交流永磁同步电机与感应电机相比,永磁同步电机的定子结构与其非常相似,转子结构最大不同是转子采用永磁体,结构更加简单。凭借其体积小、高效率、高功率密度等优点,在新能源汽车领域得到了广泛应用。

学习目标

1. 理解和掌握车用三相永磁同步电机分类及运行原理、永磁材料性能及参数、磁路和电磁参数、齿槽转矩、电枢反应等。
2. 理解永磁同步电机的磁路结构和电磁参数对电机性能的影响,掌握不同极槽配合对电机齿槽转矩和性能的影响,并提出优化方案。
3. 了解电枢反应对电机性能的影响,能够提出减小电枢反应的策略。
4. 了解根据电机的设计要求和性能指标,计算合适的极槽配合和电枢反应控制参数的方法,掌握电机的不同启动方法,理解永磁同步电机的转矩转速特性。

3.1 永磁同步电机分类和运行原理

永磁同步电机定子与感应电机基本相同,通过在绕组中通入三相交流电产生旋转磁场。但永磁电机转子采用永磁体代替感应电机的转子绕组,这种结构简化了电机设计、降低了加工和装配成本。另外,若没有和绕线式转子感应电机相比,集电环和电刷结构,从而显著提高了电机的可靠性和效率。本节对永磁同步电机的结构进行介绍,并根据不同的电机结构将其划分为不同类型,对不同类型的永磁同步电机进行简要的说明,最后介绍永磁同步电机的运行原理。

3.1.1 结构组成

(1)基本结构

永磁同步电机主要由定子、转子两大部分组成,其具体结构如图 3-1 所示。以常见的三相永磁同步电机为例,其定子主要由对称三相绕组和定子铁心组成,转子主要由转轴、永磁体及转子铁心构成,定、转子间的间隙称为气隙。当三相正弦交流电流流过定子绕组时,在气隙中会产生一个圆形旋转的磁动势,定子磁通和转子磁通经过铁心和气隙形成闭合回路,使永磁同步电机产生电磁转矩。

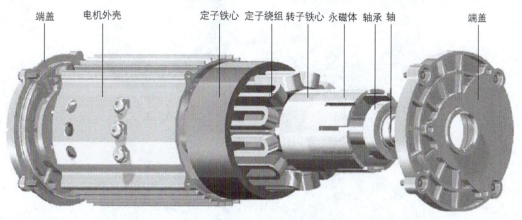

图 3-1　永磁同步电机主要结构

(2) 永磁体

永磁体是一种能够持续产生稳定磁场的材料,也被称为硬磁体,不易失磁,也不易被磁化,如天然的磁石(磁铁矿)和人造磁体(铝镍钴合金)等。除永磁体外,也有需通电才有磁性的电磁体。然而,若将永磁体加热至超过居里温度,或将其放置于反向高磁场强度的环境中,其磁性也会减少甚至消失。铝镍钴磁体的最高使用温度超过540℃(1000°F),钐钴磁体及铁氧体约为300℃(570°F),钕磁体及软性磁体约为140℃(280°F),不过实际数值依材料的晶粒会略有不同。

(3) 定子

定子是电机中静止不动的部分,主要由定子铁心和定子绕组[1]两部分组成,主要作用是产生旋转磁场,其结构如图3-2所示。以径向磁通内转子电机为例,定子铁心一般由内圆带槽的硅钢片叠压而成,定子绕组通常指多个线圈或者线圈组通过不同的连接方式所构成的对称电路,是永磁同步电机的电路部分。

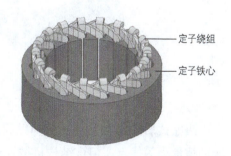

图 3-2　径向磁通永磁同步电机定子结构

(4) 转子

转子是电机中进行旋转运动的部分。转子主要包括永磁体、转子铁心和转轴。永磁体在转子铁心中安装方式的不同会导致电机的运行性能、控制系统、制造工艺与使用场合也不同。根据永磁体在转子铁心中位置的不同,可以将永磁同步电机分为表面式与内置式两大类。其中表面式又可以分为表贴式与表面嵌入式两种结构,如图3-3所示。内置式永磁同步电机根据转子磁路结构不同又可以划分为径向式、切向式和混合式，如图 3-4 所示。

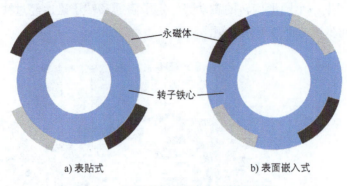

图 3-3　表面式永磁同步电机转子结构

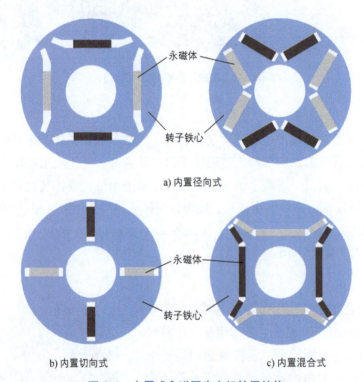

图 3-4　内置式永磁同步电机转子结构

表贴式转子结构是将永磁体贴附在转子铁心的表面，具有结构简单、制造成本较低、转动惯量小等优点，但该结构机械强度有限。另一方面，从磁性角度看，由于空气和永磁体的磁导率几乎相同、永磁同步电机直轴和交轴电感相等，因此转子磁场和定子磁场的交互不会产生磁阻转矩。

嵌入式与内置式转子结构的永磁体被嵌装于转子铁心内，该结构增强了转子整体机械强度，同时易于实现弱磁控制，适用于高速运行工况。但磁阻转矩的存在增加了电机转矩控制的难度，且安装制造工艺复杂。

永磁同步电机有多种分类方法[1]：按工作主磁场方向的不同，可分为径向磁场式、轴向磁场式、横向磁场式以及混合磁场式,其中比较常见的有径向磁场式与轴向磁场式,如图 3-5 所示;按定子绕组位置的不同,可分为内转子式(常规式)和外转子式;还可以按转子上有无启动绕组,可分为无启动绕组的电机(用于变频器供电的场合,利用频率的逐步升高而启动,并随着频率的改变而调节转速,常被称为调速永磁同步电机)和有启动绕组的电机(既可用于调速运行,又可在某一频率和电压下利用启动绕组所产生的异步转矩启动,常称为异步启动永磁同步电机)。

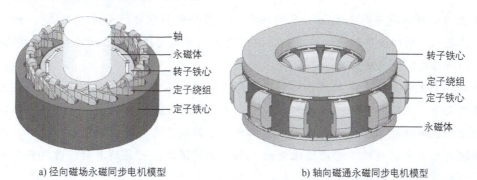

a) 径向磁场永磁同步电机模型　　　　b) 轴向磁通永磁同步电机模型

图 3-5　不同工作主磁场方向的永磁同步电机模型

3.1.2　运行原理

永磁同步电机的主要运行方式有 3 种,即作为发电机、电动机和补偿机运行。当三相电流通入永磁同步电机定子三相对称绕组中时,电流产生一个幅值恒定的合成旋转磁动势。由于其幅值大小不变,因此这个旋转磁动势的轨迹便形成一个圆,称为圆形旋转磁动势。其大小为单相磁动势最大幅值的 1.5 倍,即

$$F = \frac{3}{2}F_{\phi L} = \frac{3}{2}0.9k_{w1}\frac{N_c I}{p} \tag{3-1}$$

式中,F 为圆形旋转磁动势(T·m);$F_{\phi L}$ 为单相磁动势的最大幅值(T·m);k_{w1} 为基波绕组系数;p 为电机极对数;N_c 为每个线圈的串联匝数;I 为线圈中流过电流的有效值(A)。

由于永磁同步电机的转速恒为同步转速,因此转子主磁场和定子圆形旋转磁动势产生的旋转磁场保持相对静止。两个磁场相互作用,在定子与转子之间的气隙中形成一个合成磁场,产生了一个推动或者阻碍电机旋转的电磁转矩 T_e,即

$$T_e = k_{w1} B_R B_{net} \sin\theta \tag{3-2}$$

式中,T_e 为电磁转矩(N·m);θ 为功率角(rad);B_R 为转子主磁场(T);B_{net} 为气隙合成磁场(T)。

由于气隙合成磁场与转子主磁场位置关系的不同,永磁同步电机既可以运行于电动机状态也可以运行于发电机状态。当气隙合成磁场滞后于转子主磁场时,产生的电磁转矩与转子旋转方向相反,这时电机处于发电状态;相反,当气隙合成磁场超前于转子主磁场时,产生的电磁转矩与转子旋转方向相同,这时电机处于驱动状态,即电动机状态。转子主磁

场与气隙合成磁场之间的夹角称为功率角。

以上内容对永磁同步电机的核心部件与工作原理进行了说明，第 2 章对车用三相交流感应电机开展了详细介绍。交流感应电机也称交流异步电机，它与本章介绍的永磁同步电机都凭借优异的性能广泛应用于新能源汽车中。

阅读·思考

电机是新能源汽车的三大核心零部件之一，被誉为新能源汽车的"心脏"。而由于电动汽车的空间限制和使用环境的要求，传统的电力电子与电机技术已经难以满足其高性能、小尺寸和严格的环境温度要求。

目前市面上常见的永磁同步电机和交流感应电机，二者各有优劣。业内普遍认为，从综合性能来看，永磁同步电机最具优势。相关数据显示，2021 年国内新能源车永磁同步电机装机比例已超过 98%，已成为中国新能源车中应用最为广泛的驱动电机。另外，新能源汽车领域目前占永磁电机下游应用比重的 15%，位列第二。可见随着新能源汽车市场的持续扩大，永磁同步电机行业将迎来更多的机遇。

近年来，政府出台了多项政策支持国内纯电动汽车及插电式混合动力汽车在内的新能源汽车的发展。如《新能源汽车产业发展规划（2021—2035）》中，明确提出 2025 年我国新能源汽车新车销售量达到汽车新车销售总量的 20% 左右。规划的出台极大地鼓舞了自主品牌汽车新能源产业的上下游，产业呈现爆发式增长势头。

——摘自：《我国永磁同步电机行业：高性能磁材推升成本 下游需求带动市场量》
——公众号：观研天下

想一想 1：永磁同步电机的应用

新能源汽车是永磁同步电机应用的一个典型案例，你知道永磁同步电机在其他领域的应用案例吗？在其他行业又有哪些应用？

想一想 2：永磁同步电机的优缺点

作为市面上常见的电机，与交流感应电机相比，永磁同步电机有哪些优缺点？能否可以完全取代交流感应电机？

想一想 3：永磁同步电机在电动汽车中的应用

对于电动汽车的空间限制和使用环境的要求，永磁同步电机是如何同时兼顾高性能、小尺寸和严格的环境温度要求的？

3.2 永磁材料的性能和主要参数

永磁同步电机的设计制造、运行特性和应用范围与永磁材料的性能息息相关。不同种类永磁材料的性能差别很大，只有充分了解不同永磁材料的性能特点，才能够合理设计出符合要求的永磁同步电机。本节从设计永磁同步电机的角度出发，介绍永磁材料的基本性能，以及常用永磁材料的特点和参数，最后，简要介绍在电机设计过程中永磁材料的选用方法。

3.2.1 磁性能

永磁材料的主要磁性能指标包括：剩磁、矫顽力、内禀矫顽力、磁能积。永磁材料的其他磁性能指标还有：居里温度、可工作温度、剩磁及内禀矫顽力的温度系数、回复磁导率、退磁曲线方形度、高温减磁性能以及磁性能的均一性等。

（1）剩磁

剩余磁化强度，即剩磁，符号为 B_r，是指磁体经磁化至饱和以后，撤去外磁场，在原来外磁场方向上仍能保持的磁化强度。剩磁的极限值为饱和磁化强度，永磁材料的剩磁主要受材料中各个晶粒取向和磁畴结构的影响。

（2）矫顽力

矫顽力是指磁性材料在饱和磁化后，当外磁场退回到零时其磁感应强度 B 并不退到零，只有在原磁化场相反方向加上一定大小的磁场才能使磁感应强度退回到零，该反向磁场称为矫顽磁场，又称矫顽力。

（3）内禀矫顽力

使磁体内部微观磁偶极矩矢量和降为零时施加的反向磁场强度，称为内禀矫顽力（H_{cj}）。内禀矫顽力区别于矫顽力（H_c）。当反向磁场 $H = H_c$ 时，虽然对外磁感应强度表现为零，但此时磁体本身的剩余磁化强度（B_r）并不为零，只是所加的反向磁场与 B_r 的作用相互抵消。而当反向磁场 $H = H_{cj}$ 时，磁体的剩余磁化强度降为零。内禀矫顽力的大小与稀土永磁体的温度稳定性密切相关，内禀矫顽力越高，温度稳定性越好。

（4）磁能积

退磁曲线上任何一点的 B 和 H 的乘积，即 BH，被称为磁能积，而 BH 的最大值称之为最大磁能积，为磁能积曲线上的顶点。磁能积是衡量磁体所储存能量大小的重要参数之一。在磁体使用时，相同体积的磁体能够储存的能量越大，磁体的性能越好。

3.2.2 常用永磁材料

根据永磁材料的磁性强弱以及发展阶段，永磁材料可被分为金属永磁、铁氧体永磁和稀土永磁 3 类，如图 3-6 所示。

根据各类永磁材料的特点，采用不同生产工艺可以得到不同种类的永磁体。目前常用的永磁体主要有铝镍钴（AlNiCo）、永磁铁氧体、钐钴 1∶5 型（SmCo5）、钐钴 2∶17 型（Sm2Co17）、烧结钕铁硼（NdFeB）、粘接钕铁硼（NdFeB）和橡胶磁等几类。不同类型的永磁体，其磁性能及其他各参数均有所不同。下面将这几类永磁体的特点及性能参数作简单介绍。

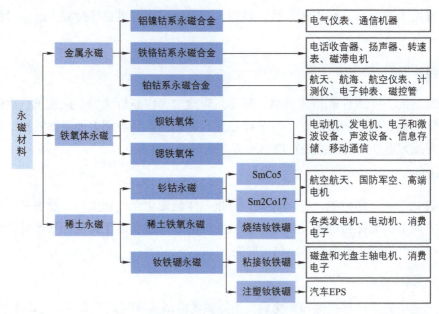

图 3-6 永磁材料分类图谱

(1) 铝镍钴（AlNiCo）

AlNiCo 的磁性能属于中等偏低水平，目前生产的 AlNiCo 的最大磁能积可达到 8～103kJ/m^3，即 1～13MG·Oe。其居里温度为 890℃，其最高使用温度可高达 600℃，同时其温度系数很低，为 −0.02%/℃。铝镍钴磁体具有较好的抗氧化和腐蚀性能。AlNiCo 的可加工性是永磁材料中的佼佼者，因为永磁铁氧体和稀土永磁的硬度和脆性远比 AlNiCo 大。

(2) 永磁铁氧体

永磁铁氧体的综合磁性能较低，其最大磁能积约为 0.8～5.2MG·Oe。但其具有原材料丰富、平均售价低、性价比高、抗退磁性能优良、不存在氧化问题等优点。永磁铁氧体居里温度约为 450℃，其最高使用温度为 300℃。由于其脆性比较大，因此其机械加工性能一般。

(3) 钐钴 1∶5 型（SmCo5）和钐钴 2∶17 型（Sm2Co17）

钐钴磁体的磁性能属于中等偏上水平，其中 1∶5 型磁体磁性能要低于 2∶17 型磁体。目前生产的这两种磁体的磁能积分别为 15～24MG·Oe 和 22～32MG·Oe。二者居里温度分别为 740℃ 和 926℃，最高使用温度分别为 250℃ 和 550℃，2∶17 型磁体要远高于 1∶5 型磁体。近年来钐钴磁体发展的主要是 2∶17 型磁体，由于其居里温度高，矫顽力温度系数小，因此在高温环境能够保持足够高的定磁性能，是高温应用的最佳选择。钐钴磁体具有很强的抗氧化和腐蚀性，因此不需要镀层便可使用。由于钐钴磁体脆性比较大，故其机械加工性能一般。钐钴磁体由于含有大量的稀土元素中储量较少的 Sm 和战略金属 Co，因此此类磁体的价格是所有永磁体中最贵的。

（4）烧结钕铁硼（NdFeB）

烧结钕铁硼的磁性能是所有磁体中最高的，因此有"磁王"的称号，最大磁能积为 30 ~ 52MG·Oe。烧结钕铁硼与永磁铁氧体、钐钴磁体类似，其脆性比较大，使得其机械加工性能一般。烧结钕铁硼的居里温度只有 310℃，使得其使用温度很低，最高只有 230℃，这严重影响了它在一些特殊领域的应用。同时，烧结钕铁硼极易被氧化和腐蚀，因此生产时需要对其进行表面处理，增加镀层。烧结钕铁硼的价格处于中等水平，这使得它在很多领域不断地替代其他永磁体。

（5）粘接钕铁硼（NdFeB）

粘接钕铁硼是由钕铁硼的磁粉与环氧树脂混合得到的磁体。磁性能稳定，最大磁能积可达 3 ~ 13MG·Oe，磁体一致性好，性能波动在 ±5% 范围内。其居里温度为 350℃，最高工作温度为 150℃。其产品尺寸精度高、形状自由度大，可制造各种复杂异形产品。产品表面有环氧树脂涂层及派瑞林涂层，耐腐蚀性极佳，可在日常或恶劣环境中长期使用。其价格要低于烧结钕铁硼，在一些领域可替代烧结钕铁硼和永磁铁氧体。

（6）橡胶磁

橡胶磁是由铁氧体磁粉和合成橡胶复合加工而成，其最大磁能积为 0.60 ~ 1.50MG·Oe，最高工作温度为 100℃。橡胶磁具有较好的柔韧性、弹性、可绕曲性，经过适当工艺可生产成卷状、片状、条状、块状、圆环等各种复杂形状。由于磁体被有机物包裹，因此具有很好的抗氧化和抗腐蚀性。橡胶磁是所有永磁体中价格最低的，广泛应用于我们的日常生活中。

以上对不同类型的永磁体材料的特点进行了简要介绍，凭借永磁体自身的优点以及国家对新能源产业的大力支持，永磁体在我们的日常生活中有着广泛的应用。

目前，高性能钕铁硼永磁材料主要用于风力发电机、节能变频空调、节能电梯、新能源汽车、工业机器人等。其中，风电、新能源汽车、变频空调等节能环保行业受碳中和碳达峰目标的影响而快速发展。在我国产量占比九成以上的钕铁硼永磁材料下游需求中，风力发电机领域需求占比最大，约为 20%；其次是新能源汽车、节能电梯领域，占比均约为 15%；再次是变频空调领域，需求占比约为 14%。

阅读·思考

根据中国稀土定增募集说明书（注册稿），新能源汽车每辆纯电动车消耗钕铁硼 5 ~ 10kg，每辆插电式混合动力汽车消耗 2 ~ 3kg。我国《新能源汽车产业发展规划（2021—2035 年）》提出，到 2025 年，我国新能源汽车销量占总销量的比例达到 20% 以上。因此，随着新能源汽车销量快速增长和渗透率的持续提升，作为新能源汽车核心部件之一，以永磁电机为代表的驱动电机需求将获得提振，进而驱动稀土永磁材料需求增长。

摘自《我国稀土永磁材料行业分析：产量及消耗量稳定增长 下游需求空间持续释

放》——公众号：观研天下

想一想1：高性能钕铁硼永磁材料的应用

高性能钕铁硼永磁材料在永磁同步电机中起到什么作用？这种材料的应用对永磁同步电机的性能有何影响？

想一想2：永磁同步电机在新能源汽车领域的应用优势

永磁同步电机在新能源汽车中的应用，相较于其他类型的电机（如感应电机），有哪些明显的优势？能否在效率、功率密度、体积、质量等方面进行分析说明？

想一想3：永磁同步电机在新能源汽车领域的应用情况

永磁同步电机作为新能源汽车的重要动力源，其在新能源汽车（包括电动汽车和混合动力汽车）中的应用是否广泛？能否结合具体数据（如新能源汽车销量、永磁同步电机的使用量等）进行说明？

3.2.3 主要参数

1. 退磁曲线

将外磁场的磁场强度连续缓慢地改变1个循环周期，形成的 B-H 闭合磁化曲线称为磁滞回线，如图3-7所示。位于第二象限内的磁滞回线即为退磁曲线（Demagnetization Curve），它是永磁材料的基本特性曲线，表征永磁材料品质的重要依据。

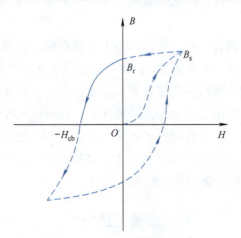

图3-7 永磁体磁滞回线

2. 内禀退磁曲线

在真空中，磁场强度 H 与磁感应强度 B 的关系为

$$B = \mu_0 H \tag{3-3}$$

在磁性材料中，则为

$$B = \mu_0 M + \mu_0 H \tag{3-4}$$

式中，M 为磁化强度（A/m）；μ_0 为真空磁导率（H/m）。

由于第二象限内磁化磁场强度 H 值为负值，因此为了方便起见，不妨将 H 坐标反向，使 H 定义为退磁磁场强度，取为正值，则式（3-4）应改写成

$$B = \mu_0 M - \mu_0 H \tag{3-5}$$

式（3-5）表明：当 $H = 0$ 时，$B = B_r = \mu_0 M$；当 $H = H_{cb}$ 时，$B = 0$，$M = H_{cb}$ 为正值并未退到零，其中 H_{cb} 为矫顽力。要使 M 退到零，还要把退磁磁场强度 H 继续增大直到 H_{cj}，如图 3-8 所示，曲线 $B_j = B + \mu_0 H$ 称为内禀退磁曲线，B_j 是永磁材料磁化后内在的磁感应强度即内禀磁感应强度，H_{cj} 为内禀矫顽力。

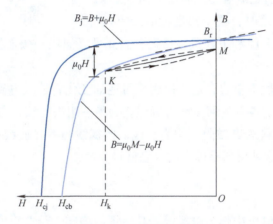

图 3-8　内禀退磁曲线

3. 最大磁能积

以永磁体的退磁曲线上所对应各点的磁能积值为横坐标，以对应点的磁感应强度 B 为纵坐标绘制的曲线称为磁能积曲线，如图 3-9 所示。

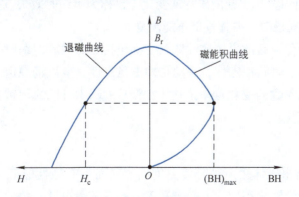

图 3-9　退磁曲线和磁能积曲线

磁能积曲线上 BH 的最大值，称为最大磁能积 $(BH)_{max}$。

4. 永磁体回复线

退磁曲线表示的是在磁场强度单向变化时，磁通密度与磁场强度之间的关系。而永磁同步电机运行时受到的退磁磁场强度是反复变化的，因此大多数永磁体在工作时是随退磁磁场强度的变化而反复变化的。多次反复会形成一个局部闭合曲线，称为局部磁滞回线，如图 3-10 所示。当对充磁后的永磁体施加退磁磁场强度时，磁通密度沿退磁曲线 B_rP 下降，若在下降到 P 点时去除外加退磁磁场强度 H_P，则磁密并不沿退磁曲线回复，而是沿着另一曲线 PBR 上升。

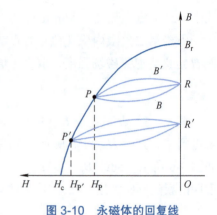

图 3-10　永磁体的回复线

再施加退磁磁场强度时，磁密沿新的曲线 $PB'R$ 下降。由于该曲线的上升段和下降段很接近，因此可近似用一条连接两端点的直线 PR 来代替，PR 称为回复线。

由于上升段与下降段不重合，这种磁密不可逆的变化将造成电磁性能的不稳定，因此应尽量避免。退磁曲线上各点的回复线可近似认为是一组平行线，与 $(B_r, 0)$ 处的切线平行。大部分稀土永磁材料的退磁曲线均为直线，回复线与退磁曲线相重合，即磁密可逆。在变化的磁场中工作，这种材料是理想的永磁材料。

5. 稳定性

永磁体在永磁同步电机中作为磁场源，其磁场的稳定性至关重要。但是在外界条件如温度、时间、电磁场、机械振动或冲击、射线、化学作用等变化的情况下，磁体性能可能会发生变化。环境条件变化引起的磁性能的变化主要在两个方面：

① 磁畴结构变化引起的磁性能变化（也称为磁时效）。这种变化是可逆的，当磁体再一次磁化或充磁时，磁体的性能大部分可恢复。

② 磁体的显微组织变化引起的磁性能变化（也称为组织时效），这种变化是不可逆的，当磁体再一次磁化或充磁时，磁体性能不能恢复。

任何环境条件变化引起的磁体磁性能改变都包括磁时效和组织时效两种。磁体的稳定性包括了温度稳定性、时间稳定性、振动与冲击稳定性、电磁场稳定性与化学稳定性等方面，一般用磁体性能参数的变化量来描述（如温度每升高 1℃ 的剩磁变化程度，室温条件下磁体剩磁每年衰减量）。

(1) 温度稳定性

温度稳定性是指永磁体由所处环境温度的改变而引起磁性能变化的程度。为了定量反映温度对磁体性能的影响程度，人们定义了一些与环境温度相关的温度稳定性参数，如剩磁温度系数 α_{B_r}、内禀矫顽力温度系数 $\alpha_{H_{cj}}$、开路磁通密度的可逆损失 L_{rev} 和不可逆损失 L_{irr}、开路磁通密度的可逆温度系数、耐热温度或最高连续工作温度 T_m 等。其中，剩磁温

度系数 α_{Br}、内禀矫顽力温度系数 α_{Hcj} 是商用永磁体必须提供的性能指标之一。

剩磁温度系数和内禀矫顽力温度系数的定义为

$$\alpha_{B_r}(T) = \frac{B_r(T) - B_r(T_0)}{(T - T_0)B_r(T_0)} \times 100\% \tag{3-6}$$

$$\alpha_{H_{cj}}(T) = \frac{H_{cj}(T) - H_{cj}(T_0)}{(T - T_0)H_{cj}(T_0)} \times 100\% \tag{3-7}$$

式中，$B_r(T)$ 和 $B_r(T_0)$ 分别是在温度 T 和参考温度点 T_0 的剩磁（H_{cj} 同理），通常选择室温或 20℃作为 T_0，而高温 T 的数值需要根据使用环境由供需双方确定。如果 α_{Br} 是正的，表示随温度升高剩磁增大；如果它是负的，表示随温度升高剩磁降低。

可逆温度系数定义如下：

磁体通常在有气隙的开路状态下工作，开路剩磁（或称开路磁通）随温度变化的特征更具实际意义。当环境温度从室温 T_0 开始升高到某给定温度 T_1 时，开路磁通从 $B(T_0)$ 下降到 $B(T_1)$；如果温度再回到室温 T_0，开路磁通一般会恢复到比 $B(T_0)$ 低一些的 $B'(T_0)$ 值，如图 3-11 所示。试验证明，当温度在 T_0 和 T_1 间反复变化，并且 ΔT 较小时，B 的变化是线性可逆的，即图 3-11 中 $PB'(T_0)$ 线。

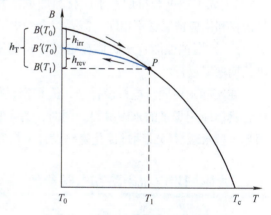

图 3-11 开路磁通随温度变化曲线

在整个升温过程中，$h_T = \{[B(T_1) - B(T_0)]/B(T_0)\} \times 100\%$ 为磁通从室温到高温的总磁通损失，它可分解为两个部分：$h_{rev} = \{[B(T_1) - B'(T_0)]/B(T_0)\} \times 100\%$ 为可逆磁通损失，$h_{irr} = \{[B'(T_0) - B(T_0)]/B(T_0)\} \times 100\%$ 为不可逆磁通损失。

（2）时间稳定性

永磁体充磁后，即使不受外部因素影响，其磁性能也会随时间而变化，这就是永磁体的时间稳定性。其特点是永磁材料随时间推移发生的磁通损失与所经历时间的对数基本上呈线性关系。这种磁性能损失是不可恢复的，即使磁体再充磁，也不能恢复到长时间放置前的水平。时间稳定性受到磁体长期放置过程中各种环境因素的影响，如温度、湿度、腐蚀性液体等。这些因素可能导致磁体物理及化学性质改变，进而影响其磁性能。

（3）化学稳定性

永磁材料受化学因素作用时，其内部或表面化学结构发生变化的程度，这会影响到材料的磁性能。例如，氧化会对钕铁硼永磁材料产生较大影响，导致磁体表面及内部氧化腐蚀，进而影响其磁性能。化学稳定性受到环境中化学物质的种类、浓度、温度等因素的影响。

综上所述，永磁体稳定性的影响因素是多元的。在实际应用中，需要根据具体的使用环境和要求来选择合适的永磁体材料和相应的防护措施，以保证其长期的稳定性和可靠性。

3.2.4 永磁材料的选用方法

在永磁同步电机设计中，选择永磁材料是非常关键的一步，因为永磁材料的选择直接影响电机的性能和效率。以下是一些永磁材料选用的原则[3]：

1）磁能积：通常情况下，磁能积越高，永磁体的性能越好。

2）矫顽力：选择具有高矫顽力的永磁材料可以提高电机的稳定性。

3）温度特性：永磁材料的磁性能随温度的变化而变化，因此在选择永磁材料时需要考虑其在工作温度范围内的磁性能稳定性。

4）成本和可获得性：永磁材料的成本和可获得性也是考虑因素之一，不同的永磁材料价格和供应情况各不相同，需要综合考虑。

5）抗腐蚀性能：永磁体在电机中长期使用，需要具有一定的抗腐蚀性能，以确保电机长期稳定运行。

在实际永磁同步电机设计中，需根据具体需求综合考虑这些永磁材料的特性，选择最适合具体应用场景的永磁材料。同时，为了提高永磁同步电机的性能和效率，有时也会采用复合型永磁材料或通过优化磁路设计来提升电机性能。

3.3 永磁同步电机磁路和电磁参数

永磁体的磁性能不仅与生产制造工艺有关，还与永磁体的形状和尺寸、充磁机的容量和充磁方法有关，具体性能数据的分散性很大。而且永磁体在电机中所能提供的磁通量和磁动势还随磁路其余部分的材料性能、尺寸和电机运行状态而变化。此外，永磁同步电机的磁路结构多种多样，漏磁通占比、铁磁材料磁密饱和程度、磁导的非线性……都会增加永磁同步电机电磁计算的复杂性，使计算结果的准确度低于电励磁电机。本节首先介绍永磁同步电机磁路计算的基本理论和方法；然后从分析永磁体的模拟模型着手，导出两种等效磁路；再建立以标幺值表示的解析算法和永磁体工作图法；最后介绍永磁同步电机的电磁参数和计算。

3.3.1 永磁同步电机磁路计算基础

当电流流经电机绕组时，电机的有效部位、末端及部分结构部件中会产生磁场，为了简化物理模型并方便电磁计算，通常将电机中的磁场划分为主磁场和漏磁场。磁路计算的主要任务是确定产生主磁场所需的磁化力或励磁磁动势，并据此推算出励磁电流以及电机的空载特性。此外，磁路计算还有助于验证电机各部分磁通密度选择的合理性。

1. 磁路及其基本原理

尽管麦克斯韦方程是描述电磁现象的通用工具，但由于电机结构复杂，包含多种导磁性能各异的材料,直接使用麦克斯韦方程来精确描述磁场分布颇具挑战。因此,在电机设计中,常把复杂的三维磁场问题简化为磁路的计算,这在大多数情况下都能满足工程实践对精度的要求。接下来,将介绍与磁路相关的基础概念和定理。

所谓磁路,就是指磁通通过的路径。磁路的基本组成部分是磁动势源和磁通流过的物体,磁动势源为永磁体或通电线圈[4]。图3-12a所示为带铁心的电抗器,由铁心和环绕其上的通电线圈组成,线圈匝数为N,电流为i,铁心的截面积均匀(为A),铁心内磁力线的平均长度为l。假设磁通经过该铁心的所有截面且在截面上均匀分布,该磁路上的磁通和磁动势分别为

$$\begin{cases} \Phi = BA \\ F = Ni = Hl \end{cases} \quad (3-8)$$

将磁通和磁动势的关系与电路中电流和电压的关系类比,定义

$$R_\mathrm{m} = \frac{F}{\Phi} \quad (3-9)$$

式中,R_m为该段磁路的磁阻(A/Wb)。

式(3-9)表征了磁通、磁动势和磁阻之间的关系,称为磁路的欧姆定律。因此,可将图3-12a的实际磁路简化为图3-12b所示的等效磁路。

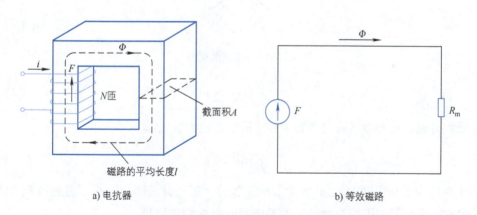

a)电抗器 b)等效磁路

图3-12 带铁心的电抗器及其等效磁路

将式(3-8)代入式(3-9),可得

$$R_\mathrm{m} = \frac{Hl}{BA} = \frac{l}{\mu A} \quad (3-10)$$

从式(3-10)中可以看出,磁阻与磁路长度成正比,与材料的磁导率和磁路截面积成反比。

磁阻的倒数称为磁导(Wb/A),用符号Λ表示,即

$$\Lambda = \frac{\mu A}{l} \quad (3-11)$$

永磁磁路根据其内部永磁体的工作状态的不同,可以分为两大类:静态永磁磁路和动态永磁磁路。静态永磁磁路具有固定的气隙,其工作状态保持稳定,常见于仪表、扬声器等应用场合。而动态永磁磁路则呈现出不同的特点,其磁阻、磁通以及外部磁场都处于不断变化的状态,同时永磁体的工作点也会随之改变,一个典型的动态永磁磁路实例就是永磁同步电机的磁路。

2. 磁路计算所依据的基本原理

可以把电机分成若干扇形,每个扇形段包含一对磁极,如图 3-13 所示,所有扇形段的磁场分布图都是相同的。要确定建立磁场所必需的磁化力,只要计算一个扇形范围内的磁场就足够了。根据全电流定律,磁场强度沿闭合回路的线积分等于该回路所包围的全电流,即

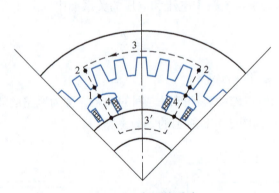

图 3-13 电机的磁路

$$\oint_l H \mathrm{d}l = \Sigma i \quad (3\text{-}12)$$

如果积分路径沿着磁场强度矢量取向(即沿着磁力线),则

$$\oint_l H \mathrm{d}l = \Sigma i \quad (3\text{-}13)$$

等式左边为磁场强度 H 在 $\mathrm{d}l$ 方向上的线积分,所选择的闭合回路一般通过磁极的中心线,等式右边为回路包围的全电流,即等于每对极的励磁磁势。

为了简化计算,通常把电机各部分的磁场化成等效的各段磁路。所谓等效的磁路,是指各段磁路上的磁压降应等于磁场内对应点之间的磁压降,并认为在各段中磁通沿截面均匀分布,各段中磁场强度保持为恒值。因此式(3-13)中的线积分 $\oint_l H \mathrm{d}l$ 可用求和 $\sum_{1}^{n} H_x l_x$ 代替,式中 l_x 为第 x 段磁路的长度,H_x 为第 x 段磁路中的磁场强度。式(3-13)可写成

$$H_1 l_1 + H_2 l_2 + \cdots + H_n l_n = F_0 \quad (3\text{-}14)$$

式(3-14)左边表示一对极回路各段的磁压降,右边 F_0 表示每对极励磁磁势。由于一

对极磁路中两个极的磁路情况是相似的，因此也可以只计算半条回路上各段的磁压降，它们的总和就等于每极励磁磁势。

式（3-14）也可写成下列形式：

$$F_1 + F_2 + \cdots + F_n = F_0 \qquad (3\text{-}15)$$

式中，$F_n = H_n l_n$ 表示第 n 段磁路上的磁压降。因此励磁磁势的计算可归结为计算每极磁路上各段的磁压降。

3.3.2 永磁同步电机等效磁路

永磁同步电机的磁路由永磁体、气隙和导磁材料组成，其等效磁路分为永磁体和外磁路两部分。

1. 永磁体的等效磁路

由永磁材料的性能可知，永磁体工作点在回复线上。对于稀土钴永磁材料和常温下的钕铁硼永磁材料，其退磁曲线基本为直线。因此，回复线与退磁曲线基本重合，为连接 $(0, B_r)$ 和 $(H_c, 0)$ 两点的直线，如图 3-14a 所示，可表示为

$$B = B_r - \frac{B_r}{H_c} H = B_r - \mu_0 \mu_r H \qquad (3\text{-}16)$$

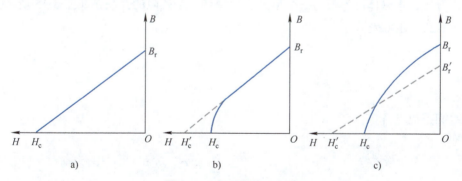

图 3-14 永磁体的回复线

对于铁氧体和高温下的钕铁硼永磁材料，其退磁曲线的拐点以上为直线，拐点以下为曲线，只要永磁体工作在拐点以上，回复线就与退磁曲线重合。在设计时，通常采取措施保证永磁体的工作点不低于拐点，因此其工作曲线为直线部分的延长线，如图 3-14b 所示，可表示为

$$B = B_r - \frac{B_r}{H_c'} H = B_r - \mu_0 \mu_r H \qquad (3\text{-}17)$$

对于铝镍钴永磁材料，其退磁曲线是弯曲的，回复线与退磁曲线不重合。在设计和使用时，要对其进行稳磁处理，预加可能的最大去磁磁动势，然后永磁体工作在以该工作点为起点的回复线上，如图 3-14c 所示，可表示为

$$B = B'_r - \frac{B'_r}{H'_c}H = B'_r - \mu_0\mu_r H \qquad (3\text{-}18)$$

式（3-16）、式（3-17）、式（3-18）可统一表示为

$$B = B'_r - \mu_0\mu_r H \qquad (3\text{-}19)$$

对于图 3-14a、b 两种情况，有 $B'_r = B_r$。

在永磁同步电机中，永磁体是以一定尺寸出现的，其对外表现是磁动势 F_m 和磁通 Φ_m。因此，在进行电机磁路计算时，通常计算 $\Phi = f(F)$ 曲线。假设永磁体在垂直于充磁方向上的截面积都相同（为 S_m），充磁方向长度均匀（为 h_m），磁化均匀，则

$$\begin{cases} \Phi_m = BS_m \\ F_m = Hh_m \end{cases} \qquad (3\text{-}20)$$

将式（3-20）两端同时乘以 S_m 得

$$\Phi_m = B'_r S_m - \mu_0\mu_r H S_m = \Phi_r - \frac{\mu_0\mu_r S_m}{h_m}Hh_m = \Phi_r - \frac{F_m}{R_m} \qquad (3\text{-}21)$$

式中，$\Phi_r = B'_r S_m$ 为虚拟内禀磁通；R_m 为永磁体的内磁阻，$R_m = \frac{h_m}{\mu_0\mu_r S_m}$。

可以看出，永磁体可等效为一个恒定磁通源和一个磁阻的并联，如图 3-15 所示。

式（3-20）还可表示为

$$H = H'_c - \frac{B}{\mu_0\mu_r} \qquad (3\text{-}22)$$

两端同乘以 h_m 得

$$F_m = h_m H'_c - \frac{Bh_m}{\mu_0\mu_r}\frac{S_m}{S_m} = F_c - \Phi_m R_m \qquad (3\text{-}23)$$

式中，$F_c = H'_c h_m$ 为虚拟内禀磁动势。

可以看出，永磁体也可等效为一个恒定磁动势和一个磁阻的串联，如图 3-15 所示。

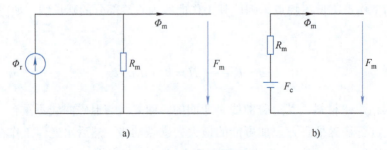

图 3-15　永磁体的等效磁路

2. 永磁同步电机外磁路

在永磁同步电机中，永磁体向外磁路提供磁通，该磁通的绝大部分与电枢绕组交链，是实现机电能量转换的基础，称为主磁通 Φ_δ，也就是通常所说的每极气隙磁通。还有一部分磁通不与电枢绕组交链，在永磁磁极之间、永磁磁极和结构件之间形成磁场，称为漏磁通，用 Φ_σ 表示。它们所经过的磁路分别称为主磁路和漏磁路，对应的磁导分别为主磁导 Λ_δ 和漏磁导 Λ_σ。

电机的漏磁场分布异常复杂，因此很难精确计算其漏磁导。对于非内置永磁体的永磁同步电机来说，其漏磁路主要是由空气构成的。由于空气的磁导率较低，磁阻较大，因此铁磁部分对漏磁的影响可以忽略不计，只需关注空气部分的影响，这时漏磁导可视作一个常数。然而，对于内置永磁体的永磁同步电机，由于永磁体被放置在铁心内部，导致漏磁相对较大，通常会采用隔磁桥降低漏磁。在内置式转子结构中，漏磁路的主要组成部分是铁心。因此，漏磁导并不是常数，而是会根据流过的磁通量的变化而有所变动。至于主磁导，通常通过计算主磁路来获取，而漏磁路的影响则常通过引入漏磁系数来考量。简而言之，非内置永磁体的电机漏磁导可视为常数，而内置永磁体的漏磁导随磁通变化而变化。主磁导通过主磁路计算得出，漏磁影响通过漏磁系数考虑。

3.3.3 等效磁路解析法

经过深入研究和分析，发现采用标幺值能够显著简化永磁同步电机磁路的计算和分析过程。这种方法不仅能让不同单位制的物理量在数值上实现统一，从而简化计算步骤。同时，它还能让不同类型和容量的电机性能数据在某一特定范围内变化，使得数量级的概念更为清晰明了，表达式的形式也更加简洁，进一步提高了分析的效率与便捷性。接下来，将以图 3-16 所展示的等效磁路为例，详细阐述其求解过程。

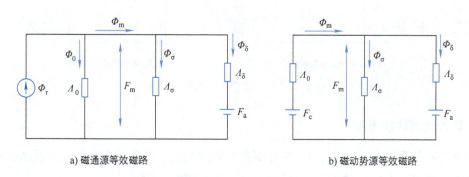

a) 磁通源等效磁路　　　　b) 磁动势源等效磁路

图 3-16　负载时永磁同步电机的等效磁路

1. 等效磁路各参数的标幺值

标幺值是各物理量的实在值与其基值（二者单位相同）的比值。永磁磁路中有关物理量的基值如下：

磁通基值
$$\Phi_b = \Phi_r = B_r A_m \times 10^{-4}$$

磁动势基值
$$F_b = F_c = H_c h_{MP} \times 10^{-2}$$

磁导基值
$$\Lambda_b = \frac{\Phi_b}{F_b} = \frac{\Phi_r}{F_c} = \frac{B_r A_m}{H_c h_{MP}} \times 10^{-2} = \frac{\mu_r \mu_0 A_m}{h_{MP}} \times 10^{-2} = \Lambda_0 \quad (3\text{-}24)$$

通常用小写字母表示各相应物理量的标幺值，即

$$\begin{cases} \varphi_m = \dfrac{\Phi_m}{\Phi_r} = \dfrac{B_m}{B_r} = b_m; \quad \varphi_r = \dfrac{\Phi_r}{\Phi_r} = 1 = b_r \\[4pt] f_m = \dfrac{F_m}{F_c} = \dfrac{H_m}{H_c} = h_m; \quad f_a' = \dfrac{F_a'}{F_c} = h_a'; \quad f_c = \dfrac{F_c}{F_c} = 1 = h_c \\[4pt] \lambda_\delta = \dfrac{\Lambda_\delta}{\Lambda_b}; \quad \lambda_0 = \dfrac{\Lambda_0}{\Lambda_b} = 1; \quad \lambda_\sigma = \dfrac{\Lambda_\sigma}{\Lambda_b} \end{cases} \quad (3\text{-}25)$$

用标幺值表示时，直线的回复线（或退磁曲线）可用解析式表示成
$$b_m = 1 - h_m \quad (3\text{-}26)$$

于是其相应的以标幺值表示的等效磁路如图 3-17 所示。

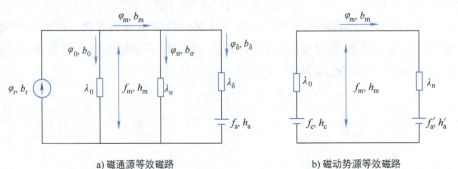

a) 磁通源等效磁路　　　　　　　　b) 磁动势源等效磁路

图 3-17　以标幺值表示的等效磁路

2. 等效磁路的解析解

先分析磁路不饱和，即 λ_δ、λ_σ 和 λ_n 都是常数的情况，此时可以直接用解析法求解。电机空载时，电枢磁动势的标幺值 $f_a = 0$，式（3-26）变为
$$\varphi_{m0} = 1 - f_{m0} \quad (3\text{-}27)$$

外磁路的有关各参数可表示为
$$\frac{\varphi_{m0}}{f_{m0}} = \lambda_\delta + \lambda_\sigma = \lambda_n = \sigma_0 \lambda_\delta \quad (3\text{-}28)$$

联立求解得

$$\varphi_{m0} = \frac{\lambda_n}{\lambda_n + 1} = b_{m0} \tag{3-29}$$

$$f_{m0} = \frac{1}{\lambda_N + 1} = h_{m0} \tag{3-30}$$

得出空载永磁体工作点（b_{m0}、h_{m0} 或 φ_{m0}、f_{m0}）后，可求出空载时各部分磁通。

永磁体提供的总磁通（Wb）为

$$\Phi_{m0} = b_{m0} B_r A_m \times 10^{-4} \tag{3-31}$$

漏磁通（Wb）为

$$\Phi_{\sigma 0} = h_{m0} \lambda_\sigma B_r A_m \times 10^{-4} \tag{3-32}$$

每极气隙磁通（Wb）为

$$\Phi_{\delta 0} = (b_{m0} - h_{m0} \lambda_\sigma) B_r A_m \times 10^{-4} = \frac{b_{m0} B_r A_m}{\sigma_0} \times 10^{-4} \tag{3-33}$$

负载时的联立方程组为

$$\varphi_{mN} = 1 - f_{mN} = b_{mN} \tag{3-34}$$

$$\frac{\varphi_{mN}}{f_{mN} - f'_a} = \lambda_n \tag{3-35}$$

求解式（3-35）可得

$$\varphi_{mN} = \frac{\lambda_n(1 - f'_a)}{\lambda_n + 1} = b_{mN} \tag{3-36}$$

$$f_{mN} = \frac{1 + \lambda_n f'_a}{\lambda_n + 1} = h_{mN} \tag{3-37}$$

根据负载时永磁体工作点（b_{mN}、h_{mN} 或 φ_{mN}、f_{mN}）可以计算出负载时各部分磁通。

永磁体提供的总磁通（Wb）为

$$\Phi_{mN} = \frac{1 + \lambda_n f'_a}{\lambda_n + 1} = h_{mN} \tag{3-38}$$

漏磁通（Wb）为

$$\Phi_{\sigma N} = h_{mN} \lambda_\sigma B_r A_m \times 10^{-4} \tag{3-39}$$

每极气隙磁通（Wb）为

$$\Phi_{\delta N} = (b_{mN} - h_{mN}\lambda_\sigma)B_r A_m \times 10^{-4} \tag{3-40}$$

然后用磁路计算方法，根据外磁路尺寸和材质的磁化特性，求出磁路各部分的磁密和磁位差，并用以检查永磁同步电机设计的合理性并调整磁路设计。

以上分析的是线性等效磁路时的情况，但通常情况下，永磁同步电机的磁路是饱和的，λ_n 不是常数。此时可采取以下方法进行处理：

1）当磁路的饱和程度不高时，λ_n 的变化范围不大。此时可进行近似线性化处理，即计算出额定工况时的 λ_n，近似认为它是一个常数，以此代入上面各式进行计算。

2）当磁路比较饱和时，空载、额定工况和最大去磁时的 λ_n 随饱和程度不同而变化较大，而且 φ_m 和 λ_n 又互相制约。此时需要利用迭代方法求解，图 3-18 表示出了计算 b_{m0} 的框图。

3. 解析法的应用

为了简化推导过程，首先从稀土永磁体材料这一特例出发，其退磁曲线为直线，且回复线与退磁曲线重合。尽管推导基于特定情况，但这些结果却具有普遍性，可以应用于所有类型的永磁材料。实践研究显示，

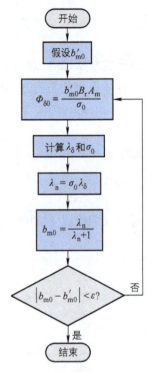

图 3-18　计算 b_{m0} 框图

永磁同步电机在运行时，永磁体的工作点会发生变化，而决定其磁密与磁场强度关系的关键是回复线。换言之，电机内永磁体的基本工作曲线实际上是回复线，而非退磁曲线。虽然所有永磁材料的回复线都近似为直线，但它们的特性并不完全相同。与稀土永磁体不同，一些材料的回复线在退磁场强达到一定值后会出现拐点。此外，不同的稳磁处理会影响起始点 P 的位置，进而改变回复线与纵轴的交点，这无疑增加了分析和计算的复杂性。不过，经过深入研究发现，只要根据不同情况灵活处理，上述方法依然适用[5]。

1）对于铁氧体永磁和部分在高温环境下工作的钕铁硼永磁，其退磁曲线的上半部分是直线，且回复线与拐点以上的直线段退磁曲线重合，如图 3-19 所示。在设计时，只需确保永磁体的最低工作点不低于拐点，并采用回复线延长线与横轴的交点 H'_c（即计算矫

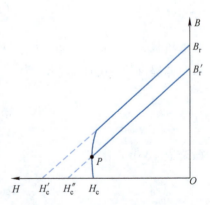

图 3-19　钕铁硼永磁退磁曲线

顽力）替代 H_c，便可沿用前面的分析方法与结论。

2）对于铝镍钴类永磁，其退磁曲线为曲线。但经过稳磁处理后，起始点以上的回复线变为直线。此时，回复线的高低与起始点 P 的位置有关，如图 3-20 所示。在这种情况下，需要先进行稳磁处理计算，并确保稳磁的起始点 P 低于永磁体的最低工作点。然后，用此时的回复线与纵轴的交点 B'_r（即计算剩磁密度）以及回复线延长线与横轴的交点 H'_c 作为替代基值，即可沿用前面的分析方法与结论。

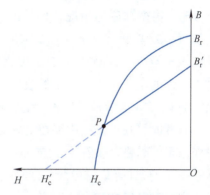

图 3-20　曲线型退磁曲线和回复线

对于有拐点的直线型退磁曲线，如果永磁体的最低工作点低于拐点，则应以最低工作点为起始点 P，采用新的回复线的 B'_r 和 H''_c 替代 B_r 和 H_c，用同样的方法进行处理，如图 3-19 所示。

需要特别强调的是，永磁材料的磁性能对温度极为敏感。特别是钕铁硼永磁和铁氧体永磁，它们的温度系数 B_r 较高。因此，在实际应用中不能直接采用材料生产时提供的数值。相反，我们需要根据实测的退磁曲线，将其换算到工作温度下的剩磁密度 B_r 和计算矫顽力 H_c，并以此作为计算的基值。温度不同，这些数值也会有所不同，从而影响到工作点和磁通的计算结果。

3.3.4　等效磁路图解法

采用标幺值解析法的确在计算方面具有显著优势，其简洁的运算过程尤其适合计算机快速求解。然而，该方法的直观性相对较差，特别是在退磁曲线呈曲线状、存在拐点或是磁路饱和程度较高的情况下，其解析结果的物理意义往往不够直观。相对而言，图解法通过直接绘制永磁体工作图，能够清晰地揭示各种因素对磁路性能的影响程度，以及工作点与拐点之间的具体关系。因此，在工程实践中，虽然解析法常用于计算机求解，但图解法仍被广泛应用，以作为解析法的有力补充，共同确保磁路设计的准确性和可靠性。

从等效磁路的推导过程可以看出，在空载情况下外磁路的 $\Phi_m = f(F_m)$ 曲线反映的是主磁路和漏磁路总的磁化特性，也可表示成 $\Lambda_n = f(\Phi_m)$ 曲线，在磁路计算中称为合成磁导线。而 Φ_m 和 F_m 又是由永磁体作为磁源所提供的，二者关系是由回复线决定的。因此用图解法求解等效磁路就是求出回复线与合成磁导线的交点，如图 3-21 所示。

作图时，先在 Φ-F 坐标系中画出永磁体的回复线及其延长线 $\Phi F'_c$。根据外磁路的结构

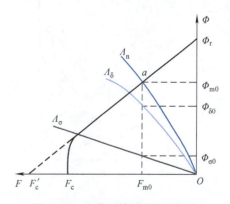

图 3-21　空载时等效磁路图解法

形式、尺寸及磁路饱和程度，画出主磁导线 $\Lambda_\delta = f(\Phi_m)$，即主磁路的磁化特性曲线 $\Phi_\delta = f(\Sigma F)$。根据漏磁通情况，再画出漏磁导线 $\Lambda_\sigma = f(\Phi_m)$，即漏磁路的磁化特性曲线 $\Phi_\sigma = f(\Sigma F)$；或者由 $\Lambda_\sigma = (\sigma_0 - 1)\Lambda_\delta$ 求出漏磁导线。然后，将磁导线沿纵轴方向相加，得合成磁导线 $\Lambda_m = f(\Phi_m)$，即外磁路合成磁化特性曲线 $\Phi_m = f(\Sigma F)$。它与回复线的交点 a 即为空载时永磁体的工作点，其纵坐标表示永磁体所提供的磁通 Φ_{m0}，横坐标表示永磁体所提供的磁动势 F_{m0}，a 点的垂线与 Λ_δ 和 Λ_σ 线的交点分别表示空载主磁通 $\Phi_{\delta 0}$ 和空载漏磁通 $\Phi_{\sigma 0}$。

负载时，在外磁路中存在电枢磁动势 F_a 或等效磁动势 $F_a' = F_a / \sigma_0$。由图 3-16 可知，此时作用于外磁路合成磁导 Λ_n 的磁动势为 $F_m - F_a'$，因此作图时只要将合成磁导线从原点向左平移 $|F_a'|$ 距离，合成磁导线与回复线的交点 N 即为负载时永磁体工作点。其垂线与合成磁导线和漏磁导线的交点分别表示负载时的总磁通 Φ_{mN} 和漏磁通 $\Phi_{\sigma N}$，二者之差即为气隙磁通 $\Phi_{\delta N}$，如图 3-22 所示。若 F_a 起增磁作用，作用于外磁路磁导 Λ_n 的磁动势为 $F_m + F_a'$，则将合成磁导线从原点向右移动 $|F_a'|$ 的距离即可。

当永磁材料的退磁曲线有拐点时，要进行去磁校核计算，即计算出电机运行时可能出现的最大去磁电流，用以求出该时的工作点 h。如 h 点低于退磁曲线的拐点，则将产生不可逆退磁。此时可以通过调整磁路设计，使 h 点高于拐点，也可以据此重新确定回复线起始点和新的回复线，重新求解。

上面使用 Φ-F 坐标求解永磁体工作图，可以直接得出永磁体所提供的总磁通 Φ_m 和磁动势 F_m 以及各部分磁通，该方法具有一定的简便性。但在设计计算中还常采用 B-H 坐标，即将图 3-22 的纵坐标除以 A_m，横坐标除以 h_{Mp}，得到图 3-23。相应地将磁导 Λ 乘以 h_{Mp}/A_m 得到其相对值，称为比磁导 P，即

$$P_\delta = \Lambda_\delta \frac{h_{Mp}}{A_m} \times 10^2 \quad (3\text{-}41)$$

$$P_n = \Lambda_n \frac{h_{Mp}}{A_m} \times 10^2 = \frac{B_m}{H_m} \quad (3\text{-}42)$$

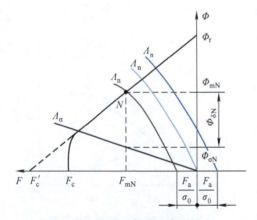

图 3-22　负载时等效磁路图解法

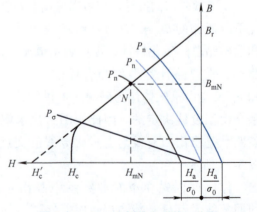

图 3-23　B-H 坐标的永磁体工作图

对于同一种永磁材料，该方式与以 $B = f(H)$ 表示的回复线是相同的。以相对值表示的比磁导线的变化范围不大，在比较各种因素的影响和分析判断设计的合理性时比较方便。

进一步采用标幺值表示永磁体的工作图，如图 3-24 所示。此时不仅 $\varphi = f(f)$ 和 $b = f(h)$ 相同，所有永磁材料的回复线及其延长线可以用同一条直线表示（但拐点位置不同），且均可以用式（3-26）表示。此外，λ_n、λ_δ 和 λ_σ 的变化范围均不大，计算和分析比较时都更为方便。

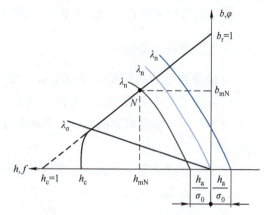

图 3-24 以标幺值表示的永磁体工作图

3.3.5 电磁参数及计算

本小节主要介绍永磁同步电机的电机参数以及参数计算方法，主要包括气隙磁通密度、空载励磁电动势、电枢反应电抗与负载励磁电动势、漏磁系数和波形系数、电磁转矩的电磁场数值计算等。

1. 气隙磁通密度

利用电磁场计算结果，可以求得电机气隙磁通密度的分布情况，如图 3-25 所示。设在定子铁心和气隙交界面上共有 n 个节点，第 k 个节点与第 $k+1$ 个节点之间的圆弧长度为 b_k，依此类推。当剖分足够细时，可以认为在第 k 段弧上的径向气隙磁密为

$$B_{rk} = \frac{A_k - A_{k+1}}{b_k} \qquad (3\text{-}43)$$

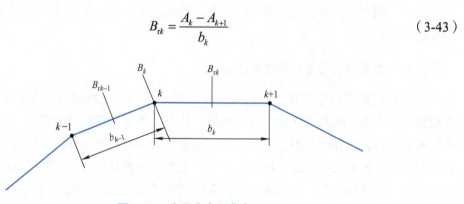

图 3-25 定子内表面节点

式中，A_k、A_{k+1} 分别为第 k 个节点与第 $k+1$ 个节点处的磁矢位。

节点 k 处的径向磁密可通过节点 k 左、右两条单元边上径向磁密的加权平均得到

$$B_k = \frac{b_{k-1} B_{rk-1} + b_k B_{rk}}{b_{k-1} + b_k} \qquad (3\text{-}44)$$

对径向气隙磁密进行谐波分析,可得到气隙磁密的基波和各次谐波幅值。

2. 空载励磁电动势

空载励磁电动势可通过计算空载气隙磁密和相绕组磁链等方法求得。但用式(3-43)求 B 时出现了两个大数相减,会产生较大的误差,要尽量避免这种情况的出现。此处介绍一种计算简便、精度较高的方法,即根据定子内圆上节点磁矢位的傅里叶分解直接计算励磁电动势。

以 1 个周期内定子内表面上节点的磁位 $A_1, A_2, \cdots, A_{n-1}$ 为纵坐标进行傅里叶分解,得到分布曲线 $A(x)$ 为

$$A(x) = \frac{a_0}{2} + \sum_{v=1}^{\infty}\left(a_v \cos\frac{v\pi}{l} + b_v \sin\frac{v\pi}{l}\right) \quad (3\text{-}45)$$

式中,l 为半周期的圆弧长(每极);a_v 和 b_v 均为傅里叶系数。

由于两点间磁矢位差的绝对值就是单位长度内两点之间的磁通量,因此式(3-45)中第一个余弦项系数 a_1 代表电机单位长度每极 q 轴基波磁通的 1/2,正弦项系数 b_1 代表电机单位长度每极 d 轴基波磁通的 1/2。这样每极下空载基波气隙磁通为

$$\Phi_{10} = 2L_{ef}\sqrt{a_1^2 + b_1^2} \quad (3\text{-}46)$$

空载励磁电动势为

$$E_0 = \sqrt{2}\pi f N K_{dp1} \Phi_{10} \quad (3\text{-}47)$$

式中,f 为电机额定频率;N 为电枢绕组每相串联匝数;K_{dp1} 为基波绕组因数。

此外,利用上述方法可方便地求出不同负载情况下交、直轴基波气隙磁通和交、直轴励磁电动势。

3. 电枢反应电抗与负载励磁电动势

在计算电枢反应电抗 X_{ad} 和 X_{aq} 时,永磁同步电机与电励磁电机存在显著差异。由于永磁体不具备电励磁的"开路"与"短路"状态,其励磁效果是恒定的。因此,忽略永磁体影响的计算方法在此并不适用。此外,电枢磁动势的差异会导致电机内部磁场饱和程度的变化,进而影响到电枢反应电抗的大小。更为复杂的是,交、直轴磁路同时经由定、转子齿部和定子轭部闭合,这意味着交、直轴磁路之间会相互产生影响,这种影响在计算时也是不容忽视的。因此,为了准确计算永磁同步电机的电抗参数,必须深入考虑其内部磁场的实际分布情况,在计算电枢反应电抗时,必须根据负载的变化情况进行细致的分析和计算。

(1)额定负载场的计算

对于电流已知的情况,电磁场数值计算比较直观,只要改变 φ 角,即可计算电机的不同运行状态,但一般电机都是端电压已知,而满足一定端电压 U_0 的电流 I_m 只有通过解

场以后才能得到。可以先假设一个电流的幅值与 φ 角,解场求得交、直轴电动势,然后根据图 3-27 所示的永磁同步电机相量图,通过相量运算求得相应电压 U,再求得电机的电磁功率 P_{em},如果所求出的电压和功率与额定值之差大于预先给定的误差,则需修改假定值,重新计算。如此经过若干次迭代,得到满足端电压 U_0 的额定电流 I_m,其迭代过程如图 3-26 所示。

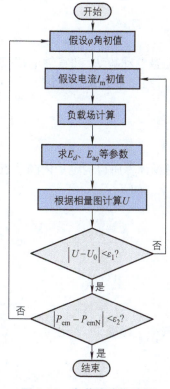

图 3-26 负载法迭代过程

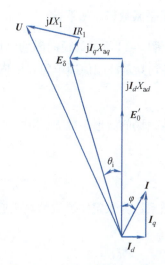

图 3-27 永磁同步电机相量图

(2)电枢反应电抗与负载励磁电动势

求出额定负载磁场之后,对定子内圆表面节点磁位进行谐波分析,得到基波的正弦项系数 b_1 和余弦项系数 a_1,它们分别代表单位长度内 d、q 轴每极基波磁通的 1/2。额定负载时基波气隙磁通 Φ_{1N}、内功率角 θ_i 和气隙合成电动势 E_δ 可由下式求出:

$$\Phi_{1N} = 2L_{ef}\sqrt{a_1^2 + b_1^2} \tag{3-48}$$

$$\theta_i = \arctan\frac{a_1}{b_1} \tag{3-49}$$

$$E_\delta = \sqrt{2}\pi f \Phi_{1N} N K_{dp1} \tag{3-50}$$

根据电机的相量图,气隙合成电动势的 d、q 轴分量分别可以表示为

$$E_\delta \cos\theta_i = E_0' + IX_{ad}\sin\varphi \tag{3-51}$$

$$E_\delta \sin\theta_i = IX_{aq}\cos\varphi \tag{3-52}$$

这样，交轴电枢反应电抗可以通过式（3-52）求出，但对于式（3-50）却有两个未知量：负载励磁电动势 E_0' 和直轴电枢反应电抗 X_{ad}。为此，在额定工作点附近再取一点，计算相应的磁场，得出

$$E_{\delta\cos}'\theta_i' = E_0' + I'X_{ad}\sin\varphi' \tag{3-53}$$

联立求解式（3-52）和式（3-53），即可得出负载励磁电动势 E_0' 和直轴电枢反应电抗 X_{ad}。事实上，通过计算运行范围内所有点的磁场，可以得到任意负载下的电枢反应电抗 X_{ad} 和 X_{aq}。

4. 漏磁系数和波形系数

对于图 3-28 所示的径向磁场电机冲片示意图，将磁场计算所得的定子内圆节点磁矢位分解，得到其基波幅值即单位长度内每级基波磁通的一半。则

$$\Phi_1 = 2L_{ef}\sqrt{a_1^2 + b_1^2} \tag{3-54}$$

气隙磁场的波形系数 K_Φ 为

$$K_\Phi = \frac{\Phi_1}{\Phi_\delta} = \frac{2\sqrt{a_1^2 + b_1^2}}{|A_3 - A_4|} \tag{3-55}$$

漏磁系数为永磁体提供的总磁通 Φ_m 与进入电枢的气隙主磁通 Φ_δ 之比为

$$\sigma = \frac{\Phi_m}{\Phi_\delta} = \frac{|A_1 - A_2|}{|A_3 - A_4|} \tag{3-56}$$

式（3-55）和式（3-56）中，A_1、A_2、A_3、A_4 为节点 1、2、3、4 的磁矢位值；Φ_1 为气隙基波磁通。

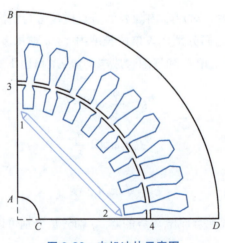

图 3-28 电机冲片示意图

5. 电磁转矩的电磁场数值计算

电磁力和电磁转矩是电机的重要性能指标,计算电磁力和电磁转矩的基本方法有麦克斯韦应力张量法和虚位移法两种,目前采用较多的是麦克斯韦应力张量法。但是如果利用同步电机内部相量关系,还可得到一种独有的转矩计算法——磁通法。

(1) 用麦克斯韦应力张量法计算转矩

麦克斯韦应力张量法是由力学理论推导出的转矩计算方法。在二维电磁场中,作用于电机定子或转子上的切向电磁力密度为

$$f_t = \frac{1}{\mu_0} B_n B_t \tag{3-57}$$

电磁转矩由切向力产生,如果沿半径为 r 的圆周积分,则电磁转矩 T_{em} 的表达式为

$$T_{em} = \frac{L_{ef}}{\mu_0} \oint r^2 B_r B_\theta d\theta \tag{3-58}$$

式中,r 为位于气隙中的任意圆周半径;B_r、B_θ 分别为半径 r 处气隙磁密的径向和切向分量。对于选定的半径,r 作为常数放到积分号外。实际上,因气隙中没有载流导体和铁磁物质,其力密度为 0,体积分为 0,因而圆柱面可取任意一个半径,其结果是相同的。

如果以一个极距的范围为求解域,则

$$T_{em} = \frac{L_{ef}}{\mu_0} \oint r^2 B_r B_\theta d\theta \tag{3-59}$$

式中,p 为电机极对数;θ_1、θ_2 分别为求解区域的起、止角(机械弧度)。

对于图 3-29 所示的积分路径,积分线与三角形单元的两条边相交,设与积分线相交的气隙单元数为 N_g,用 B_k 表示与积分线相交的第 k 个单元的磁感应强度,则有

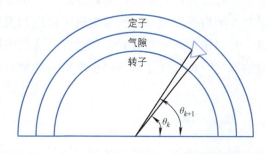

图 3-29 电磁转矩积分路径

$$T_{em} = \frac{2pL_{ef}r^2}{\mu_0} \sum_{k=1}^{N_g} \int_{\theta_k}^{\theta_{k+1}} B_{kr} B_{k\theta} d\theta \tag{3-60}$$

将 B_{kr} 和 $B_{k\theta}$ 变为 xoy 坐标系的 B_{kx} 和 B_{ky}，有

$$\begin{cases} B_{kr} = B_{kx}\cos\theta + B_{ky}\sin\theta \\ B_{k\theta} = B_{ky}\cos\theta - B_{kx}\sin\theta \end{cases} \quad (3\text{-}61)$$

最后得到电磁转矩计算的离散格式为

$$T_{em} = \frac{2pL_{ef}r^2}{\mu_0}\sum_{k=1}^{N_g}\left[\frac{1}{2}(B_{ky}^2 - B_{kx}^2)\sin(\theta_{k+1}+\theta_k)\sin(\theta_{k+1}-\theta_k) + B_{kx}B_{ky}\cos(\theta_{k+1}+\theta_k)\sin(\theta_{k+1}-\theta_k)\right] \quad (3\text{-}62)$$

（2）磁通法计算转矩

磁通法计算转矩的原理与用负载法计算电枢反应电抗类似，首先对负载场定子内表面节点磁位分解，求出气隙基波磁通 Φ_1、内功率角 θ_i 和气隙合成电动势 E_δ。

电磁功率与电磁转矩为

$$P_{em} = mE_\delta(I_q\cos\theta_i - I_d\sin\theta_i) \quad (3\text{-}63)$$

$$T_{em} = \frac{mE_\delta}{\Omega}(I_q\cos\theta_i - I_d\sin\theta_i) \quad (3\text{-}64)$$

式中，Ω 为电机的机械角速度，$\Omega = 2\pi n/60$。

3.4 永磁同步电机齿槽转矩和常用极槽配合

随着永磁体材料性能的持续提升，永磁同步电机在高性能的速度和位置控制系统中得到了越来越广泛的应用。齿槽转矩作为电机固有的特性，对电机的整体运行性能具有显著的影响；极槽配合是决定电机性能的关键因素，它直接涉及电机结构的优化和性能的提升。然而，在永磁同步电机的运行过程中，永磁体与有槽定子铁心之间的相互作用，不可避免地会产生齿槽转矩，进而引发转矩波动，导致振动和噪声的产生，这对系统的控制精度构成了不小的挑战。在本节中，将首先深入剖析齿槽转矩的产生机理，探讨如何采取有效的措施来削弱齿槽转矩的影响。随后将介绍永磁同步电机中常用的极槽配合方式，包括整数槽与分数槽各自的优缺点，并讨论如何根据实际需求选择合适的极槽配合方式。通过深入理解齿槽转矩和极槽配合的原理，将为优化永磁同步电机的性能提供有力的理论支持和实践指导。

3.4.1 齿槽转矩的定义及优化方式

齿槽转矩是由永磁体与电枢齿间相互作用力的切向分量的波动引起的转矩，即使永磁同步电机绕组不通电的情况下。当定子和转子发生相对运动时，那些位于永磁体极弧区域的电枢齿与永磁体之间的磁导保持相对稳定。因此，这些电枢齿周围的磁场也保持相对恒定。然而，在与永磁体两侧面对应的、由一或两个电枢齿构成的小区域内，磁导的变化非

常显著,这种磁导的显著变化导致了磁场储能的波动,进而产生了齿槽转矩。简单来说,齿槽转矩是由于永磁体与电枢齿在相对运动过程中,特定区域内磁导的显著变化,导致磁场储能的波动而产生的。齿槽转矩定义为电机不通电时的磁场能量 W 相对于位置角 α 的负导数,即

$$T_{\text{cog}} = -\frac{\partial W}{\partial \alpha} \tag{3-65}$$

1. 齿槽转矩的解析分析

图 3-30 为本节讨论的永磁同步电机结构示意图,为了便于分析,作以下假设:①电枢铁心的磁导率无穷大,即 $\mu_{\text{Fe}} = \infty$;②同一电机中的永磁体形状尺寸相同、性能相同、均匀分布;③永磁材料的磁导率与空气相同;④铁心叠压系数为 1。

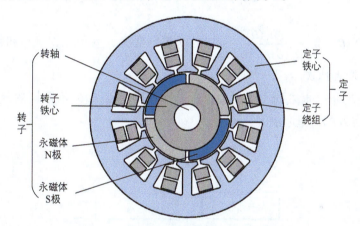

图 3-30 表面式永磁同步电机结构示意图

规定 α 为某一指定的齿的中心线和某一指定的永磁磁极中心线之间的夹角,也就是定转子之间的相对位置角,$\theta = 0°$ 位置设定在该磁极的中心线上,如图 3-31 所示。根据第一个假设,电机内存储的磁场能量近似为电机气隙和永磁体中的能量磁场,即

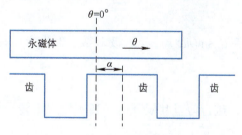

图 3-31 永磁体与电枢的相对位置

$$W \approx W_{\text{airgap+PM}} = \frac{1}{2\mu_0} \int_V B^2 dV \tag{3-66}$$

磁场能量 W 取决于电机的结构尺寸、永磁体的性能以及定转子之间的相对位置。气隙

磁密沿电枢表面的分布可近似表示为

$$B(\theta,\alpha) = B_r(\theta) \frac{h_m(\theta)}{h_m(\theta)+\delta(\theta,\alpha)} \quad (3\text{-}67)$$

$$W \approx W_{\text{airgap+PM}} = \frac{1}{2\mu_0} \int_V B^2 dV \quad (3\text{-}68)$$

式中，$B_r(\theta)$、$\delta(\theta,\alpha)$、$h_m(\theta)$ 分别为永磁体剩磁、有效气隙长度、永磁体充磁方向长度沿圆周方向的分布。

式（3-68）可表示为

$$W = \frac{1}{2\mu_0} \int_V B_r^2(\theta) \left[\frac{h_m(\theta)}{h_m(\theta)+\delta(\theta,\alpha)}\right]^2 dV \quad (3\text{-}69)$$

若能得到 $B_r^2(\theta)$ 和 $\left[\dfrac{h_m(\theta)}{h_m(\theta)+\delta(\theta,\alpha)}\right]^2$ 的傅里叶展开，就可以得到电机内的磁场能量，进而得到齿槽转矩表达式。

在永磁磁极均布的永磁同步电机中，永磁体剩磁密度 $B_r(\theta)$ 沿圆周的分布如图3-32所示，据此可得 $B_r^2(\theta)$ 的傅里叶展开

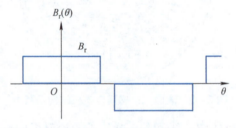

图 3-32 $B_r(\theta)$ 的分布

$$B_r^2(\theta) = B_{r0} + \sum_{n=1}^{\infty} B_{rn} \cos(2np\theta) \quad (3\text{-}70)$$

式中，$B_{r0} = \alpha_p B_r^2$；$B_{rn} = \dfrac{2}{n\pi} B_r^2 \sin(n\alpha_p \pi)$；$p$ 为极对数；B_r 为永磁体剩磁；α_p 为永磁磁极的极弧系数。

在对 $\left[\dfrac{h_m(\theta)}{h_m(\theta)+\delta(\theta,\alpha)}\right]^2$ 进行傅里叶展开时，暂不考虑定转子相对位置的影响。假设齿中心线位于 $\theta = 0°$ 处，则 $\left[\dfrac{h_m(\theta)}{h_m(\theta)+\delta(\theta,\alpha)}\right]^2$ 的傅里叶展开为

$$\left[\frac{h_m(\theta)}{h_m(\theta)+\delta(\theta,\alpha)}\right]^2 = G_0 + \sum_{n=1}^{\infty} G_n \cos(nz\theta) \quad (3\text{-}71)$$

式中，z 为电枢槽数；G_0、G_n 为傅里叶展开式系数。

考虑永磁体和电枢齿之间的相对位置，$\left[\dfrac{h_m(\theta)}{h_m(\theta)+\delta(\theta,\alpha)}\right]^2$ 的傅里叶展开式可表示为

$$\left[\dfrac{h_m(\theta)}{h_m(\theta)+\delta(\theta,\alpha)}\right]^2 = G_0 + \sum_{n=1}^{\infty} G_n \cos[nz(\theta+\alpha)] \quad (3\text{-}72)$$

（1）不考虑斜槽时的齿槽转矩表达式

当 $m \neq n$ 时，三角函数在 $[0,2\pi]$ 内的积分满足

$$\begin{cases} \int_0^{2\pi} \cos(m\theta)\cos(n\theta)\mathrm{d}\theta = 0 \\ \int_0^{2\pi} \sin(m\theta)\cos(n\theta)\mathrm{d}\theta = 0 \\ \int_0^{2\pi} \sin(m\theta)\sin(n\theta)\mathrm{d}\theta = 0 \end{cases} \quad (3\text{-}73)$$

将式（3-69）、式（3-70）和式（3-72）带入式（3-65）中，并利用三角函数在 $[0,2\pi]$ 内积分的特点，得到齿槽转矩的表达式为

$$T_{\mathrm{cog}}(\alpha) = \dfrac{\pi z L_a}{4\mu_0}(R_2^2 - R_1^2)\sum_{n=1}^{\infty} n G_n B_{r\frac{nz}{2p}} \sin(nz\alpha) \quad (3\text{-}74)$$

式中，L_a 为电枢铁心的轴向长度；R_1 和 R_2 分别为电枢外半径和定子轭内半径；n 为使 $nz/2p$ 为整数的整数。

（2）考虑斜槽时的齿槽转矩表达式

电枢斜槽时，电机气隙和永磁体中的磁场能量为

$$W = \dfrac{1}{2\mu_0}\int_V B^2(\theta,\alpha,L)\mathrm{d}V = \dfrac{R_2^2 - R_1^2}{4\mu_0}\int_0^{L_a}\int_0^{2\pi} B^2(\theta,\alpha,L)\mathrm{d}\theta\mathrm{d}L \quad (3\text{-}75)$$

电枢斜槽如图 3-33 所示，若 N_s 为定子所斜槽数、θ_{s1} 为用弧度表示的电枢齿距，则轴向长度 L 处所斜的角度为 $\dfrac{L}{L_a}N_s\theta_{s1}$，相应的 $\left[\dfrac{h_m(\theta)}{h_m(\theta)+\delta(\theta,\alpha)}\right]^2$ 傅里叶展开为

$$\left[\dfrac{h_m(\theta)}{h_m(\theta)+\delta(\theta,\alpha)}\right]^2 = G_0 + \sum_{n=1}^{\infty} G_n \cos\left[nz\left(\theta+\alpha+\dfrac{L}{L_a}N_s\theta_{s1}\right)\right] \quad (3\text{-}76)$$

则齿槽转矩为

$$T_{\mathrm{cog}}(\alpha,N_s) = \dfrac{\pi L_a}{2\mu_0 N_s \theta_{s1}}(R_2^2 - R_1^2)\sum_{n=1}^{\infty} G_n B_{r\frac{nz}{2p}} \sin\dfrac{nz N_s \theta_{s1}}{2}\sin\left[nz\left(\alpha+\dfrac{N_s\theta_{s1}}{2}\right)\right] \quad (3\text{-}77)$$

2. 齿槽转矩的优化方式

优化齿槽转矩的方法可归纳为 3 大类，即改变磁极参数、改变电枢参数以及电枢槽数和极数的合理组合[7]。

（1）改变磁极参数

改变磁极参数的方法是通过改变对齿槽转矩起主要作用的 B_{rn} 的幅值，达到削弱齿槽转矩的目的。这类方法主要包括改变磁极的极弧系数、采用不等厚永磁体、磁极偏移、斜极、不等极弧系数组合等。

（2）改变电枢参数

改变电枢参数能改变对齿槽转矩起主要作用的 G_n 的幅值，进而削弱齿槽转矩。这类方法主要包括改变槽口宽度、改变齿的形状、不等槽口宽、斜槽、开辅助槽等。

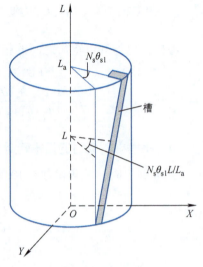

图 3-33 斜槽示意图

（3）合理选择电枢槽数和极数

该方法的目的在于通过合理选择电枢槽数和极数，改变对齿槽转矩起主要作用的 B_{rn} 和 G_n 的次数和大小，从而削弱齿槽转矩。在工程实际中，可根据实际情况采用合适的削弱方法，既可采用一种方法，也可采用几种方法的组合。

3.4.2 每极每相槽数

1. 极数与极对数

电机的气隙圆周上分布着许多磁极，这些磁极的个数叫作极数。由于在旋转电机的气隙圆周上分布的磁极都是 N 极和 S 极成对出现的，因此有时为了论述方便，也常用到极对数的概念，极数除以 2 就得到极对数，通常极对数用 p 表示，极数就是 $2p$。

2. 机械角度与电角度

电机的气隙是一个闭合的圆周，一个闭合圆周的角度是 360°（或 $2\pi\text{rad}$），这个角度就称作整个气隙圆周的机械角度，如果某些论述中指的不是整个气隙圆周，而是圆周的某一部分（圆弧），那么这一部分圆弧的实际几何角度就称作这部分圆弧的机械角度。

电机气隙圆周上分布着许多对磁极，假设这些磁极的磁场是按正弦分布的，当这些磁极旋转时，定子槽内的导体就会感应出感应电势 $e = E_m \sin\omega t$，其中角度 ωt 即被称为电角度。

显然旋转磁场每扫过一对磁极，导体内的感应电势就会变化一次，意味着电角度变化了 360°，也就是说磁场每转过一对磁极的机械角度，就相当于扫过了 360° 的电角度。若气

隙圆周上有 p 对极,则每旋转 1 圈(360°的机械角度),就相当于扫过了 $p \times 360°$ 的电角度,因此电角度就等于极对数 p 乘以机械角度。对于两极电机($p=1$),电角度与机械角度是相等的。

3. 机械槽矩角与电槽矩角

电枢铁心圆周上均匀开有许多的槽,导体就放在这些槽内。相邻两个槽之间间隔的几何角度称为机械槽距角,若电枢铁心圆周上均匀开有 Z 个槽,则机械槽距角就是 $360°/Z$。

当磁场旋转时,定子槽内的导体就会被旋转磁场依次扫过,前面的槽内导体总是被先扫过,后面槽内的导体被依次后扫过。因此,后面槽内导体中的感应电势总是滞后于前面槽内导体中的感应电势。也就是说,相邻两个槽内导体的感应电势总是存在着一定的相位差,我们把相邻两槽内导体感应电势的相位差称为电槽距角。由于电角度与机械角度的关系是:电角度等于极对数 p 乘以机械角度,因此,电槽矩角就等于极对数 p 乘以机械槽矩角。

(1) 相数

导体通过一定的连接方式连接起来就构成了绕组,电机运行时,总是有某些导体中的电流相位是相同的,我们称这些具有同相位电流的导体组成的绕组为一相绕组;不同相绕组中的电流相位是不同的,不同相位绕组的个数就称为相数。只有一相绕组的电机叫单相电机,相数为 2 及 2 以上的电机为多相电机,理论上电机绕组的相数可以是任意正整数,常见电机绕组的相数包括单相、三相、五相、六相等,最为常见的还是三相。

(2) 每极每相槽数

对于永磁同步电机,若其绕组相数为 m、转子磁极数为 $2p$、定子总槽数为 Z、定义 q 为电机的每极每相槽数,则其计算公式如下:

$$q = \frac{Z}{2mp} \quad (3\text{-}78)$$

3.4.3 整数槽与分数槽定义及优缺点

根据每极每相槽数的计算结果,可将电机绕组分为两类:当每极每相槽数 q 为整数时,电机绕组被称为整数槽绕组;而当每极每相槽数 q 为分数时,电机绕组就被称为分数槽绕组。

1. 整数槽绕组

整数槽绕组的优点:①相对于分数槽结构,整数槽结构能够得到较高的气隙磁密,使得永磁材料得到更有效的利用;②整数槽结构的设计有助于减少转子涡流损耗,降低温升,提高电机的稳定性和可靠性;③整数槽结构电机通常运用在大功率电机中,能够满足高功率输出的需求。

整数槽绕组的缺点：①在某些情况下，整数槽结构可能导致齿槽转矩较高，影响电机的性能；②当槽数过多时，会增加定子绕组嵌线的工艺难度；③一般情况下，整数槽常采用分布式绕组，也叫作重叠绕组，这种绕组形式会增加绕组端部的长度，进而增大了电机的铜耗，另外还会增加绕组的加工难度，需要使用专门的绕线机进行绕制，大大提高了生产制造成本。

2. 分数槽绕组

分数槽绕组的优点[11-12]：①能削弱磁极磁场非正弦分布所产生的高次谐波电势；②能有效地削弱齿谐波电势的幅值，改善电动势的波形；③减小了因气隙磁导变化引起的每极磁通的脉振幅值，减少了磁极表面的脉振损耗。

分数槽绕组的缺点[13-14]：绕组的磁动势存在奇数次和偶数次谐波，在某些情况下它们和主极磁场相互作用可能产生一些干扰力，当某些干扰力的频率和定子机座固有振动频率重合时，将引起共振，导致定子铁心振动加大。

3.4.4 极槽配合选取方式

永磁同步电机的极槽配合选取方式涉及多个因素，需要综合考虑电机的性能、尺寸、成本以及应用场合等，以下是一些常见的选取原则和方法。

1. 极对数的选择

极对数 p 的选择通常根据用户提出的技术要求，如供电频率和额定转速来确定。在某些情况下，为了获得更好的性能，可能会选择分数槽绕组，如 4 极 15 槽、10 极 12 槽等。极对数 p 与裂比（即电机定子的内外径之比）也有关系，极对数 p 较多时，可以选择较大裂比；极对数 p 较少时，应选择较小裂比，以避免出现轭部饱和。

2. 定子槽数的确定

定子槽数 Z 的选取一般随着电机功率的增大而增大，功率相近的电机可以使用相同的定子槽数；在某些情况下，可以参照成熟产品的方案来选择定子槽数。同时，定子槽数的增多通常可以保持经轭部闭合的磁通回路和磁密不变，但轭部尺寸基本不变。

3. 性能优化

通过调整极槽配合，可以优化电机的性能[15]。例如，增加轭部厚度可以有效抑制振动。对于非零最小力波阶数相同的极槽配合，极对数 p 越少越好。

4. 考虑电机尺寸约束

在选取极槽配合时，需要以电机基本拓扑结构尺寸和铁心用量不变为前提，对比不同极槽配合下电机的性能。

5. 每极每相槽数

若采用分布绕组，每极每相槽数越多，抑制谐波电动势的效果越好。但是 q 增多，意味着总槽数增多，这将使电机的成本提高。$q>6$ 时，高次谐波分布因数的下降已不太显著，因此现代交流电机一般都选用 $6 \geqslant q \geqslant 2$。在多极电机（例如水轮发电机）中，因极数过多而使 $q<2$ 时，常采用分数槽绕组来削弱高次谐波，特别是齿谐波。

综上所述，永磁同步电机的极槽配合选取方式是一个复杂的过程，需要综合考虑多个因素。在实际应用中，建议根据具体的应用场景和需求，结合电机的性能要求和成本考虑，选择最合适的极槽配合方案。同时，也可以参考相关的技术文献和工程实践经验，以获得更好的选取效果。

3.5 永磁同步电机运行特性和电枢反应

本节将介绍永磁同步电机的运行特性和电枢反应。电机在运行时表现出高效率、宽工作范围和转速灵活等显著特点，其高效率主要得益于定子和转子之间较小的空气隙和较高的电磁转矩密度，使得电机在能量转换过程中能够减少能量损失，提高能量利用率；此外，永磁同步电机还具有宽工作范围，能够适应不同的负载要求及变化的工作环境，展现出强大的适应性和稳定性；同时，通过精确控制电流和磁通，可以实现对电机转速和转矩的灵活调节，满足各种复杂工况的需求。电枢反应是永磁同步电机运行过程中的重要现象，当同步发电机输出负荷时，电枢绕组里的电流产生的磁场将对主磁场发生作用，这种作用即为电枢反应。电枢反应的存在会影响主磁场的分布和强度，进而对电机的输出性能产生影响。因此，深入理解电枢反应的产生机理和影响规律，对于优化电机设计、提高运行效率具有重要意义。

3.5.1 电机空载磁场及空载反电动势

同步发电机在空载运行时，是通过原动机将其拖动至同步转速，并在励磁绕组中通入直流励磁电流，此时电枢绕组处于开路（或电枢电流为零）状态。在这种状态下，同步电机内部仅存在由励磁电流产生的主极磁场。以图 3-34 所示的四极凸极电机为例，我们可以清晰地观察到空载磁路的分布情况。主极磁通在电机内部被分为两部分：主磁通 Φ_0 和主极漏磁通 $\Phi_{f\sigma}$。主磁通穿越气隙，并与定子（电枢）绕组相交链，它在电机能量转换过程中起着关键作用。而主极漏磁通则不穿越气隙，它主要与励磁绕组自身相交链，对电机的外部性能影响

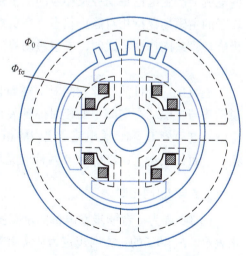

图 3-34 同步电机的空载磁路图

较小。主磁通所经过的路径,即主磁路,包括空气隙、电枢齿、电枢轭、主极极身和转子磁轭这 5 个部分,共同构成了电机内部磁通的主要流通路径,对电机的性能和运行特性有着重要影响。

当转子以同步转速旋转时,主磁场将在气隙中形成一个旋转磁场,并"切割"定子的对称三相绕组,于是定子绕组内将感生一组频率为 f 的对称三相电动势 $\boldsymbol{E}_{0A}$、$\boldsymbol{E}_{0B}$ 和 $\boldsymbol{E}_{0C}$ 称为激磁电动势,其中

$$\boldsymbol{E}_{0A} = E_0\angle 0° \quad \boldsymbol{E}_{0B} = E_0\angle -120° \quad \boldsymbol{E}_{0C} = E_0\angle 120° \tag{3-79}$$

忽略高次谐波时,激磁电动势(相电动势)的有效值 E_0 为

$$E_0 = 4.44fN_1k_{w1}\Phi_0 \tag{3-80}$$

式中,Φ_0 为每极的主磁通量。这样,改变直流励磁电流 I_f,便可得到不同的主磁通 Φ_0 和相应的激磁电动势 E_0,从而得到空载特性 $E_0 = f(I_f)$,如图 3-35 所示。空载特性是同步电机的基本特性之一。

空载特性的下部是一条直线,与空载特性下部相切的直线称为气隙线。随着励磁电流 I_f 和主磁通 Φ_0 的增大,铁心逐渐饱和,铁心内消耗的磁动势增加得较快,空载特性就逐渐弯曲。在研究同步电机的很多问题时,为了避免作为非线性问题来求解,常常不计铁心的磁饱和现象,此时空载曲线就成为一条理想化的直线——气隙线。

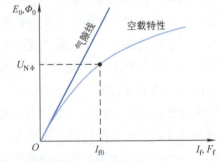

图 3-35 同步电机的空载特性

3.5.2 对称负载时的电枢反应

当同步发电机接入三相对称负载时,电枢三相绕组中将产生一组对称的三相电流,这些电流会产生电枢磁动势及相应的电枢磁场,电枢磁场的基波部分以同步速度旋转,并与转子的主磁场保持相对静止状态。在负载条件下,气隙内的合成磁场是由电枢磁动势和主极磁动势共同作用形成的,电枢磁动势的基波在气隙中所产生的基波电枢磁场就称为电枢反应。

电枢反应的性质,即它是对主磁场起到增强、减弱还是交变的作用,完全取决于电枢磁动势与主磁场在空间中的相对位置关系。进一步分析表明,这种相对位置关系实际上是由激磁电动势 E_0 和负载电流 I 之间的相角差 φ_0 决定的,这个相角差 φ_0 被称为内功率因数角。下面分成 $\varphi_0 = 0$ 和 $\varphi_0 \neq 0$ 两种情况来分析。

1. I 与 E_0 同相时

图 3-36a 为一台同步发电机的示意图。设电机为两极,电枢绕组每相用一个集中线圈来表示,E_0 和 I 的正方向规定为从绕组首端流出,尾端流入。在图 3-36 所示瞬间,主极轴

线与电枢 A 相绕组的轴线正交，A 相链过的主磁通中 Φ_{0A} 为零，因为电动势滞后于感生它的磁通 90° 电角，故此时 A 相激磁电动势 E_{0A} 的瞬时值将达到正的最大值，其方向如图中所示（从 X 入，从 A 出）。B、C 两相的激磁电动势 E_{0B} 和 E_{0C} 分别滞后于 E_{0A} 以 120° 和 240°，如图 3-36b 所示。

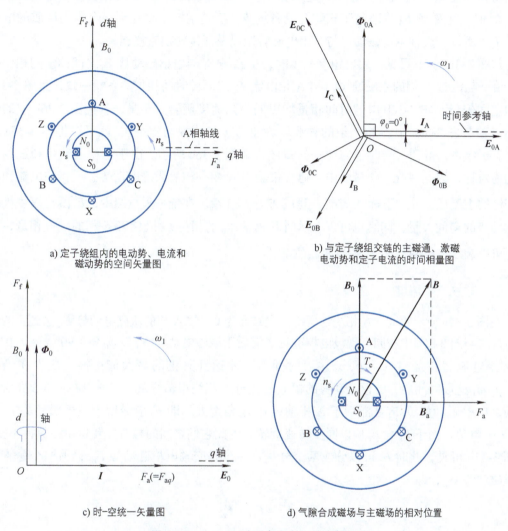

图 3-36 $\varphi_0 = 0°$ 时同步发电机的电枢反应

设电枢电流 I 与激磁电动势 E_0 为同相位，即内功率因数角 $\varphi_0 = 0°$，则在图 3-36a 所示瞬间，A 相电流也将达到正的最大值，B 相和 C 相电流分别滞后于 A 相电流以 120° 和 240°，如图 3-36b 所示。对称三相绕组中流过对称三相电流时，若某相电流达到最大值，则在同一瞬间，三相基波合成磁动势的幅值将与该相绕组轴线重合；因此在图 3-36a 所示瞬间，基波电枢磁动势 F_a 的轴线应与 A 相绕组轴线重合，也即与转子交轴重合。这里我们把主磁极的轴线称为直轴（d 轴），与直轴正交（滞后于 d 轴 90° 电角度）的轴线称为交轴（q 轴）。由于 F_a 与转子均以同步转速旋转，它们之间一直保持相对静止，所以在其他瞬间，

F_a 的轴线将始终与转子交轴重合。由此可见，$\varphi_0 = 0°$ 时，F_a 是一个交轴磁动势，即

$$F_{a(\varphi_0=0°)} = F_{aq} \tag{3-81}$$

交轴电枢磁动势所产生的电枢反应称为交轴电枢反应。由于交轴电枢反应，使气隙合成磁场 B 与主磁场 B_0 在空间形成一定的相位差，如图 3-36d 所示。对于同步发电机，当中 $\Psi_0 = 0°$ 时，主磁场 B_0 将超前于气隙合成磁场 B，于是主极上将受到一个制动性质的电磁转矩 T_e。所以，交轴电枢磁动势与产生电磁转矩以及能量转换直接相关。

从图 3-36a 和 b 可见，用电角度表示时，主磁场 B_0 与电枢磁动势 F_a 之间的空间相位关系，恰好与链过 A 相的主磁通 Φ_{0A} 与 A 相电流 I_A 之间的时间相位关系相一致，且图 3-36a 中的空间矢量与图 3-36b 中的时间相量均以同步角速度旋转。于是，若把图 3-36b 中的时间参考轴与图 3-36a 中 A 相绕组的轴线取为重合（如均取为水平），就可以把图 3-36a 和图 3-36b 合并，得到一个时–空统一矢量图，如图 3-36c 所示。由于三相电动势和三相电流均为对称，因此在统一矢量图中，通常仅画出 A 相一相的激磁电动势、一相的电流和与之相链的主磁通，并把下标 A 省略，写成 E_0、I 和 Φ_0。在统一矢量图中，F_f 既代表主极基波磁动势的空间矢量，同时也可以表示时间相量 Φ_0 的相位；I 既代表 A 相的电流相量，同时也可以表示电枢磁动势 F_a 的空间相位。

2. I 与 E_0 不同相时

在图 3-37a 所示瞬间，A 相绕组所链的主磁通为 0，故 A 相的激磁电动势 E_0 达到正的最大值，这与图 3-36a 中相同。现设电枢电流 I 滞后于激磁电动势 E_0 以 φ_0 角（$90° > \varphi_0 > 0°$），则 A 相电流将在经过 $\Delta t = \varphi_0/\omega_1$ 这段时间后，才达到其正的最大值；换言之，在经过 $\Delta t = \varphi_0/\omega_1$ 这段时间后，电枢磁动势的幅值才会与 A 相绕组轴线重合。所以在图 3-37a 所示瞬间，电枢磁动势 F_a 应在滞后于 A 相轴线 φ_0 电角度处，即 F_a 应滞后于主极磁动势 F_f 以 $90° + \varphi_0$ 电角。由于 F_a 与 F_f 均以同步转速旋转，因此它们之间的相对位置将始终保持不变。从图 3-37b 可见，此时 F_a 可以分成两个分量：一个是交轴电枢磁动势 F_{aq}；另一个是直轴电枢磁动势 F_{ad}，即

$$F_a = F_{ad} + F_{aq} \tag{3-82}$$

它们的幅值 F_{ad} 和 F_{aq} 分别等于

$$F_{ad} = F_a \sin\varphi_0 \qquad F_{aq} = F_a \cos\varphi_0 \tag{3-83}$$

交轴电枢磁动势所产生的交轴电枢反应，其作用已在前面说明。直轴电枢磁动势所产生的直轴电枢反应，对主极而言，其作用可以是去磁，也可以是增磁，视 φ_0 角的正、负而定。从图 3-37b 和图 3-37c 不难看出，对于同步发电机，若电枢电流 I_0 滞后于激磁电动势 E_0，φ_0 为正，则直轴电枢反应是去磁性；若 I_0 超前于 E_0，φ_0 为负，则直轴电枢反应将是增磁性。由于电枢反应的性质和大小取决于 φ_0，因此 φ_0 是同步电机的基本变量之一。

直轴电枢反应对同步电机的运行性能影响很大，若同步发电机单独供电给一组负载，

去磁或增磁性的直轴电枢反应将使气隙内的合成磁通减少或增加，从而使发电机的端电压产生一定的变化。如果发电机接在电网上，其端电压 U 将保持不变，此时发电机的无功功率和功率因数是超前还是滞后，与直轴电枢反应的性质直接相关。

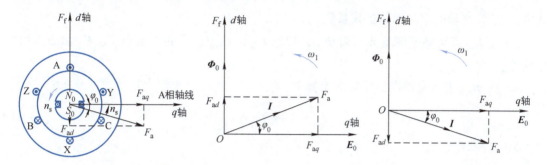

a) I 滞后于 E_0 时定、转子磁动势的空间矢量图　b) I 滞后于 E_0 时的时-空统一矢量　c) I 超前于 E_0 时的时-空统一矢量图

图 3-37　$\varphi_0 \neq 0°$ 时同步发电机的电枢反应

3.5.3　交、直轴电枢反应电抗与磁动势折算系数

1. 交、直轴电枢反应电抗

从电动机相量图出发，可得电动机直轴内电动势

$$E_d = E_0 \pm I_d X_{ad} \tag{3-84}$$

式中，当电动机运行于去磁状态时取"-"号；当电动机运行于增磁状态时取"+"号。

由此可得直轴电枢反应电抗为

$$X_{ad} = \frac{|E_0 - E_d|}{I_d} \tag{3-85}$$

式中 E_d 可由下式求得：

$$E_d = 4.44 f K_{dp} N \Phi_{1N} \tag{3-86}$$

式中，Φ_{1N} 为直轴电枢电流等于 I_d 时永磁体提供的有效气隙基波磁通。

$$\Phi_{1N} = [b_{mN} - (1 - b_{mN})\lambda_\sigma] B_r A_m K_\Phi \times 10^{-4} \tag{3-87}$$

式中，b_{mN} 为直轴电流等于 I_d 时永磁体的负载工作点。

所以直轴电枢反应电抗为

$$X_{ad} = \frac{4.44 f K_{dp} N |\Phi_{10} - \Phi_{1N}|}{I_d} \tag{3-88}$$

考虑交轴磁路饱和时 X_{aq} 需迭代求解，其步骤如下。

1）给定某一转矩角 θ。

2）假设交轴电流分量 I'_q，则交轴电枢磁动势为

$$F_{aq} = \frac{1.35 K_{dp} N K_{aq}}{p} I'_q \qquad (3-89)$$

式中，K_{aq} 为交轴电枢磁动势折算系数。

3）由 F_{aq} 求交轴气隙基波磁通 Φ_{aq1}，根据 F_{aq} 由预先算得的交轴 $\Phi_{aq1}-F_{aq}$ 曲线查取相应的 Φ_{aq1}。

4）由 Φ_{aq1} 求出交轴电枢反应电动势 E_{aq} 为

$$E_{aq} = 4.44 f K_{dp} N \Phi_{aq1} \qquad (3-90)$$

5）计算 X_q：

$$X_q = X_1 + \frac{E_{aq}}{I'_q} = X_1 + X_{aq} \qquad (3-91)$$

6）求出交轴电流分量计算值。

7）比较 I'_q 和 I_q，重复②～⑥步，反复进行迭代计算，直至 I'_q 与 I_q 间的误差在容许范围内，即可得交轴电枢反应电抗 X_{aq}。

2. 交、直轴电枢磁动势折算系数

交、直轴电枢磁动势折算系数 K_{aq} 和 K_{ad} 反映了电动机磁路结构对电动机电枢反应电抗 X_{aq} 和 X_{ad} 的影响。转子磁路结构不同，电动机的交、直轴电枢磁动势折算系数也各有差别。根据定义可知，$K_{ad} = K_d/K_f$、$K_{aq} = K_q/K_f$。K_f 为电动机的空载气隙磁密基波幅值；K_q 和 K_d 为电动机的交、直轴电枢反应磁密的波形系数。对近似于隐极电动机性能的表面凸出式稀土永磁同步电动机，$K_d = K_q = 1$，因而其直、交轴电枢磁动势折算系数为

$$K_{aq} = K_{ad} = \frac{1}{K_f} = \frac{\pi}{4\sin\frac{\alpha_i \pi}{2}} \qquad (3-92)$$

而对于表面插入式和内置式永磁同步电动机，K_q 和 K_d 与电动机的极弧系数、永磁体尺寸和电动机气隙长度等许多因素有关，较难用解析法准确计算。一般需用电磁场数值计算求出气隙磁场分布，然后用谐波分析确定其基波后得出，或直接采用经验值。

阅读·思考

近年来新能源汽车电机产业迅速发展，有色金属是电机产业最重要的基础原材料，因此新能源汽车电机产业的高速发展也带动了有色金属消费，尤其是铜、铝等产量大幅度增加，基本满足了电动汽车产业对有色金属的需求。

2024 年上半年，十种有色金属产量为 3900.2 万 t，同比增长 7.1%。其中，精炼铜产量 667.2 万 t，同比增长 7.1%；电解铝产量 2155.2 万 t，同比增长 6.9%。六种精矿产量 300.0

万 t，同比增长 0.1%；氧化铝产量 4132.7 万 t，同比增长 1.8%；铜材产量 1061.0 万 t，同比增长 0.2%；铝材产量 3325.5 万 t，同比增长 9.5%。国内现货市场铜均价 74490 元 /t，同比上涨 9.6%；国内现货市场铝均价 19798 元 /t，同比上涨 6.9%。

——摘自：《增加值首超 10% 上半年有色金属工业增长强劲》——中国工业新闻网，2024

想一想 1：铜、铝等有色金属材料在永磁同步电机中的应用情况铜、铝等有色金属材料在永磁同步电机中被应用到哪些结构中？铜、铝等有色金属材料在永磁体同步电机中所占的材料比重是怎样的？

想一想 2：铜、铝等有色金属材料对永磁同步电机产业的影响

铜、铝等有色金属材料产业的发展对永磁同步电机产业的发展有什么促进作用？铜、铝等有色金属材料的价格上涨对永磁同步电机产业有什么影响？

想一想 3：永磁同步电机的优化与创新

如何在保证永磁同步电机性能的情况下减少铜、铝等有色金属材料的使用？是否有新型的绕组结构可以在保证永磁同步电机性能的情况下减少铜的使用？

3.6 永磁同步电机转矩转速控制特性

永磁同步电机由于其高功率密度和高效率的特点，广泛应用于新能源汽车驱动系统。通过驱动控制器和控制算法相结合，能够实现高精度的控制特性。本节主要首先介绍了永磁同步电机的启动原理与启动方式，分析不同启动方式的优缺点以及适用电机类型，最后对转矩转速控制特性进行了简要介绍。

3.6.1 永磁同步电机的启动方式

1. 永磁同步电机启动原理

永磁同步电机的启动原理主要基于定子绕组产生的旋转磁场与转子永磁磁场之间的相互作用。通过异步转矩使转子开始加速转动，并逐渐接近同步转速。在同步运行状态下，转子永磁磁场与定子旋转磁场相互作用产生稳定的驱动转矩，使电机稳定运行。具体过程如下：

1）定子绕组通电：在电机启动前，给定子绕组通入三相对称电流。这些周期变化的电流产生旋转磁场，这是电机启动和运行的基础。

2）产生电磁力：转子永磁体产生径向磁场，旋转磁场与径向磁场相互作用产生电磁力。旋转磁场和径向磁场两者之间的相互作用在转子上产生电磁力，使转子开始旋转。

3）实现同步过程：随着转子转速的增加，转子永磁磁场与定子旋转磁场的转速逐渐接近。当转子加速到速度接近同步转速时，转子永磁磁场与定子旋转磁场的转速接近相等。此时，定子旋转磁场速度稍大于转子永磁磁场，它们相互作用产生转矩将转子牵入到同步运行状态。

4）保持同步运行状态：转子上永磁体产生的磁场与定子旋转磁场相互作用，产生稳定的驱动转矩。这个驱动转矩使电机能够稳定运行在同步转速下。

2. 常用启动方法的比较

不同的启动方式可以满足不同的应用需求，确保电机的平稳启动和高效运行。永磁同步电机的启动方式主要可以分为以下几种，每种方式都有其特定的应用场景和优缺点。

1）直接启动（硬启动）：这种启动方法是直接向定子绕组中施加额定电压使其产生旋转磁场。该方法操作控制方便、维护简单、经济性高，但是其启动电流非常大，对电网的冲击较大，特别是大功率的电机。对同步电机的机、电的强度与容量设计要求都十分严苛，也可能会对电机的定子绕组等造成破坏。例如在稀土永磁电机直接启动的时候，它的电流可以达到额定电流的 6~7 倍。因此这种启动方法一般只用于启动较小功率电机。

2）减压启动：这种启动方法通过降低电机启动时的电压来减小启动电流。主要包括自耦变压器减压启动和星 – 三角减压启动。

自耦变压器减压启动：通过自耦变压器在启动时降低输入电机的电压，这样就会降低启动电流。降低电压的数值根据需要，通过改变自耦变压器的二次抽头来确定。

星 – 三角减压启动：通过改变电机的三相绕组的接线方式来改变启动电压，从而降低启动电流。在启动时，电机接线方式为星形联结，此时电机的每相电压降低为原来的 $1/\sqrt{3}$，电机转速达到额定转速的 80% 以上时，改变电机接线方式为三角形联结，电机开始正常运转。

应用减压启动可以减小启动电流，降低对电网的冲击。但是需要额外的设备（如自耦变压器），会增加控制设备的成本。另外，因为启动转矩同时减小，所以一般只能用于轻载或空载启动。

3）变频启动（软启动）：这种启动方法的原理是利用电机变频器调节输入电机的频率或利用软启动器调节输入电机的电压，最终使得电机在额定功率下运行。这样电机在启动过程中的启动电流，就由过去过载冲击电流不可控制变成为可控的、可根据需要调节启动电流的大小。优点在于启动电流小，对电网冲击小，可以实现平滑启动。但是需要变频器或软启动器设备，成本较高。因此一般在大功率、需要调速的设备上，才建议使用变频启动或软起动。

4）无感启动：此方法不依赖电机内部的传感器，通过控制算法实现电机的启动。主要包括三段式/软启动、高频注入、一步方波启动和矢量控制零速闭环启动等。无感启动不依赖传感器，具有更高的灵活性和适应性，但部分启动方式可能对电机参数敏感，调试困难，仅适用于对电机参数不敏感或需要快速启动的场合。

永磁同步电机的启动方式多样，可以根据电机的功率、应用需求、成本预算等因素进行选择。较小功率电机通常可以选择直接启动或有级减压启动，大功率电机和需要调速的场合则更适合选择软起动和变频启动。无感启动作为一种新型的启动方式，具有更高的灵活性和适应性，但需要更多的调试经验和技术支持。

3.6.2 永磁同步电机的转矩转速控制特性

1. 永磁同步电机的转矩控制

永磁同步电机的转矩可以通过改变电机的电流、磁通或控制策略来调节。前两种调节方法主要通过改变电机控制器中的输出电流和磁通调节参数来实现。当电流或磁通增大时，电机的输出转矩增加；当电流或磁通减小时，电机的输出转矩也减小。通过改变电机的控制策略也可以调节电机的输出转矩。常用的控制策略有矢量控制（FOC）、直接转矩控制（DTC）、最大转矩/电流比（MTPA）控制等。

1）矢量控制是一种基于电机数学模型的控制策略，它通过将电机的定子电流分解为磁通分量（d 轴）和转矩分量（q 轴）来独立控制电机的磁通和转矩。在矢量控制中，通过调节 q 轴电流的大小和方向，可以直接控制电机的输出转矩，通常用于高性能的电机应用，如伺服系统、新能源汽车等。

2）直接转矩控制是一种基于转矩和磁链的直接控制方法，它不需要进行复杂的坐标变换和电流控制。在直接转矩控制中，通过直接比较参考转矩和实际转矩的差值，以及参考磁链和实际磁链的差值，来选择合适的电压矢量，从而直接控制电机的输出转矩和磁链。这种控制策略动态响应快、控制算法简单，但也存在转矩脉动较大的问题。

3）最大转矩/电流比控制是一种优化控制策略，它旨在以最小的电流产生最大的转矩[17]。在最大转矩/电流比控制中，通过调节 d 轴和 q 轴电流的比例关系，使得电机在给定转矩下的电流最小。最大转矩/电流比控制有助于提高电机的效率和能量密度，特别适用于新能源汽车等需要高效能量转换的应用。

以上对 3 种常用的控制策略进行了简单的介绍，具体的控制原理将在第 4 章中进行详细介绍。

2. 永磁同步电机的转速控制

（1）控制方式

同步电机转子转速与绕组基波旋转磁场转速之间保持着严格的同步关系，因此，通过控制电流的频率即可精确地控制电机速度。

（2）恒转矩区

由于同步电机转子磁势恒定不变，因此在额定频率 f_N 以下，即恒定磁通，无需弱磁时的控制中，可以实现定子磁势与 q 轴重合。此时，定子磁势与转子磁势夹角为 90°，理论上，定子电流可以全部用来产生转矩。

（3）恒功率区

当转子达到一定转速后，进入弱磁控制区[18]，则定子磁势在 d 轴有一定的分量来抵消转子磁势，即进行弱磁。q 轴分量用来产生转矩。

3. 不同永磁材料对电机性能的影响仿真分析

（1）目的

不同种类永磁材料的性能差别很大，只有充分了解不同永磁材料特点以及其对电机输出性能的影响，才能对永磁同步电机永磁体材料的选用有更深的理解。

（2）背景说明

永磁同步电机的设计制造特性、运行性能和应用范围与永磁材料的性能息息相关，不同种类永磁材料的性能差别很大，只有充分了解不同永磁材料的性能特点，才能够合理设计出符合要求的永磁同步电机。

（3）要求

1）基于仿真软件搭建电机仿真模型，查看材料库中不同永磁材料参数的区别。

2）替换模型中永磁体的材料，进行仿真分析，归纳不同永磁材料参数对电机性能的影响。

3）学生需要详细记录电机仿真中的关键数据，包括永磁材料的选取、操作步骤、电机关键输出性能的结果等。

4）对得到的仿真结果进行对比分析。

5）学生需要分组进行实践，每组3~5人。团队成员之间需要相互协作，分工明确，确保实践项目的顺利进行。

6）学生需要根据实践项目的要求撰写实践报告，包括实践目的、背景、过程、相应结果与分析等。报告要求条理清晰、数据准确、分析深入。

4. 永磁同步电机绕组绕线安装及测试

（1）目的

本实践案例旨在通过永磁同步电机绕组的绕线安装及后续测试过程，使学生掌握绕组绕制的工艺要求、安装步骤以及测试方法。通过实践操作，学生能够深入理解永磁同步电机绕组的结构与功能，提升对电机内部构造的认识，并培养动手能力和问题解决能力。

（2）背景说明

永磁同步电机因其高效能、低噪声、高可靠性等特点，在电动汽车、风力发电、工业驱动等领域得到广泛应用。绕组作为电机的核心部件之一，其绕制质量和安装精度直接影响电机的性能和使用寿命。因此，掌握绕组绕线安装及测试技术对于电机制造与维护至关重要。

（3）要求

1）学生需根据电机设计图纸，选择合适的绕线材料和工具，按照规定的绕制工艺进行绕组绕制。注意绕组的匝数、线径、绝缘处理等关键参数的控制。

2)完成绕组绕制后,学生需将绕组正确安装到电机定子铁心上。安装过程中需确保绕组位置准确、固定牢固,同时避免绕组间的短路和绝缘损坏。

3)安装完成后,进行绕组与外部电路的接线,并进行必要的绝缘处理,确保电机运行安全。

4)搭建测试平台,准备测试仪器,包括电压表、电流表、功率计、温度测量仪等,确保测试设备完好且校准准确。

5)对安装好的电机进行性能测试,包括空载测试、负载测试等,记录电机的电压、电流、功率、效率、温升等关键参数。

6)对测试数据进行整理和分析,评估电机的性能是否符合设计要求,识别可能存在的问题并提出改进措施。

7)根据实践过程撰写实践报告,包括绕组绕制与安装步骤、测试方法、数据分析、问题总结及改进建议等内容。

习题

一、选择题

1. 永磁同步电机(PMSM)的拓扑结构主要取决于其(　　)。
A. 定子绕组类型　　B. 转子磁体类型　　C. 冷却方式　　D. 控制器类型

2. 在永磁同步电机中,以下(　　)转子结构更易于实现弱磁控制。
A. 表面贴装式　　B. 内置式　　C. 两者一样　　D. 两者都不能

3. 关于永磁同步电机的拓扑结构,下列说法错误的是(　　)。
A. 拓扑结构的选择取决于电机的应用场景
B. 所有永磁同步电机都可以使用相同的控制器
C. 转子永磁体的材料会影响电机的性能
D. 拓扑结构影响电机的成本和体积

4. 关于永磁同步电机的磁路与电磁参数,以下说法(　　)是正确的。
A. 永磁同步电机的磁路仅由永磁体构成,无需考虑其他部件的影响
B. 永磁同步电机的电磁参数(如电感、电阻)在电机运行过程中始终保持不变
C. 增大永磁同步电机的气隙长度通常会导致电机效率的提高
D. 永磁同步电机的磁路分析通常需要考虑永磁体的磁化特性、磁通路径和磁阻分布

5. 关于永磁同步电机的齿槽转矩和常用极槽配合,以下说法(　　)是正确的。
A. 永磁同步电机的齿槽转矩只与永磁体的磁化特性有关,而与极槽配合无关
B. 在所有情况下,增加电机的极数都能有效减小齿槽转矩
C. 极槽配合的选择主要影响电机的转矩脉动和感应电动势,对齿槽转矩的影响较小
D. 常用的极槽配合方法包括斜槽或斜极、磁极分块移位和分数槽法,它们都能在一定

程度上削弱齿槽转矩

6. 关于永磁同步电动机的运行特性和电枢反应，以下（　　）说法是正确的。

A. 永磁同步电动机的电枢反应总是增强主磁场，从而提高电机的输出功率

B. 永磁同步电机的转速与电源频率始终保持准确的同步关系，且调速范围宽

C. 当永磁同步电机输出的是容性负荷时，电枢反应磁场方向与主磁场方向相反，起去磁作用

D. 永磁同步电机的磁路设计无需考虑磁阻和漏磁，因为永磁体提供恒定磁场

二、填空题

1. 永磁同步电机的拓扑结构主要包括_____和_____两种类型。

2. 在永磁同步电机中，转子磁体的排列方式直接影响电机的_____和_____。

3. 选择永磁同步电机的拓扑结构时，需要考虑电机的_____、_____和_____等因素。

4. 关于永磁同步电机的磁路与电磁参数，填空完成以下句子：

永磁同步电机的磁路设计需考虑永磁体的_____和尺寸，以及电机定子和转子的结构，这些因素共同决定了电机内部的_____分布和磁阻大小。电磁参数如电感、电阻和磁链等，对于电机的性能如_____、_____和效率有重要影响。

5. 永磁同步电机的齿槽转矩是由电机定子齿槽与永磁体间相互作用产生的周期性转矩波动，这种转矩波动会对电机的运行产生不良影响。为了削弱齿槽转矩，常用的极槽配合方法包括_____、_____和_____等。这些方法通过改变电机内部的磁场分布和磁通路径，达到减小齿槽转矩的目的。

6. 永磁同步电机的运行特性表明，其转速与电源频率之间保持严格的同步关系，使得通过控制_____可以实现电机的调速。电枢反应是指电机在负载运行时，电枢电流产生的磁场对主磁场的影响，它可能增强或削弱主磁场，具体取决于电机的_____和_____。

三、问答题

1. 简述永磁同步电机拓扑结构选择的重要性。

2. 解释什么是永磁同步电机的弱磁控制，并说明其与拓扑结构的关系。

3. 举例说明永磁同步电机拓扑结构对电机性能的具体影响。

4. 简述永磁同步电机的结构及特点。

5. 简述永磁同步电机的磁路特点，并说明电磁参数中的电感对电机性能的影响。

6. 简述永磁同步电机齿槽转矩的概念，并说出两种常见的用于削弱齿槽转矩的极槽配合方法。

7. 简述永磁同步电机的运行特性，并解释电枢反应对电机性能的影响。

四、综合实践题

1. 电机拆卸与安装

（1）目的

通过对电机进行拆卸与安装，可以熟悉电机结构以及制造、安装的要求和性能、质量检测等，加深对永磁同步电机结构与运行原理的理解，学会电动机拆卸与安装的工艺技术，以及电机的绕线方法，并绘出电机定子绕组展开图，加强动手能力、培养实践技能、增强个人的团队合作能力，为以后的工作打下坚实的基础。

（2）背景说明

永磁同步电机由永磁体励磁代替励磁绕组通入直流电流产生同步旋转磁场，使电机结构更为简单。当定子绕组通入三相对称电流时，会产生定子旋转磁场，定子旋转磁场和转子旋转磁场的相互作用使永磁同步电机产生电磁转矩。想要了解电机的性能与应用，首先需要理解电机的整体结构与工作原理。

（3）要求

1）学生需要详细记录电机拆卸与安装拆解过程中的关键数据，包括操作步骤、各部件名称与作用、工具使用等。同时，应用至少两种跨距对绕组进行绕线并绘制相应的定子绕组展开图。

2）学生需要分组进行实践，每组2人或3人。团队成员之间需要相互协作、分工明确，确保实践项目的顺利进行。

3）学生需要根据实践项目的要求撰写实践报告，包括实践目的、背景、过程、相应结果与原理分析等。报告要求条理清晰、数据准确、分析深入。

2. 基于热分析与能效优化的实践项目

（1）目的

本项目旨在通过对永磁同步电机进行热分析和能效优化，识别潜在的热管理问题和能效瓶颈，为改善电机性能、提高运行效率和延长使用寿命提供依据。通过本实践项目，学生可以了解永磁同步电机的热管理原理和能效优化方法、掌握相关的试验技能、培养分析和解决问题的能力。

（2）背景说明

永磁同步电机作为一种高效、高性能的电机类型，在电动汽车、工业自动化等领域得到了广泛应用。然而，由于电机在运行过程中会产生热量，如果不能及时有效地散热，可能导致电机温度过高，进而影响电机的性能和寿命。此外，电机的能效也是评价其性能的重要指标之一。因此，对永磁同步电机进行热分析和能效优化具有重要意义。

（3）要求

1）学生需要对永磁同步电机进行热分析试验。在试验中，学生需要搭建相应的试验平台，利用温度测量仪器记录电机在不同工况下的温度数据。通过对数据的分析，评估电机的散热性能，并识别潜在的热管理问题。

2）学生需要对永磁同步电机进行能效优化试验。在试验中，学生可以通过调整电机的控制策略、优化电机的设计参数等方法，提高电机的能效。通过对比优化前后的能效数据，验证优化方法的有效性。

3）学生需要分组进行实践，每组3~5人。团队成员之间需要相互协作、分工明确，确保实践项目的顺利进行。在试验过程中，学生需要详细记录试验数据，包括温度数据、能效数据等，并撰写试验报告。

4）学生个人需要根据实践项目的要求撰写实践报告。报告应包括项目目的、背景、试验过程、数据分析、优化方法和结果对比等内容。报告要求条理清晰、数据准确、分析深入。

参 考 文 献

[1] 夏雪，黄允凯，彭飞，等．高速电机绕组交流铜耗的计算与测量[J]．微电机，2019，52（12）：1-6.

[2] 唐任远，等．现代永磁电机理论与设计[M]．北京：机械工业出版社，2016.

[3] 邱国平．永磁同步电机实用设计及应用技术[M]．上海：上海科学技术出版社，2020.

[4] 陈重，崔正勤，胡冰．电磁场理论基础[M]．北京：北京理工大学出版社，2023.

[5] 安原圣，马琮淦，李鑫，等．电动汽车用内置式永磁同步电机气隙磁场解析建模与多目标优化[J]．中国公路学报，2023，36（1）：253-262.

[6] 陈丽香，王灿，张超，等．一种内置V型永磁同步电机齿槽转矩的削弱方法[J]．微电机，2021，54（5）：1-4，61.

[7] 马孔融，周拓，季杰，等．永磁同步电机齿槽转矩的优化分析[J]．防爆电机，2022，57（2）：8-11.

[8] 胡启国，吴明钦．转子磁极分段移位斜极对永磁同步电机转矩的影响[J]．华侨大学学报（自然科学版），2022，43（1）：29-35.

[9] 尤磊，董小艳．谐波对电机转矩波动的影响[J]．防爆电机，2020，55（3）：12-15.

[10] SHI Z, SUN X, CAI Y, et al. Torque analysis and dynamic performance improvement of a pmsm for evs by skew angle optimization [J]. IEEE Transactions on Applied Superconductivity, 2019, 29（2）: 1-5.

[11] 王玉彬，孙建鑫．分数槽集中绕组嵌入式永磁同步电机设计[J]．电工技术学报，2014，29（5）：70-76.

[12] FAN X, ZHANG B, QU R, et al. Comparative thermal analysis of IPMSMs with integral-slot distributed-winding（ISDW）and fractional-slot concentrated-winding（FSCW）for electric vehicle application [J]. IEEE Transactions on Industry Applications, 2019, 55（4）: 3577-3588.

[13] DE-DONATO G, GIULII C F, Rivellini G A, et al. Integral-slot versus fractional-slot concentrated-winding axial-flux permanent-magnet machines: comparative design, FEA, and experimental tests [J]. IEEE Transactions on Industry Applications, 2012, 48（5）: 1487-1495.

[14] WU D, ZHU Z Q. Design tradeoff between cogging torque and torque ripple in fractional slot surface-mounted permanent magnet machines [J]. IEEE Transactions on Magnetics, 2015, 51（11）: 1-4.

[15] 崔俊国，肖文生，黄红胜，等．不同极槽配合潜油直驱永磁电机性能研究[J]．微特电机，2014，42（11）：10-14.

[16] 左曙光，林福，孙庆，等．极槽配合和绕组层数对永磁同步电机振动的影响分析[J]．振动与冲击，2014，33（13）：130-134.

[17] 周新秀，周咏平，张旨，等．基于参数辨识的内置式永磁同步电机最大转矩电流比电流预测控制[J]．光学精密工程，2020，28（5）：1083-1093.

[18] 温嘉斌，郭晗，荆超，等．电动车用永磁同步电机转子结构对弱磁调速性能分析[J]．哈尔滨理工大学学报，2019，24（6）：73-78.

第4章 永磁同步电机控制原理

本章利用坐标变换的方法将永磁同步电机的数学模型予以简化,通过空间电压矢量脉冲宽度调制技术生成脉冲宽度调制波,实现永磁同步电机的控制;应用转速、电流双闭环控制策略,提高永磁同步电机控制精度及效率;分别详细介绍表贴式与内置式永磁同步电机典型的控制方案,并分析无位置传感器控制策略的特点。

学习目标

1. 掌握坐标变换与永磁同步电机数学建模知识。
2. 学习逆变器拓扑结构和工作原理,掌握空间电压矢量脉冲宽度调制技术。
3. 在掌握永磁同步电机矢量控制技术及内置式永磁同步电机调速控制方案的基础上,学习最优效率、输出控制与无位置传感器控制策略。
4. 通过电驱动系统控制理论知识与实践项目的结合,使读者能够夯实理论基础、建立逻辑思维、提高动手能力。

4.1 永磁同步电机交直轴数学模型

永磁同步电机(Permanent Magnet Synchronous Machine,PMSM)是一个强耦合、多变量的非线性系统,为了能够更好地进行永磁同步电机控制算法的设计,建立合适的数学模型显得尤为重要。本节主要介绍三相永磁同步电机的基本数学模型以及各个坐标变换之间的关系,并指出两种常用的坐标系之间的区别和联系,同时分别建立静止坐标系和同步旋转坐标系下的三相永磁同步电机数学模型。

4.1.1 三相永磁同步电机静止坐标系数学模型

当三相永磁同步电机转子磁路的结构不同时,电机的运行性能、控制方法、制造工艺和适用场合都会有所不同。

表贴式永磁转子结构具有结构简单、制造成本低和转动惯量小等优点,在恒功率运行范围不宽的三相永磁同步电机和永磁无刷直流电机中得到了广泛应用。表贴式永磁转子结构中的永磁体磁极易于实现最优设计,能使电机的气隙磁密波形趋于正弦波分布,进而提高电机的运行性能。内置式永磁转子结构可以充分利用转子磁路不对称所产生的磁阻转矩,提高电机的功率密度,使得电机的动态性能较表贴式永磁转子结构有所改善。同时其制造工艺也较简单,但漏磁系数和制造成本都较表贴式永磁转子结构大。

对于采用稀土永磁材料的永磁电机来说,由于永磁材料的相对磁导率接近1,因此表贴式转子结构在电磁性能上属于隐极转子结构;表嵌式和内置式永磁电机,磁铁被嵌装于转子内,永磁体的结构固定更为可靠,并且使永磁电机易于实现弱磁控制,适用于高速运行工况。但该结构电机的主要缺点是有磁阻转矩,增加了电机转矩控制的复杂度,且安装制造工艺复杂。其中内置式转子结构相邻永磁体磁极间有着磁导率很大的导磁材料,在电磁性能上属于凸极转子结构。高精度的永磁同步电机控制算法建立于准确的数学模型之上,所以深入研究其物理特性并建立合适的数学模型尤为关键。但永磁同步电机是强耦合、非线性的,为了便于分析,需要对电机特性进行如下简化:忽略铁心的饱和;不计定子、转子中的磁滞和涡流损耗;假定三相绕组严格对称分布,使得稳态运行时的电流波形为对称的正弦波。永磁同步电机的物理模型如图4-1所示。

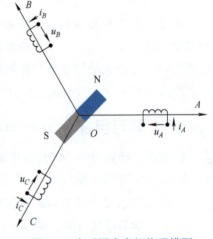

图 4-1 永磁同步电机物理模型

根据图4-1,永磁同步电机的三相电压矢量方程为

$$\begin{bmatrix} u_A \\ u_B \\ u_C \end{bmatrix} = \begin{bmatrix} R & 0 & 0 \\ 0 & R & 0 \\ 0 & 0 & R \end{bmatrix} \begin{bmatrix} i_A \\ i_B \\ i_C \end{bmatrix} + \frac{\mathrm{d}}{\mathrm{d}t} \begin{bmatrix} \psi_A \\ \psi_B \\ \psi_C \end{bmatrix} \tag{4-1}$$

式中,u_A、u_B、u_C 是定子相电压(V);i_A、i_B、i_C 是定子相电流(A);ψ_A、ψ_B、ψ_C 是定子全磁链(Wb);R 是定子绕组直流电阻(Ω)。

式(4-1)中的磁链方程可以表达为

$$\begin{bmatrix} \psi_A \\ \psi_B \\ \psi_C \end{bmatrix} = \begin{bmatrix} L_A & L_{AB} & L_{AC} \\ L_{BA} & L_B & L_{BC} \\ L_{CA} & L_{CB} & L_C \end{bmatrix} \begin{bmatrix} i_A \\ i_B \\ i_C \end{bmatrix} + \psi_\mathrm{f} \begin{bmatrix} \sin\theta_\mathrm{e} \\ \sin(\theta_\mathrm{e} - 2\pi/3) \\ \sin(\theta_\mathrm{e} + 2\pi/3) \end{bmatrix} \tag{4-2}$$

式中,L_A、L_B、L_C 是定子绕组自感(H);L_{AB}、L_{BA}、L_{BC}、L_{CB}、L_{AC}、L_{CA} 是定子绕组互感(H);ψ_f 是转子永磁体磁链(Wb);θ_e 是转子电气角度(rad)。

ABC坐标系下永磁同步电机的电磁转矩为

$$T_\mathrm{e} = -p\psi_\mathrm{f}[i_A\sin\theta_\mathrm{e} + i_B\sin(\theta_\mathrm{e} - 2\pi/3) + i_C\sin(\theta_\mathrm{e} + 2\pi/3)] \tag{4-3}$$

式中,T_e 是电磁转矩(N·m);p 是磁极对数。

电机的机械运动方程可以表达为

$$J\frac{d\omega}{dt} = T_e - T_L - B\omega_m \tag{4-4}$$

式中，J 是转动惯量（kg·m²）；B 是阻尼系数；T_L 是负载转矩（N·m）；ω_m 是机械角速度（rad/s）；$\omega_e = P\omega_m$ 是电气角速度（rad/s）。

从电机的机械方程可以看出，电机机械运动的关键控制变量是电磁转矩 T_e。然而 ABC 坐标系下的电磁转矩与三相电流、电角度均有关，由于三相电流是相互耦合的，因此控制难度较大。为了便于控制，需要利用坐标变换方法对永磁同步电机模型进行降阶和解耦。

4.1.2 三相永磁同步电机的坐标变换

采用的坐标变换方法通常包括静止坐标变换（Clark 变换）和同步旋转坐标变换（Park 变换）。接下来将详细介绍各坐标变换之间的关系。

1. Clark 变换

α-β 两相静止坐标系为 α 轴超前 β 轴 90° 并且 α 轴与自然坐标系（ABC 坐标系）A 轴重合的两相静止坐标系。将自然坐标系 ABC 变换到静止坐标系 α-β 的坐标变换为 Clark 变换。Clark 变换示意图如图 4-2 所示，根据两坐标系之间的关系可以得到

$$\begin{cases} N_2 I_\alpha = N_2 I_A - N_3 I_B \cos 60° = N_3 \left(i_A - \frac{1}{2} i_B - \frac{1}{2} i_C \right) \\ N_2 I_\beta = N_3 i_B \sin 60° - N_3 I_C \sin 60° = N_3 \left(\frac{\sqrt{3}}{2} i_B - \frac{\sqrt{3}}{2} i_C \right) \end{cases} \tag{4-5}$$

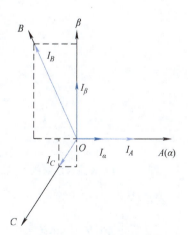

图 4-2 Clark 变换示意图

定义 $k = N_3/N_2$，式（4-5）经化简可以得到

$$\begin{bmatrix} I_\alpha & I_\beta \end{bmatrix}^T = \mathbf{T}_{3s\text{-}2s} \begin{bmatrix} I_A & I_B & I_C \end{bmatrix}^T \tag{4-6}$$

式中，I 为电机的电压、电流或磁链等变量；$\mathbf{T}_{3s\text{-}2s}$ 定义为 Clark 变换矩阵，可表示为

$$T_{3s\text{-}2s} = k \begin{bmatrix} 1 & -\dfrac{1}{2} & -\dfrac{1}{2} \\ 0 & \dfrac{\sqrt{3}}{2} & -\dfrac{\sqrt{3}}{2} \end{bmatrix} \quad (4\text{-}7)$$

恒幅值变换约束时，$k = 2/3$；恒功率变换约束时，$k = \sqrt{2/3}$。

通过反 Clark 变换，可实现 $\alpha\text{-}\beta$ 到 ABC 坐标系的变换：

$$\begin{bmatrix} I_A & I_B & I_C \end{bmatrix}^{\mathrm{T}} = T_{2s\text{-}3s} \begin{bmatrix} I_\alpha & I_\beta \end{bmatrix}^{\mathrm{T}} \quad (4\text{-}8)$$

$T_{2s\text{-}3s}$ 为反 Clark 变换矩阵，可表示为

$$T_{2s\text{-}3s} = T_{3s/2s}^{-1} = \begin{bmatrix} 1 & 0 & \dfrac{\sqrt{2}}{2} \\ -\dfrac{1}{2} & \dfrac{\sqrt{3}}{2} & \dfrac{\sqrt{2}}{2} \\ -\dfrac{1}{2} & -\dfrac{\sqrt{3}}{2} & \dfrac{\sqrt{2}}{2} \end{bmatrix} \quad (4\text{-}9)$$

2. Park 变换

如图 4-3 所示，$\alpha\text{-}\beta$ 坐标系下的矢量也可以通过矢量分解投射到 $d\text{-}q$ 坐标系。$d\text{-}q$ 坐标系的旋转角速度与转子角速度相同，所以 $\alpha\text{-}\beta$ 坐标系中的矢量分解到 $d\text{-}q$ 坐标系为恒定值，这种转换称为 Park 变换。同样地，可根据式（4-5）推导得到下式：

$$\begin{bmatrix} I_d & I_q \end{bmatrix}^{\mathrm{T}} = T_{2s\text{-}2r} \begin{bmatrix} I_\alpha & I_\beta \end{bmatrix}^{\mathrm{T}} \quad (4\text{-}10)$$

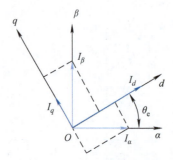

图 4-3 Park 变换示意图

$T_{2s\text{-}2r}$ 是 Park 变换矩阵，可以表示为

$$T_{2s\text{-}2r} = \begin{bmatrix} \cos\theta_e & \sin\theta_e \\ -\sin\theta_e & \cos\theta_e \end{bmatrix} \quad (4\text{-}11)$$

通过逆 Park 变换可实现 $d\text{-}q$ 到 $\alpha\text{-}\beta$ 坐标系的变换：

$$\begin{bmatrix} I_\alpha & I_\beta \end{bmatrix}^{\mathrm{T}} = T_{2r\text{-}2s} \begin{bmatrix} I_d & I_q \end{bmatrix}^{\mathrm{T}} \quad (4\text{-}12)$$

$T_{2r\text{-}2s}$ 定义为反 Park 变换矩阵，可以表示为

$$T_{2r\text{-}2s} = \begin{bmatrix} \cos\theta_e & -\sin\theta_e \\ \sin\theta_e & \cos\theta_e \end{bmatrix} \tag{4-13}$$

4.1.3 同步旋转交直轴坐标系下的数学建模

为了简化分析，假设三相永磁同步电机为理想电机。对式（4-1）及式（4-2）进行等幅值变换，此时 $k = 2/3$。由三相 ABC 坐标系的电压方程经过 Clark 变换得到两相 α-β 坐标系下的电压方程为

$$\begin{bmatrix} u_\alpha \\ u_\beta \end{bmatrix} = \frac{2}{3} \begin{bmatrix} 1 & -\frac{1}{2} & -\frac{1}{2} \\ 0 & \frac{\sqrt{3}}{2} & -\frac{\sqrt{3}}{2} \end{bmatrix} \begin{bmatrix} u_A \\ u_B \\ u_C \end{bmatrix} \tag{4-14}$$

由两相 $\alpha\beta$ 坐标系的电压方程经过 Park 变换得到同步旋转坐标系下的电压方程如下：

$$\begin{bmatrix} u_d \\ u_q \end{bmatrix} = \begin{bmatrix} \cos\theta_e & \sin\theta_e \\ -\sin\theta_e & \cos\theta_e \end{bmatrix} \begin{bmatrix} u_\alpha \\ u_\beta \end{bmatrix} \tag{4-15}$$

由式（4-14）和式（4-15）的变换，式（4-1）可转化为 d-q 坐标系下的电压方程[1]，即：

$$\begin{cases} u_d = Ri_d + L_d \dfrac{\mathrm{d}i_d}{\mathrm{d}t} - \omega_e L_q i_q \\ u_q = Ri_q + L_q \dfrac{\mathrm{d}i_q}{\mathrm{d}t} + \omega_e (L_d i_d + \psi_f) \end{cases} \tag{4-16}$$

式中，u_d、u_q 表示 d-q 轴定子电压（V）；i_d、i_q 表示 d-q 轴定子电流（A）；L_d、L_q 表示 d-q 轴电感（H）。可以看出，在低速时，三相永磁同步电机的数学模型实现了充分的解耦。电压等效电路如图 4-4 所示。

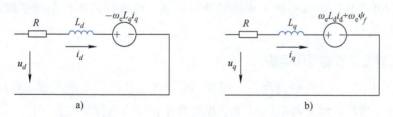

图 4-4 永磁同步电机的电压等效电路

此时电磁转矩可以表示为

$$T_e = \frac{3}{2} p \psi_f i_q + \frac{3}{2} p (L_d - L_q) i_d i_q \tag{4-17}$$

电机的物理结构为表贴式永磁同步电机时，d-q 轴电感满足 $L_d = L_q$，结构相对简单，或者当永磁同步电机采用 $i_d = 0$ 控制时，电磁转矩的控制可以通过直接控制 i_q 实现。

4.2 车用逆变器拓扑结构和工作原理

逆变器根据直流侧电源性质可以分为两种：直流侧是电压源的称为电压型逆变器（又称电压源型逆变电路）；直流侧是电流源的称为电流型逆变器（又称电流源型逆变电路）。实际上理想的直流电流源并不多见，所以车用逆变器直流侧电源通常为电压源。本节主要介绍电压源型逆变器拓扑，首先介绍几种车用逆变器拓扑结构，然后介绍单相电压型逆变电路的工作原理，最后介绍应用最为广泛的三相电压型逆变电路的工作原理。

4.2.1 车用逆变器拓扑结构

三相电机由于其优异的性能，在实际应用中占主导地位。车用三相电机的逆变器拓扑结构如图 4-5 所示，其主体部分由 3 个桥臂上的 6 个功率开关器件（常用 IGBT 或 SiC Mosfet）和续流二极管构成。为了在换流瞬间对负载供电，避免母线电压 U_{DC} 冲击，常在直流输入侧并联一个或一组电容。在电路分析时为了方便，常将母线并联的这组电容分解为串联的两个相同的电容。每个桥臂的中点为逆变器的输出端，通常与电机的三相绕组相连，通过控制电压的幅值和频率控制电机的输出，所以车用逆变器常常被叫作电驱系统。

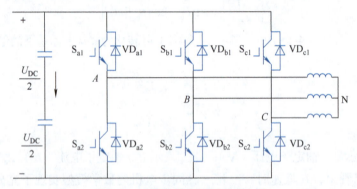

图 4-5 三相半桥电压型逆变电路

电机驱动器产品已经具备较为成熟的质量体系，目前提高电机驱动系统功率的方法，一般有以下 3 种：

（1）提高驱动系统的电压等级

在载流能力不发生改变的情况下，提高驱动系统工作电压等级能够提高功率，同时损耗也不会有显著增加。但是高电压对功率开关器件和母线电容滤波器提出了更高的耐电压和绝缘要求，另外，对于电池供电能力也具有更高要求。

（2）采用并联逆变器

在工作电压等级不变且空间允许的情况下，使用两个或多个逆变器并联，可以提高驱动系统载流能力，实现输出功率的大幅提高。但是并联逆变器的控制较为复杂，且存在电流不均衡问题，有可能会降低电驱系统的效率，影响汽车的续驶里程。

（3）多相电机

通过增加逆变器桥臂个数和电机相数，在每相输出电压等级和载流能力均不发生改变的情况下提高系统功率。与前两种方法比，在电机总功率相等的条件下，多相电机能够降低每相的功率，可以有效降低功率开关器件耐电压等级的需求，大幅降低制造成本。此外，相数的增多提高了谐波频次，减小了谐波带来的输出转矩波动。但是多相电机会导致逆变器使用的功率开关器件增多，电机设计和控制更加复杂，带来更多故障的风险。

在这里引入双三相永磁同步电机的具体应用说明，作为多相电机的应用实例。双三相永磁同步电机是指定子采用两组三相绕组结构，通过串联或并联使两组三相绕组共同工作的永磁同步电机。它同时具备多相电机与永磁同步电机的特征，其可控自由度多、可靠性高、功率密度大、效率高、结构紧凑，适用于低压大功率场合，在新能源汽车中广泛应用。双三相逆变器根据中心点的连接方式分为不共中心点和共中心点两种拓扑结构，如图 4-6 所示。双三相逆变器可以看作由两套三相逆变电路组合构成，主体部分增加了 1 倍的功率开关器件和续流二极管，在同一电压等级下，驱动系统的功率可增加 1 倍。

4.2.2 单相电压型逆变电路

车用驱动电机通常为三相永磁同步电机，对应使用的逆变器也为三相电压型逆变器。为了更好地对逆变器进行理解，本节对逆变器的最小组成部分——单相逆变电路进行建模分析。根据桥臂的不同组成方式，单相逆变电路分为单相半桥逆变电路和单相全桥逆变电路。

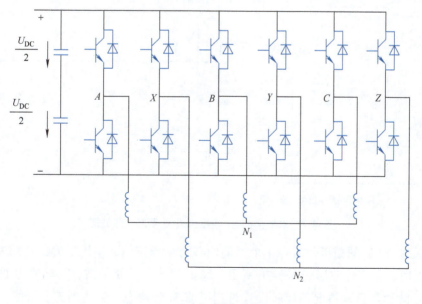

a) 不共中心点

图 4-6　车用双三相电机逆变器拓扑结构

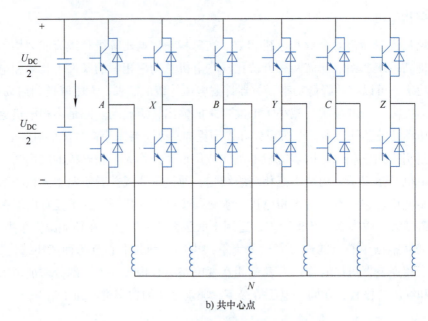

b) 共中心点

图 4-6 车用双三相电机逆变器拓扑结构（续）

1. 单相半桥电压型逆变电路

单相半桥电压型逆变电路如图 4-7a 所示，它只有 1 个桥臂，桥臂由 2 个功率开关器件和反并联二极管组成。在直流侧接有两个串联的足够大的电容，两个电容的联结点便成为直流电源的中点。负载连接在直流母线电压中点和两个桥臂输出点之间。

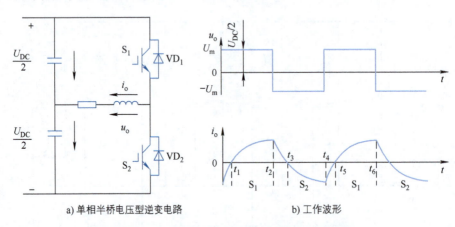

a) 单相半桥电压型逆变电路　　b) 工作波形

图 4-7 单相半桥电压型逆变电路及其工作波形

设开关 S_1 和 S_2 的栅极信号在 1 个周期内各有半周正偏、半周反偏，且两者互补。当负载为感性时，其工作波形如图 4-7b 所示。输出电压 u_o 为矩形波，其幅值为 $U_m = U_{DC}/2$，输出电流 i_o 波形随负载情况而异。设 t_2 时刻以前 S_1 为通态、S_2 为断态。t_2 时刻给 S_1 关断信号、S_2 开通信号，则 S_1 关断，但感性负载中的电流 i_o 不能立即改变方向，于是 VD_2 导通续流。当 t_3 时刻 i_o 降为零时，VD_2 截止，S_2 开通，i_o 开始反向。同样，在 t_4 时刻给 S_2 关断信号、给 S_1 开通信号后，S_2 关断，VD_1 先导通续流，t_5 时刻 S_1 才开通。各段时间内导通的功率开关器件的名称标于图 4-7b 的下部。

当 S_1 或 S_2 为通态时，负载电流和电压方向相同，直流侧向负载侧提供能量；而当 VD_1 或 VD_2 为通态时，负载电流和电压反向，负载电感中储存的能量向直流侧反馈，即负载电感将其吸收的无功能量反馈回直流侧。反馈回的能量暂时储存在直流侧电容器中，直流侧电容器起着缓冲这种无功能量的作用。因为二极管 VD_1、VD_2 是负载向直流侧反馈能量的通道，故称为反馈二极管；又因为 VD_1、VD_2 起着使负载电流连续的作用，故又可称其为续流二极管。当功率开关器件是不具有门极关断能力的晶闸管时，必须附加强迫换流电路，才能正常工作。

单相半桥逆变电路的优点是简单、使用功率开关器件少；缺点是输出交流电压的幅值仅为直流母线电压的 1/2，且直流侧需要两个电容并联，工作时还需控制两个电容器电压的均衡，因此单相半桥电压型逆变电路常用于几千瓦以下的较小功率逆变电源。

2. 单相全桥电压型逆变电路

单相全桥电压型逆变电路如图 4-8a 所示，它有两个桥臂，可以看成由两个图 4-7a 所示的半桥电路组合而成。S_1 和 S_2 的栅极信号互补，S_3 和 S_4 的栅极信号互补，S_1 和 S_3 存在相位差 θ（$0° < \theta < 180°$）。以下的分析都是基于 U_o 正负电压各为 180° 脉冲时的情况。各功率开关管的栅极信号 $u_{gs\_S_1} \sim u_{gs\_S_4}$ 及输出电压 u_o、输出电流 i_o 的波形如图 4-8b 所示。

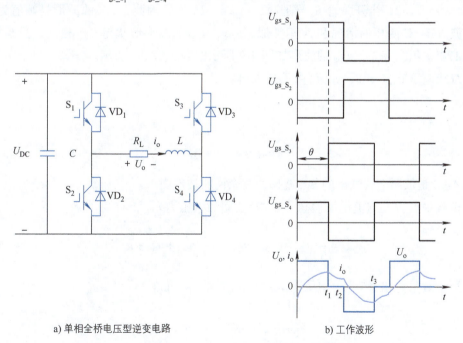

a) 单相全桥电压型逆变电路　　b) 工作波形

图 4-8　单相全桥电压型逆变电路及其工作波形

设在 t_1 时刻前 S_1 和 S_4 导通，输出电压 u_o 为 U_{DC}，t_1 时刻 S_3 和 S_4 栅极信号反向，

S_4 截止，而因为负载电感中的电流 i_o 不能突变，S_3 不能立即导通，VD_3 导通续流。因为 S_1 和 VD_3 同时导通，所以输出电压为零。到 t_2 时刻 S_1 和 S_2 栅极信号反向，S_1 截止，而 S_2 不能立即导通，VD_2 导通续流，和 VD_3 构成电流通道，输出电压为 $-U_{DC}$。到负载电流过零并开始反向时，VD_2 和 VD_3 截止，S_2 和 S_3 开始导通，u_o 仍为 $-U_{DC}$。t_3 时刻 S_3 和 S_4 栅极信号再次反向，S_3 截止，而 S_4 不能立刻导通，VD_4 开始导通续流，u_o 再次为 0。此后的过程与前面的类似。这样，输出电压 u_o 的正负脉冲宽度就各为 θ。通过改变 θ 可以调节输出电压。

4.2.3 三相电压型逆变电路

三相永磁同步电机的驱动和控制主要通过三相电压型逆变电路进行，它由 3 个单相半桥逆变电路组成，其拓扑结构如图 4-5 所示。

电压型三相桥式逆变电路的直流侧通常并联一个或一组电容器，但为了分析方便，将一个电容器画作两个串联的电容器并且标出了假想的中点 N'。和单相半桥、全桥逆变电路相同，电压型三相桥式逆变电路的基本工作方式也是 180° 导电方式，即每个桥臂的导电角度为 180°，同一相上下桥臂两个臂交替导电，各相开始导电的角度依次相差 120°。这样，在任何时刻都将有 3 个桥臂同时导通。可能是上面一个桥臂下面两个桥臂导通，也可能是上面两个桥臂下面一个桥臂同时导通。因为每次换流都是在同一个相上下两个桥臂之间进行的，所以也被称为纵向换流。

下面分析电压型三相桥式逆变电路的工作波形。对于 A 相输出来说，当开关管 S_1 导通时，$u_{AN'} = U_{DC}/2$，当开关管 S_4 导通时，$u_{AN'} = -U_{DC}/2$。因此，$u_{AN'}$ 的波形是幅值为 $U_{DC}/2$ 的矩形波。B、C 两相的情况和 A 相类似，$u_{BN'}$、$u_{CN'}$ 的波形形状与 $u_{AN'}$ 相同，只是相位依次相差 120°。$u_{AN'}$、$u_{BN'}$、$u_{CN'}$ 的波形如图 4-9 所示中的 a、b、c 所示。

负载线电压 u_{AB}、u_{BC}、u_{CA} 可由下式求出：

$$\begin{cases} u_{AB} = u_{AN'} - u_{BN'} \\ u_{BC} = u_{BN'} - u_{CN'} \\ u_{CA} = u_{CN'} - u_{AN'} \end{cases} \tag{4-18}$$

图 4-9d 是依照上式画出的 u_{AB} 波形，其余两相波形类似。

设负载中点 N 与直流电源假想中点 N' 之间的电压为 $u_{NN'}$，有

$$u_{NN'} = \frac{1}{3}(u_{AN'} + u_{BN'} + u_{CN'}) - \frac{1}{3}(u_{AN} + u_{BN} + u_{CN}) \tag{4-19}$$

如果负载是三相对称的，则 $u_{AN} + u_{BN} + u_{CN} = 0$，故可得

$$u_{NN'} = \frac{1}{3}(u_{AN'} + u_{BN'} + u_{CN'}) \tag{4-20}$$

$u_{NN'}$ 的波形如图 4-9e 所示，它也是矩形波，但其频率为 $u_{AN'}$ 的 3 倍，幅值为其 1/3，即为 $U_{DC}/6$。

第 4 章 永磁同步电机控制原理

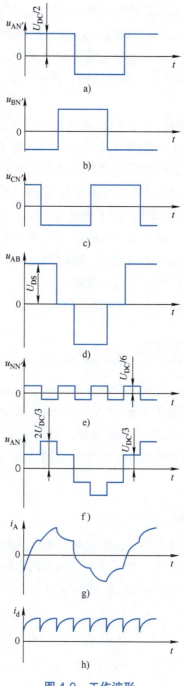

图 4-9 工作波形

图 4-9f 给出了利用式（4-19）和式（4-20）绘制出的 u_{AN} 的波形，u_{BN}、u_{CN} 的波形形状与 u_{AN} 相同，但是相位相差 120°。

负载的阻抗角 φ 不同，i_A 的波形形状和相位都有所不同。图 4-9g 给出的是阻感负载下 $\varphi < \pi/3$ 时 i_A 的波形，开关管 S_{a1} 和开关管 S_{a2} 之间的换流过程和半桥电路相似。上桥臂

S_{a1} 从通态转换到断态时，因负载电感中的电流不能突变，下桥臂 S_{a2} 中的 VD_4 先导通续流，待负载电流降到零，桥臂 S_{a2} 中电流反向时，S_{a2} 才开始导通。负载阻抗角 φ 越大，VD_4 导通时间就越长。i_A 的上升段即为桥臂 1 导电的区间，其中，$i_A < 0$ 时，为 VD_1 导通；$i_A > 0$ 时，为 S_{a1} 导通。i_A 的下降段为桥臂 4 导电区间，其中，$i_A > 0$ 时，为 VD_4 导通；$i_A < 0$ 时，为 S_{a2} 导通。

i_B、i_C 的波形和 i_A 的形状相同，相位依次相差 120°。把桥臂 S_{a1}、S_{b1}、S_{c1} 的电流加起来，就可以得到直流侧电流 i_d 的波形，如图 4-9h 所示。可以看出，i_d 每隔 60° 脉动 1 次，而直流侧电压是基本无脉动的，因此逆变器从交流侧向直流侧传送的功率是脉动的，且脉动的情况和 i_d 脉动情况大体相同。这也是电压型逆变电路的一个特点。

在上述 180° 导电方式的逆变器中，为了防止同一相上下两桥臂的功率开关器件同时导通从而引起直流侧电源的短路，要采取"先断后通"的方法。即先给应关断的功率开关器件关断信号，待其关断后留一定的时间裕量，然后再给应导通的功率开关器件发出导通信号，即在两者之间留一个短暂的死区时间。死区时间的长短要视功率开关器件的开关速度而定，功率开关器件的开关速度越快，所留的死区时间可以越短。

4.3 空间电压矢量调制技术原理

接下来要介绍基于三相电压桥式逆变器脉宽调制（Pulse Width Modulation，PWM）技术的空间电压矢量脉冲宽度调制[2]（Space Vector Pulse Width Modulation，SVPWM）的基本原理。本节首先介绍了三相电压的矢量表示，然后介绍了两电平控制矢量调制算法在线性调制区的实现方法，最后与传统的正弦脉宽调制（Sinusoidal Pulse Width Modulation，SPWM）进行了比较。

4.3.1 三相电压的空间矢量表示

SVPWM 调制算法可根据输入信号，组合特殊的开关触发顺序，调节脉宽大小，产生三相对称、失真度小的正弦波电压，使得输入与输出的电压保持一致。永磁同步电机的理想供电方式为正弦电压，三相电压的瞬时值可表示为

$$\begin{cases} u_A = U_m \cos(\omega t) \\ u_B = U_m \cos(\omega t - 2\pi/3) \\ u_C = U_m \cos(\omega t + 2\pi/3) \end{cases} \tag{4-21}$$

式中，U_m 是相电压幅值（V）；$\omega = 2\pi f$ 是相电压电角速度（rad/s）。

对式（4-21）进行 Clark 等幅值变换，三相相电压合成的空间矢量 U_s 为

$$U_s = R_e + jI_m = \frac{2}{3}(u_A + u_B e^{j2\pi/3} + u_C e^{-j2\pi/3}) = \frac{3}{2}U_m e^{j\left(\omega t - \frac{\pi}{2}\right)} \tag{4-22}$$

如式（4-22）和图 4-10 所示，三相对称的相电压可以合成为一个电压矢量进行控制，

合成的电压矢量运动轨迹是半径为 $1.5U_\mathrm{m}$ 的圆，运行速度为 ω。根据逆 Clark 变换可知，若合成的电压矢量运动轨迹为一个圆，则用以合成电压矢量的电压更趋向于三相对称的正弦波。通过空间变换，逆变器三相输出电压的控制问题可转换为一个矢量控制问题。

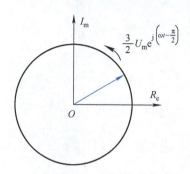

图 4-10 电压空间矢量运动轨迹

VSI 结构图如图 4-5 所示，直流母线电压为 U_DC，ABC 三相上桥臂开关管可表示为 S_a1、S_b1、S_c1，对应的下桥臂开关管为 S_a2、S_b2、S_c2。开关通断的函数 $s_{i(i=\mathrm{a,b,c})}$ 可定义为

$$s_{i(i=\mathrm{a,b,c})} = \begin{cases} 1, & \text{上桥臂导通} \\ 0, & \text{下桥臂导通} \end{cases} \tag{4-23}$$

每一相功率开关器件不能同时导通，所以有 8 种开关状态，则 U_s 可以表示为

$$U_\mathrm{s} = \frac{2U_\mathrm{DC}}{3}\left(s_\mathrm{a} + s_\mathrm{b}\mathrm{e}^{\mathrm{j}\frac{2}{3}\pi} + s_\mathrm{c}\mathrm{e}^{-\mathrm{j}\frac{2}{3}\pi}\right) \tag{4-24}$$

三相电压可表示为

$$\begin{cases} u_\mathrm{AN} = \dfrac{U_\mathrm{DC}}{3}(2s_\mathrm{a} - s_\mathrm{b} - s_\mathrm{c}) \\ u_\mathrm{BN} = \dfrac{U_\mathrm{DC}}{3}(2s_\mathrm{b} - s_\mathrm{a} - s_\mathrm{c}) \\ u_\mathrm{CN} = \dfrac{U_\mathrm{DC}}{3}(2s_\mathrm{c} - s_\mathrm{a} - s_\mathrm{b}) \end{cases} \tag{4-25}$$

式中，u_AN、u_BN、u_CN 是三相相电压（V）。

将 8 种开关状态代入式（4-25）中，所得结果见表 4-1。

表 4-1 8 种开关状态与电压关系

s_a	s_b	s_c	u_AN	u_BN	u_CN	U_s
0	0	0	0	0	0	0
1	0	0	$2U_\mathrm{DC}/3$	$-U_\mathrm{DC}/3$	$-U_\mathrm{DC}/3$	$2U_\mathrm{DC}/3$
0	1	0	$-U_\mathrm{DC}/3$	$2U_\mathrm{DC}/3$	$-U_\mathrm{DC}/3$	$2U_\mathrm{DC}\mathrm{e}^{\mathrm{j}\frac{2\pi}{3}}/3$

（续）

s_a	s_b	s_c	u_{AN}	u_{BN}	u_{CN}	U_s
1	1	0	$U_{DC}/3$	$U_{DC}/3$	$-2U_{DC}/3$	$2U_{DC}e^{j\frac{\pi}{3}}/3$
0	0	1	$-U_{DC}/3$	$-U_{DC}/3$	$2U_{DC}/3$	$2U_{DC}e^{j\frac{4\pi}{3}}/3$
1	0	1	$U_{DC}/3$	$-2U_{DC}/3$	$U_{DC}/3$	$2U_{DC}e^{j\frac{5\pi}{3}}/3$
0	1	1	$-2U_{DC}/3$	$U_{DC}/3$	$U_{DC}/3$	$2U_{DC}e^{j\pi}/3$
1	1	1	0	0	0	0

根据开关管 8 种状态下对应的电压矢量，绘制图 4-11 所示的电压空间矢量图。图中的 8 种电压矢量包括非零矢量 $U_1 \sim U_6$，零矢量 U_0、U_7。这 8 种电压矢量合成的空间电压矢量的最大调制范围运动轨迹映射到图 4-11 中的复平面为虚线圆。非零矢量将复平面分为 6 个扇区，SVPWM 算法基于平均值等效理论，当 U_m 在 1 个开关周期 T_s 运行到某个区域，等效于这一区域所在扇区的非零和零矢量时间上的组合。

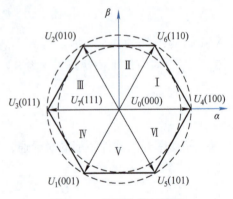

图 4-11　电压空间矢量图

4.3.2　SVPWM 算法实现

由上述可知，SVPWM 的实现方式如下。

1. 扇区判断

扇区的判断对于本开关周期非零矢量和零矢量的选择尤为关键。空间合成电压矢量在 α-β 坐标系中的分量为 u_α、u_β，为了判断其所在扇区，定义 3 个参考变量 u_{r1}、u_{r2}、u_{r3} 为

$$\begin{cases} u_{r1} = u_\beta \\ u_{r2} = \dfrac{\sqrt{3}}{2}u_\alpha - \dfrac{1}{2}u_\beta \\ u_{r3} = -\dfrac{\sqrt{3}}{2}u_\alpha - \dfrac{1}{2}u_\beta \end{cases} \quad (4\text{-}26)$$

定义 3 个变量 F_1、F_2、F_3：

当 $u_{r1} > 0$，则 $F_1 = 1$，否则 $F_1 = 0$；

当 $u_{r2} > 0$，则 $F_2 = 1$，否则 $F_2 = 0$；

当 $u_{r3} > 0$，则 $F_3 = 1$，否则 $F_3 = 0$；

根据上述规则，令 $N = 4F_3 + 2F_2 + F_1$，则空间矢量的所在扇区可由表 4-2 确定。

表 4-2 N 对应的扇区分类

N	3	1	5	4	6	2
扇区	Ⅰ	Ⅱ	Ⅲ	Ⅳ	Ⅴ	Ⅵ

2. 计算基本矢量的作用时间

若 U_s 在扇区 Ⅰ，则 U_s 的合成如图 4-12 所示，根据伏秒平衡原理可得

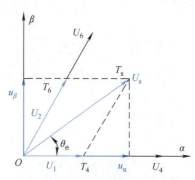

图 4-12 电压矢量合成示意图

五段式 SVPWM：

$$\begin{cases} T_s U_s = T_4 U_4 + T_6 U_6 + T_7 U_7 \\ T_s = T_4 + T_6 + T_7 \end{cases} \tag{4-27}$$

七段式 SVPWM：

$$\begin{cases} T_s U_s = T_4 U_4 + T_6 U_6 + T_0 U_0 + T_7 U_7 \\ T_s = T_4 + T_6 + T_0 + T_7 \end{cases} \tag{4-28}$$

式（4-27）和式（4-28）中，T_4、T_6、T_0 分别为 U_4、U_6 和零矢量 U_0、U_7 的作用时间。

由图 4-12 可以得到下式：

$$\frac{|U_s|}{\sin\frac{2\pi}{3}} = \frac{|U_1|}{\sin\left(\frac{\pi}{3} - \theta\right)} = \frac{|U_2|}{\sin\theta} \tag{4-29}$$

式中，θ 为合成矢量与主矢量的夹角。将式（4-29）及 $|U_4| = |U_6| = 2U_{DC}/3$ 和 $|U_s| = U_m$ 代入式（4-27）、式（4-28）和式（4-29）中，可以得到

$$\begin{cases} T_4 = \sqrt{3}\frac{U_m}{U_{DC}} T_s \sin\left(\frac{\pi}{3} - \theta\right) \\ T_6 = \sqrt{3}\frac{U_m}{U_{DC}} T_s \sin\theta \end{cases} \tag{4-30}$$

五段式 SVPWM：

$$T_7 = T_s - T_4 - T_6 \tag{4-31}$$

七段式 SVPWM：

$$T_0 = T_7 = \frac{1}{2}(T_s - T_4 - T_6) \tag{4-32}$$

式（4-31）和式（4-32）对 T_4、T_6、T_0、T_7 进行了统一定义。

从式（4-30）可知，可以通过基本矢量合成空间电压矢量 U_s 计算作用时间，将图 4-12 中 U_1、U_2 投射到 α-β 中，可得到下式：

$$\begin{cases} u_\alpha = \dfrac{T_4}{T_s}|U_4| + \dfrac{T_6}{T_s}|U_6|\cos\dfrac{\pi}{3} \\ u_\beta = \dfrac{T_6}{T_s}|U_6|\sin\dfrac{\pi}{3} \end{cases} \tag{4-33}$$

通过简单计算，式（4-33）可变为

$$\begin{cases} T_4 = \dfrac{\sqrt{3}T_s}{2U_{DC}}(\sqrt{3}u_\alpha - u_\beta) \\ T_6 = \dfrac{\sqrt{3}T_s}{2U_{DC}}u_\beta \end{cases} \tag{4-34}$$

同理，计算其他扇区矢量的作用时间，定义中间变量 X、Y、Z。

$$\begin{cases} X = \dfrac{\sqrt{3}T_s}{U_{dc}}u_\beta \\ Y = \dfrac{\sqrt{3}T_s}{U_{dc}}(\dfrac{\sqrt{3}}{2}u_\alpha + \dfrac{1}{2}u_\beta) \\ Z = \dfrac{\sqrt{3}T_s}{U_{dc}}(-\dfrac{\sqrt{3}}{2}u_\alpha + \dfrac{1}{2}u_\beta) \end{cases} \tag{4-35}$$

其他扇区的基本矢量作用时间见表 4-3。

表 4-3 各个扇区的作用时间

扇区	I	II	III	IV	V	VI
T_4	$-Z$	Z	X	$-X$	$-Y$	Y
T_6	X	Y	$-Y$	Z	$-Z$	$-X$
T_0	\multicolumn{6}{c}{$T_0 = T_7 = (T_s - T_4 - T_6)/2$}

若 $T_4 + T_6 > T_s$，需要进行过调制处理，令：

$$\begin{cases} T_4' = \dfrac{T_4}{T_4+T_6}T_s \\ T_6' = \dfrac{T_6}{T_4+T_6}T_s \end{cases} \quad (4\text{-}36)$$

式中，T_4'、T_6' 表示过调制处理后的作用时间，以与未经调制的作用时间区分开来。

4.3.3 SVPWM 与传统 SPWM 的比较

正弦脉宽调制是一种对逆变器输出相电压进行直接控制的方式，其将参考信号与一定频率的载波信号进行比对，依据差值结果输出 PWM 驱动信号。三相参考正弦相电压可以表示为

$$\begin{cases} V_{am} = V_m \sin \omega t \\ V_{bm} = V_m \sin\left(\omega t - \dfrac{2\pi}{3}\right) \\ V_{cm} = V_m \sin\left(\omega t + \dfrac{2\pi}{3}\right) \end{cases} \quad (4\text{-}37)$$

载波 V_s 定义为幅值 V_{sm}、频率为 f_s 的三角形载波。对于三相电压源型逆变器，以其中一相桥臂功率开关器件为例，SPWM 策略产生 PWM 驱动信号的方式为：当 $V_m > V_{sm}$ 时，$S_{a1} = 1$、$S_{a2} = 0$，即上桥臂的功率开关器件导通，下桥臂的功率开关器件断开。当 $V_m < V_{sm}$ 时，$S_{a1} = 0$、$S_{a2} = 1$，即上桥臂的功率开关器件断开，下桥臂的功率开关器件导通。

由前述的分析可知，SPWM 直接从逆变器产生正弦参考电压的角度出发，生成所需 PWM 波形，因此调制波形是正弦。而 SVPWM 的思想是把电机和逆变器看成一个整体，以电机正常运行时磁链呈现作为最终要求。

图 4-13 展示了逆变器在线性区域（生成正弦电压区域）内分别由两种策略控制时的电压输出情况。定义直流母线电压利用率为逆变器所能输出的交流电压基波最大幅值与直流侧电压之比。由图 4-13 可知，SPWM 输出相电压的最大基波幅值为 $U_{DC}/2$，则输出线电压的最大基波幅值为 $\sqrt{3}U_{DC}/2$，直流电压的利用率为 0.866。同理，SVPWM 输出线电压的最大基波幅值为 U_{DC}，直流电压的利用率为 1，相较于 SPWM，SVPWM 的电压利用率提高了 15.47%，这对于车用电机控制具有重要意义。

SVPWM 技术抛弃常规 SPWM 直接控制三相电压的思路，以获得圆形磁场为目的，通过控制逆变器桥臂的开关状态组合生成所需电压。与 SPWM 技术相比，SVPWM 算法的主要优点为：

1）SVPWM 技术提高了母线电压的利用率，增大逆变器的电压输出幅值，同时还减小了其桥臂开关损耗。

2）SVPWM 输出电压谐波较小且输出转矩平稳。

3）SVPWM 控制数字化程度高，控制精度好。

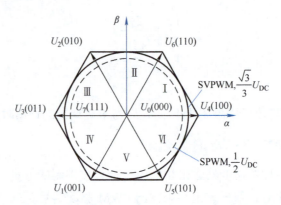

图 4-13 逆变器在线性区内分别由 SPWM 和 SVPWM 控制时输出最大电压

4.3.4 五段式 SVPWM 算法

通过计算基本矢量 U_4、U_6 和零矢量 U_0 合成的 U_s 的时间后,接下来就是如何产生实际的脉宽调制波形。目前 SVPWM 算法的合成方式主要包括两种:五段式 SVPWM 算法和七段式 SVPWM 算法。

五段式 SVPWM 算法与七段式 SVPWM 算法比,具有更少的开关次数,该方法采用每相功率开关器件在每个扇区状态维持不变的序列安排下,使得每个开关周期只有 3 次开关切换,但是会增大电流的谐波含量。输出电压 U_s 所在的位置和开关切换顺序见表 4-4。

表 4-4 U_s 所在的位置和开关切换顺序(五段式 SVPWM 算法)

U_s 所在的位置	开关切换顺序	三相波形图
Ⅰ区(0°≤θ≤60°)	4—6—7—7—6—4	波形:$T_4/2$, $T_6/2$, $T_7/2$, $T_7/2$, $T_6/2$, $T_4/2$
Ⅱ区(60°<θ≤120°)	2—6—7—7—6—2	波形:$T_2/2$, $T_6/2$, $T_7/2$, $T_7/2$, $T_6/2$, $T_2/2$

(续)

U_s 所在的位置	开关切换顺序	三相波形图
Ⅲ区（120° < θ ≤ 180°）	2—3—7—7—3—2	T_s: 0|0|1|1|0|0 ; 1|1|1|1|1|1 ; 0|1|1|1|1|0 ; $T_2/2$ | $T_3/2$ | $T_7/2$ | $T_7/2$ | $T_3/2$ | $T_2/2$
Ⅳ区（180° < θ ≤ 240°）	1—3—7—7—3—1	T_s: 0|0|1|1|0|0 ; 0|1|1|1|1|0 ; 1|1|1|1|1|1 ; $T_1/2$ | $T_3/2$ | $T_7/2$ | $T_7/2$ | $T_3/2$ | $T_1/2$
Ⅴ区（240° < θ ≤ 300°）	1—5—7—7—5—1	T_s: 0|1|1|1|1|0 ; 0|0|1|1|0|0 ; 1|1|1|1|1|1 ; $T_1/2$ | $T_5/2$ | $T_7/2$ | $T_7/2$ | $T_5/2$ | $T_1/2$
Ⅵ区（300° < θ ≤ 360°）	4—5—7—7—5—4	T_s: 1|1|1|1|1|1 ; 0|0|1|1|0|0 ; 0|1|1|1|1|0 ; $T_4/2$ | $T_5/2$ | $T_7/2$ | $T_7/2$ | $T_5/2$ | $T_4/2$

以第Ⅰ扇区为例，其所产生的三相PWM波在1个采样周期T_s内调制波形如表4-4中的图所示，图中电压矢量出现的先后顺序为4—6—7—7—4—6（U_4、U_6、U_7、U_7、U_6、U_4），三相电压空间矢量的波形与表4-4中的开关切换顺序相对应。

4.3.5 七段式SVPWM算法

在SVPWM方案中，零矢量的选择是最具灵活性的，适当选择零矢量，可最大限度地减少开关次数，尽可能避免功率开关器件在负载电流较大时的开关动作，最大限度地减少开关损耗。对于七段式SVPWM算法而言，将基本矢量作用顺序的分配原则选定为：在每次开关状态转换时，只改变其中一相的开关状态，并且对零矢量在时间上进行平均分配，以便产生的PWM对称，从而有效地降低PWM的谐波分量。U_s所在的位置和开关切换顺序见表4-5。

表 4-5　U_s 所在的位置和开关切换顺序（七段式 SVPWM 算法）

U_s 所在的位置	开关切换顺序	三相波形图
Ⅰ区（$0° \leq \theta \leq 60°$）	0—4—6—7—7—6—4—0	
Ⅱ区（$60° < \theta \leq 120°$）	0—2—6—7—7—6—2—0	
Ⅲ区（$120° < \theta \leq 180°$）	0—2—3—7—7—3—2—0	
Ⅳ区（$180° < \theta \leq 240°$）	0—1—3—7—7—3—1—0	
Ⅴ区（$240° < \theta \leq 300°$）	0—1—5—7—7—5—1—0	
Ⅵ区（$300° < \theta \leq 360°$）	0—4—5—7—7—5—4—0	

以第Ⅱ扇区为例，其所产生的三相波调制波形在时间 T_s 时段中如表 4-5 中的图所示，图中电压向量出现的先后顺序为 0—2—6—7—7—6—2—0（U_0、U_2、U_6、U_7、U_7、U_6、U_2、U_0），三相压空间矢量的波形与表 4-5 中的开关切换顺序相对应。

4.4 过调制控制技术

目前，基于 SVPWM 技术的磁场定向技术在车用电机控制领域得到了广泛应用，这种控制策略具有较高的输出效率、电压以及电流控制精度，且易于数字化实现。但是，由于电机驱动系统的输出电压受限于车载电源容量，且逆变器在线性区内的电压利用率较低，因此逆变器在电机高速工况下往往需要工作在非线性过调制区[3]。本小节首先介绍逆变器的两部分工作区域，并对过调制常规算法进行了概述。然后从非线性区内参考电压和实际输出电压的关系着手，分析过调制算法提高输出电压有效值的控制原理和两种常规实现方式。最后，对于逆变器在非线性区的谐波成分及抑制策略进行介绍。

4.4.1 过调制技术简介

采用常规 SVPWM 策略能产生的最大输出电压是电压空间矢量六边形的内切圆，其幅值为 $V_{dc}/\sqrt{3}$。当控制系统的目标参考电压幅值小于 $V_{dc}/\sqrt{3}$ 时，在每个扇区内，目标电压能够通过相邻两电压矢量的合成得到，同时逆变器能够输出标准三相正弦电压，磁链的轨迹为圆形。这一调制区域称为逆变器线性调制区，如图 4-14a 所示。反之，当目标参考电压幅值大于 $V_{dc}/\sqrt{3}$ 时，在空间旋转矢量圆内，会有一部分目标电压的幅值超越六边形边界，这部分电压矢量不按照常规 SVPWM 合成原理产生，且使逆变器的输出伴有谐波，磁链轨迹偏离圆形。这一区域称为逆变器非线性调制区，如图 4-14b 所示。

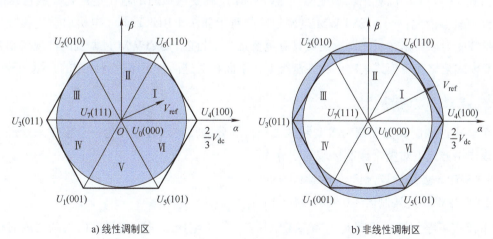

a) 线性调制区　　　　　　　　　　b) 非线性调制区

图 4-14　逆变器调制区域的划分

（注：$\frac{2}{3}V_{dc}$ 指正六边形边界）

在非线性过调制区间内，参考电压矢量轨迹与电压空间六边形开始相交。位于边界限制之内的电压幅值量，根据 SVPWM 合成原理，利用式（4-30）计算 T_4、T_6，进而合成目标电压。但是，位于边界限制之外的目标量，若仍采用常规 SVPWM 技术进行合成，将会出现 $T_4 + T_6 > T_s$ 的不合理情况。因此，针对这种情况，需要通过特定的算法，对参考电压矢量的合成进行重新调制和分配。

常规过调制控制策略是采用合适的规则对超出边界的电压矢量进行调整，对其电压轨迹进行重新规划，保证调整后的输出电压轨迹位于空间六边形边界内。此外，在 1 个 PWM 周期内，调整后的电压矢量与参考电压矢量在输出幅值上是等效的。

为了对调制深度进行定量分析，忽略逆变器的死区效应，定义电压源型 PWM 逆变器的调制度 MI 为

$$\mathrm{MI} = \frac{V_r^*}{\frac{2}{\pi} V_{dc}} \quad (4\text{-}38)$$

式中，V_r^* 为参考相电压的幅值；V_{dc} 为逆变器直流母线电压。

逆变器工作于线性区采用 SVPWM 策略控制时，其最大输出电压为 $V_{dc}/\sqrt{3}$。当逆变器进入非线性区采用过调制策略控制时，其输出电压的极大值为 $2V_{dc}/3$，有效幅值则为 $2V_{dc}/\pi$。因此，逆变器采用过调制控制策略时电压提升率为

$$\Delta \eta = \frac{\left(\frac{2}{\pi} V_{dc}\right) - \left(\frac{\sqrt{3}}{3} V_{dc}\right)}{\frac{\sqrt{3}}{3} V_{dc}} \times 100\% \approx 10\% \quad (4\text{-}39)$$

由式（4-39）可以看出，逆变器在 SVPWM 过调制区域时的输出电压比在线性区时提高将近 10%。因此，引入 SVPWM 过调制控制对于加快车用永磁同步电机启动过程、提高电机带载能力以及拓宽弱磁调速区域具有重要意义。目前，SVPWM 过调制的常规控制方式分为双模式策略和单模式策略两种控制类型，下面将对这两种策略进行详细的介绍和分析。

4.4.2 单模式过调制

单模式过调制算法无需对过调制区域进行划分，其将该区域作为一个整体来处理。因此，该作用方式下对整个调制区域的划分为：

1）SVPWM 线性调制区（$0 \leq \mathrm{MI} \leq 0.906$）。
2）SVPWM 过调制区（$0.906 \leq \mathrm{MI} \leq 1.0$）。

单模式策略的基本思想是：当参考电压 V_r^* 位于电压矢量六边形的内切圆之内时按照 SVPWM 进行调制。当 V_r^* 超过内切圆时，V_r^* 不超过六边形边界的部分依旧按照 SVPWM 控制策略，V_r^* 超过边界的部分，保持幅值不变，相位则固定在此时 V_r^* 矢量临界处的值。单模式策略下过调制区域实际参考电压 V^* 的轨迹如图 4-15 黑色粗实线所示。

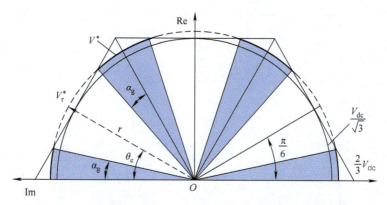

图 4-15 单模式过调制下给定参考电压与实际参考电压的轨迹

对于一个给定的参考电压 V_r^*，假设其幅值为 r，并以角速度 ω_e 匀速旋转，其相位角为 θ_e。随着 V_r^* 的旋转，当 V_r^* 与电压空间矢量六边形相交时，定义此时相交的角度为 α_g。由几何关系可得

$$\alpha_g = \frac{\pi}{6} - \arccos\left(\frac{V_{dc}}{r\sqrt{3}}\right) \tag{4-40}$$

为了说明单模式过调制的控制过程，以图 4-15 中 1/4 电压扇区为例进项阐述：

当 V_r^* 旋转相位角位于 $0 \sim \alpha_g$ 之间时，实际参考电压 V^* 跟随 V_r^*，其幅值和相位与 V_r^* 保持一致；当 V_r^* 相位角位于 $\alpha_g \sim \pi/6$ 之间时，V^* 的相位保持为 α_g，幅值为 r；当 V_r^* 相位角从 $\pi/6$ 变化到 $(\pi/3-\alpha_g)$ 时，V^* 开始发生跳变，其相位跳变到 $(\pi/3-\alpha_g)$，但幅值仍然为 r；当 V_r^* 相位角在 $(\pi/3-\alpha_g) \sim (\pi/3+\alpha_g)$ 之间时，V^* 再次在幅值和相位上跟随 V_r^*；当 V_r^* 相位角在 $(\pi/3+\alpha_g) \sim \pi/2$ 之间时，V^* 幅值为 r，相位保持为 $(\pi/3+\alpha_g)$。

由以上的控制过程分析可以得出单模式过调制方法在 1/4 扇区内的控制数学模型如下。

实际参考电压的幅值 $|V^*|$ 为

$$|V^*| = r \tag{4-41}$$

实际参考电压的相位 θ_e^* 为

$$\theta_e^* = \begin{cases} \theta_e & 0 \leq \theta_e < \alpha_g \\ \alpha_g & \alpha_g \leq \theta_e < \frac{\pi}{6} \\ \frac{\pi}{3} - \alpha_g & \frac{\pi}{6} \leq \theta_e < \frac{\pi}{3} - \alpha_g \\ \theta_e & \frac{\pi}{3} - \alpha_g \leq \theta_e < \frac{\pi}{3} + \alpha_g \\ \frac{\pi}{3} + \alpha_g & \frac{\pi}{3} + \alpha_g \leq \theta_e < \frac{\pi}{2} \end{cases} \tag{4-42}$$

其中，参考电压与六边形相交角度 α_g 与调制度 MI 的关系如图 4-16 所示。

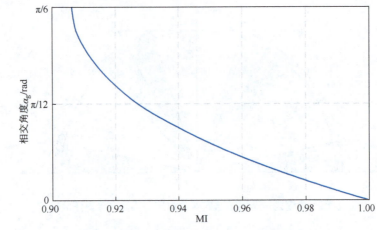

图 4-16 相交角度 α_g 与调制度 MI 的关系曲线

由图 4-16 可知，单模式过调制控制下，当系统处于过调制初始阶段时，MI = 0.906，此时的相交角 α_g 为 $\pi/6$；当系统处于六步法模式时，MI = 1，此时的 α_g 为 0，幅值为 $2V_{dc}/3$。在整个调制过程中，该方法避免了输出电压的突变，实现了过调制从初始阶段到最终六阶拍模式的连续转变。

4.4.3 双模式过调制

与单模式过调制算法不同，双模式过调制算法按照调制系数 MI 将过调制区划分为过调制 I 区和过调制 II 区。

1. 过调制 I 区（0.906 ≤ MI ≤ 0.952）控制策略

在过调制 I 区内，参考电压的幅值需要重新规划。如果参考电压矢量 V_r^* 超出六边形的部分被限制在边界处，不超出的部分保持不变，则会造成实际输出电压比参考电压的幅值小。因此，为了保证两者有效幅值的大小相等，需要引入一个补偿参考电压 V_c^*。V_c^* 按照上述规则所产生电压轨迹即为实际参考电压矢量 V^*。图 4-17 所示为在双模式过调制控

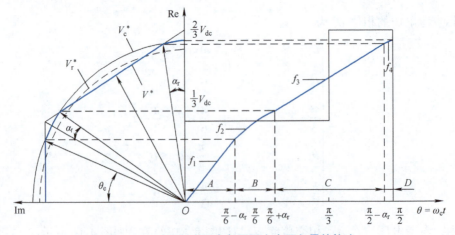

图 4-17 过调制 I 区内复平面上电压矢量的轨迹

制策略下，复平面中各电压矢量的空间位置关系。其中，左侧为 V_r^*、V_c^* 和 V^* 旋转矢量的轨迹，右侧为 V^* 由频域转换到时域上的波形。α_r 表示 I 区的参考角度，定义为补偿电压矢量轨迹和六边形边界的交点与边界顶点之间的角度。

由图 4-17 可知，在 1/4 扇区内，对于一个给定的参考电压，其对应的实际参考相电压波形在时域内被划分为 $f_1 \sim f_4$ 共 4 部分。由复平面到时域的映射关系可以得到

$$
\begin{aligned}
&f_1 = \frac{V_{dc}}{\sqrt{3}} \tan\theta_e & & 0 \leqslant \theta_e \leqslant \left(\frac{\pi}{6} - \alpha_r\right) \\
&f_2 = \frac{V_{dc}}{\sqrt{3}\cos\left(\frac{\pi}{6} - \alpha_r\right)} \sin\theta_e & & \left(\frac{\pi}{6} - \alpha_r\right) \leqslant \theta_e \leqslant \left(\frac{\pi}{6} + \alpha_r\right) \\
&f_3 = \frac{V_{dc}}{\sqrt{3}\cos\left(\frac{\pi}{3} - \theta_e\right)} \sin\theta_e & & \left(\frac{\pi}{6} + \alpha_r\right) \leqslant \theta_e \leqslant \left(\frac{\pi}{2} - \alpha_r\right) \\
&f_4 = \frac{V_{dc}}{\sqrt{3}\cos\left(\frac{\pi}{2} - \alpha_r\right)} \sin\theta_e & & \left(\frac{\pi}{2} - \alpha_r\right) \leqslant \theta_e \leqslant \frac{\pi}{2}
\end{aligned}
\quad (4-43)
$$

由于过调制对参考电压的幅值或相位进行了调整，导致实际输出电压存在低次谐波，因此，需要将式（4-43）进行傅里叶级数展开分析，保证实际电压的有效幅值与给定值相等。傅里叶级数展开方程可表示为

$$f(t) = a_0 + \sum_{n=1}^{\infty}(a_n \cos n\omega_0 t + b_n \sin n\omega_0 t) \quad (4-44)$$

式中，a_0、a_n、b_n 为傅里叶展开系数；ω_0 为系统频率。

为了实现傅里叶级数展开，需要构建一个周期函数。于是，将式（4-43）的解析区间拓展为 $[-\pi/2, \pi/2]$，再将区间 $[-\pi/2, \pi/2]$ 内的函数延拓到 $[-\infty, \infty]$，构建周期为 π 的周期函数。因此，可以得到该周期函数在区间 $[0, \pi/2]$ 的傅里叶级数展开方程：

$$a_0 = \frac{1}{T}\int_{-\frac{T}{2}}^{\frac{T}{2}} f(t) \mathrm{d}t = \frac{1}{\pi}\left[\int_{-A}^{A} f_1 \mathrm{d}\theta_e + \int_{-B}^{B} f_2 \mathrm{d}\theta_e + \int_{-C}^{C} f_3 \mathrm{d}\theta_e + \int_{-D}^{D} f_4 \mathrm{d}\theta_e\right] = 0 \quad (4-45)$$

$$\begin{aligned}
a_n &= \frac{2}{T}\int_{-\frac{T}{2}}^{\frac{T}{2}} f(t)\cos(n\omega_0 t)\mathrm{d}t \qquad n = 1, 2, 3, \cdots \\
&= \frac{2}{\pi}\left[\int_{-A}^{A} f_1 \cos(n\theta_e)\mathrm{d}\theta_e + \int_{-B}^{B} f_2 \cos(n\theta_e)\mathrm{d}\theta_e + \int_{-C}^{C} f_3 \cos(n\theta_e)\mathrm{d}\theta_e + \int_{-D}^{D} f_4 \cos(n\theta_e)\mathrm{d}\theta_e\right] \\
&= 0
\end{aligned} \quad (4-46)$$

$$b_n = \frac{2}{T}\int_{-\frac{T}{2}}^{\frac{T}{2}} f(t)\sin(n\omega_0 t)\mathrm{d}t \qquad n = 1, 2, 3, \cdots$$

$$= \frac{2}{\pi}\left[\int_{-A}^{A} f_1 \sin(n\theta_\mathrm{e})\mathrm{d}\theta_\mathrm{e} + \int_{-B}^{B} f_2 \sin(n\theta_\mathrm{e})\mathrm{d}\theta_\mathrm{e} + \int_{-C}^{C} f_3 \sin(n\theta_\mathrm{e})\mathrm{d}\theta_\mathrm{e} + \int_{-D}^{D} f_4 \sin(n\theta_\mathrm{e})\mathrm{d}\theta_\mathrm{e}\right] \quad (4\text{-}47)$$

$$= \frac{4}{\pi}\left[\int_{A} f_1 \sin(n\theta_\mathrm{e})\mathrm{d}\theta_\mathrm{e} + \int_{B} f_2 \sin(n\theta_\mathrm{e})\mathrm{d}\theta_\mathrm{e} + \int_{C} f_3 \sin(n\theta_\mathrm{e})\mathrm{d}\theta_\mathrm{e} + \int_{D} f_4 \sin(n\theta_\mathrm{e})\mathrm{d}\theta_\mathrm{e}\right]$$

式中，A、B、C 和 D 表示每个电压方程的积分范围，如图 4-17 所示。根据式（4-47），当 n 取 1 时，便可得到时域内相电压函数的基波函数。因此，对于不同的参考电压，其输出的基波幅值为参考角度的函数，即

$$F(\alpha_\mathrm{r}) = \frac{4}{\pi}\left[\int_{A} f_1 \sin(n\theta_\mathrm{e})\mathrm{d}\theta_\mathrm{e} + \int_{B} f_2 \sin(n\theta_\mathrm{e})\mathrm{d}\theta_\mathrm{e} + \int_{C} f_3 \sin(n\theta_\mathrm{e})\mathrm{d}\theta_\mathrm{e} + \int_{D} f_4 \sin(n\theta_\mathrm{e})\mathrm{d}\theta_\mathrm{e}\right] \quad (4\text{-}48)$$

由于 $F(\alpha_\mathrm{r})$ 代表基波函数的幅值，因此由式（4-38）调制度的定义可以得出

$$F(\alpha_\mathrm{r}) = \frac{2}{\pi}V_\mathrm{dc}\mathrm{MI} \quad (4\text{-}49)$$

式（4-49）可以保证在输出电压存在谐波的情况下，其有效电压幅值于与参考电压幅值相等，达到所需的控制要求。同时，可以得出调制度 MI 与参考角度 α_r 之间的关系曲线，如图 4-18 中实线所示。对于超过边界的参考电压矢量，逆变器无法生成与给定电压幅值等大的输出量。为此，需要对式（4-50）中的开关作用时间进行校正：

$$\begin{cases} T_4 = \dfrac{T_4}{T_4 + T_6} \\ T_6 = \dfrac{T_6}{T_4 + T_6} \\ T_0 = T_7 = 0 \end{cases} \quad (4\text{-}50)$$

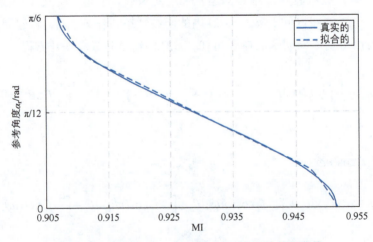

图 4-18 参考角度 α_r 与调制度 MI 之间的关系曲线

从图 4-18 可知，当参考角度 $\alpha_r = 0$ 时，过调制Ⅰ区达到上限，此时调制度为 0.952。随着参考电压幅值的继续增大，当调制系数超过 0.952 时，需要采用另一种调制方法。

2. 过调制Ⅱ区（$0.952 \leqslant MI \leqslant 1.0$）控制策略

在过调制Ⅰ区内，每个基本作用周期内补偿电压和参考电压的角速度均保持相等且恒定。在这种情况下，当 $MI > 0.952$ 时，电压六边形已没有多余的区域来补偿电压损失，因此即使调制度继续增加，也无法产生高于 $MI = 0.952$ 时的输出电压。

对于 $MI > 0.952$ 的调制范围，所采用的控制策略为：在 1 个作用周期内，实际输出电压轨迹在电压矢量六边形的一个顶点上保持一段特定时间，随后，沿着空间矢量六边形边界移动。这里定义保持角度为 α_h，其物理意义是电压矢量从顶点静止到开始移动的时间间隔，也是控制输出基波电压的唯一物理量。图 4-19 分别给出了过调制Ⅱ区内给定参考电压 V_r^* 和实际参考电压 V^* 在复平面上的轨迹和实际参考电压在时域内的波形。

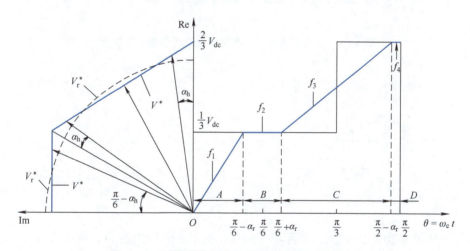

图 4-19 过调制Ⅱ区内复平面上电压矢量的轨迹

首先定义两个变量 α_p、α_p'，分别是实际参考电压在 $0 \leqslant \theta_e < (\pi/6 - \alpha_h)$ 和 $(\pi/6 + \alpha_h) \leqslant \theta_e < \pi/3$ 时的相角矢量，如图 4-19、图 4-20 所示。

这两个相角按照如下方式进行定义：在 $0 \sim \pi/6$ 的范围内，V^* 的旋转速度比给定 V_r^* 快；当 V_r^* 从 $\theta_e = 0$ 到 $(\pi/6 - \alpha_h)$ 时，V^* 则从 $\theta_e = 0$ 到 $\pi/6$。从两个向量角度旋转的比例可以得出两者之间的关系如下：

$$\theta_e : \alpha_p = \frac{\pi}{6} : \left(\frac{\pi}{6} - \alpha_h\right) \tag{4-51}$$

随后，V^* 保持在顶点位置，V_r^* 则继续以相同的旋转速度从 $\theta_e = (\pi/6 - \alpha_h)$ 到 $\pi/6$。

在 $\pi/6 \sim \pi/3$ 的范围内，当 V_r^* 从 $\theta_e = \pi/6$ 旋转到 $(\pi/6 + \alpha_h)$ 时，V^* 在电压矢量六边形顶点保持不变；在 $\theta_e = (\pi/6 + \alpha_h)$ 的时刻，V^* 开始移动并与 V_r^* 在 $\theta_e = \pi/3$ 处再次重合。于是，可以得到

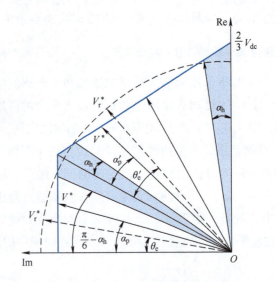

图 4-20　给定参考电压和实际参考电压矢量的相位角

$$\begin{cases} \alpha_p = \dfrac{\theta_e}{1-\dfrac{6}{\pi}\alpha_h} \\ \alpha_p' = \dfrac{\theta_e' - \alpha_h}{1-\dfrac{6}{\pi}\alpha_h} \end{cases} \qquad \left(\alpha_p' = \alpha_p - \dfrac{\pi}{6},\ \theta_e' = \theta_e - \dfrac{\pi}{6} \right) \qquad (4\text{-}52)$$

因此，从图 4-20 可以看出，实际参考相电压波形在时域内的四段表达式为

$$\begin{cases} f_1 = \dfrac{V_{dc}}{\sqrt{3}} \tan \alpha_p & 0 \leqslant \theta_e \leqslant \left(\dfrac{\pi}{6}-\alpha_h\right) \\ f_2 = \dfrac{V_{dc}}{3} & \left(\dfrac{\pi}{6}-\alpha_h\right) \leqslant \theta_e \leqslant \left(\dfrac{\pi}{6}+\alpha_h\right) \\ f_3 = \dfrac{V_{dc}}{\sqrt{3}\cos\left(\dfrac{\pi}{3}-\alpha_p'\right)} \sin \alpha_p' & \left(\dfrac{\pi}{6}+\alpha_h\right) \leqslant \theta_e \leqslant \left(\dfrac{\pi}{2}-\alpha_h\right) \\ f_4 = \dfrac{2}{3} V_{dc} & \left(\dfrac{\pi}{2}-\alpha_h\right) \leqslant \theta_e \leqslant \dfrac{\pi}{2} \end{cases} \qquad (4\text{-}53)$$

将式（4-53）代入（4-48）（$n=1$）中，并将结果按式（4-53）给出，可以得到过调制 Ⅱ 区内调制度 MI 与保持角 α_h 之间的关系，如图 4-21 中实线所示。

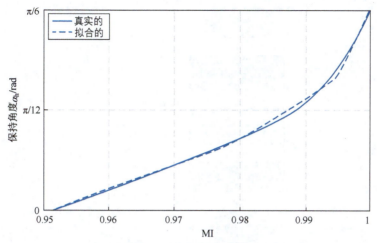

图 4-21　保持角度 α_h 与调制系数 MI 之间的关系曲线

至此，过调制两个区域内关键控制变量与调制系数的关系都已得到。对于一个给定的参考电压，当其处于过调制Ⅰ区时，由 α_r 可以得到实际参考电压的相位角；当处于过调制Ⅱ区时，由 α_h 求解实际参考电压的幅值和相位。由图 4-19 和图 4-22 可以得出，调制度 MI 与过调制的控制变量 α_r、α_h 之间的关系曲线是非线性的。因此，在实际工程应用中，为了便于快速计算，常采用如下分段线性函数对其进行拟合：

$$\begin{cases} \alpha_r = -30.23 \times \mathrm{MI} + 27.94 & (0.9068 \leqslant \mathrm{MI} < 0.9095) \\ \alpha_r = -8.58 \times \mathrm{MI} + 8.23 & (0.9095 \leqslant \mathrm{MI} < 0.9485) \\ \alpha_r = -26.43 \times \mathrm{MI} + 25.15 & (0.9048 \leqslant \mathrm{MI} < 0.9517) \end{cases} \quad (4\text{-}54)$$

$$\begin{cases} \alpha_h = 6.40 \times \mathrm{MI} - 6.09 & (0.9517 \leqslant \mathrm{MI} < 0.9800) \\ \alpha_h = 11.75 \times \mathrm{MI} - 11.34 & (0.9800 \leqslant \mathrm{MI} < 0.9975) \\ \alpha_h = 48.96 \times \mathrm{MI} - 48.43 & (0.9975 \leqslant \mathrm{MI} < 1.0000) \end{cases} \quad (4\text{-}55)$$

其拟合效果如图 4-18 和图 4-21 中的虚线所示。

双模式过调制算法的流程框图如图 4-22 所示。在矢量控制中，系统根据实际需求会生成目标电压 u_d、u_q，由于 SVPWM 调制算法是在 α-β 坐标系进行的，因此需要通过反 Park 变换，转换成参考电压 u_α、u_β。对于一个给定的目标电压，过调制模块对其进行实时处理，得到调制度 MI。由于系统在刚启动阶段会存在一定的振荡，会导致 MI 计算的结果大于 1，因此，控制模块中需要增加一个调制度调整模块，限定 MI 的范围为 0～1。随后，算法根据实时计算得到的 MI，判断此时参考电压所处的范围，对参考电压进行相应的处理，可以得到参考角度 α_r 和保持角度 α_h。在过调制模式Ⅰ区，使用 α_r，通过式 $|V_c^*| = V_{\mathrm{DC}}/\sqrt{3}\cos(\pi/6 - \alpha_r)$ 计算所需补偿参考电压的幅值，按照补偿电压与电压六边形的相交关系便可得到Ⅰ区的实际电压轨迹。在过调制模式Ⅱ区，确定保持角度后，首先根据式（4-52）以及参考电压的相位 θ_e 确定实际参考电压相位角；然后，根据式（4-53）求出实际参考电压的幅值，其大小为六边形的边界值；最后，得到实际的参考电压 u_α^*、u_β^*，将其送入 SVPWM 生成模块，控制逆变器按照一定规则输出电压。

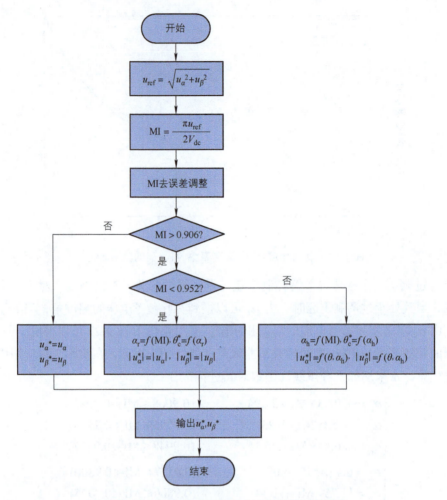

图 4-22 双模式过调制策略控制逻辑示意框图

4.4.4 过调制控制算法谐波分析及谐波抑制策略

从 4.4.1 节和 4.4.3 节的分析可知，过调制控制算法能够提升系统对直流母线电压的利用率、增大输出电压幅值，对于提高电机输出转矩和转速有着重要意义。逆变器在非线性过调制区时，调制程度会加深，造成逆变器输出相电压脉冲数减少，即在一个 PWM 作用周期内，斩波次数减少。当逆变器进入到六阶拍方波模式时，功率开关器件会处于全部导通的状态。这些都将导致逆变器输出电压的低次谐波比例增大，造成电机磁场定向失准、输出转矩波动增加和控制系统失稳等不良后果。因此，本节介绍了一种电流谐波抑制算法[5,7]。

1. 电流谐波分析

为了分析过调制时电机输出电流在所含的谐波成分，首先分析逆变器输出的谐波电压。实际参考电压的谐波成分主要为 5、7 次等低次分量，当目标电压通过 SVPWM 作用于该逆变器后，其输出电压可以表示为

$$i_s = i_1(e^{j\omega t} + k_{i5}e^{-j5\omega t} + k_{i7}e^{j7\omega t} + \cdots)v \quad (4\text{-}56)$$

式中，i_1 是相电流的基波幅值；k_{in}（$n = 5, 7, \cdots$）是 n 次电流谐波分量的系数。

以上分析表明，电机输出电流含有谐波的原因是由过调制算法对电压进行了修改，主要为 5 次和 7 次的低次谐波。因此，为了改善驱动系统的控制性能，需要对低次电流谐波进行有效的检测，然后在电流环路中进行谐波抑制。

2. 基于同步滤波器的谐波抑制策略

在线性稳态环境下，电机的电流是直流量，而过调制产生的谐波一般是交流量，因此，含有低次谐波的电机三相电流可以表示为

$$\begin{cases} i_A = i_1 \sin(\omega t + \theta_1) + i_5 \sin(-5\omega t + \theta_5) + i_7 \sin(7\omega t + \theta_7) + \cdots \\ i_B = i_1 \sin\left(\omega t + \theta_1 - \frac{2\pi}{3}\right) + i_5 \sin\left(-5\omega t + \theta_5 - \frac{2\pi}{3}\right) + i_7 \sin\left(7\omega t + \theta_7 - \frac{2\pi}{3}\right) + \cdots \\ i_C = i_1 \sin\left(\omega t + \theta_1 + \frac{2\pi}{3}\right) + i_5 \sin\left(-5\omega t + \theta_5 + \frac{2\pi}{3}\right) + i_7 \sin\left(7\omega t + \theta_7 + \frac{2\pi}{3}\right) + \cdots \end{cases} \quad (4\text{-}57)$$

式中，i_1、i_5、i_7 和 θ_1、θ_5、θ_7 分别为电流基波和 5 及 7 次谐波的幅值的初始相位。根据坐标变换的原理，将 ABC 静止坐标下的电流变换到 d-q 旋转坐标下可以表示为

$$\begin{cases} i_d = i_{d1} + i_{d5}\cos(-6\omega t + \theta_5) + i_{d7}\cos(6\omega t + \theta_7) + \cdots \\ i_q = i_{q1} + i_{q5}\sin(-6\omega t + \theta_5) + i_{q7}\sin(6\omega t + \theta_7) + \cdots \end{cases} \quad (4\text{-}58)$$

常规 PI 型控制器理论上能够做到对直流量进行无静差的跟踪，但是不能对交流量进行跟随。由于过调制控制算法的引入给电流带来了交流谐波，且考虑到电流 PI 控制器的使用范围，要将直流量和交流量分开进行控制。为了实现对 5 次和 7 次谐波分别控制，需建立 5 次和 7 次 d-q 轴同步旋转坐标系。由式（4-57）和式（4-58）可以看出，5 次谐波是负序分量，而 7 次谐波是正序分量，因此，相对应的坐标旋转速度分别为 $-5\omega t$ 和 $7\omega t$，如图 4-23 所示。

类比从 ABC 三相静止坐标下变换到 d-q 同步旋转坐标系的过程，可以得到谐波分量从 ABC 坐标系到 5、7 次高频 d-q 同步旋转坐标系的变换矩阵为

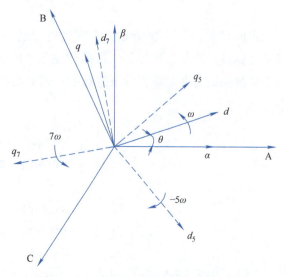

图 4-23　5 次和 7 次 d-q 同步旋转坐标系

$$T_{ABC}^{dq5} = T_{\alpha\beta}^{dq5} \cdot T_{ABC}^{\alpha\beta} = \sqrt{\frac{2}{3}} \begin{bmatrix} \cos(-5\omega t) & \sin(-5\omega t) \\ -\sin(-5\omega t) & \cos(-5\omega t) \end{bmatrix} \begin{bmatrix} 1 & -\frac{1}{2} & -\frac{1}{2} \\ 0 & \frac{\sqrt{3}}{2} & -\frac{\sqrt{3}}{2} \end{bmatrix}$$

$$= \sqrt{\frac{2}{3}} \begin{bmatrix} \cos(5\omega t) & \cos\left(5\omega t + \frac{2\pi}{3}\right) & \cos\left(5\omega t - \frac{2\pi}{3}\right) \\ \sin(5\omega t) & \sin\left(5\omega t + \frac{2\pi}{3}\right) & \sin\left(5\omega t - \frac{2\pi}{3}\right) \end{bmatrix} \quad (4\text{-}59)$$

$$T_{ABC}^{dq7} = T_{\alpha\beta}^{dq7} \cdot T_{ABC}^{\alpha\beta} = \sqrt{\frac{2}{3}} \begin{bmatrix} \cos(7\omega t) & \sin(7\omega t) \\ -\sin(7\omega t) & \cos(7\omega t) \end{bmatrix} \begin{bmatrix} 1 & -\frac{1}{2} & -\frac{1}{2} \\ 0 & \frac{\sqrt{3}}{2} & -\frac{\sqrt{3}}{2} \end{bmatrix}$$

$$= \sqrt{\frac{2}{3}} \begin{bmatrix} \cos(7\omega t) & \cos\left(7\omega t - \frac{2\pi}{3}\right) & \cos\left(7\omega t + \frac{2\pi}{3}\right) \\ -\sin(7\omega t) & -\sin\left(7\omega t - \frac{2\pi}{3}\right) & -\sin\left(7\omega t + \frac{2\pi}{3}\right) \end{bmatrix} \quad (4\text{-}60)$$

式（4-57）在 5、7 次 d-q 坐标下的方程为

$$\begin{cases} i_d^5 = i_{d1}\cos(6\omega t + \theta_1) + i_{d5} + i_{d7}\cos(12\omega t + \theta_7) + \cdots \\ i_q^5 = i_{q1}\sin(6\omega t + \theta_1) + i_{q5} + i_{q7}\sin(12\omega t + \theta_7) + \cdots \\ i_d^7 = i_{d1}\cos(-6\omega t + \theta_1) + i_{d5}\cos(-12\omega t + \theta_5) + i_{d7} + \cdots \\ i_q^7 = i_{q1}\sin(-6\omega t + \theta_1) + i_{q5}\sin(-12\omega t + \theta_5) + i_{q7} + \cdots \end{cases} \quad (4\text{-}61)$$

由此可见，5、7 次谐波分量在其对应的 d-q 坐标上是直流量，而其他的各频率分量都是交流量。于是，通过加入低通滤波器（Low-Pass Filter，LPF），可以获得谐波的幅度。由于矢量控制是在基波坐标下进行的，因此需要将低通滤波后的分量转换到基波 d-q 坐标系上：

$$\begin{bmatrix} i_{d5}^* \\ i_{q5}^* \end{bmatrix} = \begin{bmatrix} \cos(6\omega t) & -\sin(6\omega t) \\ -\sin(6\omega t) & -\cos(6\omega t) \end{bmatrix} \cdot \begin{bmatrix} i_{d5} \\ i_{q5} \end{bmatrix} \quad (4\text{-}62)$$

$$\begin{bmatrix} i_{d7}^* \\ i_{q7}^* \end{bmatrix} = \begin{bmatrix} \cos(6\omega t) & \sin(6\omega t) \\ -\sin(6\omega t) & \cos(6\omega t) \end{bmatrix} \cdot \begin{bmatrix} i_{d7} \\ i_{q7} \end{bmatrix} \quad (4\text{-}63)$$

式（4-62）和式（4-63）中，i_{d5}^*、i_{q5}^*、i_{d7}^*、i_{q7}^* 为估算的谐波电流，其与反馈电流反向相加，用于补偿输出电流，可以有效地抑制谐波。所提出的谐波抑制控制框图如图 4-24 所示。

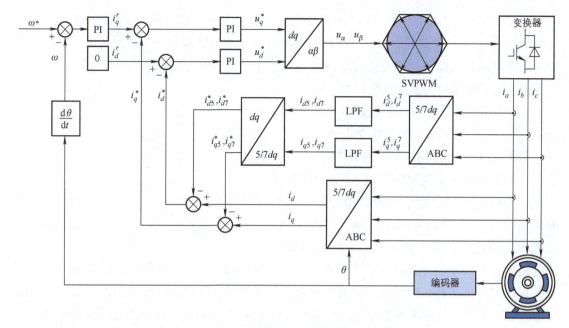

图 4-24　基于同步滤波器的谐波抑制控制框图

所提出的控制策略在不改变传统矢量控制结构的基础上对谐波进行有效提取和抑制。将过调制控制带来的交流谐波在反馈回路中进行高频同步旋转坐标转化为直流量，通过在 d-q 轴系中引入低通滤波器，构成实时滤波的同步滤波器，对该直流量进行提取进而估算出谐波电流。

4.5　永磁同步电机的双闭环矢量控制

永磁同步电机使用电力半导体变流装置进行供电时，既可以进行开环控制，也可以进行闭环控制。4.4 节介绍的车用逆变器属于电压型逆变器，开环控制时通过独立的频率振荡器或者固定频率的 PWM 信号控制变频器的输出电压，当变频器的频率恒定时电动机的转速为同步转速，突加负载时会发生不规则的振荡。闭环控制通常需在电机轴上安装位置传感器或添加位置、速度"观测器"，变频器的触发信号或者通断信号由位置传感器决定，从而使得变频器的频率随电机角速度的变化而变化。

4.5.1　永磁同步电机开环控制

传统的开环控制策略又称恒压频比控制，即 V/F 控制，指在永磁同步电机运行时保证电压幅值与运行频率的比值为定值。永磁同步电机中定子每相的感应电动势可以写为

$$E_s = 4.44 f N_s \phi_m \tag{4-64}$$

式中，E_s 为每相绕组中的感应电动势（V）；f 为电机基波频率（Hz）；N_s 为定子中每相绕组串联匝数；ϕ_m 为每极中的气隙磁通量（Wb）。

忽略定子绕组中的电阻压降以及漏磁感抗压降，定子每相电压 U_s 与定子感应电动势 E_s 相等。从 E_s 的定义式可以看出，当通过 V/F 控制保证电机输入电压幅值与运行频率为定值时，便可以达到保持气隙磁通为定值的效果。此时，当永磁同步电机处于不同的运行频率下时，所应采取的调速策略也有所不同。

V/F 变压变频控制特性曲线如图 4-25 所示，当永磁同步电机运行在额定频率以下（$f < f_N$）时，定子电压与运行频率同时可调节。在这种情况下，若是每极的气隙磁通量 ϕ_m 低于其额定值 ϕ_{mN}，则铁心利用不足。相反，若是每极的气隙磁通量 ϕ_m 高于其额定值 ϕ_{mN}，则可能导致铁心饱和。因此，永磁同步电机的工作频率低于

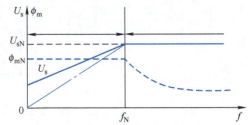

图 4-25　V/F 变压变频控制特性曲线

额定频率 f_N 时，恒转矩模式下，为了保证磁通量 $\phi_m = \phi_{mN}$，常使用恒压频比控制，即相电压的幅值与电机运行频率之比为定值。此外，当永磁同步电机处于较低工作频率时，漏感与定子电阻所产生的压降不能忽略，应适当提高电压 U_s 的幅值，具体提高的幅值由实际工况决定。

当永磁同步电机运行频率高于额定频率（$f > f_N$）时，定子相电压 U_s 达到其额定值 U_{sN} 后，无法再随着工作频率的提高而增加。因此采用电压幅值恒定的控制方式，随着永磁同步电机工作频率的增加，ϕ_m 减小。

V/F 控制结构框图如图 4-26 所示。实际应用中，对于不同的永磁同步电机而言，由于其定子电阻不同，对 V/F 曲线的设置也需进行调整，过大的电压可能导致电机过流，需根据不同的工况需求设置特定的 V/F 曲线，其示意图如图 4-27 所示。

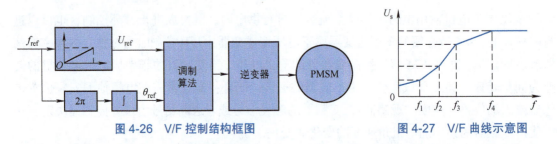

图 4-26　V/F 控制结构框图　　　　图 4-27　V/F 曲线示意图

通过上述的 V/F 控制方法，给定永磁同步电机的参考工作频率，通过 V/F 曲线获得该频率下的参考电压幅值，即可实现永磁同步电机的开环启动与运行。开环控制策略简单，但其抗扰动等动态性能差，同时，最佳的 V/F 曲线需要不断调试与量测。

4.5.2　永磁同步电机矢量控制

20 世纪 60 ~ 80 年代，交流驱动研究领域发展迅速，但在逆变器供电的感应电机和同步电机驱动的应用领域中，始终存在磁链振荡和转矩响应等问题；并且电机工作时存在的瞬时大电流动态特性极易造成逆变器故障。以上各种问题阻碍了交流驱动的应用与发展。

直到矢量控制的出现，极大地改善了这些问题。在当时，与交流驱动比，直流驱动能实现磁通与转矩的单独控制，运行良好。直流驱动通过控制磁场电流单独控制磁通，在任意时刻保持磁场电流恒定，磁通为常值，则电机的转矩可以通过电枢电流而独立进行控制。因此，电枢电流被看作产生转矩的电流。在他励式直流电机驱动中，因为磁场电流和电枢电流均为直流量，所以只需控制磁场与电枢电流的幅值即可分别实现磁通和转矩的精确控制，这样驱动中的动态问题才会消失。因此，后续的交流驱动采用了类直流电机的驱动方法，通过单独控制磁链及电磁转矩实现永磁同步电机高性能驱动。这些将在接下来的内容中进行讨论。

矢量控制[8]通过控制定子励磁输入，实现转矩和磁通的分别控制。本节将从永磁同步电机的动态模型出发，推导三相永磁同步电机的矢量控制。将定子电流矢量 i_s 作为输入量，三相电流可以表示为

$$\begin{cases} i_A = i_s \sin(\omega_e t + \delta) \\ i_B = i_s \sin\left(\omega_e t + \delta - \dfrac{2\pi}{3}\right) \\ i_C = i_s \sin\left(\omega_e t + \delta + \dfrac{2\pi}{3}\right) \end{cases} \quad (4\text{-}65)$$

式中，ω_e 为转子电角速度；δ 为定子电流矢量与 d 轴的夹角，即转矩角。

转子参考系下，通过 4.1 节永磁同步电机模型中的坐标变换矩阵，即由式（4-6）和式（4-10）可推导出 d-q 轴定子电流方程如下：

$$\begin{bmatrix} i_d \\ i_q \end{bmatrix} = \boldsymbol{T}_{2s\text{-}2r} \boldsymbol{T}_{3s\text{-}2s} \begin{bmatrix} i_A \\ i_B \\ i_C \end{bmatrix} \quad (4\text{-}66)$$

将式（4-65）代入式（4-66）中，可以得到转子参考坐标系下的定子电流为

$$\begin{bmatrix} i_q \\ i_d \end{bmatrix} = i_s \begin{bmatrix} \sin\delta \\ \cos\delta \end{bmatrix} \quad (4\text{-}67)$$

同步旋转坐标系下的 q 轴与 d 轴电流为常量，当负载给定时，转矩角 δ 也是常量。此时，可以画出电机向量图如图 4-28 所示，在电机中，转子的磁场活动，即磁通和磁链，主要沿着直轴 d 轴分布。

静止坐标系下，转子磁场以速度 ω_e 运动，假定转子的初始位置为零，故转子的瞬时位置 θ_e 可由电角速度对时间的积分来求得。由转子坐标系下的 q 轴和 d 轴电流得到定子电流矢量的频率为

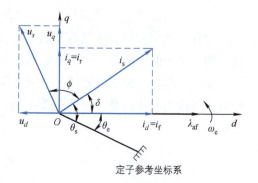

图 4-28 永磁同步电机向量图

转子电角速度频率 ω_e，相位与转子磁链矢量相差的角度为 δ。d-q 轴上定子电流向量的分量分别表示为 i_d 与 i_q，它们与式（4-67）给出的电流分量相对应，注意给定的定子电流向量及转矩角为常量。定子电流沿转子磁通轴线即在 d 轴的分量仅能够产生磁通，因而相应地将之称为定子电流的磁通分量，用 i_f 表示。该电流只提供了一部分磁通，其余部分由转子永磁体提供。如前文所述，永磁体磁通可以被看作是由等效电流源产生的，与转子磁通正交的定子电流分量同转子磁通相互作用而产生转矩，因而相应地将之称为定子电流的转矩分量，用 i_T 表示，其与他励式直流电机的电枢电流非常相似。

假定电压向量超前定子电流向量角度为 ϕ，其余弦值为电机的功率因数。如图 4-28 所示，定子电压向量沿 d 轴与 q 轴的分量分别为 u_d 与 u_q。

根据 4.1 节给出的电磁转矩表达式（4-3），假设定子磁通的电流分量为 0，可以将转矩角 δ 设置为 90°，即采用 $i_d = 0$ 控制策略，可得到电磁转矩为

$$T_e = \frac{3}{2} \times \frac{P}{2} \lambda_{af} i_s = K_t \lambda_{af} i_s \tag{4-68}$$

式中，乘积 $K_t \lambda_{af}$ 是转矩常数，单位为 N·m/A，其中 $K_t = \frac{3}{2} \times \frac{P}{2}$，$P$ 表示磁极数，$\frac{P}{2} = p$。

在转矩表达式 [式（4-68）] 中，用式（4-67）可替换转子参考坐标系下的交轴与直轴定子电流，则电磁转矩用定子电流幅值与相位表示为

$$T_e = \frac{3}{2} \times \frac{P}{2} \left[\lambda_{af} i_s \sin\delta + \frac{1}{2}(L_d - L_q) i_s^2 \sin 2\delta \right] \tag{4-69}$$

式（4-69）右侧的第一部分表示同步转矩，它是由永磁体磁场与定子电流相互作用产生的；第二部分表示的转矩是由于磁阻变化所产生的，即为磁阻转矩。式（4-69）说明定子电流幅值和转矩角决定了所产生的电磁转矩。

将同步旋转坐标系建立于定子上（区别于转子的旋转坐标系），定子电流相量沿着定子参考坐标系（该坐标系 d 轴）及与该轴线正交的方向分解，可以直接得到同步旋转坐标系下 d 轴与 q 轴电流

$$\begin{bmatrix} i_d \\ i_q \end{bmatrix} = i_s \begin{bmatrix} \cos(\theta_e + \delta) \\ \sin(\theta_e + \delta) \end{bmatrix} \tag{4-70}$$

存在于气隙中的合成气隙磁链是由转子磁链与定子磁链合成产生的。转子磁链集中于转子的 d 轴（假设沿着一个两极电机的 N 极方向），其 q 轴分量为 0。但定子磁链矢量在 d 轴与 q 轴有两个不为 0 的分量，分别表示为 ψ_d 与 ψ_q。它们与转子磁链分别沿着交轴与直轴方向合成为气隙磁链。合成气隙磁链可以由直轴与交轴磁链的矢量和得到，其幅值可以表示为

$$\lambda_m = \sqrt{\psi_d^2 + \psi_q^2} \tag{4-71}$$

合成气隙磁链的相位可以通过计算交轴与直轴共磁链比值的反正切获得。

在特定的情况下，从式（4-67）、式（4-69）及式（4-71）观测到的电机性能非常具有指导意义。如果 $\delta > \pi/2$，定子电流的磁链分量 i_d 变为负值，因而合成气隙磁链减小。如果 δ 为负，则定子电流的转矩分量为负，导致产生负的电磁转矩。如果电机在相量图上显示为正转，且实际测得转矩也为正，这意味着电机实际上是在释放能量，类似于发电机，而不是从电网中吸收能量，这种状态下的电机的气隙功率为负，表明它正在发电。

4.5.3 永磁同步电机控制解耦

由永磁同步电机的电压方程和数学模型可以看出，d 轴电压 u_d 不仅受 d 轴电流 i_d 的影响，还受 q 轴电流 i_q 的影响，这说明永磁同步电机 d 轴电压和 q 轴电压存在耦合关系。可以将公式中的和视作耦合项，由于耦合项的影响，电机的 u_d 和 u_q 是无法实现独立控制的。

另外，在实际控制中，这种耦合会对控制器的性能产生比较大的危害，从式（4-16）可以看出，转速的值越大，这个耦合项就越大，这说明电机的速度越高，这个耦合项对电机的控制器性能的影响就越大，因此永磁同步电机的解耦对于电机的控制性能的提升是必要的。

将三相静止坐标系下的永磁同步电机的数学模型经过 Clark 和 Park 变换之后，得到式（4-72）所示的 d-q 坐标系的数学模型。如图 4-29 更为直观地展示了 d-q 轴的耦合关系。

$$\begin{bmatrix} u_d \\ u_q \end{bmatrix} = \begin{bmatrix} R+pL_d & -\omega_e L_q \\ \omega_e L_d & R+pL_q \end{bmatrix} \begin{bmatrix} i_d \\ i_q \end{bmatrix} + \begin{bmatrix} 0 \\ \omega_e \psi_f \end{bmatrix} \tag{4-72}$$

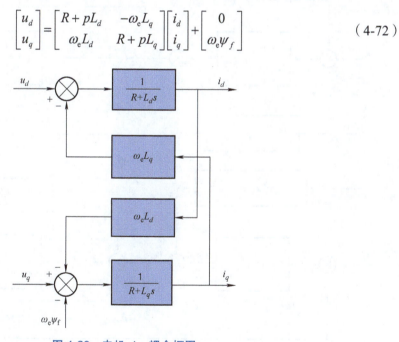

图 4-29 电机 d-q 耦合框图

d-q 轴间存在与电角速度及电感正相关的耦合项：即 d 轴电流变化会影响 q 轴电流，q 轴电流变化会影响 d 轴电流。

针对不同转子结构的电机，所用的解耦方法基本沿用同一种思路。对于内置式永磁同步电机（Innerior Permanent Magnet Synchronous Machines, IPMSM）与表贴式永磁同步电机，均可以利用前馈补偿的方法进行解耦。而永磁同步电机更为特殊，直接将 i_d 置为 0 并结合前馈补偿方法也能够实现解耦。

通过在 d 轴和 q 轴电流控制器的输出端分别引入与永磁同步电机 d-q 轴电压方程的耦合项，大小相等符号相反作为耦合补偿，即可实现电流控制器的解耦控制，因此也称为电压前馈解耦控制。

永磁同步电机的解耦方法也能够利用更深层次的理论进行解释。$i_d = 0$ 时，磁通完全由永磁体来提供。此时定子直轴的电流分量为 0，这就使得电机没有直轴的电枢反应，即直轴是不贡献转矩的。电机的所有的电流全部用来产生电磁转矩，这与一台他励直流电动机等效，即只用控制 i_q 的值就可以控制电机的转矩了，这就实现了电机的静态解耦。在实际工况下，仍需结合电压前馈补偿策略才能实现完全解耦。图 4-30 为永磁同步电机解耦控制框图。

当 $i_d = 0$ 时，电机的电压方程为

$$\begin{cases} u_d = -\omega_e L_q i_q \\ u_q = R i_q + L_q i_q \dfrac{\mathrm{d}\psi_f}{\mathrm{d}t} + \omega_e \psi_f \end{cases} \quad (4\text{-}73)$$

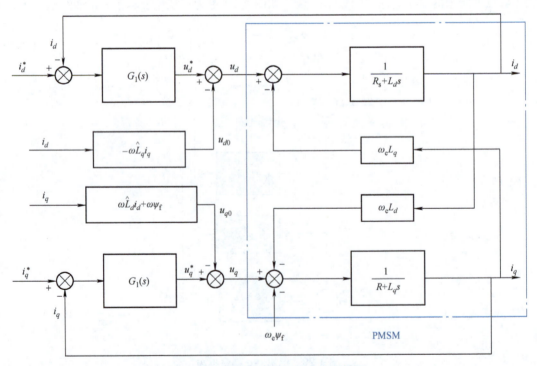

图 4-30　永磁同步电机解耦控制框图

4.5.4　永磁同步电机速度、电流双闭环控制

4.5.2 节讲述了永磁同步电机磁场矢量控制技术的理论，本节将介绍下永磁同步电机矢量控制的实现过程、电流闭环控制及速度闭环控制的控制参数整定。

目前成熟的矢量控制方法主要有 $i_d = 0$ 控制和最大电流转矩比控制（Maximum Torque Per Ampere, MTPA），前者主要适用于表贴式三相永磁同步电机（Surface Permanent Magnetic Synchronized Motor, SPMSM），后者主要用于内置式永磁同步电机。MTPA 的控制策略将在 4.6 节进行详细的介绍。值得说明的是，对于表贴式三相永磁同步电机，$i_d = 0$ 和 MTPA 是等价的。在车辆驱动过程中一般只进行速度和转矩控制，故通常采用图 4-31 所示的电流、速度双闭环控制结构。接下来将详细介绍电流环和速度环控制器的设计过程。

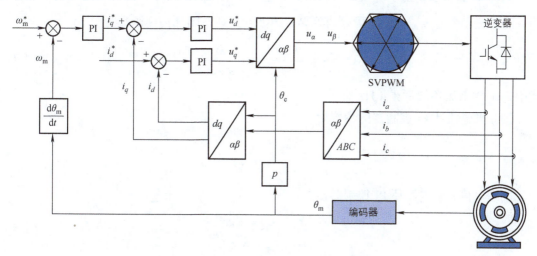

图 4-31　永磁同步电机闭环矢量控制框图

1. 电流控制器参数整定

根据式（4-73）的永磁同步电机电压方程，给出如图 4-32 所示的电流环控制框图，电流控制器为 PI 控制，在 PI 控制器的输出后加入电压限幅进行过压保护。对 d-q 轴电流进行解耦：

$$\begin{cases} u_{d0} = u_d + \omega_e L_q i_q = R i_d + L_d \dfrac{\mathrm{d} i_d}{\mathrm{d} t} \\ u_{q0} = u_q - \omega_e (L_d i_d + \psi_f) = R i_q + L_q \dfrac{\mathrm{d} i_q}{\mathrm{d} t} \end{cases} \quad (4\text{-}74)$$

式中，u_{d0}、u_{q0} 为解耦后的 d-q 轴电压。

对式（4-74）进行 Laplace 变换可得到

$$Y(s) = G(s) U(s) \quad (4\text{-}75)$$

式中，$U(s) = \begin{bmatrix} u_{d0}(s) \\ u_{q0}(s) \end{bmatrix}$；$Y(s) = \begin{bmatrix} i_d(s) \\ i_q(s) \end{bmatrix}$；$G(s) = \begin{bmatrix} R + sL_d & 0 \\ 0 & R + sL_q \end{bmatrix}^{-1}$。

采用 PI 控制器和前馈解耦策略，可得到参考电压方程为

$$\begin{cases} u_d^* = \left(K_{pd} + \dfrac{K_{id}}{s}\right)(i_d^* - i_d) - \omega_e L_q i_q \\ u_q^* = \left(K_{pq} + \dfrac{K_{iq}}{s}\right)(i_q^* - i_q) + \omega_e (L_d i_d + \psi_f) \end{cases} \quad (4\text{-}76)$$

式中，K_{pd} 和 K_{pq} 为 PI 控制器的比例增益；K_{id} 和 K_{iq} 为积分增益。

如图 4-32 所示，由于电机的机械常数远远大于电磁时间常数，因此电流控制环可等效为一阶系统，令 $k_{iq}/k_{pq} = R/L_q$ 可以消除 R-L 的极点，则 i_q 闭环传递函数为

$$\dfrac{i_q}{i_q^*} = \dfrac{k_{pq}/L_q}{s + k_{pq}/L_q} = \dfrac{\omega_c}{s + \omega_c} \quad (4\text{-}77)$$

式中，ω_c 为电流环的带宽（Hz）。

则 q 轴电流环 PI 控制器的参数为

$$\begin{cases} k_{pq} = L_q \omega_c \\ k_{iq} = R \omega_c \end{cases} \quad (4\text{-}78)$$

同理可得 d 轴电流环 PI 控制器参数：

$$\begin{cases} k_{pd} = k_{pq} = L_d \omega_c \\ k_{id} = k_{iq} = R \omega_c \end{cases} \quad (4\text{-}79)$$

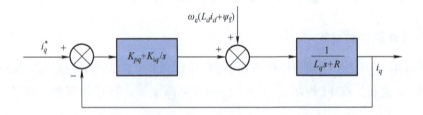

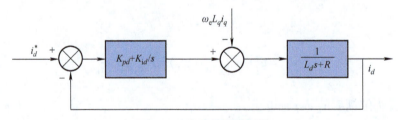

图 4-32　电流环控制框图

2. 转速控制器参数整定

图 4-33 是简化的速度环控制框图，其中 k_{pv} 和 k_{iv} 分别为 PI 控制器的比例和积分增益，$K_t = 1.5 p \psi_f$ 为转矩常数，$C(s)$ 为电流环传递函数。由于电流环的带宽与速度环相比很高，可以假设电流环为理想控制器，即 $C(s) \approx 1$，即电流环传递函数等于 1，令 $k_{iv}/k_{pv} = B/J$ 可以消除 B-J 的极点，速度环传递函数可表示为式（4-80）。

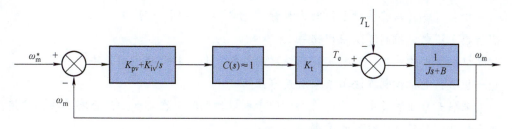

图 4-33　速度环控制框图

$$\frac{\omega_m}{\omega_m^*} = \frac{k_{pv}/J}{s+k_{pv}/J} = \frac{\omega_v}{s+\omega_v} \quad (4\text{-}80)$$

式中，ω_v 表示转速环的带宽（Hz）。

转速环的 PI 控制器参数可表示为

$$\begin{cases} k_v = J\omega_v \\ k_{iv} = B\omega_v \end{cases} \quad (4\text{-}81)$$

如上所述，阐述了 PI 参数整定的理论依据，但在仿真或者实际应用中，需要根据系统的电流、速度等指标反馈进行合适的调整，以使得电机的运行性能达到平稳状态。

阅读·思考

2024 年 6 月 4 日，我国携带月球样品的嫦娥六号上升器自月球表面起飞，随后成功进入预定月轨道，这标志着嫦娥六号顺利完成了世界首次月球背面采样和起飞。此前，嫦娥六号顺利完成在月球背面南极——艾特肯盆地的智能快速采样，并按预定形式将珍贵的月球背面样品封装存放在上升器携带的贮存装置中。表取完成后，嫦娥六号着陆器携带的五星红旗在月球背面成功展开，这是中国首次在月球背面独立动态展示国旗。其中，中国航天科技集团有限公司第四研究院 401 所研制生产的表采机械臂电机组件为嫦娥六号月背"挖宝"任务提供了关键动力。

其中表取机械臂各个关节的力量来自安装在关节处的电机，它们就是表采关节臂电机组件，表采机械臂电机组件是航天四院 401 所微特电机事业部历时 4 年完成研制的产品，在研制过程中解决了诸多难题，使产品具有了高可靠性和强适应性。

月面温差大、辐射强。两种电机装在机械臂的各个关节附近，暴露于月表环境中，这决定了它们要耐受太阳直射下超过 130℃的环境温度，以及比地球环境大得多的辐射，还要在真空环境下承担难以散热带来的性能衰减。电机研制团队最终解决了环境适应性的问题，让机械臂电机拥有了"铜墙铁壁"般的身躯。

"要想捧起月背一抔'土'，光有劲儿还不行，关键时刻还得采得动、采得好，401 所研制的电机，大的质量不超过 450g，小的不超过 250g，典型的'个小劲大还精神'，并且电机端旋转精度可达 1°以内，确保高精度挖土，月壤'宝贝'想挖几克就挖几克。"航天四院相关负责人说。

——摘自《航天四院特种电机助力月背"挖宝"》——中工网

想一想1：电机控制算法应用拓展

对于机械臂中的电机，想要实现高精度的控制，会用到哪些控制算法？

想一想2：电机控制算法与未来航天事业

在未来航天事业发展中，你认为永磁同步电机控制技术在哪些方面会有更多的应用？

想一想3：科研与国家战略需求

作为当代大学生，你认为从事电驱动控制领域能够在哪些方面助力国家科技发展？

4.6 内置式永磁同步电机调速控制方案

内置式永磁同步电机（IPMSM）具有效率高、功率密度大、启动转矩大以及结构紧凑等优点，被广泛应用于新能源汽车、伺服控制系统、航空航天等系统中。考虑到驱动系统受到的电流和电压限制，内置式永磁同步电机在 i_d-i_q 平面内的电流轨迹可分为3个部分：最大转矩电流比[10-11]（Maximum Torque Per Ampere, MTPA）轨迹 OC 段、普通弱磁区、最大转矩电压比（Maximum Torque Per Volt, MTPV）轨迹 EF 段，如图4-34所示。本章节的介绍内容及顺序为：MTPA→弱磁控制→MTPV。

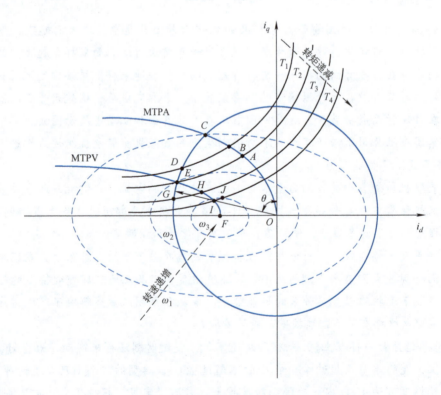

图 4-34 内置式永磁同步电机在 i_d-i_q 平面中的电流轨迹

4.6.1 最大转矩电流比控制方案

内置式的永磁同步电机的磁路具有对称性,直轴上的电感与交轴上的电感互不相等。一般来说,$L_d < L_q$,因此这类电机的控制一般采用最大转矩电流比控制,可以较好地利用这类电机的结构产生的额外转矩,使得达到同等负载转矩需要的电流相对较小,能够降低电机定子电流引起的内损耗,有效降低设备运行成本。而对于隐极式永磁同步电机,其交直轴电感相等,即 $L_d = L_q$,在电磁转矩控制方面,普通的矢量控制相当于 $i_d = 0$ 控制。尽管 $i_d = 0$ 控制对于电磁转矩的控制较为简单,但由于这种方法只利用了由永磁体产生的永磁转矩,而没有充分利用磁阻转矩,因此无法实现永磁同步电机输出最大转矩。

当内置式永磁同步电机工作在低速重载工况下时,其转矩性能是主要的性能指标,通常希望即使处于转速变化的工况,仍能够保持输出转矩的恒定,此时称内置式永磁同步电机处于恒转矩调速阶段。随着转速的逐步提高,受到内置式永磁同步电机最大输出功率的限制,其转矩不能继续保持恒定,此时的调速原则为:转矩逐步减小进而保证内置式永磁同步电机运行在恒功率运行区。恒转矩与恒功率运行阶段如图 4-35 所示,其中,ω_{et} 为转折速度,后面加以介绍。

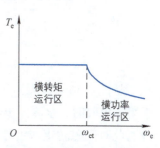

图 4-35 两种调速方案介绍

当内置式永磁同步电机在恒转矩运行区工作时,转速相对较低,此时对内置式永磁同步电机而言,铁耗为次要,铜耗产生了较为明显的影响。因此,此时采取转矩电流比最大的控制原则对内置式永磁同步电机进行控制,这么做不仅能将铜耗以及逆变器的损耗降低,从而降低整体损耗,同时还能更好地满足恒转矩运行区对电机转矩性能的要求。

为了更好地分析最大转矩电流比(MTPA)控制,首先要进行标幺化处理,消除其他参数,可以写为

$$T_{en} = i_{qn}(1 - i_{dn}) \tag{4-82}$$

式中,T_{en} 为转矩标幺值;i_{dn} 为 d 轴电流标幺值;i_{qn} 为 q 轴电流标幺值。

在进行标幺化时,基值被定义为

$$\begin{cases} T_{eb} = p_n \psi_f i_b \\ i_b = \dfrac{\psi_f}{L_q - L_d} \end{cases} \tag{4-83}$$

式中,T_{eb} 为转矩基值;i_b 为电流基值。

标幺化的过程可以写为

$$\begin{cases} T_{en} = \dfrac{T_e}{T_{eb}} \\ i_{dn} = \dfrac{i_d}{i_b} \\ i_{qn} = \dfrac{i_q}{i_b} \end{cases} \tag{4-84}$$

从式（4-84）可以看出，当永磁同步电机在恒转矩运行区工作时，对应于同一个恒转矩数值，可以对应许多组不同的 i_{dn} 和 i_{qn}。而在这许多组不同的 i_{dn} 与 i_{qn} 中，存在一组 i_{dn} 与 i_{qn}，使其在既能满足式（4-84）转矩要求的基础上，同时也能保证通过 i_{dn} 与 i_{qn} 合成的定子电流矢量最小，此即为 MTPA 控制的思想。如图 4-36 所示为 MTPA 控制定子电流矢量轨迹图。图中横纵坐标分别为 i_{dn} 与 i_{qn}，恒转矩曲线表示在该恒转矩工况下所有符合转矩要求的 i_{dn} 与 i_{qn}。在这些曲线中，都存在一点距离坐标原点的距离最近，该点所对应的 i_{dn} 与 i_{qn} 即对应该转矩情况下最小电流。将所有这些符合要求的点连接起来即对应 MTPA 轨迹曲线。

通过式（4-84）求极值，可得电磁转矩 T_{en} 与 i_{dn}、i_{qn} 的关系式为

$$\begin{cases} T_{en} = \sqrt{i_{dn}(i_{dn}-1)^3} \\ T_{en} = \dfrac{i_{qn}}{2}(1+\sqrt{1+4i_{qn}^2}) \end{cases} \quad (4\text{-}85)$$

从图 4-36 可以看出，当 MTPA 曲线位于第二象限时，永磁同步电机电磁转矩为正，位于第三象限时，永磁同步电机电磁转矩为负。当电磁转矩较小时，MTPA 曲线偏向于 q 轴，说明此时励磁转矩占主导地位。随着电磁转矩的逐渐增大，MTPA 曲线逐渐远离 q 轴，说明此时磁阻转矩起主导作用。

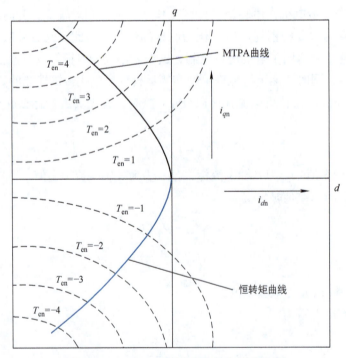

图 4-36　MTPA 控制定子电流矢量轨迹图

4.6.2　基速与转折速度

直流母线电压的大小将会限制逆变器向永磁同步电机提供的定子电压矢量，而定子电压将会影响永磁同步电机的最高转速。

此时，定子电压矢量幅值为 $|u_s| = \sqrt{u_q^2 + u_d^2}$。

可见，永磁同步电机转速最大值将会受到定子电压的限制。当永磁同步电机运行在高速工况下，电阻压降可忽略，此时定子电压可写为

$$|u_s|^2 = (\omega_e L_d i_d + \omega_e \psi_f)^2 + (\omega_e L_q i_q)^2 \tag{4-86}$$

将永磁同步电机在高速空载下，达到定子电压极限时的最大转速称为速度基值，其值为 $\omega_{eb} = \dfrac{|u_s|_{max}}{\psi_f}$。

当永磁同步电机运行在恒转速工作区时，需考虑负载，此时电压极限时的最大速度称为转折速度，可以写为

$$\omega_{et} = \dfrac{|u_s|_{max}}{\sqrt{(\psi_f + L_d i_d)^2 + (L_q i_q)^2}} \tag{4-87}$$

4.6.3 弱磁控制方案

在新能源汽车、船舶电力、金属削切等需要电机高速作业下的行业中，基于常规电机矢量控制调速系统无法满足行业对于电机转速的需求，所以弱磁升速控制被逐渐地研究和发展起来。弱磁控制不仅继承了矢量控制的闭环控制的优良特性，还有着一定宽度的调速范围和平滑的弱磁过渡特点。为了使得弱磁控制[12]理论更易于理解，首先需要介绍电压极限椭圆以及电流极限圆。

为了更好地说明电压与电流对于转速的限制，将定子电压表达式（4-86）进行标幺化处理为

$$(L_d i_d + \psi_f)^2 + (L_q i_q)^2 = \left(\dfrac{|u_s|}{\omega_e}\right)^2 \tag{4-88}$$

由 4.1 节的电机数学模型可知永磁同步电机的磁链方程为

$$\begin{bmatrix} \psi_d \\ \psi_q \end{bmatrix} = \begin{bmatrix} L_d & 0 \\ 0 & L_q \end{bmatrix} \begin{bmatrix} i_d \\ i_q \end{bmatrix} + \begin{bmatrix} \psi_f \\ 0 \end{bmatrix} \tag{4-89}$$

将式（4-89）代入式（4-88），经过化简可以得到永磁同步电机的定子磁链、转速、电压极限值的不等式关系为

$$\psi_f \omega_e \leq u_{smax} \tag{4-90}$$

受到电压极限和电流极限的限制，即

$$\begin{cases} i_s \leq I_{smax} \\ u_s \leq u_{smax} \end{cases} \tag{4-91}$$

式（4-88）可以写为

$$(L_d i_d + \psi_f)^2 + (L_q i_q)^2 \leq \left(\frac{|u_s|_{max}}{\omega_e}\right)^2 \quad (4\text{-}92)$$

由式（4-92）可以看出永磁同步电机的电压极限方程是以点 $(-\psi_f/L_d, 0)$ 为中心，随转速升高长短半径成比例缩小的椭圆簇，可以描述为电压极限椭圆。

图 4-37 为电压极限椭圆与电流极限圆的示意图。对电压极限椭圆而言，由式（4-92）所知，在电压极限椭圆中，其长轴与短轴长度与转速相关。电流极限圆的半径为定值 $|i_s|_{max}$。以转速为 ω_{e1} 时为例，为了同时满足电压与电流极限的限制，电流矢量 i_s 应同时位于二者的范围内，如图 4-37 所示，此时的电流矢量应当落在图中所示的 $ABCDEF$ 区域内。

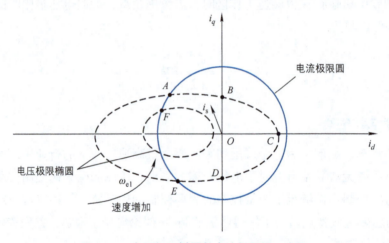

图 4-37　电压极限椭圆与电流极限圆示意图

当永磁同步电机在恒转矩区运行时，同样需要受到上述的电压与电流约束。如图 4-38 所示，MTPA 轨迹与电压极限椭圆以及电流极限圆交于 A 点。即在电压与电流的约束下，MTPA 控制策略只能运行在 OA 段。当电磁转矩为 T_{e1} 时，A 点为其对应的最高转速。从图

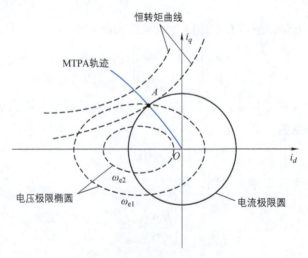

图 4-38　弱磁控制与 MTPA 控制

中可以看出，想输出更高的恒转矩值，需要电压极限椭圆所对应的半径越大，然而此时所能达到的最高转速将会降低。

A 点所对应的最高转速可以通过式（4-93）计算而得到

$$\omega_{e1} = \frac{|u_s|_{\max}}{\sqrt{(L_d i_d + \psi_f)^2 + (L_q i_q)^2}} \quad (4\text{-}93)$$

同时，也可计算出 A 点所对应的极限电压的值为

$$\begin{cases} u_d|_{\max} = -\omega_{e1} L_q i_q \\ u_q|_{\max} = \omega_{e1}(L_d i_d + \psi_f) \end{cases} \quad (4\text{-}94)$$

由图 4-38 可知，由于在 A 点时电流已达到饱和，因此电流调节器已经无法继续对电流进行有效的控制。此时的电流矢量 i_s 将会产生摆动，而不能稳定在 A 点。若能控制 d 轴电流继续沿负向增大，同时控制 i_q 减小，则电流矢量 i_s 将会向左摆动，使得电压低于其最大值，这时永磁同步电机系统将重新恢复对电流的调节作用，为永磁同步电机的转速进一步升高提供了裕度。由于在以上的控制方法中，增加的反向 i_d 产生的磁动势与永磁体方向相反，从而产生了去磁效果，因此上述方案称为弱磁控制。

在弱磁控制中，若令电流矢量 i_s 全部为弱磁电流，即令 $i_q = 0$，由式（4-93）可知，此时的最高转速为

$$\omega_{e1} = \frac{|u_s|_{\max}}{L_d i_d + \psi_f} \quad (4\text{-}95)$$

4.6.4 最大转矩电压比控制方案

最大转矩电压比控制方案与最大转矩电流比方案相比，可以表征电机在最大转矩点处的电压利用率。该控制方案是在直流电压 U_{DC} 得到充分利用的情况下，调整定子电流矢量与转子的夹角，使得此时输出转矩 T 最大的控制过程。

在转速 ω_{e1} 对应的电压极限椭圆上，恒转矩曲线与电压极限椭圆相切于工作点 A，A 点对应的输出转矩 T_{e1} 最大，相切点 A 对应的转矩比转速 ω_{e1} 对应的电压极限椭圆上的所有电流工作点对应的转矩都大。因此在所有转速下，将恒转矩曲线与对应速度下的电压极限椭圆的相切点都连接起来，就形成了 MTPV 曲线。控制定子电流沿着 MTPV 曲线运行，就构成了 MTPV 控制的原理。

为了求转矩的最大值，使用拉格朗日极值法，列出以下辅助函数（其中 λ 为拉格朗日因子）：

$$H_{\text{MTPV}}(i_d, i_q, \lambda) = \frac{3}{2} p i_q [\psi_f + (L_d - L_q) i_d] + \lambda [(-\omega_e L_q i_q)^2 + (\omega_e \psi_f + \omega_e L_d i_d) - u_{\max}^2] \quad (4\text{-}96)$$

求该辅助函数的关于 i_d、i_q 以及 λ 的偏导,有

$$\begin{cases} \dfrac{\partial H_{\text{MTPV}}}{\partial i_d} = \dfrac{3}{2}p(L_d - L_q)i_q + 2\lambda\omega_c^2 L_d(\psi_f + L_d i_d) = 0 \\ \dfrac{\partial H_{\text{MTPV}}}{\partial i_q} = \dfrac{3}{2}p[\psi_f + (L_d - L_q)i_d] + 2\lambda\omega_c^2 L_q^2 i_q = 0 \\ \dfrac{\partial H_{\text{MTPV}}}{\partial i_\lambda} = (-\omega_e L_q i_q)^2 + (\omega_e \psi_f + \omega_e L_d i_d)^2 - u_{\max}^2 = 0 \end{cases} \quad (4\text{-}97)$$

联立前两项,有

$$\lambda\omega_e^2 = -\dfrac{3p(L_d - L_q)i_q}{4L_d(\psi_f + L_d i_d)} = -\dfrac{3p[\psi_f + (L_d - L_q)i_d]}{4L_q^2} \quad (4\text{-}98)$$

经过化简,可以得到 i_d 关于 i_q 的方程为

$$i_d = -\dfrac{\psi_m}{L_d} + \dfrac{-L_q\psi_m + L_q\sqrt{\psi_m^2 + 4(L_d - L_q)^2 i_q^2}}{2L_d(L_d - L_q)} \quad (4\text{-}99)$$

电压极限椭圆与恒转矩曲线的切点构成了 MTPV 轨迹,该轨迹上的 i_d 和 i_q 满足式(4-93)。

以上介绍了 MTPV 控制中的基本电流关系与原理,为使得 MTPV 控制策略能够被更好地应用,许多方法被提出。直接磁链矢量控制法能够实现 MTPV 方程的简化,其通过控制磁链矢量幅值以及控制磁链矢量角为最大负载角来线性化 MTPV 轨迹,但其中的最大负载角需要多次空载测试才能得到最佳值。梯度下降法通过恒转矩曲线方向与电压递减方向判断当前电流工作点位于普通弱磁区还是 MTPV 轨迹,根据所在的弱磁区域以及电压差计算直轴和交轴电流补偿量实现 MTPV 控制,但该算法的计算比较复杂。查表法是基于电机标定数据生成电流的二维表,通过实时查表获取直轴电流和交轴电流设定值实现 MTPV 控制,但电机标定工作量较大,且不同型号的电机需要单独标定。单电流调节器弱磁法解决了传统双电流调节器的冲突问题,但是需要合适的开关规则才能实现 MTPV 轨迹与普通弱磁区的平滑切换。

4.7 最优效率输出控制

在电机运行的过程中,系统会产生相应的损耗,为了使电机的整体效率得到提升,效率最优输出控制[13-14]是有必要的。

4.7.1 永磁同步电机损耗分析及数学模型

永磁同步电机把输入的电能转化为输出的机械能过程中,产生了铜损、铁损、机械损耗和杂散损耗等[15],损耗会引起电机温度升高,造成的危害对电机来说是不可逆的。为了提高永磁同步电机的运行效率,延长永磁同步电机使用周期,分析永磁同步电机的损耗是

其重要手段。

铜损是转子和定子绕组的电能损耗，是定转子电流经过绕组时所产生的热能损耗，是永磁同步电机损耗组成的主要部分之一。铜损 P_{Cu} 表达式为

$$P_{Cu} = R(i_d^2 + i_q^2) \tag{4-100}$$

式中，R 为定子电阻；i_d、i_q 为 d-q 轴定子电流分量。

铁损是定、转子气隙间磁通的变化产生的损耗，一般都有涡流损耗和磁滞损耗两种。铁损 P_{Fe} 表达式为

$$P_{Fe} = P_h + P_c + P_e \tag{4-101}$$

式中，P_h、P_c、P_e 分别为磁滞损耗、涡流损耗和附加损耗。铁损大小一般与采用制造材料、加工工艺和磁场频率等密切相关。同时，减小铁心磁链或增高定子电压也能降低铁损。

机械损耗是定转子（含冷却用风扇）与空气之间阻力的摩擦和电机运行过程中轴承内部摩擦及油脂阻力引起的，也是不可避免的一种损耗。降低机械损耗一般采用提高风扇性能、选取摩擦系数小的新型材料或优化结构的方式。机械损耗会随电机转速升高而增大，电机在转速较低工况下机械损耗降低。

杂散损耗是除上面 3 种损耗之外的所有损耗，减少杂散损耗一般通过调节电机绕组节距、每相槽数以减少谐波分布系数等方式。

永磁同步电机的铜损和铁损在电机结构和材料固定的条件下，可以通过控制电流或磁链减小，属于可控的电气损耗。机械损耗和杂散损耗建模困难，且相比铜损和铁损占比较小，通常分析损耗时将其忽略。一般将可控电气损耗作为主要研究对象，这也是永磁同步电机进一步获得市场应用的潜力所在。综上所述，电机系统在运行过程中，效率优化控制策略可以转化为损耗功率最小化问题。通过分析损耗功率组成，效率优化控制考虑降低的损耗主要为铜损和铁损，控制技术策略为调节电流或磁链，使电机始终在损耗最小点即效率最高点运行，从而达到效率提升的效果。

4.7.2 基于损耗模型的最优效率输出控制

在建立永磁同步电机数学模型时，为了方便分析，一般都将铁损忽略。但在实际运行过程中，电机铁损总是存在的。在同步旋转 d-q 坐标系中，考虑铁损的永磁同步电机稳态下的等效电路如图 4-39、图 4-40 所示。

根据 d-q 轴等效电路，可得到永磁同步电机的电压方程，即

$$\begin{cases} u_d = Ri_d - \omega_e L_q i_{oq} + L_d \dfrac{di_{od}}{dt} \\ u_q = Ri_q + \omega_e(\psi_f + L_d i_{od}) + L_q \dfrac{di_{oq}}{dt} \end{cases} \tag{4-102}$$

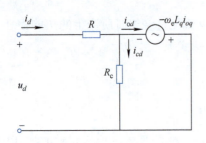

图 4-39 d 轴等效电路

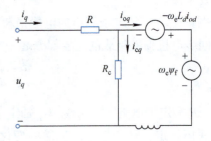

图 4-40 q 轴等效电路

由式（4-102）可得 d-q 坐标系下考虑铁损的永磁同步电机的电流状态方程式为

$$\begin{cases} \dfrac{\mathrm{d}i_{od}}{\mathrm{d}t} = \dfrac{u_d - Ri_{od} + \omega_e L_q \left(\dfrac{R}{R_c}+1\right)i_{oq}}{\left(\dfrac{R}{R_c}+1\right)L_d} \\ \dfrac{\mathrm{d}i_{oq}}{\mathrm{d}t} = \dfrac{u_q - \omega_e L_d\left(\dfrac{R}{R_c}+1\right)i_{od} - \omega_e \psi_f\left(\dfrac{R}{R_c}+1\right) - Ri_{oq}}{\left(\dfrac{R}{R_c}+1\right)L_q} \\ i_{cd} = \dfrac{i_d}{R_c}\dfrac{\mathrm{d}i_{od}}{\mathrm{d}t} - \dfrac{\omega_e L_q i_{oq}}{R_c} \\ i_{cq} = \dfrac{L_q}{R_c}\dfrac{\mathrm{d}i_{oq}}{\mathrm{d}t} + \dfrac{\omega_e L_d i_{od}}{R_c} + \dfrac{\omega_e \psi_f}{R_c} \end{cases} \quad (4\text{-}103)$$

电磁转矩方程为

$$T_e = 1.5p[\psi_f i_{oq} + (L_d - L_q)i_{od}i_{oq}] \quad (4\text{-}104)$$

根据经典的 Bertotti 铁损分离理论，铁耗一般由磁滞损耗、涡流损耗及附加损耗 3 部分组成。单位质量铁心总损耗为

$$P_{\mathrm{Fe}} = k_{\mathrm{h}} f B_1^{\alpha} + k_c f^2 B_1^2 + k_e (fB_1)^{\frac{3}{2}} \quad (4\text{-}105)$$

式中，f 为频率；B_1 为基波磁通密度幅值；α 为可变系数，理论和试验证明 α 的取值范围在 1.6～2.2 之间。

例如前面章节提到的最大转矩电流比（MTPA）控制策略，其多用于内置式永磁同步电机，在输出转矩一定时，输入电流最小；或在输入电流一定时，使得输出转矩最大。采用该策略可减小电机定子铜耗，提高运行效率，但当输出转矩不断增大时，功率因数下降较快。

4.8 无位置传感器控制

永磁同步电机矢量控制方法可以通过坐标变换实现永磁同步电机的复杂模型的解耦，同时可以达到理想的控制性能。然而，FOC 控制需要时刻知晓准确的转子位置信息才能实现。遗憾的是，高精度的位置传感器不仅增加成本，同时也增加了整个永磁同步电机系统的复杂性，降低其鲁棒性。本节将介绍典型的永磁同步电机无位置传感器控制算法，利用估计的转子位置信息实现永磁同步电机的理想 FOC 控制[16, 19-20]。

目前常用的无位置控制算法通过注入高频信号实现，主要包括旋转高频电压信号和脉振高频电压信号。其中旋转高频电压注入法主要用于凸极率较大的内置式三相永磁同步电机的转子位置检测，而脉振高频电压信号注入法可用于凸极率很小甚至隐极型的表贴式三相永磁同步电机转子位置的检测。本章将详细介绍旋转高频电压信号注入法和脉振高频电压信号注入法的工作原理，给出两种方法实现中的关键技术。

4.8.1 高频激励下的三相永磁同步电机数学模型

对于小、中型逆变器而言，逆变器的开关频率通常为 10~20kHz，逆变器的开关谐波受负载变化的影响，假设注入的高频电压信号是一个对称的具有固定幅值的正弦（余弦）信号，逆变器的死区时间和直流母线电压的变化将导致高频信号电压的变化，从而引起位置估计误差的存在，而在实际系统中要减少或补偿这种影响。对于高频载波信号频率的选择，通常要考虑最大基波励磁的频率和所需的估计带宽以及开关频率等因素。如果高频载波信号的最大频率大于开关频率的一半，则会产生混杂信号。同时，载波频率的增加、电机特性的变化和信噪比的减小等，又进一步约束了载波信号的最大频率。基于上述因素，高频载波信号的最大频率不能过高。

另外，载波信号的最小载波频率要与基波频率具有足够大的频谱分离空间，这是因为，如果注入的载波频率太低，接近基波频率，则载波信号不易同转子基频信号分离。

载波信号幅值的选择也是基于同样的考虑，对于载波电压最小幅值的约束来自于逆变器的非线性特性、电流反馈值等。载波信号幅值的上限是由它所需的电能和它产生的噪声等因素所决定，一般选择额定电压的 0.1 倍。通常，高频载波信号是相对于电机转子角速度来说的，是相对的高频，因此，高频信号的频率一般为 0.5~2kHz。

由于内置式三相永磁同步电机具有明显的凸极效应，即直轴和交轴的电感大小不同，从而为通过注入高频电压信号来跟踪凸极提供了可能性。为了获得高频激励下的数学模型，由式（4-1）得到内置式三相永磁同步电机的基波数学模型，将该式变换到静止坐标系下，得到

$$\begin{bmatrix} u_\alpha \\ u_\beta \end{bmatrix} = R \begin{bmatrix} i_\alpha \\ i_\beta \end{bmatrix} + \frac{\mathrm{d}}{\mathrm{d}t} \begin{bmatrix} \psi_\alpha \\ \psi_\beta \end{bmatrix} \tag{4-106}$$

$$\begin{bmatrix} \psi_\alpha \\ \psi_\beta \end{bmatrix} = \begin{bmatrix} L + \Delta L \cos 2\theta_e & -\Delta L \sin 2\theta_e \\ -\Delta L \sin 2\theta_e & L - \Delta L \cos 2\theta_e \end{bmatrix} \begin{bmatrix} i_\alpha \\ i_\beta \end{bmatrix} + \psi_f \begin{bmatrix} \cos \theta_e \\ \sin \theta_e \end{bmatrix} \tag{4-107}$$

式中，$L = (L_d + L_q)/2$ 为平均电感；ΔL 为半差电感，$\Delta L = (L_q - L_d)/2$。

定义静止坐标系下的电感矩阵 $L_{\alpha\beta}$ 为

$$L_{\alpha\beta} = \begin{bmatrix} L + \Delta L \cos 2\theta_e & -\Delta L \sin 2\theta_e \\ -\Delta L \sin 2\theta_e & L - \Delta L \cos 2\theta_e \end{bmatrix} \quad (4\text{-}108)$$

通常，高频注入信号的频率一般为 0.5~2kHz，远高于电机基波频率 ω_e，此时可把三相永磁同步电机看作一个简单的 R-L 电路。由于高频时电阻相对于电抗小很多，因此可以忽略不计。此时，高频激励下三相永磁同步电机的电压方程可简化为

$$\begin{cases} u_{d\text{in}} \approx L_d \dfrac{\mathrm{d}i_{d\text{in}}}{\mathrm{d}t} \\ u_{q\text{in}} \approx L_q \dfrac{\mathrm{d}i_{q\text{in}}}{\mathrm{d}t} \end{cases} \quad (4\text{-}109)$$

式中，L_d 为 d 轴电感；L_q 为 q 轴电感；$u_{d\text{in}}$ 表示 d 轴注入的高频电压；$u_{q\text{in}}$ 表示 q 轴注入的高频电压。

4.8.2 高频旋转电压注入法

目前，旋转高频电压信号注入法是最常用的一种高频信号注入法，其基本原理是：在基波激励上叠加一个三相平衡的高频电压激励，然后检测电机中所产生的对应电流响应，并通过特定的信号处理过程获取转子位置信息，高频旋转电压注入法结构框图如图 4-41 所示。

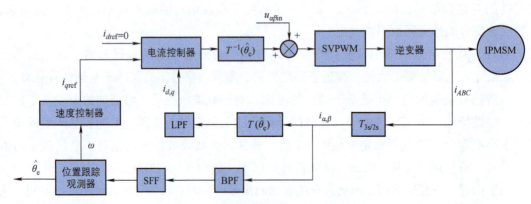

图 4-41 高频旋转电压注入法结构框图

高频旋转电压注入法在 $\alpha\text{-}\beta$ 轴系上叠加高频的电压信号，其所注入的高频信号可表示为

$$u_{\alpha\beta\text{in}} = \begin{bmatrix} u_{\alpha\text{in}} \\ u_{\beta\text{in}} \end{bmatrix} = \begin{bmatrix} V_{\text{in}} \cos \omega_{\text{in}} t \\ V_{\text{in}} \sin \omega_{\text{in}} t \end{bmatrix} = V_{\text{in}} \mathrm{e}^{j\omega_{\text{in}} t} \quad (4\text{-}110)$$

式中，$u_{\alpha\text{in}}$ 为 α 轴高频电压（V）；$u_{\beta\text{in}}$ 为 β 轴高频电压（V）；ω_{in} 为高频电压信号的频率。

将上式转换到同步旋转 d-q 轴系下为

$$u_{dq\text{in}} = u_{\alpha\beta\text{in}} e^{-j\theta_e} = V_{\text{in}} e^{j(\omega_{\text{in}}t - \theta_e)} \tag{4-111}$$

结合式（4-109）与式（4-111），可以得到在高频旋转电压激励下，d-q 轴系高频响应电流为

$$\begin{aligned}
i_{dq\text{in}} &= \frac{V_{\text{in}}}{L_d}\int \cos(\omega_{\text{in}}t - \theta_e)\mathrm{d}t + j\frac{V_{\text{in}}}{L_q}\int \sin(\omega_{\text{in}}t - \theta_e)\mathrm{d}t \\
&= \frac{V_{\text{in}}}{\omega_{\text{in}} L_d L_q}\left[\frac{L_d + L_q}{2}e^{j\left(\omega_{\text{in}}t - \theta_e - \frac{\pi}{2}\right)} + \frac{L_d - L_q}{2}e^{j\left(-\omega_{\text{in}}t + \theta_e + \frac{\pi}{2}\right)}\right]
\end{aligned} \tag{4-112}$$

则在静止 α-β 轴系下，高频响应电流为

$$i_{\alpha\beta\text{in}} = I_{\text{cp}} e^{j\left(\omega_{\text{in}}t - \frac{\pi}{2}\right)} + I_{\text{cn}} e^{j\left(-\omega_{\text{in}}t + 2\theta_e + \frac{\pi}{2}\right)}$$

式中，I_{cp} 为正相序高频电流分量幅值，且 $I_{\text{cp}} = \dfrac{V_{\text{in}}}{\omega_{\text{in}} L_d L_q}\dfrac{L_d + L_q}{2}$；$I_{\text{cn}}$ 为负相序高频电流分量幅值，且 $I_{\text{cn}} = \dfrac{V_{\text{in}}}{\omega_{\text{in}} L_d L_q}\dfrac{L_d - L_q}{2}$。

可以看出，通过高频旋转电压注入法获得的高频电流响应信号由正、负相序电流分量组成。其中，负相序分量包含高频注入算法想要获得的转子位置信息，因此通过合适的信号处理方法，即可通过负相序分量估计永磁同步电机的转子位置。

为了提取负相序高频电流响应中的转子位置信息，必须很好地为了提取负相序高频电流响应中的转子位置信息，必须很好地滤除电机端电流中的基频电流低次谐波电流、PWM 开关频率谐波电流以及正相序高频电流等信号。基波电流与高频电流幅值相差很大，载波频率远比注入高频频率高，这两者都可以通过常规的带通滤波器（Band-pass Filter, BPF）予以滤除。

在通过带通滤波器获取高频电流信号后，接下来利用同步轴系高通滤波器（Synchronous Frame Filter, SFF），通过滤除正相序分量的方法，来获取负相序分量。同步轴系高通滤波器通过坐标变换将高频电流适量变换到一个与注入的高频电压矢量同步旋转的参考坐标系中，此时正相序高频电流矢量变成直流，很容易通过高通滤波器将其滤除。SFF 的基本结构如图 4-42 所示。

通过 SFF 滤波后，正序分量将被滤除，只保留与永磁同步电机转子位置信息有关的负相序分量，即

$$I_{n,\alpha\beta\text{in}} = I_{\text{cn}} e^{j\left(-\omega_{\text{in}}t + 2\theta_e + \frac{\pi}{2}\right)} \tag{4-113}$$

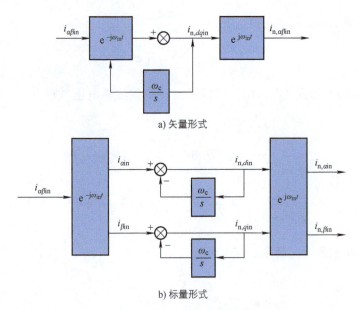

图 4-42 SFF 基本结构图

在获得负相序高频分量后,采用外差法通过调制解调来获得与转子位置误差成正比的误差信号 ε,通过外差法进行信号处理的过程如式(4-114)和图 4-43 所示,随后通过转子位置观测器便可进行位置估计。

$$\varepsilon = i_{n,\alpha in}\cos(2\hat{\theta}_e - \omega_{in}t) + i_{n,\beta in}\sin(2\hat{\theta}_e - \omega_{in}t) = 2I_{cn}\sin(\hat{\theta}_e - \theta_e) \qquad (4\text{-}114)$$

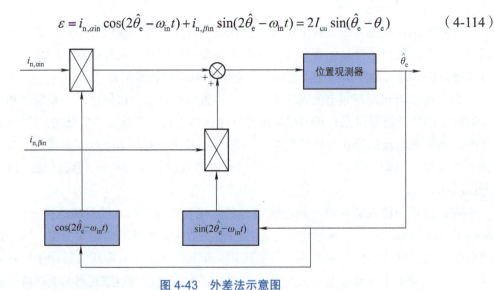

图 4-43 外差法示意图

4.8.3 高频脉振电压注入法

相对于旋转高频电压信号注入法,高频脉振电压注入法只在估计的同步旋转 d-q 坐标系中的 d 轴注入高频正弦电压信号,该信号在静止坐标系是一个脉振的电压信号。为了使用高频脉振电压注入法,需要建立新的坐标轴系。如图 4-44 所示,建立估计的同步旋转坐标轴系,其与静止坐标系间的关系可以体现出转子位置信息的差别。

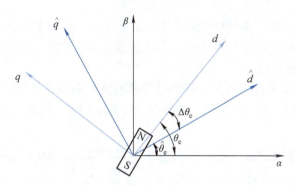

图 4-44　估计与实际转子同步旋转坐标轴系间的关系

估计转子坐标系与实际转子同步旋转坐标系之间的夹角为转子估计误差角：

$$\Delta\theta_e = \theta_e - \hat{\theta}_e \tag{4-115}$$

在同步旋转坐标系 d-q 中，电机定子电感可以表示为

$$\boldsymbol{L}_{dq} = \begin{bmatrix} L_d & 0 \\ 0 & L_q \end{bmatrix} \tag{4-116}$$

则在估计转子同步旋转坐标系 $\hat{d}-\hat{q}$ 中，高频电压和电流的关系为

$$\begin{bmatrix} \dfrac{d\hat{i}_{d\text{in}}}{dt} \\ \dfrac{d\hat{i}_{q\text{in}}}{dt} \end{bmatrix} = \begin{bmatrix} \cos\Delta\theta_e & -\sin\Delta\theta_e \\ \sin\Delta\theta_e & \cos\Delta\theta \end{bmatrix} \begin{bmatrix} \dfrac{1}{L_d} & 0 \\ 0 & \dfrac{1}{L_q} \end{bmatrix} \begin{bmatrix} \cos\Delta\theta_e & \sin\Delta\theta_e \\ -\sin\Delta\theta_e & \cos\Delta\theta \end{bmatrix} \begin{bmatrix} \hat{u}_{d\text{in}} \\ \hat{u}_{q\text{in}} \end{bmatrix} \tag{4-117}$$

式中，$\hat{u}_{d\text{in}}$、$\hat{u}_{q\text{in}}$ 分别为 $\hat{d}$ 轴和 $\hat{q}$ 轴高频电压（V）；$\hat{i}_{d\text{in}}$、$\hat{i}_{q\text{in}}$ 分别为 $\hat{d}$ 轴和 $\hat{q}$ 轴高频电流（A）。

若用前文所提到的平均电感与半差电感来表示，则上式可以写为

$$\begin{cases} \dfrac{d\hat{i}_{d\text{in}}}{dt} = \dfrac{1}{L^2 - \Delta L^2}[(L + \Delta L\cos 2\Delta\theta_e)\hat{u}_{d\text{in}} + \Delta L\sin(2\Delta\theta_e)\hat{u}_{q\text{in}}] \\ \dfrac{d\hat{i}_{q\text{in}}}{dt} = \dfrac{1}{L^2 - \Delta L^2}[(\Delta L\sin 2\Delta\theta_e)\hat{u}_{d\text{in}} + (L - \Delta L\cos 2\Delta\theta_e)\hat{u}_{q\text{in}}] \end{cases} \tag{4-118}$$

采用高频脉振电压注入法时，向 $\hat{d}$ 轴注入高频信号，有

$$\begin{cases} \hat{u}_{d\text{in}} = u_{\text{in}}\cos\omega_{\text{in}}t \\ \hat{u}_{q\text{in}} = 0 \end{cases} \tag{4-119}$$

式中，u_{in} 为高频电压信号的幅值（V）；ω_{in} 为高频电压信号的角频率（rad/s）。

在注入高频电压信号后，估计转子同步旋转坐标系 $\hat{d}$-$\hat{q}$ 轴的高频电流信号可以写为

$$\begin{cases} \hat{i}_{d\text{in}} = \dfrac{u_{\text{in}}\sin\omega_{\text{in}}t}{\omega_{\text{in}}(L^2 - \Delta L^2)}(L + \Delta L\cos 2\Delta\theta_e) \\ \hat{i}_{q\text{in}} = \dfrac{u_{\text{in}}\sin\omega_{\text{in}}t}{\omega_{\text{in}}(L^2 - \Delta L^2)}\Delta L\sin 2\Delta\theta_e \end{cases} \tag{4-120}$$

可以看出，在$\hat{d}\text{-}\hat{q}$轴的高频电流信号中，都包括与转子位置有关的信息。且对于$\hat{q}$轴高频信号而言，若令位置误差$\Delta\theta_e$为零，则该信号也同时为零，因此选择$\hat{q}$轴高频电流信号来进行转子位置信息的估计。

首先对$\hat{q}$轴高频信号进行处理。在通过带通滤波器获取高频信号后，将其与同频率的正弦信号相乘，随后通过低通滤波器（Low-Pass Filter, LPF）处理，结果为

$$f(\Delta\theta_e) = \text{LPF}(\hat{i}_{qin}\sin\omega_{in}t) = \text{LPF}\left[\frac{u_{in}\Delta L}{\omega_{in}(L^2-\Delta L^2)}(\sin\omega_{in}t)^2\sin 2\Delta\theta_e\right]$$

$$= \text{LPF}\left[\frac{u_{in}\Delta L}{\omega_{in}(L^2-\Delta L^2)}\frac{1-\cos 2\omega_{in}t}{2}\sin 2\Delta\theta_e\right] \quad (4\text{-}121)$$

$$= \text{LPF}\frac{u_{in}\Delta L}{2\omega_{in}(L^2-\Delta L^2)}\sin 2\Delta\theta_e$$

当位置误差$\Delta\theta_e$足够小时，可将上式线性化，结果为

$$f(\Delta\theta_e) = \frac{u_{in}\Delta L}{2\omega_{in}(L^2-\Delta L^2)}\sin 2\Delta\theta_e = \frac{u_{in}(L_q-L_d)}{4\omega_{in}L_dL_q}\sin 2\Delta\theta_e \approx 2k_\varepsilon\Delta\theta_e \quad (4\text{-}122)$$

式中，k_ε，$k_\varepsilon = \dfrac{u_{in}(L_q-L_d)}{4\omega_{in}L_dL_q}$。

LPF表示低通滤波器，即表示对该信号进行低通滤波处理。

可以看出，若能令信号$f(\Delta\theta_e)$为0，此时位置误差$\Delta\theta_e$也为0，即通过所使用的方法成功获取转子位置信息。高频脉振注入法框图如图4-45所示，图中$\hat{\theta}_e$、$\hat{\omega}_e$分别为通过高频注入算法获取的转子位置与转速信息。$T(\hat{\theta}_e)$是将静止坐标系转换到旋转坐标系的变换矩阵，$T^{-1}(\hat{\theta}_e)$为其逆矩阵。

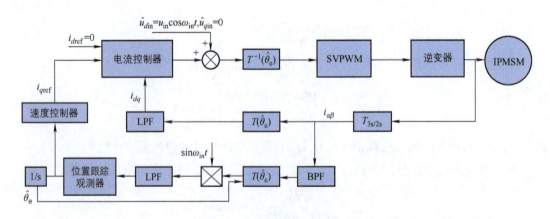

图4-45 高频脉振注入法框图

习题

一、选择题

1.（多选）在 PMSM 的数学模型中，电磁转矩 T_e 与（　　）有关。
A. 定子电流幅值　　B. 定子电流相位　　C. 转子磁链　　D. 转子速度

2.（单选）SVPWM 技术相比 SPWM 技术的优势不包括（　　）。
A. 提高母线电压利用率　　　　　　B. 减小开关损耗
C. 提高输出电压谐波含量　　　　　D. 提高控制精度

3.（单选）（　　）控制策略主要适用于内置式 PMSM。
A. $i_d = 0$ 控制　　　　　　　　　B. 最大转矩电流比（MTPA）控制
C. 最大转矩电压比（MTPV）控制　　D. 恒功率因数控制

4.（单选）（　　）控制策略能够实现 PMSM 的无位置传感器控制。
A. 高频正弦波注入法　B. SVPWM 技术　　C. $i_d = 0$ 控制　　D. 弱磁控制

二、填空题

1. 在 PMSM 矢量控制中，$i_d = 0$ 控制适用于_____类型 PMSM。高频正弦波电压注入法适用于_____IPMSM。

2. 矢量控制策略中的"$i_d = 0$ 控制"能够实现 PMSM 的转矩和磁链的_____控制。

3. 在 PMSM 矢量控制中，弱磁控制是通过增加_____的电流来实现的，从而在高速运行时提升电机的_____。

4. 在七段式 SVPWM 技术中，一个采样周期内包含_____个基本电压空间矢量，通过逆变器_____种开关模式，就对应_____个电压空间矢量。

三、问答题

1. 在 PMSM 矢量控制中，SVPWM 技术相较于传统的 SPWM 技术有哪些优势？请列举至少 3 点。

2. 请说明过调制控制技术对逆变器输出电压谐波含量的影响，并提出几种降低谐波含量的方法。

3. 分析 SVPWM 技术在不同扇区内的电压矢量合成方法，并讨论其优缺点。

4. 分析无位置传感器控制算法在不同转速下的性能差异，并解释其原因。

5. 讨论在设计一个高性能电动汽车驱动系统时，如何选择和应用 PMSM 矢量控制技术、SVPWM 技术和 MTPA 控制策略，以及这些控制策略对电动汽车的性能指标（如续驶里程、加速性能、乘坐舒适性）的影响。同时，请提出在实际工程应用中可能遇到的技术挑战，并探讨相应的解决策略。

四、综合实践题

1. 永磁同步电机矢量控制仿真及实验测试

（1）目的

为加强学生对车用电驱动控制技术理论层面的理解，提高数学建模能力，并使得程序应用的逻辑思维得到训练。

（2）背景说明

矢量控制作为永磁同步电机中的基础控制算法，学生应重点掌握。通过永磁同步电机对拖试验平台，建立相应数学模型，并利用矢量控制策略，使得驱动电机能够带动负载电机稳定运行。

（3）要求

1）学生需绘制控制框图，指明控制量、变量，能够清晰体现控制逻辑以及具体操作流程。

2）运用 matlab/simulink 软件，搭建永磁同步电机数学模型及矢量控制模型，实现速度环、电流环双闭环控制。同时，根据电机参数和实际工况，进行电流环、速度环参数整定。

3）在不同的工况下，包括空载、负载，测试电机的运行性能，并依据测试结果，绘制反馈速度、d-q 轴电流、三相电流曲线。

4）分组进行实验，每 4 个人为一个小组；实验过程中，要注意给定电压、电流不要超过额定值。

5）学生个人需要根据实践项目的要求撰写实践报告。报告应包括项目目的、背景、实验过程、数据分析、优化方法和结果对比等内容。报告要求条理清晰、数据准确、分析深入。

2. 内置式永磁同步电机高频旋转电压注入法仿真及实验测试

（1）目的

为加强学生对无传感器控制算法的理解以及提高数学建模能力。

（2）背景说明

高频旋转电压注入法作为无传感器控制策略中的常用控制算法，能够不借助位置或速度传感器对转子位置进行估测，在工程项目中具有比较广泛的应用场景。

（3）要求

1）学生需绘制控制框图，指明控制量、变量，能够清晰体现控制逻辑以及具体操作流程。

2）运用 MATLAB/Simulink 软件，搭建永磁同步电机数学模型及矢量控制模型，实现速度环、电流环双闭环控制。同时，根据电机参数和实际工况，进行电流环、速度环参数整定。

3）在不同的工况下，包括空载、负载，估测电机的转子位置，并依据测试结果，绘制转子位置、三相电流曲线。

4）分组进行实验，每 4 个人为一个小组；实验过程中，要注意给定电压、电流不要超过额定值。

5）学生个人需要根据实践项目的要求撰写实践报告。报告应包括项目目的、背景、实验过程、数据分析、优化方法和结果对比等内容。报告要求条理清晰、数据准确、分析深入。

参 考 文 献

[1] LIU K, ZHANG J, ZHU Z Q, et al. Online multiparameter estimation of nonsalient-pole PM synchronous machines with temperature variation tracking [J]. IEEE Transactions on Industrial Electronics, 2011, 58（5）: 1776-1788.

[2] 韩坤, 孙晓, 刘秉, 等. 一种永磁同步电机矢量控制 SVPWM 死区效应在线补偿方法 [J]. 中国电机工程学报, 2018, 38（02）: 620-627.

[3] 王文杰, 闫浩, 邹继斌, 等. 基于混合脉宽调制技术的永磁同步电机过调制区域相电流重构策略 [J]. 中国电机工程学报, 2021, 41（17）: 6050-6060.

[4] SARAJIAN A, GARCIA C F, GUAN Q, et, al. Overmodulation methods for modulated model predictive control and space vector modulation [J]. IEEE Transactions on Power Electronics, 2021, 36（4）: 4549-4559.

[5] WANG L, ZHU Z Q, BIN H, et al. Current harmonics suppression strategy for pmsm with nonsinusoidal back-emf based on adaptive linear neuron method [J]. IEEE Transactions on Industrial Electronics, 2020, 67（11）: 9164-9173.

[6] WANG W, LIU C, LIU S, et al. Current harmonic suppression for permanent-magnet synchronous motor based on chebyshev filter and pi controller [J]. IEEE Transactions on Magnetics, 2021, 57（2）: 1-6.

[7] WU Z, YANG Z, DING K, et al. Order-domain-based harmonic injection method for multiple speed harmonics suppression of PMSM [J]. IEEE Transactions on Power Electronics, 2021, 36（4）: 4478-4487.

[8] 袁雷, 胡冰鑫, 魏克银, 等. 现代永磁同步电机控制原理及 MATLAB 仿真 [M]. 北京: 北京航空航天大学出版社, 2016.

[9] 王成元, 夏加宽, 杨俊友, 等. 电机现代控制技术 [M]. 北京: 机械工业出版社, 2006.

[10] 付兴贺, 陈锐, 董婷, 等. 考虑参数不确定的永磁同步电机 MTPA 控制综述 [J]. 中国电机工程学报, 2022, 42（2）: 796-808.

[11] 赵文祥, 刘桓, 陶涛, 等. 基于虚拟信号和高频脉振信号注入的无位置传感器内置式永磁同步电机 MTPA 控制 [J]. 电工技术学报, 2021, 36（24）: 5092-5100.

[12] 盛义发, 喻寿益, 桂卫华, 等. 轨道车辆用永磁同步电机系统弱磁控制策略 [J]. 中国电机工程学报, 2010, 30（9）: 74-79.

[13] HWANG S, LIM M, HONG J. Hysteresis torque estimation method based on iron-loss analysis for permanent magnet synchronous motor [J]. IEEE Transactions on Magnetics, 2016, 52（7）: 1-4.

[14] JIANG W, FENG S, ZHANG Z, et al. Study of efficiency characteristics of interior permanent magnet synchronous motors [J]. IEEE Transactions on Magnetics, 2018, 54（11）: 1-5.

[15] 夏长亮, 李帆, 王慧敏, 等. 基于铁耗在线计算的最小损耗预测电流控制方法 [J]. 中国电机工程学报, 2018, 38（1）: 266-274.

[16] 邵俊波, 王辉, 黄守道, 等. 一种表贴式永磁同步电机无位置传感器低速控制策略 [J]. 中国电机工程

学报，2018，38（5）：1534-1541.

[17] 邓国发，王辉，吴轩，等. 一种可抑制逆变器非线性影响的永磁同步电机无位置传感器控制策略 [J]. 中国电机工程学报，2018，38（24）：7381-7390.

[18] HAN B C，SHI Y Y，SONG X D，et al. Initial rotor position detection method of SPMSM based on new high frequency voltage injection method [J]. IEEE Transactions on Power Electronics，2019，34（4）：3553-3562.

[19] 杨淑英，刘世园，李浩源，等. 永磁同步电机无位置传感器控制谐波抑制策略研究 [J]. 中国电机工程学报，2019，39（20）：6075-6084.

[20] 张国强，项润华，王高林，等. 基于静止轴系脉冲信号注入的永磁同步电机无传感器控制策略 [J]. 中国电机工程学报，2021，41（12）：4297-4306.

第 5 章
新能源汽车典型驱动系统结构及其原理

本章介绍新能源汽车的概念、分类、结构特点和优缺点,并介绍动力耦合的几种方式以及实现汽车行驶所需的工作模式。通过整车性能参数和性能指标对发动机、电机和动力电池进行参数匹配。对串联式混合动力、并联式混合动力、混联式混合动力以及纯电车型的特点、优势以及发展趋势进行介绍,并对其在市场中的表现进行比较和拓展。对不同类型的混合动力系统的结构和特点进行分析,对其在不同工作模式下的各部件的工作状态以及能量传递展开详细描述。

学习目标

1. 学生能够掌握新能源汽车的基本原理和技术,包括电动汽车、混合动力汽车和燃料电池汽车的原理和工作方式。
2. 了解新能源汽车的优势和劣势,以及在实际应用中的发展前景和挑战。
3. 了解新型新能源车的工作方式,包括分布式驱动系统和混联式驱动系统,并与传统的汽车构造知识相结合,拓展知识面。
4. 通过对本章的学习,培养对新能源汽车的研发和生产技术的理解,为之后的实践课程打基础。

5.1 纯电动驱动系统

纯电驱动系统(Pure Electric Drive System)是一种常见的新能源车配置形式,其动力完全依赖于电机和电池组。电机将电能转化为机械能,驱动车轮。

1. 纯电驱动系统具有的优势[1]

(1) 环保性

纯电驱动系统使用电能作为唯一能源,在行驶及作业过程中没有有害气体排放,对环境保护具有重大意义。

（2）能量利用效率

纯电驱动系统具有更高的能量利用效率。传统燃油汽车的发动机能量利用效率较低，燃料燃烧释放能量仅有 30% 左右转化为有效的机械功，其余 70% 的能量转换为热量而浪费掉。而电机的效率在 80%～95% 之间，纯电驱动系统能量利用率可以达到 90% 左右。

（3）燃油经济性

尽管纯电动汽车的初期投资可能较高，但随着电池技术的进步和成本的降低，以及国家和地方的补贴政策，纯电动汽车的运营成本正在逐步降低。尤其是在油价不断上涨的背景下，纯电动汽车的经济性优势更加显著。

（4）结构简单与维护便捷

纯电驱动系统的结构相对简单，减少了复杂机械部件，使得维修工作更加高效。同时，由于电机的可靠性较高，减少了故障发生的可能性，进一步降低了维护成本。

（5）加速性能

电动机在起步时即可输出最大转矩，这使得电动汽车在起步加速阶段具有明显优势，为驾驶人带来更为直接的良好动力感受。

综上所述，纯电动汽车以其环保、节能高效、经济、噪声低、维护便捷和加速性能优越等多方面的优势，国家在大力推动其发展，在公用充电设施和购车补贴等方面给予了很大的帮助，是当下和未来的发展趋势。

2. 纯电驱动系统

纯电动汽车主要是由电驱动系统、底盘部分、车身构架以及各种相关辅助装置等部分组成[2]。除电力驱动系统部分外，其余部分的功能和结构组成大体与传统燃油汽车类同，但有些部件因所选驱动方式的不同，被简化改动或者替换撤除了；由于不需要容纳大型发动机和变速器，相比燃油车的多档变速器、液压变速器或者无级变速器，纯电动汽车只需要单档或者两个档位的减速器对电机的输出进行耦合，车身结构设计更灵活。

纯电驱动系统的组成与工作原理如图 5-1 所示。纯电驱动系统主要由中央控制单元、驱动控制器、电机、机械传动装置等组成。为适应驾驶人的传统操作习惯，纯电动汽车仍保留了加速踏板、制动踏板及相关手柄或按钮等。在纯电动汽车上是将加速踏板，制动踏板的机械位移量转换为相应的电信号输入到中央控制单元来对汽车实行控制的[3]。

纯电驱动系统的组成部分和功能如下。

（1）中央控制单元

中央控制单元不仅是驱动系统的控制中心，还要对纯电动汽车整车的控制起到协调作用。它根据加速踏板与制动踏板的输入信号，向驱动控制器发出相应的控制指令，对电机进行启动、加速、减速、制动控制。

第 5 章 新能源汽车典型驱动系统结构及其原理

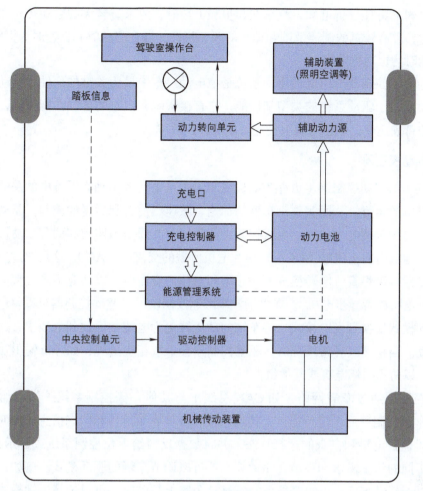

图 5-1 纯电动驱动系统的组成与工作原理

在纯电动汽车减速和下坡滑行时，中央控制单元配合车载电源模块的能源管理系统进行能量回收，对车载电源进行反向充电。

对于与行车行驶状况有关的速度、功率、电压、电流及有关故障诊断等信息，还需传输到辅助模块的仪表盘进行相应的显示。另外，如驱动系统采用分布式轮毂电机驱动方式，当汽车转弯时，中央控制单元也需与辅助模块的动力转向单元配合，实现电子差速转向。

为减少纯电动汽车各个控制部分间的硬件连线，提高可靠性，当代汽车控制系统已较多地采用了多总线控制方式，特别是对于采用轮毂电机进行前后四轮驱动控制的模式，更需要运用总线控制技术来简化纯电动汽车内部线路的布局，提高其可常性，也便于故障诊断和维修。

（2）电机

电机在纯电动汽车中被要求具备电动机和发电机的双重功能，即在正常行驶时发挥其主要的电动机功能，将电能转化为机械能；而在减速和下坡滑行时又被要求发挥其主要的发电机功能，将车轮的惯性动能转换为电能。对电机的选型一定要根据其负载特性来进行。

203

由对车行驶时的特性分析可知，汽车在起步和上坡时，要求有较大的启动转矩和相当的短时过载能力，并有较宽的调速范围和理想的调速特性，即在启动时和低速时为恒转矩输出，在高速转动时为恒功率输出。

电机与驱动控制器所组成的驱动系统是纯电动汽车中最为关键的部件，电动汽车的运行性能主要取决于驱动系统的类型和性能，它直接影响着汽车的各项性能指标，如汽车在各工况下的行驶速度、加速与爬坡性能及能源转换效率。

（3）驱动控制器

电动汽车的驱动控制器（也称为电机控制器）是电动汽车动力系统中的关键组件，它负责控制电机的运行，从而实现对车辆的加速、减速、前进和后退的控制。驱动控制器的主要功能和作用包括电力转换、电机控制、能量回收、通信与监控和调节驱动模式。驱动控制器将电池输出的直流电（DC）转换为电机所需的交流电（AC），这是通过逆变器来实现的。逆变器可以将直流电转换成所需频率和电压的交流电，以适应不同类型的电机（例如永磁同步电机或者异步电机）。在电动汽车减速或制动时，驱动控制器可以将电机的工作模式从驱动模式切换到发电模式，将车辆的动能转化为电能并回收到电池中，这个过程称为再生制动。当检测到异常情况时，驱动控制器会采取相应措施，如降低输出功率或切断电机电源，以防止损坏电机或其他组件。

驱动控制器通过车载网络（如 CAN 总线）与其他车辆控制系统（如电池管理系统（BMS）、车辆控制单元）进行通信，传递和接收各种控制信号和状态信息。同时，驱动控制器还实时监控电机和自身的运行状态，并将数据反馈给上位控制系统或显示给驾驶人。并且根据不同的驾驶需求和环境，驱动控制器可以调节车辆的驱动模式。例如，在城市行驶中，可以选择经济模式以提高能效；在高速公路上行驶时，可以选择运动模式以获得更高的动力输出。

（4）机械传动装置

纯电动汽车驱动电机的驱动转矩通过机械传动装置传输给汽车的驱动轴，带动汽车车轮行驶。由于驱动电机本身具有较好的调速特性，因此其变速机构可被大大简化，纯电驱动系统的传动装置基本采用单档或者两档减速器进行机械传动，对电机输出进行减速增扭作用。又因为驱动电机的低转速大转矩特性，电机可以直接带负载进行汽车冷启动，也省去了传统内燃机汽车的离合器。

由于驱动电机可以容易地实现正反向旋转，因此也无须通过变速器中的倒档齿轮组来实现倒车；对驱动电机在车架上合理布局，即可省去传动轴、万向节等传动部件。

当采用轮毂电机分散驱动方式时，又可以省去传统汽车的驱动桥、机械差速器、半轴等一切传动部件，例如日产 e-NV200 电动货车，适用于城市物流；丰田 eQ 紧凑型电动汽车、Rivian R1T 和 R1S 电动皮卡，适用于越野和全地形使用。

阅读·思考

发展新能源汽车是我国从汽车大国迈向汽车强国的必由之路，是应对气候变化、推动绿色发展的战略举措。2012年国务院发布《节能与新能源汽车产业发展规划（2012—2020年）》以来，我国坚持纯电驱动战略取向，新能源汽车产业发展取得了巨大成就，成为世界汽车产业发展转型的重要力量之一。当前，全球新一轮科技革命和产业变革蓬勃发展，汽车与能源、交通、信息通信等领域有关技术加速融合，电动化、网联化、智能化成为汽车产业的发展潮流和趋势。新能源汽车融汇新能源、新材料和互联网、大数据、人工智能等多种变革性技术，推动汽车从单纯交通工具向移动智能终端、储能单元和数字空间转变，带动能源、交通、信息通信基础设施改造升级，促进能源消费结构优化、交通体系和城市运行智能化水平提升。到2025年，我国新能源汽车市场竞争力明显增强，动力电池、驱动电机、车用操作系统等关键技术取得重大突破，安全水平全面提升。纯电动乘用车新车平均电耗降至12kW·h/100km，新能源汽车新车销售量达到汽车新车销售总量的20%左右，高度自动驾驶汽车实现限定区域和特定场景商业化应用，充换电服务便利性显著提高。力争经过15年的持续努力，通过提高技术创新能力、加快建设共性技术创新平台、提升行业公共服务能力、构建新型产业生态、推动产业融合发展、完善基础设施体系等措施，以习近平新时代中国特色社会主义思想为指引，坚持创新、协调、绿色、开放、共享的发展理念，以深化供给侧结构性改革为主线，坚持电动化、网联化、智能化发展方向，深入实施发展新能源汽车国家战略，以融合创新为重点，突破关键核心技术，提升产业基础能力，构建新型产业生态，完善基础设施体系，优化产业发展环境，推动我国新能源汽车产业高质量可持续发展，加快建设汽车强国。

——摘自《新能源汽车产业发展规划（2021—2035年）》——国务院办公厅，《"十四五"现代能源体系规划》——国家发展改革委、国家能源局

想一想1：新能源技术应用

新能源技术指的是利用自然界中不断更新的资源，而非传统能源资源，比如石油、煤炭不可再生资源，以生产能源或提供服务的技术和方法。你知道新能源技术包含哪些新能源吗？我国现阶段新能源技术发展现状是怎样的？新能源技术对哪些行业产生了影响？

想一想2：新能源汽车发展及应用

新能源汽车是指采用新型动力技术，如动力电池、电动机、燃料电池等作为动力源的车辆。主要包括纯电动汽车、混合动力汽车、插电式混合动力汽车和燃料电池汽车等类型，这些车辆相比传统汽车具有更环保、更节能的特点。如何提高新能源汽车的动力性能和驾驶体验？新能源汽车在循环经济和可持续发展中的作用如何加强？新能源汽车的续驶里程相比燃油车如何提升？

想一想3：新能源汽车工业链技术

新能源汽车工业链是指涵盖新能源汽车及其相关配套产品从研发、生产制造、销售、

充电设施建设、运营管理以及售后服务等各个环节的产业链。新能源汽车的整车制造环节如何提高生产效率和质量？新能源汽车工业链中的碳排放和环境影响如何进行有效管理和治理？

5.2 混合动力驱动系统

混合动力汽车一般是指油电混合动力汽车（Hybrid Electric Vehicle, HEV），即采用传统的内燃机（柴油机或汽油机）和电机作为动力源，也有的发动机经过改造使用其他替代燃料，例如压缩天然气、丙烷和乙醇燃料等。车辆的行驶功率依据实际的车辆行驶状态由单个驱动系统单独或共同提供。车辆驱动系统由两个或多个能同时运转的单个驱动系统联合组成，车辆的行驶功率依据实际的车辆行驶状态由单个驱动系统单独或共同提供。因各个组成部件、布置方式和控制策略的不同，混合动力驱动系统（简称混动系统）形成了多种分类形式，比如串联式、并联式、混联式驱动系统。

5.2.1 串联式驱动系统

串联式混合驱动系统（Series Hybrid Drive System）是一种混合动力车辆的配置，其中燃油发动机并不直接驱动车辆的车轮，而是用于驱动一个发电机，该发电机再产生电力，供给电动机使用，而电动机则负责驱动车辆的车轮。这种配置允许燃油发动机在最有效的转速下运行，从而提高燃油效率并减少排放。

在串联式混合驱动系统中，燃油发动机不直接参与到动力传输过程中，而是作为一个电力供给单元存在。电机是车辆的主要的驱动力来源。这种系统通常也会配备动力电池组，用于储存多余的电能，以备不时之需，例如在发动机效率低下或停机时提供额外动力。

这种类型的混合动力系统在纯电动驱动需求较高、发动机间歇使用的应用场景中尤为适用。它能有效地减少内燃机的使用，从而降低环境污染和提高能源利用效率。所以串联式混合动力系统又被称为油混汽车或者增程式汽车，结合了传统的内燃机和电机的优势，主要应用场景包括：

（1）乘用车

串联式混动系统常用于汽车混合动力车辆中，通过内燃机在高效运行区间工作，提高燃油利用率，减少尾气排放，实现更环保、能效更高的汽车驱动方式。

（2）公交车和城市轨道交通

在公交车和城市轨道交通系统中，串联式混动系统可以提高车辆的燃油效率、减少环境污染，并减少城市交通运输的运营成本。

（3）商用车辆

商用车辆如货车等需要长时间运输的车辆，串联式混动系统可以提高燃油效率、降低运营成本，并减少对环境的影响。

（4）特定应用领域的机械设备

串联式混动系统也可以应用于特定领域的机械设备，通过内燃机和电机的组合，提高设备的运行效率和性能。

常见的串联式混合动力驱动系统如图 5-2 所示。驱动系统由发动机、发电机、驱动电机、减速器、动力电池等组成。

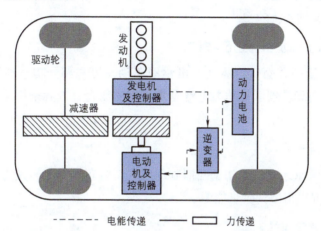

图 5-2　串联式混合动力驱动系统

驱动电机产生的转矩通过减速装置传递到车轮驱动车辆行驶，车辆制动时驱动电机产生负转矩使车辆减速，并将整车动能存储到动力电池。发动机和动力电池以及电动机可以通过逆变器和发电机进行能量之间的转换，采用 H 桥控制电路实现电机三相交流电与动力电池直流电之间变换，同时对电机转矩大小以及正反方向进行控制。发动机通过发电机将燃油化学能转化为电能，转换能量的大小由工作转速和转矩决定，为保证发动机效率较高，往往发动机只工作在有限几个点，这与传统燃油车发动机为面工况有较大差别。

发电机除了用于发电外，还起到启动发动机和控制发动机转速的功能。发动机工作时多采用转矩控制模式，发电机采用转速控制模式，发电机启动发动机后将发动机转速提升至目标转速，随后发动机转矩通过调节喷油量被设定至目标值。动力电池主要起到能量储存的作用，当整车驱动能量大于或者小于发动机发电能量时，不足或是剩余的能量都由动力电池进行调节，这样可以避免发动机因为整车驱动能量波动而频繁改变工作点，降低发动机工作效率[4]。

依据驱动系统的状态以及驾驶人的驾驶需求指令，动力系统主要模式有如下 7 种。

（1）纯电驱动模式

当发动机不工作时，车辆动力仅由动力电池提供，该模式主要在动力电池电量充足时采用。

（2）纯发动机驱动模式

车辆驱动功率仅来源于发动机和发电机组，动力电池既不供电也不从驱动系统中获得电量。该模式是效率较高的一种驱动方式，发动机所发电能直接供给驱动电机，没有动力电池一充一放的损失，但由于整车需求功率变化较大且发动机仅工作在有限点，因此该驱动模式仅在有限场合使用。

（3）混合驱动模式

在该模式下整车驱动功率由发动机和动力电池共同提供，在动力电池电量较为充足且发动机所发电量无法满足整车驱动时，电机和发动机共同驱动车辆，可以避免频繁调整发动机工作点，降低驱动系统效率。

（4）发动机驱动 + 动力电池充电模式

发动机所发电量一方面供给驱动电机驱动车辆，另一部分功率则用来给动力电池发电，主要在整车驱动能量较低且动力电池电量不高的场合，或者采用动力电池充电来调整发动机工作点。

（5）再生制动模式

发动机不工作，驱动电机工作于回馈制动模式，将车辆动能转换为电能，在车辆频繁起停制动的城市工况，可节约大量能源。

（6）动力电池充电模式

该模式一般在动力电池电量较低，且整车驻车档时采用，发动机在发电机的启动下进行发电，供给动力电池。

（7）混合式动力电池充电模式

该模式一般发生在动力电池电量较低，且车辆运行过程中进行制动时，发动机所发电量和整车制动电量全部用于给动力电池发电。

由于串联式混合驱动发动机与驱动轮没有机械连接，因此发动机能够完全与整车运行解耦，可以工作在万有特性图上任意点处。这一特异的优点借助于完善的功率流控制，可以保障串联式驱动系统的发动机始终运行在其最大效率区。在该狭小区域内，通过优化设计和控制，发动机的效率和排放可进一步得到改善。相比于全运行范围内的优化，该狭小区域内的优化简易得多。

因电机具有用于驱动近乎理想的转矩 – 转速特性，其驱动系统不需要多档的传动装置。因此，驱动系统结构大为简化，且成本下降。此外，可采用两个电机分别带动一个车轮的结构，这样就可以取消机械差速器。还可应用4个轮边电机分别驱动一个车轮，这样每个车轮的转速和转矩都能独立控制，因而可大大提高车辆的驾驶性能和通过性能，这对通常行驶在不利地形上（例如冰、雪和软地面）的越野车辆尤为重要。

传统发动机的特性如图 5-3 所示。由图可以看出，发动机的最大转矩点 A 点和最大功率点 B 点其实并不重合，并且由于发动机档位固定，发动机不能运行在最佳运行区域，导致了很多能量的消耗。在串联式混动系统中，发动机系统与驱动轮在机械上是分离的，发动机的转速和转矩与车速和驱动转矩的需求无关，于是可控制发动机使其始终运行在最佳运行区，此时发动机的油耗和排放将处于最低程度（见图 5-3 交点 C）。

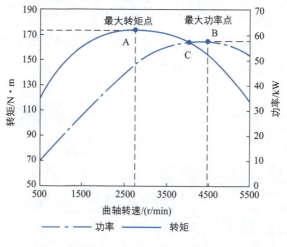

图 5-3　传统发动机特性图

按照来自驾驶人的牵引功率（转矩）的指令，以及来自各组件、驱动系和预置控制策略的反馈，车辆控制器给出对各组件的运行指令。控制的目标如下：①满足驾驶人的功率需求；②以最佳效率运行各组件；③尽可能多地回收制动能量；④在参数预置窗内，保持峰值电源的荷电状态（SOC）。

然而，串联式混动系有以下缺点：

1）源于发动机的能量被两次转换（在发电机中，由机械能转变为电能；在驱动电机中，由电能转变为机械能）传递到驱动轮。发电机和驱动电机两者的低效率会导致显著的损耗。

2）电驱动系统增加了额外的重量和成本。

3）因为驱动电机是唯一的驱动车辆的动力装置，故其必须按最佳的加速和爬坡运行性能需求。为保证足够动力予以定制，对电机的功率设计要求较高。

总的来说，串联式混动系统通过高效的能量管理和灵活的驱动模式，实现了燃油经济性和环保性能的平衡，是混合动力汽车领域的重要技术之一。

串联式混动系统广泛应用于多种车型，例如比亚迪 K9、本田 Fit EV 小型轿车等车型。

5.2.2　并联式驱动系统

并联式混合驱动系统（Parallel Hybrid Drive System）是混合动力汽车中另一种常见的动力系统架构。在这种系统中，发动机和驱动电机可以同时独立或协同工作驱动车辆。发动机可以直接驱动车轮，也可以通过发电机产生电力，为驱动电机供电，从而驱动车辆。这种并联式混动系能够根据行车需要自动调节发动机和电机的工作比例，实现最佳的燃油经济性和性能表现。

(1) 并联式混动系统的结构

并联式混合动力电动汽车主要由发动机、发电机、驱动电机和动力电池组等部件组成。由动力电池组-驱动电机所提供的动力在原车传动系统的某一处和发动机机械传动混合，或者发动机和驱动电机产生的动力进行相互补充。

并联式混动系统的结构如图 5-4 所示。这一结构的特异性能是利用机械联轴器将发动机和驱动电机提供的两个机械功率组合在一起的。

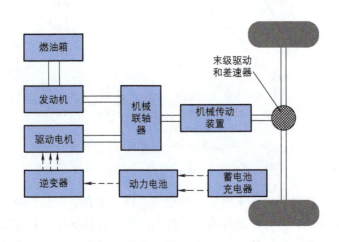

图 5-4　并联式混动系统的结构

(2) 并联式混动系统的优点

在并联式混动系统中，串联式混动系统所拥有的运行模式依然有效，并且可以相互单独驱动或者进行动力互补。相比串联式混动系统，并联式混动系统的主要优点如下：

1) 发动机和电机都直接向驱动轮提供转矩，不存在能量形式的转换，因而能量损失较少。这种配置可以在需要额外动力时（例如加速或爬坡）同时使用两种动力源，提供更好的性能和响应速度。

2) 结构相对简单，因为并联式混动系统不需要复杂的能量转换设备（如串联式混动系统中的发电机和电动机的组合），这可能导致更低的维护成本和更长的使用寿命。在并联式系统中，可以更灵活地管理能量使用，比如仅使用驱动电机进行低速行驶，而在高速行驶时使用发动机，或两者结合使用以优化燃油效率和减少排放。

在并联式混合动力驱动车辆中，发动机和电机之间具有一套机械耦合系统，机械耦合包括转矩耦合和转速耦合。在转矩耦合中，机械联轴器将发动机和电机的转矩相加在一起，并将总转矩传递给驱动轮，发动机和电机的转矩可分别独立控制。但是，由于功率守恒的约束条件，发动机、电机的转速以及车速是以一确定的关系相互耦合在一起的，转速之间相互制约，共同驱动车辆。类似地，在转速耦合中，发动机和驱动电机的转速可相加在一起，且所有的转矩被耦合在一起，并不能独立控制。

并联式混合动力驱动系统通过耦合电机和发动机的动力输出共同驱动车辆，耦合方式包括双轴输入机械耦合变速器，行星齿轮动力分流装置，电机-发电机耦合等耦合方式。其中，最常用的变速器耦合通过将内燃机和电机通过各自的轴连接到耦合变速器。变速器可以同时接收来自内燃机和电机的动力，并将其传递到驱动轮。这种设计允许两种动力源在不同的工况下独立或协同工作。动力分流装置通过行星齿轮组等机械结构，将内燃机和电机的动力进行分流和合并。行星齿轮组可以根据驾驶需求调节动力分配比例，实现内燃机和电机的高效协同工作[5]。

按照发动机动力输出轴与电机输出轴的关系，将转矩耦合驱动系统分为单轴形式和双轴形式。

（1）单轴形式

单轴形式的转矩耦合并联式混动系统如图 5-5 所示，构造简单且紧凑，驱动电机转子起着转矩耦合装置的作用。从图 5-5 可以看出，相较串联耦合驱动系统，该方式可以由发动机单独运行驱动车辆，当车辆的负载较低时，发动机功率超过车辆行驶需要的功率，驱动电机可以作为发电机消耗掉发动机多余的能量，对动力电池进行充电，保证车辆的高效行驶。在发动机功率不足时，驱动电机可以作为发动机动力输出的补充部分，发动机和驱动电机动力经过单轴齿轮耦合装置进行耦合，通过变速器和传统系统将动力传至车辆驱动桥和驱动轮上；这种布置形式可以根据电机和发动机的功率进行变化，可以采用大驱动电机小发动机的形式，驱动电机作为主要的输出，此时驱动电机输出轴作为单根主轴；当车辆上坡或者超车行驶时，需要更大的动力储备，此时电机作为发动机的动力补偿。当车辆在市区正常行驶时，电机作为动力电池的发电机，消耗发动机的额外功率，使得整车的燃油经济性达到最佳[6]。

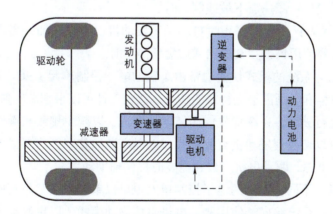

图 5-5 单轴并联式混动系统

（2）双轴形式

双轴形式的转矩耦合并联式混动系统如图 5-6 所示，发动机和电机各自与一套变速器相连，然后通过齿轮系进行复合。这种结构可以单独调节发动机或电机的转速，发动机的工况更灵活。

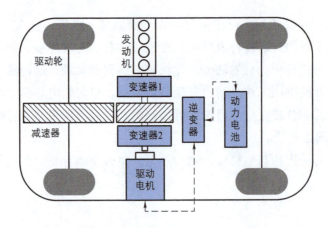

图 5-6　双轴并联式混动系统

并联式混合动力汽车可实现纯电动、发动机驱动、发动机主动充电、并联混合驱动、串联混合驱动、再生制动、停车发电等多种工作模式，通过灵活切换这些模式，可以优化车辆的性能和燃油效率。以下是主要的工作模式及其切换方法：

1）纯电动模式：车辆仅由电机驱动，发动机不工作。主要应用场景：低速行驶、市区驾驶或停车起步时。

2）发动机模式：车辆仅由发动机驱动，电机关闭或仅进行能量回收。主要应用场景：高速行驶或电池电量不足时。

3）混合动力模式：发动机和电机共同驱动车辆，电机提供辅助动力。主要应用场景：加速、爬坡或需要较高动力输出时。

4）能量回收模式：在减速或制动时，电机转为发电机，将动能转化为电能并存储在电池中。主要应用场景：减速、下坡或制动时。

5）急速启停模式：在车辆停止时自动关闭发动机以节省燃油，当需要继续行驶时快速重启发动机。主要应用场景：交通堵塞或短暂停车时。

并联式混合动力系统的模式切换通常由车辆的电子控制单元（ECU）自动管理，根据驾驶条件、电池电量和车辆需求进行智能切换。驾驶条件可以根据车辆使用环境进行调节，在车辆启动和低速行驶时，系统优先使用纯电动模式，以减少排放和噪声；在车辆中速行驶时，动力系统可以切换到发动机直驱模式，以提高燃油效率；当车辆高速行驶时，发动机作为主要的动力来源，驱动电机可以在需要时提供辅助动力。

根据电池电量的不同，车辆的电子控制单元也可以单独切换整车行驶模式，在动力电池电量较为充足时，系统倾向于使用驱动电机直接驱动模式，以更好地节省出行成本。在电量较低时，系统切换到发动机模式，同时进行动力电池充电。根据驾驶人的加速需要，并联式混动系统也可以快速切换不同模式，如果驾驶人需要超车，驱动电机可以快速介入提供辅助动力，进入混合动力模式。在制动或者减速的时候，系统切换到能量回收模式，通过再生制动将动能转化为电能。

尽管大多数切换都是自动完成的，但一些车辆允许驾驶人手动选择特定的驾驶模式，例如纯电动模式或节能模式，以便在特定情况下优化性能或燃油效率。通过这些智能化的模式切换，并联式混合动力系统能够有效地利用内燃机和驱动电机的优势，提供高效、环保和性能卓越的驾驶体验。

对于双轴并联式驱动系统，发动机和电机可以单独驱动车辆。另外，电机可以作为发动机的动力补充，也可以作为发电机使用，其具体的动力传递示意图如图 5-7 所示。

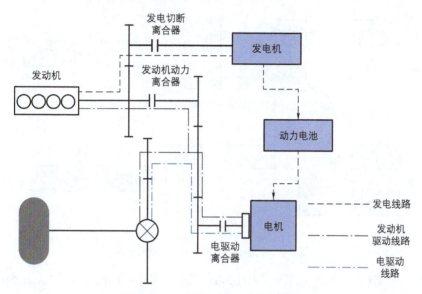

图 5-7　驱动模式动力传递示意图

5.2.3　混联式驱动系统

混联式驱动系统（Series-Parallel Hybrid System）是将串联式和并联式两种混合动力系统的特点结合在一起的一种驱动系统。这种系统可以根据不同的驾驶条件和需求，在串联和并联模式之间切换，从而优化车辆的性能和效率。

混联式驱动系统主要由发动机、电机、发电机、功率分配装置、动力耦合器、电力电子控制系统和控制单元组成。与并联驱动系统和串联驱动系统相比，混联式驱动系统多了一个功率分流器，通过功率分流器灵活的动力组合和智能控制。该系统能够在不同驾驶条件下提供高效、环保和强劲的动力输出。

在混联式混动系统中，功率分流混联式混动系统使用行星排作为功率分流装置。当行星排的太阳轮、齿圈、行星架均不与机架连接时，行星排拥有两个运动自由度，不同于单输入单输出系统固定的输入输出关系，它可通过控制其中一个输入转速，实现另一输入转速与输出转速的解耦，因此拥有更大的调节自由度，也被称作电子无级变速。在实际应用中，通常使用功率分流装置将发动机转速与车速解耦，在其前或其后并入电机解耦转矩，实现功率的分流，达到优化油耗的目的。功率分流混联式传动系统根据耦合机构中所包含的行星排数量的不同，可分为单排、双排和多排结构。根据功率分流装置对发动机输出的功率与电功率耦合方式不同，又可分为输入分流型、输出分流型和复合分流型，如图 5-8 所示[7]。

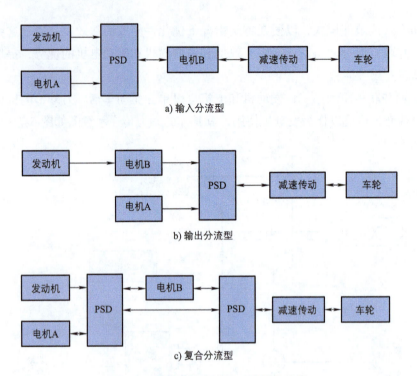

图 5-8 混联式混合动力系统结构分类

1)输入分流型混合动力系统如图 5-8a 所示,其动力分配器(Power Split Device,PSD)位于传动系统输入端,通过 PSD 将发动机动力与电机 A 的动力耦合后,PSD 的输出端与电机 B 并联输出,为车辆提供动力。

2)输出分流型混合动力系统如图 5-8b 所示,其 PSD 位于传动系统输出端,发动机动力与电机 A 的动力并联,并通过 PSD 与电机 B 的动力耦合后输出,为车辆提供动力。输出分流型在高车速工况下效率较高,相对于汽车频繁启动且发动机在低速时效率较低的特点,输出分流型的结构增加了低速工况下的能量循环,不能很好地就发动机固有输出特性在低速工况下形成互补;此外,高速工况下通过 PSD 内部杠杆结构在输出端并联电机 A 输出的方式提高了对电机 A 容量的配置需求。

3)复合分流型混合动力系统如图 5-8c 所示,由双排或多排行星轮构成,可视为输入分流型与输出分流型的组合,通过控制离合器调整行星齿轮的工作状态实现多种模式的切换。

混联式混动汽车通过由行星排机构和电机构成的功率分流装置将发动机输出的功率进行分流,分别通过机械传递路径与电传递路径传递到输出轴。

双行星排结构的混合动力系统构型矩阵的一般表示形式为

$$\boldsymbol{D}_{\text{model}} = \begin{bmatrix} D_{11} & D_{21} \\ D_{12} & D_{22} \\ D_{13} & D_{23} \\ D_{14} & D_{24} \end{bmatrix} \quad (5\text{-}1)$$

式中，D_{1j} 为第一个行星排（PG1），其中 j = 1，2，3，4；D_{2j} 为第二个行星排（PG2）；D_{i1}、D_{i2}、D_{i3} 和 D_{i4} 分别对应 4 个动力源，即发动机（Eng）、输出端（Out）、电机 1（MG1）和电机 2（MG2）。其结构如图 5-9 所示。

混联式混动系统的切换方法主要依赖于车速和轮端驱动力的组合。在低速区域，系统主要依赖纯电动（Electric Vehicles，EV）模式，此时电机独立提供动力，发动机处于停机状态，功率主要由动力电池向电机供电。随着车速的提升，进入中速区域，系统会在纯电动模式、串联模式和并联模式之间频繁切换。在串联模式下，发动机带动发电机给动力电池充电，然后驱动电机给轮端提供动力[8]。而在并联模式下，发动机和电机同时提供动力。到了高速区域，系统则主要在发动机直驱模式和并联模式之间切换。发动机直驱模式下，发动机直接驱动车辆行驶，而并联模式则仍由发动机和电机共同提供动力。

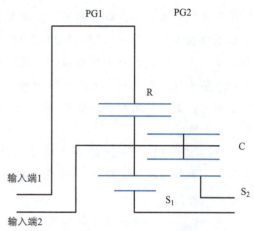

图 5-9　混联式混动系统的行星齿轮

混联式混动系统的切换并非完全由驾驶人控制，而是由车辆的控制系统根据车速、轮端驱动力以及电池状态等多种因素自动判断并进行切换。这样的设计旨在确保车辆在各种驾驶条件下都能保持最佳的动力性能和燃油经济性。

在模式切换时，系统会精确地控制发动机和电机的转矩输出，以及发电机的充电和放电状态。例如，在从纯电动模式切换到并联模式时，系统会逐渐增加发动机的转矩输出，同时减少电机的转矩输出，以保持轮端驱动力的稳定。在整个切换过程中，系统还会实时监测电池的温度、电压和电流等状态，以确保电池的安全和稳定运行。

不同的混联式混动系统可能会有不同的切换逻辑和策略，因此具体的切换方法可能因车型和制造商的不同而有所差异。同时，随着技术的不断进步，混合动力系统的切换方法也在不断优化和改进，以提供更好的驾驶体验和燃油经济性。

阅读·思考

2024 年我国政府工作报告中，在回顾 2023 年时提到："现代化产业体系建设取得重要进展""新能源汽车产销量占全球比重超过 60%"。从 2023 年的市场数据来看，混动迎来了一波大爆发。根据 2023 年前 11 个月的数据统计，插电混动和纯电车型的销量，同比分别增长了 83.5% 和 23.6%，混动的增速远超纯电。在这一背景下，全面剖析中国混合动力车市场的发展趋势显得尤为重要。通过深入的市场调研和分析，我们可以发现，混合动力车在中国市场中的受欢迎程度不断提升。其既能够满足消费者对长续驶里程的需求，又能够在城市拥堵的交通环境中实现低油耗、低排放，成为越来越多消费者的首选。其独特的节能减排特性和长续驶里程，不仅满足了消费者对环保和便捷的双重追求，更在中国这一庞大的汽车市场中展现出了巨大的发展潜力。毫无疑问，在新能源领域我们取得了巨大的成功。在未来几年内，随着我国政府对环保政策的持续加强和消费者对环保出行的日益关注，混合动力车市场有望迎来更加广阔的发展空间。2023年9月，工业和信息化部、财政部、交通运输部、商务部、海关总署、金融监管总局、国家能源局等7部门联合印发的《汽车行业稳增长工作方案（2023—2024年）》中就提到，鼓励企业以绿色低碳为导向，积极探索混合动力、低碳燃料等技术路线，促进燃油混动汽车市场平稳发展。总的来说，我国混合动力车市场正处在一个充满机遇和挑战的关键时期。只有全面把握市场的发展趋势、深入了解消费者的需求、不断创新和进步，才能够在激烈的市场竞争中脱颖而出，实现更加长远的发展。

——摘自《2024—2030年中国混合动力车未来发展趋势分析及投资规划建议研究报告》——中智信投研究网，《汽车行业稳增长工作方案（2023—2024年）》——工业和信息化部等七部门

想一想1：混合动力汽车技术

混合动力汽车技术结合了传统燃油发动机和电动驱动系统的优势。这种汽车可以通过燃油发动机和电动驱动系统的协同工作，实现更高的燃油效率，有助于减少对化石燃料的依赖。混合动力汽车技术有哪些主流类型？分别对应的车型有哪些？请举例说明为什么混合动力汽车受到多数人的喜爱。

想一想2：混合动力汽车模式切换

混合动力汽车通常会根据行驶条件和需求自动或手动切换不同的模式，以达到最佳效果。主要由控制系统、驱动系统、辅助动力系统和电池组等部分构成。混合动力汽车模式主要有哪些？请详细介绍这些模式的切换方法和过程。

想一想3：混合动力汽车燃油经济性

由于混合动力汽车结合了燃油发动机和电动驱动系统的优势，能够在不同场景下智能切换使用两种驱动方式，从而实现更高的燃油效率。混合动力汽车在能源效率方面与传统内燃机汽车相比具有哪些优势和劣势？目前混合动力汽车的电池技术和续驶里程如何？在未来的发展中是否有改进空间？

5.3 新能源汽车变速系统

新能源汽车变速系统指的是用于纯电动汽车（Electric Vehicle，EV）、混合动力汽车（Hybrid Electric Vehicle，HEV）、插电式混合动力汽车（Parallel Hybrid Electric Vehicle，PHEV）和燃料电池汽车（Fuel Cell Electric Vehicle，FCEV）等新能源汽车上的传动系统。与传统发动机汽车相比，新能源汽车变速系统在纯电动汽车中起到减速增扭的作用，在混动车系统中，新能源汽车变速系统起到动力耦合与动力分流的作用。新能源汽车变速系统通常具有不同的设计和工作原理，以优化新能源车动力系统的效率和性能。

5.3.1 纯电驱动系统多档减速器

纯电动汽车减速器（Electric Vehicle Reducer，EVR）是电动汽车中的一个关键传动部件。其主要功能是将电动机输出的高转速、低转矩转换为适合驱动车轮的低转速、高转矩，从而提高车辆的动力性能和行驶效率。

对于纯电动汽车，减速器主要是为了优化车辆在不同速度和负载条件下的效率。这样的减速器通常被称为固定齿比减速器，帮助电动汽车在不同驾驶条件下获得更好的效能。减速器是一项关键技术，对动力性、经济性和成本有极大的影响。除此之外，由于电机相比内燃机具有更强的可控性，因此电动汽车在换档过程中对电机控制得更为灵活[9]。

纯电动汽车减速器的主要功能有如下两点：

1）**转速转换**：驱动电机通常工作在高转速范围，但车辆行驶需要较低的车轮转速。减速器通过齿轮传动将驱动电机的高转速转换为适合驱动车轮的低转速。

2）**转矩放大**：由于减速器的齿轮比设计，它能够将电动机的低转矩转换为较高的转矩，从而满足车辆在起步、加速和爬坡等工况下的转矩需求。

纯电动汽车减速器广泛应用于各类电动汽车中。例如，特斯拉 Model S 和 Model 3 都采用了高效的行星齿轮减速器，以提供强劲的加速性能和高效的能量利用。

两档式不中断减速器是一种用于纯电动汽车的先进传动系统，在不同的驾驶条件下提供更佳的动力输出和能效。这种减速器允许电动汽车行驶时在两个不同的档位之间顺利切换，而不会中断动力传递，从而提供更好的驾驶体验和效率。

常见的两档式减速器如图 5-10 所示，减速器能扩宽动力系统的输出转矩范围，提高汽车的动力性，进而降低电机的成本；在起步时，通过调整低档位速比，能够减少电机的输出转矩，降低电机的启动电流。两档式不中断减速器正在被越来越多的高性能电动汽车采用。例如，保时捷 Taycan 和奥迪 e-tron GT 等车型就使用了这种先进的传动系统，以提供更好的加速性能和更高的行驶效率[10]。

相比传统的多档切换减速器，动力不中断型减速器能够让车辆在换档过程依然保持动力输出，使车辆的舒适性更好。两档式行星齿轮减速器结构传递如图 5-11 所示。

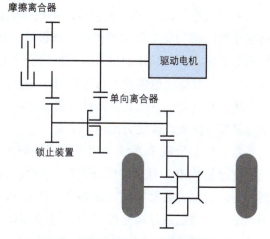

图 5-10 两档式动力不中断变速器结构

5.3.2 混合动力驱动系统专用变速器

混合动力驱动系统变速器是一种用于混合动力汽车的传动系统，能够协调内燃机和电动机的动力输出，以优化车辆的性能和效率。与传统内燃机汽车的变速器相比，混合动力驱动系统变速器具有更复杂的设计和功能，以适应多种动力源的需求。

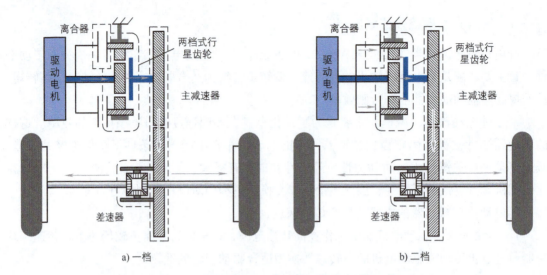

图 5-11 两档无动力中断变速器结构及传递路线

与传统燃油汽车的变速器相比,混合动力汽车变速器的功能发生了较大的改变,需要对发动机与驱动电机等多个动力源输出转矩进行耦合,之后再进一步传递至车辆半轴。目前,混合动力变速器研发方向分为两类:一类是拓扑式混合动力变速器,其主要是在传统变速器的基础上进行了一定的电气改造;另一类是专为混合动力设计的变速器(Dedicated Hybrid Transmission,DHT)。DHT 采用高效发动机和高功率密度、高效率电机作为基础动力源,并针对发动机和电驱动的动力输出特性进行专项研发设计[11]。

基于这些特性,DHT 对混合动力汽车的动力控制策略和软件算法进行全模式优化,使得变速器的结构和工作原理得以重新设计,从而形成一个集成化的变速器系统。该系统结构更加紧凑,质量和体积更小。与传统变速器不同,DHT 不仅包含变速器,还通常包括两台电机(一台驱动电机和一台发电机)、离合器及其他一系列机械结构。这种高度集成化的动力装置具备高度的模式灵活性,能够适应各种复杂工况,搭载 DHT 的混合动力汽车在燃油经济性方面表现也更为出色。

常见的混合动力系统变速器结构如图 5-12 所示,该构型动力源由双电机和发动机组成,变速机构由 3 对档位啮合齿轮、2 个湿式多片式离合器和 1 个同步器构成,使用离合器作为动力耦合装置实现转矩耦合。该 DHT 构型中与电机 EM1 机械连接的输出轴为前排输出轴,发动机通过离合器 C1 与前排输出轴相连,电机 EM2 输出轴经一对固定速比减速齿轮与变速器 G3 档齿轮相连,前排输出轴经离合器 C3 与变速器 G2 连接,通过离合器 C2 与 G1 和 G3 齿轮轴相连。由同步器接合/分离实现 G1 与 G3 之间的档位切换。DHT 混合动力系统通过 3 个离合器与 1 个同步器的接合/分离动作控制整车能量流传输路径。

与传统变速器相比,DHT 能够高度耦合发动机与电机工作特性,最大效率地发挥动力系统性能,其拥有平台匹配性好、节油效果佳等优势,是当前汽车市场节能减排的主流技术。近年来,DHT 在国内外车企的众多车型上得到了较多应用,是混合动力汽车研发领域的一项新技术。长城 WEY P8、长城哈弗 H6 混合动力汽车就采用了 DHT 变速耦合系统,

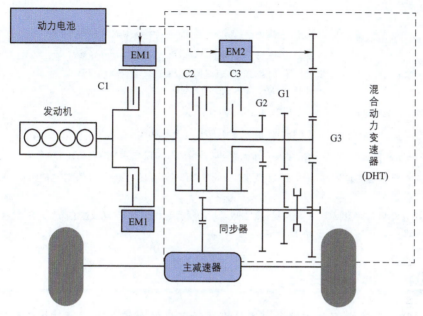

图 5-12 常见的混合动力系统变速器

通过行星齿轮组实现高效的动力分配和能量回收。本田雅阁混合动力和本田 CR-V 混合动力，利用双电动机结构和行星齿轮组，实现了多种动力组合模式，以优化不同驾驶条件下的性能和效率。

常见的 DHT 混合动力系统通过离合器和同步器的分离 / 接合动作实现档位以及不同工作模式之间的切换。在出行前，驾驶人可以根据预计行驶里程和动力电池荷电状态手动选择纯电动模式或混合驱动模式，在纯电动模式下，车辆可由电机 EM2 单独驱动，需求功率较大时，启动电机 EM1，实现双电机联合驱动。在混合动力模式下，发动机与两台电机并联驱动，当动力电池电量不足时，车辆处于行车充电模式，发动机驱动车辆的同时带动电机 EM1 发电，或发动机与电机 EM1 构成增程器，电机 EM2 作为驱动电机实现串联增程模式。此外，车辆制动时，还可以通过两台电机进行制动能量回收。

DHT 混合动力汽车基于上述多种工作模式实现全工况覆盖。排除部分效率较低的模式，确定以下 5 类共 9 种工作模式，分别是：纯电动模式（电机 EM2 驱动、双电机共同驱动）、发动机驱动模式、混合驱动模式（串联增程模式、并联驱动模式）、充电模式（驻车充电模式、行车充电模式）和制动回收模式（单电机制动回收、双电机制动回收），具体工作情况见表 5-1。

表 5-1 DHT 混合动力车工作模式

序号	运行模式	描述
1	单电机纯电动	由电机 EM2 单独驱动车辆
2	双电机纯电动	电机 EM1 和电机 EM2 联合驱动车辆
3	串联增程模式	发动机驱动电机 EM1 发电作为 APU，驱动电机 EM2 驱动车辆发动机不直接驱动车辆

219

(续)

序号	运行模式	描述
4	并联驱动模式	并联驱动模式 1：发动机和电机 EM1 联合驱动车辆 并联驱动模式 2：发动机和电机 EM2 联合驱动车辆 并联驱动模式 3：3 个动力源联合驱动车辆
5	发动机直驱模式	发动机单独驱动车辆
6	驻车充电模式	发动机驱动电机 EM1 发电补充电池电能
7	行车充电模式	发动机驱动车辆的同时，带动电机 EM1 发电为电池补充电量
8	单电机制动能量回收模式	电机 EM2 提供部分或者全部的制动阻力矩，给车辆减速的同时，将惯性动能转换为电能储存
9	双电机制动能量回收模式	双电机提供部分或全部的制动阻力矩，给车辆减速的同时，将惯性动能转换为电能储存

5.4 多电机分布式驱动系统

分布式驱动系统由两台或多台电机分别驱动各自的车轮，电机通过控制转矩和转速来驱动车轮运动。与传统的中置式驱动系统相比，分布式驱动系统取消了中间差速器的力矩传递，使得电机直接驱动车轮，传动链更为简单、紧凑。

常见的分布式驱动电动汽车有轮边电机和轮毂电机两种方式：轮毂电机是将动力、传动和制动装置都整合到轮毂内，因此省略了离合器、变速器、传动轴、差速器等大量机械部件，使车辆结构大大简化；轮边电机位于车轮附近而不是直接嵌入车轮内部，它通常不直接与车轮相连，而是通过传动机构（如齿轮箱或传动轴）将电机的动力传输到车轮。与传统的中央电机驱动系统相比，多电机分布式驱动系统具有更高的灵活性和效率。

5.4.1 分布式驱动系统的结构

多电机分布式结构是一种先进的电动汽车设计，它通过在车辆的不同车轴甚至每个车轮上分别安装电动机来提供动力。该系统在优化车辆性能、灵活性和效率方面具有显著优势。

新能源车用多电机控制技术是指在纯电动汽车或混合动力车辆中，通过对多个电机进行控制以实现动力分配、悬架控制、稳定性控制等功能的技术。这种技术可以提高车辆的性能、能效和安全性，是电动汽车行业的一个重要发展方向。在这方面，采用多电机控制技术的车辆能够更精准地调节每个电机的输出，从而实现更好的加速性能、悬架控制和动力分配，同时还能提高能源利用率和安全性能[12]。

多电机控制技术是新能源汽车电机控制技术的重要研究方向之一，通过多电机控制技术，可以实现多电机并行、串联、混合等多种驱动形式，从而实现功率输出更加平稳、高效的效果。多电机控制技术的应用在新能源汽车中尤为重要，特别对于一些高端车型，如豪华版电动汽车，采用多电机控制技术，可以对车辆的操控性、安全性和稳定性产生更积极的影响。

以下是多电机分布式结构的主要类型及其应用特点。

1）双电机分布式结构：在前后车轴各安装一台电机，常用于全轮驱动车型，提供更好的牵引力和动力分配，增强车辆的稳定性和操控性能。特斯拉 Model S、Model X、Model 3、奥迪 e-tron，蔚来 ES8 等就是采用这种结构类型。

2）四电机分布式结构：在每个车轮上各安装一台电机，通常用于高性能新能源汽车或越野车，每个车轮的独立控制提供卓越的转矩矢量控制和极高的灵活性，适合复杂路况和高性能驾驶。Rivian R1T、R1S，特斯拉 Cybertruck（高性能版），蔚来 EP9 等高端车型采用这种结构。

3）混合多电机分布式结构：组合使用双电机和四电机结构，前后车轴的电动机数量和位置根据需要灵活配置，通过灵活配置电动机数量和位置，优化不同驾驶条件下的性能和效率[13]。

单电机驱动的新能源汽车在动态性能方面受到限制，加速性能、悬架动态稳定性方面不如多电机电车。发展多电机驱动系统是新能源汽车高端化的一个必然趋势。通过这些多电机分布式结构的应用，新能源汽车在性能、操控性和效率方面得到了显著提升。

而且采用单电机的新能源汽车在起步加速、高速行驶等情况下，效率和发热相比日常使用时下降比较严重，低速重载、高速轻载等情况下，电机的效率会比高效率的区间下降 20%~30%。多电机则可以通过不同的搭配，让系统的高效区域扩大，提升效率。

5.4.2 分布式驱动系统的基本原理

常见的轮边电机和轮毂电机驱动系统是分布式驱动新能源汽车的主要采用方式。轮边电机驱动形式是将驱动电机安放于副车架上，驱动轮从其对应侧输出轴获取驱动力；轮毂电机驱动形式是将电机和减速机构直接放在轮辋中，取消了半轴、万向节、差速器、变速器等传动部件。轮边电机驱动形式和轮毂电机驱动形式均具有结构紧凑、车身内部空间利用率高、整车重心低、行驶稳定性好等优点。

当前阶段，轮边驱动电机在新能源汽车上应用还是比较广泛，例如部分版本的特斯拉 Model S 配备了轮边电机，提高了车辆的操控性和动力输出，奥迪 e-tron 也采用了轮边电机，提供了更好的四轮驱动和动力分配。在该驱动形式中，电机与固定速比减速器连接，通过半轴实现对应侧车轮的驱动。由于电机和减速器布置在车架上，因此在现有车身结构的基础上稍加改动，该驱动形式即可推广应用。三电机驱动的新能源超跑车型，由于后两个轮边电机共同输出转矩和动力，相比燃油车的加速性能更好[14]。轮边驱动系统的结构图如图 5-13 所示，主要构成和功能如下。

1）减速器：为了适应不同车型的需求，轮边电机需要与减速器配合使用，以实现对车辆速度和转矩的控制。减速器可以是单级或多级齿轮减速器，也可以是行星齿轮减速器等。

2）控制器：控制器是轮边电机驱动系统的控制核心，它根据驾驶人的操作指令和车辆的实际运行状态，对轮边电机进行精确控制，实现对车辆动力的调节。控制器通常采用微处理器或数字信号处理器（Digital Signal Processor，DSP）作为核心，具有较高的运算速度和处理能力。

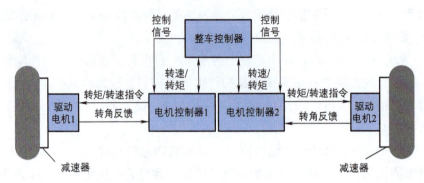

图 5-13　轮边电机驱动系统结构图

3）**传动轴**：传动轴是连接轮边电机和车轮的关键部件，它将轮边电机产生的力矩传递到车轮，实现车辆的行驶。传动轴通常采用高强度钢材制成，具有较高的强度和刚度。

4）**制动器**：制动器是轮边电机驱动系统的重要组成部分，它负责在车辆停止或减速时，将轮边电机产生的动能转化为电能并回馈到电池组中。制动器通常采用电子制动器或再生制动器等高效制动方式。

四轮独立驱动有大量优点是集中式驱动（单驱动源+差速器）所不能比拟的，而且理论研究基础也非常充分（国内外有近 20 年的研究），然而市场上还没有真正量产车型上市。对于没有机械差速器的轮边驱动系统而言，其差速功能完全依赖电控系统实现，响应速度相较传统的机械式差速器有所增加，但是系统的结构稳定性会降低，所以研究多电机分布式驱动的稳定性也极为重要。比亚迪 e4 分布式驱动平台如图 5-14 所示。

图 5-14　比亚迪 e4 分布式驱动平台

5.4.3　分布式驱动系统的应用

分布式驱动将多个电动驱动电机分布在汽车的不同轮轴上，以实现更精确的动力分配和车辆稳定性控制。而集中式驱动则将多个电机安装在同一轴上，常见于一些高性能车型中，可以提供更高的马力和加速性能。

随着技术的不断进步，多电机系统在新能源汽车中的应用越来越多样化，对车辆性能的提升也变得更加明显。同时，随着电动汽车市场的增长和对动力性能和续驶里程等方面要求的提高，多电机系统有望在未来得到更广泛的发展和应用。

常见的车用多电机平台如图 5-15 所示。

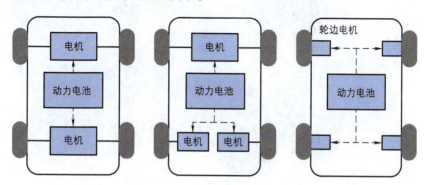

图 5-15　常见的车用多电机平台

多电机驱动系统在市场上收到的关注也越来越多，许多车企都将多电机驱动技术作为新能源汽车发展的下一个方向。2023 年，比亚迪发布易四方平台，正式推出仰望品牌下第一款四轮独立驱动 SUV 车型仰望 U8。仰望 U8 采用轮边电机和减速器的驱动形式，是第一台量产的四电机分别驱动车型。由于轮边电机直接安装在车轮上，减少了传统中央电机驱动系统的能量传输损失，提高了整个驱动系统的效率。此外，轮边电机还可以通过制动器将动能回馈到动力电池组中，进一步提高能量利用率。轮边电机驱动系统可以实现对每个车轮的独立控制，从而实现对车辆行驶稳定性、操控性和安全性的优化。此外，通过对轮边电机的不同组合控制，可以实现多种驾驶模式的切换，满足不同驾驶需求。

特种车辆多电机驱动的发展正在迅速推进，尤其是在军用、矿用、建筑和农业等领域。多电机驱动系统由于其灵活的动力分配能力，能够更好地适应各种复杂的工作环境，如极寒、高温、泥泞或崎岖地形等。电机的高转矩输出和瞬时响应能力使军用车辆在复杂地形下的机动性和通过性大大增强，同时电动系统的低噪声特性也适合隐蔽作战需求。国内外许多厂商在特种车辆上也有应用，如中联重科集团的特种车辆采用纯电驱动，在矿山、矿场领域有较为广泛的应用，具体应用车型如图 5-16 所示，还有 Komatsu 等国外的电动矿山卡车。随着电池技术、材料科学和电力电子技术的不断进步，多电机驱动系统的性能和成本将进一步优化，结合自动驾驶和智能控制技术，多电机驱动系统将进一步提高特种车辆的自动化水平和工作效率[15]。

全世界范围内电动车多电机系统的发展趋势正在不断加强。许多汽车制造商正积极研发和推出搭载多电机系统的电动车型，以提高车辆的性能、效率和驾驶体验。特斯拉的 Model S、Model X、Model 3 和 Model Y 等车型，均有双电机全轮驱动版本，每台电机分别驱动前后轴，实现更好的动力分配和操控性。新发布的特斯拉 Model S Plaid 和 Model X Plaid 车型，如图 5-17 所示，采用三电机系统（一台前电机和两台后电机），性能水平极高，包括更快的加速和更高的最高速度。奔驰新推出的概念车 EQE 好 EQS 采用多电机系统，提升性能和驾驶体验。

图 5-16 使用分布式驱动系统的特种车辆示例

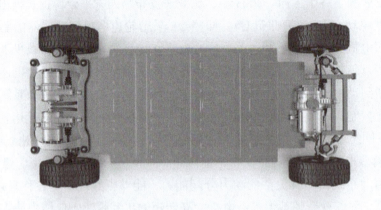

图 5-17 特斯拉 Model 系列三电机布局

在我国，易四方技术是比亚迪的一项革命性创新，它首次将四电机独立矢量控制技术应用于车辆的四轮动态，其应用车型如图 5-18 所示。这意味着车辆的四轮动态能够进行精准独立控制，为驾驶人提供更加稳定、安全的驾驶体验。在极端驾驶情况下，如高速爆胎、应急浮水、冰雪路面等，易四方技术能迅速调整四轮转矩，保障动力性和安全性。

易四方技术平台通过 4 台轮边电机可以实时感知 4 个车轮的运动状态，从而分析出车辆的运动姿态，以及 4 个车轮分别的抓地情况。通过搜集的实时数据，车辆可以分别控制 4 台电机的输出，让 4 台电机能更协调地运作。

其他厂商如北汽新能源、蔚来汽车等也在不断推出搭载多电机技术的新车型，这些车型在性能和动力方面表现得越来越出色。同时，随着政府对于新能源汽车清洁能源的政策支持，越来越多的汽车制造商和技术公司投入到多电机技术的研发和应用中，以满足市场对高性能、高效率新能源汽车的需求。

图 5-18 比亚迪采用易四方技术的车型

这些多电机系统提供了更出色的加速性能、操控性和稳定性，同时还能改善能源利用效率和续驶里程。所有的新能源汽车制造商也在不断推出配备多电机系统的车型，以满足市场对高性能、高效率和安全性的需求。

5.4.4 分布式驱动系统多电机稳定性分析

四轮毂式分布驱动的汽车（Four-Wheel Independent Hub Motor Driven Vehicle，FWID-EV）是一种新型的分布式驱动纯电动汽车，其结构如图 5-19 所示，具有动力传动效率高、结构紧凑、4 个转矩可控以及易于实现智能化等优点，因而成为各大高校和科研院所的研究热点。它的底盘布置形式更为紧凑，布置汽车零件更为便利，省去了部分传动元件，提升了车辆的轻量化，顾客的乘坐舒适感更高。因为 FWID-EV 是由 4 台电机控制车轮前进，所以具有电机响应速度快、原地起步能力强、加速力强的特点[16]。

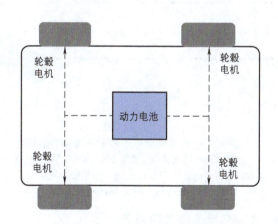

图 5-19 四轮轮毂驱动系统结构

采用轮毂电机结构的汽车在转向过程中的稳定性是保证车辆安全行驶的关键要素，如何设计车辆的转向稳定性控制算法也是汽车研究的一个主要方向。四轮驱动电动汽车的每个车轮都能单独控制，4 个车轮分配到的转矩可以各不相同，既可以是驱动转矩，也可以是制动转矩,在控制算法设计上比传统车辆更加灵活。利用这一特点,研发人员可以根据实际运行状况进行转矩分配,设计出比传统汽车稳定性装置动力性与经济性更佳的控制系统。

由于四轮毂电机选用四轮独立驱动形式,因此其整车的簧下质量相较于传统燃油车发生了较大的变化,对采用四轮毂电机的新能源汽车进行稳定性分析对车辆的稳定性研究有很大帮助[17]。

四轮毂驱动系统需要精确控制每个车轮的转矩输出,稳定性分析可以帮助确定最佳的转矩分配策略,提高车辆的动力效率和性能。四轮毂驱动技术是一种相对新颖的设计,通过稳定性分析可以探索其潜力,推动技术创新和应用发展。

对四轮毂电机驱动车辆进行稳定性分析,建立四轮毂驱动车辆的7自由度模型,如图5-20所示。

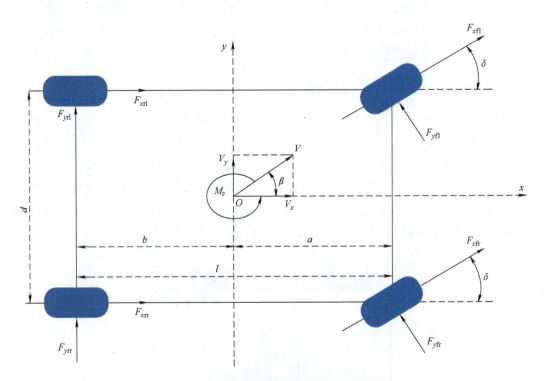

图5-20 四轮独立驱动电动汽车平面动力学模型

O—质心 l—车辆轴距 a、b—分别为质心到前轴和后轴的距离 d—车辆轮距 V_y—纵向速度 V_x—横向速度 F_{xi} (i = fl, fr, rl, rr)—车轮纵向力 F_{yi} (i = fl, fr, rl, rr)—车轮侧向力 M_z—车辆绕Z轴的横摆力矩 δ—前轮转向角 β—车辆质心侧偏角

根据牛顿第二定律,车辆的动力学方程如下:

纵向运动为

$$m(\dot{V}_x - V_y\omega) = (F_{xfl} + F_{xfr})\cos\delta - (F_{yfl} + F_{yfr})\sin\delta + F_{xrl} + F_{xrr} \qquad (5-2)$$

式中,m 为整车质量;F_x 为车辆在质心处的纵向力。

第 5 章 新能源汽车典型驱动系统结构及其原理

同理可得车辆质心横向运动方程为

$$m(\dot{V}_y + V_x\omega) = (F_{yfl} + F_{yfr})\cos\delta + (F_{xfl} + F_{xfr})\sin\delta + F_{yrl} + F_{yrr} \quad (5\text{-}3)$$

式中，F_y 为车辆在质心处的纵向力。

车辆质心处的横摆运动方程为

$$I_z\dot{\omega} = \sum M_z \quad (5\text{-}4)$$

$$\sum M_z = a(F_{xfl} + F_{xfr})\sin\delta + a(F_{yfl} + F_{yfr})\cos\delta - b(F_{yrl} + F_{yrr}) + \\ \frac{d}{2}(F_{xfr} - F_{xfl})\cos\delta + \frac{d}{2}(F_{yfl} - F_{yfr})\sin\delta + \frac{d}{2}(F_{xrr} - F_{xrl}) \quad (5\text{-}5)$$

式中，I_z 为车辆绕质心的转动惯量。

轮胎是车辆与路面支架的直接连接物，轮胎的材质性能对汽车的总体性能有较大的影响。因此使用正确的轮胎模型对车辆的仿真起到了至关重要的作用。在仿真中多采用魔术轮胎模型（Magic Formula），这种模型可以增加仿真速度，并且在仿真精度方面也有不错的反馈。

为了将上文所述的转向稳定性控制和转矩分配用于车辆上，就必须先建立能够反映实际汽车行驶状况的仿真模型，通过修改 Carsim 仿真软件中的动力系统完成仿真平台的搭建，通过在 Simulink 中搭建闭环速度模型得到车辆行驶所需的驱动转矩，最后联合仿真搭建整车模型。模型如图 5-21 和图 5-22 所示。

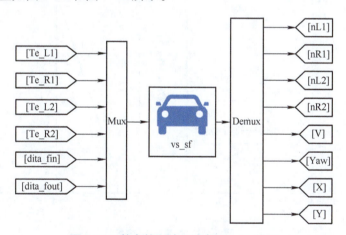

图 5-21 整车的驱动 / 制动 Carsim 模型

在仿真条件中，在 $t=1\text{s}$ 时给予车辆 10°/s 的车辆横摆角速度，仿真输出结果如图 5-23 所示。

根据仿真结果，多电机联合仿真模型在 $t=4\text{s}$ 时达到理想横摆角速度，并且超调量在允许误差范围内，车辆稳定性符合要求。

联合仿真最终还是需要进行实物测试，研究多电机控制系统的稳定性对于新能源汽车的发展有重大意义。基于 MATLAB/Simulink-Carsim 联合仿真对新能源车用多电机控制系统有很大帮助[18]。

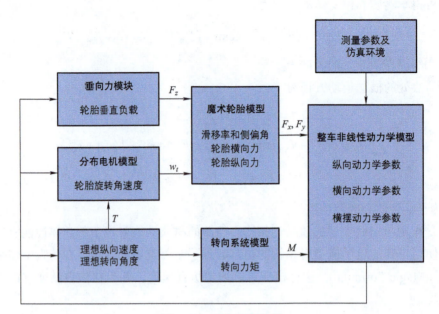

图 5-22　联合仿真模型

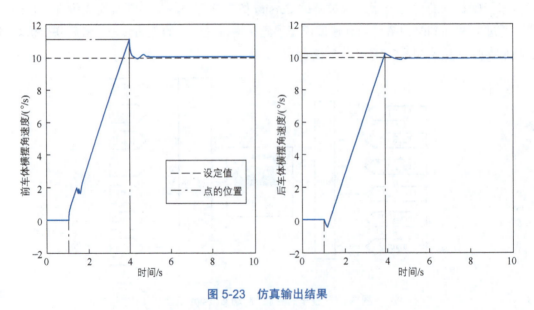

图 5-23　仿真输出结果

1）**车辆性能优化**：稳定性研究有助于优化电机的设计和控制，提高车辆的性能，如加速度、能效和行驶稳定性。

2）**安全性改善**：精确的电机控制策略可以提高车辆的安全性，降低意外故障和事故的发生概率。

3）**能源利用效率提升**：通过优化稳定性，可以更好地利用电机的效率。多电机技术对于新能源汽车行业具有较高的技术含量和创新性，在市场竞争中具备竞争优势。随着技术的不断进步和成本的不断降低，多电机技术将逐渐成为新能源汽车的标配和发展趋势。

5.4.5 分布式驱动系统多电机耦合控制策略

多电机控制系统可以通过精确控制和分配转矩,来提高车辆的动力性能。通过合理调节电机的工作状态和功率输出,可以实现更快的加速、更好的操控性能和更高的行驶稳定性。对于新能源汽车,续驶里程是极为重要的,多电机可以将动力电池输出最大化地转化为车辆驱动力,车辆控制单元通过智能控制算法和实时优化策略,可以减少不必要的能量损失,提高能源利用效率,延长续驶里程。

多电机系统可以实现车辆的主动力和制动力的精确控制。通过对每个车轮的独立控制,可以实现更精确的转向、更快的反应速度和更好的抓地力分配,从而提高车辆的安全性和稳定性。

目前多电机动力总成类型主要分为两大类:一类是没有动力耦合机构的多电机总成;另一类是有动力耦合机构的多电机总成。没有动力耦合机构的多电机耦合构型主要代表为前后轴式结构,耦合控制方式为转矩耦合;有动力耦合机构的多电机耦合构型主要有同轴式结构和两轴式结构,耦合控制方式分为转速耦合、转矩耦合或者同时具备转速耦合和转矩耦合。双电机机械耦合输出系统的具体结构如图 5-24 所示。

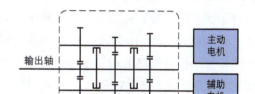

图 5-24 双电机机械耦合输出系统

但是机械耦合控制系统的缺点也很多,如电机耦合系统通常涉及更多的机械和电气部件,因此结构较为复杂,不仅增加了设计、安装和维护的难度,不同电机和耦合部件还增加了系统的故障风险。一个组件的故障可能会影响整个系统的运行,修复和维护的难度也会增加。

多电机同步采用机械耦合涉及更多的机械部件和调试工作,增加了系统的成本和复杂性。采用独立控制反馈的多电机系统可以简化设计和安装过程,并降低成本。随着技术的进步,出现了更为先进的控制技术,例如电子控制系统和伺服控制系统。这些技术能够更精确地控制和同步多台电机,而不需要依赖机械耦合。

由于多电机同步控制分别控制每台电机,各个电机控制器之间通过电子通信和控制,不需要复杂的机械耦合装置,因此可以减少可能产生故障的机械连接点,从而提高系统的可靠性和稳定性。

5.4.6 分布式驱动系统多电机同步控制

现有的新能源汽车多电机同步控制主要通过电子方式实现,而不需要机械耦合,这意味着可以更容易地调整和改变系统中各电机的运动轨迹、速度和加速度等参数,以适应不同的需求和工作条件。电子控制可以通过非常高的精度进行运动控制。通过精确地控制每台电机的速度和位置,可以实现高精度和稳定的运动,不会受到传统机械耦合中存在的摩擦、松紧度等因素的限制。当前多电机同步控制策略如图 5-25 所示[19]。

在对同步要求不高的多电机控制领域，电机之间通信较少，每台电机相互独立或者信息传递单向，电机受到相邻电机的转速影响，结构较为简单，不需要反馈信号和控制算法，通常基于预先设定的指令和模型进行操作，减少了系统的复杂性。

由于车用多电机同步技术对控制精度要求较高，并且车辆在行驶过程中往往受到较大的力矩波动反馈，因此该种控制方式可能不会在车载多电机领域进行应用。不过对于一些实时性要求较高的应用，如简单传送带系统或低要求的运动控制，则可能是足够的。

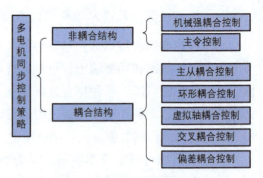

图 5-25 多电机同步控制策略分类

下面介绍几种常见的多电机开环电子耦合控制系统的结构。

1）并行控制：由调速控制系统给定同一速度，只有当系统中负载严格相同时才能实现同步。该控制策略着重的是理论速度与实际速度之间的误差而不是不同电机之间的误差。其结构示意图如图 5-26 所示。

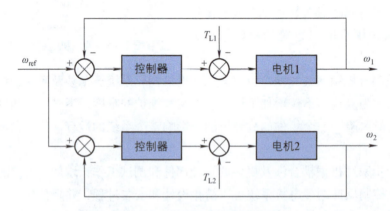

图 5-26 并行控制系统结构图

并行控制策略优点在于启动、停止阶段的同步性能好，但是整个系统相当于开环控制，当受到外界扰动时，同步性能较差。

2）主从控制：以双电机为例，主从控制结构如图 5-27 所示。主电机输出作为从电机转速输入参考值，实现从电机对主电机速度跟踪。但是主从控制策略没有从机向主机的反馈环节，因而在实际应用场合，主机多为转动惯量大的电机，从机多为转动惯量小的电机。

由于缺乏反馈信息，上述两种控制对外界干扰和系统参数变化较为敏感，因此在需要高精度和稳定性的应用中不适用，并且无法实时校正误差，可能使累积误差随时间增长。因此，在需要高精度和稳定性的任务中，闭环控制更为常用和可靠。开环控制适用于一些简单和低要求的应用场景，具有简单、实时和成本低的优势。但在需要更高精度和稳定性的任务中，闭环控制更为常见和可行。

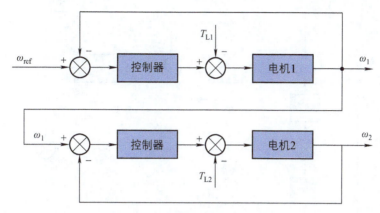

图 5-27 主从控制系统结构图

多电机同步闭环耦合控制是一种控制策略,旨在实现多台电机之间的同步运行、位置与速度的精确控制,并且通过闭环反馈机制来实现各台电机之间的耦合效应。这种控制方法通常用于需要多台电机协同工作且要求高精度同步的应用场合。闭环反馈机制是实现多电机同步闭环耦合控制的关键,通过不断地监测各台电机的位置和速度信息,并将这些信息反馈给控制系统,使得系统能够及时调节控制参数以实现同步运行。

在多电机同步闭环耦合控制中,每台电机都有自己的控制系统,包括位置控制器和速度控制器。这些控制器可以通过传感器获取电机的位置和速度信息,并根据预设的同步策略来调节每台电机的控制参数。通过不断地对各台电机进行调节,可以实现它们之间的同步运行。

下面介绍 4 种多电机反馈耦合控制系统的结构。

1)**交叉耦合控制**:其结构如图 5-28 所示,各台电机之间存在相互影响或耦合,而控制一台电机时需要考虑其他电机的状态和输出对其的影响。交叉耦合控制旨在通过联合控制多台电机,使它们在系统中更好地协同工作。

交叉耦合控制根据两台电机的转速反馈差值对两台电机转速进行相应的补偿,以减小同步误差。当电机转速因负载扰动或环境因素干扰而产生波动时,系统能较快地消除转速差,因此交叉耦合控制方式的抗干扰能力较强。缺点是当控制的电机数量超过两台时,转速补偿计算量变大且效果较差,因此交叉耦合控制方式不适合两台以上电机同步控制的场合。

2)**相邻耦合控制**:其结构如图 5-29 所示。在一个系统中,相邻的多台电机或子系统之间存在相互耦合和影响的情况,控制一台电机时需要考虑其与相邻电机之间的相互作用。在相邻耦合控制中,相邻电机之间的互动可以是双向的,也可以是单向的,控制系统需要考虑到这种耦合关系来实现整体性能的优化。这种控制方法通常涉及多个控制节点之间信息的传递和协同工作,以实现系统整体的稳定性和效率。

相邻耦合控制方式的优点是每个电机控制器的设计思路简单,并且系统在启动、停止阶段能获得较好的同步性能。但是电机间的耦合关系固化了系统对外界扰动信号的传递方式,使其只能沿相邻电机依次传递,势必会导致信号延迟问题,在系统电机数量较多时表现更为严重。而且,控制器中子系统多,会增加系统的计算量,降低系统的同步性能。

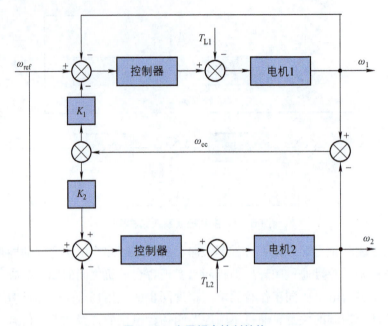

图 5-28 交叉耦合控制结构

ω_1、ω_2—电机输出速度　ω_{ec}—电机的输入偏差

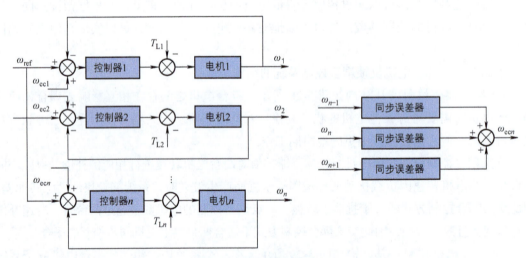

图 5-29 相邻耦合控制结构

3）**虚拟轴控制**：其基本工作结构如图 5-30 所示，通过在系统中模拟出的一根主轴提供驱动转矩，带动与其连接的各个运动轴运动的同时，运动轴所受负载也反馈回主轴以平衡驱动转矩。

该控制方式模拟机械主轴的拖动特点以实现多电机的同步控制，将多电机的实际运行转矩反馈到虚拟的主轴上，主轴对反馈的转矩进行输出调整，从而带动从机恢复到同步的状态。该方法成功地用电信号复制了机械主轴的特性，但也存在着给定信号时延和虚拟主轴惯量难以确定等问题。

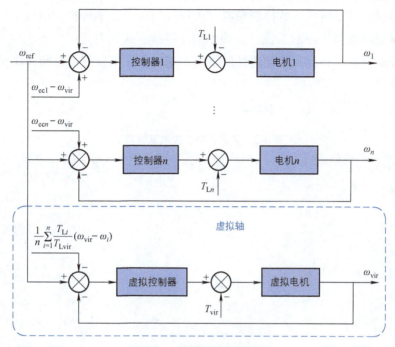

图 5-30 虚拟轴控制结构

ω_{vir}—虚拟电机的输出转速

4）偏差耦合控制：结构如图 5-31 所示，是对交叉耦合控制在多电机场景下的优化，补偿信号由系统中所有电机的运行状态共同决定。将被控电机的实际速度与其他各台电机的实际速度分别作差后乘以一适当系数 K_i，作为被控电机的控制输入补偿。

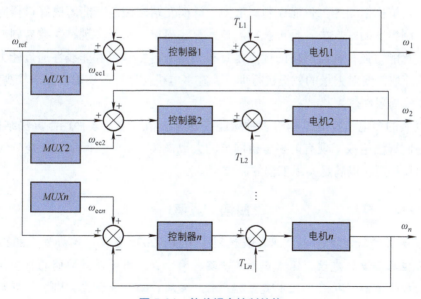

图 5-31 偏差耦合控制结构

通过对上述各控制结构的对比分析可知，相比于耦合控制结构，非耦合控制结构较为简单、更易实现，可以用在一些控制精度要求较低的场合；耦合控制结构中，交叉耦合控制方式适用于双电机同步控制系统，而偏差耦合控制方式则主要应用于 3 台以及 3 台以上电机的同步控制领域。在优化、改进控制结构的基础上，结合智能控制算法对提升多电机系统的同步控制性能也很重要。

多电机同步控制算法对比见表 5-2。

表 5-2 多电机同步控制算法对比

电机控制算法	转速反馈	耦合控制器	转矩反馈	电机数量≥3
电机直接控制	×	×	×	×
主令控制	×	×	×	×
主从控制	√	×	×	√
相邻耦合控制	√	×	√	√
交叉耦合控制	√	√	√	×
偏差耦合控制	√	√	√	√
虚拟轴控制	√	×	√	√

多电机系统控制结构复杂，传统比例 – 积分 – 微分（Proportional-Integral-Differential，PID）控制对自调整能力差，对非线性、强耦合系统的控制效果不理想，而智能控制不需要被控对象精确的数学模型，且可以适应较为复杂的系统环境。不同的环境和工况对电机控制系统的快速性、稳定性和鲁棒性提出不同要求，智能控制算法能够较好地适应这些变化，根据电机的实际运行状态进行实时调整，提高整个电机系统的运行效率和安全性。目前，在同步控制系统中应用较广泛的智能控制算法有：神经网络控制、模糊控制、滑模变结构控制、自抗扰控制等。智能控制算法中，滑模变结构控制若能解决好抖振问题，就是一种提升控制精度的好方法；自抗扰控制技术算法简单、易于实现，参数易调节，响应速度快且抗干扰能力强；神经网络的优点是具有较强的自主学习和非线性逼近能力，缺点是网络权值的获取需要对大量的数据进行训练，在多电机控制系统实时性要求较高的情况下，神经网络算法局限性较大[20-21]。

现在发展的多电机控制结构将多种智能控制算法相结合，多种控制算法结构相结合，优化后的控制算法组成了现有的多电机同步的大致框架。对于实际问题，应针对每种算法的特点，取长补短，以满足实际工程的需要[22]。

阅读·思考

为贯彻落实《新能源汽车产业发展规划（2021—2035 年）》（国办发〔2020〕39 号），推动网联云控基础设施建设，探索基于车、路、网、云、图等高效协同的自动驾驶技术多场景应用，加快智能网联汽车技术突破和产业化发展，工业和信息化部、公安部、自然资源部、住房城乡建设部、交通运输部（以下统称五部门）联合开展智能网联汽车"车路云一体化"应用试点工作，试点期为2024—2026年。汽车产品形态、交通出行模式、能源消费结构和社会运行方式正在发生深刻变革，为新能源汽车产业提供了前所未有的发展机遇。经过多年持续努力，我国新能源汽车产业技术水平显著提升、产业体系日趋完善、企业竞争力大幅增强，2015年以来产销量、保有量连续五年居世界首位，产业进入叠加交汇、融合发展新阶段。必须抢抓战略机遇，巩固良好势头，充分发挥基础设施、信息通信等领域优势，不断提升产业核心竞争力，推动新能源汽车产业高质量可持续发展。随着汽车动力来源、生产运行方式、消费使用模式全面变革，新能源汽车产业生态正由零部件、整车研发生产及营销服务企业之间的"链式关系"，逐步演变成汽车、能源、交通、信息通信等多领域多主体参与的"网状生态"。相互赋能、协同发展成为各类市场主体发展壮大的内在需求，跨行业、跨领域融合创新和更加开放包容的国际合作成为新能源汽车产业发展的时代特征，极大地增强了产业发展动力，激发了市场活力，推动形成互融共生、合作共赢的产业发展新格局。坚持"政府引导、市场驱动、统筹谋划、循序建设"的原则，建成一批架构相同、标准统一、业务互通、安全可靠的城市级应用试点项目，推动智能化路侧基础设施和云控基础平台建设，提升车载终端装配率，开展智能网联汽车"车路云一体化"系统架构设计和多种场景应用，形成统一的车路协同技术标准与测试评价体系，健全道路交通安全保障能力，促进规模化示范应用和新型商业模式探索，大力推动智能网联汽车产业化发展。

——摘自《工业和信息化部 公安部 自然资源部 住房和城乡建设部 交通运输部关于开展智能网联汽车"车路云一体化"应用试点工作的通知》

想一想1：车联网技术应用

相比传统燃油汽车，新能源汽车给用户带来全新的驾驶和出行体验。汽车市场围绕新能源汽车出现新一轮产业链调整升级，车联网、智能化等成为供应商与车企竞相关注的新焦点，市场孕育出更多新机会。你知道车联网技术有哪些拓展应用吗？我国现阶段车联网发展现状是什么？其对哪些行业产生了影响？

想一想2：车联网技术发展趋势

目前，全球车联网产业生态得到不断丰富完善，汽车联网化渗透程度得到不断加强，全球市场搭载智能网联功能的新车渗透率超过45%，预计至2025年可达到接近60%的市场规模。如何提高新能源车联网技术的驾驶体验？新能源车联网技术的发展趋势是什么？其对新能源汽车行业会产生什么样的影响？

想一想3：车联网技术融合

"车能路云"，顾名思义，指的是新能源汽车、新能源产业、智慧公路基础设施和云计算技术的相互融合。这不仅是对先前"车路云"一体化发展的进一步延伸，更是将交通、能源、互联网和信息技术等领域融为一体，形成全新的智能、绿色、安全和高效的出行生态系统。"车能路云"分别代指什么？"车能路云"对新能源车行业有什么具体的影响？

习题

一、选择题

1.（单选）在并联式混合动力汽车中，（　　）是正确的。
   A. 发动机和电动机之间没有直接的机械连接
   B. 发动机和电动机分别驱动车辆的前轮和后轮
   C. 发动机和电动机同时驱动车辆，提供更强劲的加速能力
   D. 电动机在低速行驶时自动关闭，发动机独自驱动车辆

2.（单选）下列（　　）不属于纯电动汽车的部件是。
   A. 动力电池　　　B. 增程器　　　C. 电机控制器　　　D. 电机

3.（单选）影响纯电动汽车续驶里程的最主要因素是（　　）。
   A. 电池比能量　　B. 电池比功率　　C. 电池电压　　D. 电池荷电状态

4.（单选）新能源汽车整车整备质量不包括（　　）。
   A. 动力电池　　　B. 备用轮胎　　　C. 随车工具　　　D. 驾驶人

5.（单选）在串联式混合动力汽车中，（　　）是正确的。
   A. 发动机和电动机分别驱动车辆的前轮和后轮
   B. 电动机与发动机同时驱动车辆，提供更强劲的加速能力
   C. 发动机主要用来发电充电电动机，电动机用来驱动车辆
   D. 电动机在高速行驶时自动关闭，发动机独自驱动车辆

6.（多选）新能源汽车主要包括（　　）。
   A. 纯电动汽车　　B. 混合动力汽车　　C. 燃料电池汽车　　D. 柴油汽车

7.（单选）下列关于混合动力汽车的说法，（　　）是正确的。
   A. 混合动力汽车完全依赖电力驱动
   B. 混合动力汽车无法使用传统燃油
   C. 混合动力汽车结合了电力和传统燃油两种动力
   D. 混合动力汽车比纯电动汽车的续驶里程更短

8.（单选）新能源汽车相比传统燃油汽车，在（　　）具有明显优势。
   A. 加速性能　　　B. 燃油经济性　　　C. 噪声水平　　　D. 维修保养成本

9.（单选）下列（　　）是目前纯电动汽车中应用最广泛、技术最成熟的。
   A. 镍氢电池　　　B. 锂离子电池　　　C. 固态电池　　　D. 铅酸电池

10.（单选）（　　）充电方式通常用于快速充电站，以缩短充电时间。
   A. 直流快充　　　B. 交流慢充　　　C. 无线充电　　　D. 太阳能充电

11.（单选）（　　）在未来可能替代锂离子电池，因为它具有更高的能量密度和更快的充电速度。
   A. 镍钴铝电池（NCA）　B. 固态电池　　C. 铅酸电池　　D. 镍氢电池

12.（单选）在新能源汽车中，（　　）通常具有更高的效率和更小的质量。
A. 直流电机　　　　B. 交流异步电机　　　C. 永磁同步电机　　　D. 开关磁阻电机

13.（多选）在新能源汽车中，能量回收系统（ERS）的目的是（　　）。
A. 提高制动效能　　　　　　　　　　B. 延长制动系统寿命
C. 提高车辆能源利用率　　　　　　　D. 降低车辆维护成本

二、填空题

1. 车用驱动系统包括_____、_____、_____和_____发动机、变速箱、传动轴和驱动轮。_____产生动力，_____调节转速，_____传输动力，_____与地面接触推动车辆前进。

2. 新能源汽车主要分为：_____、_____、_____和_____这4种类型。

3. 串联式驱动系统的模式切换方法包括：_____、_____、_____、_____和_____。

4. 无线充电技术是一种无须物理接触即可为新能源汽车充电的技术，它主要利用了_____原理来实现电能的传输。

5. 新能源汽车的推广和普及受到多种因素的影响，其中_____和_____是影响其发展的重要因素。

6. 新能源汽车的续驶里程受到多种因素影响，其中_____和_____是影响续驶里程的关键因素。

7. 新能源汽车中的热管理系统不仅控制车内温度，还涉及_____的冷却，以确保电池、电机等关键部件在适宜的温度范围内运行。

8. 新能源汽车中的电机控制系统（MCS）通过精确的_____控制，实现车辆的高效、平稳运行。

9. 插电式混合动力汽车（PHEV）在电池电量耗尽后，可以切换到_____模式继续行驶，而无须依赖外部充电设施。

10. 在新能源车中，四驱系统通常比两驱系统具有更好的_____性能和_____能力。

11. 新能源车中的能量回收系统（ERS）在车辆制动时能够回收部分能量，并通过_____的方式将其转化为电能存储起来，提高能源利用效率。

12. 车辆四电机驱动主要分为_____、_____形式。

三、问答题

1. 为什么要大力发展新能源车辆？
2. 有哪些著名的新能源车厂商？
3. 什么是并联式驱动系统？
4. 什么是串联式驱动系统？

四、综合实践题

1. 新能源车分布式驱动技术调研

（1）目的

分布式驱动是新能源汽车领域的一个重要技术方向，通过调研可以了解当前分布式驱动技术的发展现状、未来发展趋势以及相关研究热点，帮助学生把握技术发展方向。学生可以更好地选择适合自身需求的技术方案，促进自身技术的应用和发展。了解分布式驱动技术对新能源汽车行业发展的影响和未来趋势，有助于学生制定合理的发展战略，在毕业后从事分布式驱动工作有更大的优势。

（2）背景说明

随着汽车行业的变革，新能源车分布式驱动技术作为一项前沿技术，其应用在电动汽车领域具有重要意义。通过调研，能够深入了解该技术的原理、特点、优势以及未来发展方向。有助于拓展提升学生的技术水平、知识范围，了解更多新能源汽车的发展趋势。

（3）要求

1）学生需要详细记录调研现阶段的新能源车分布式驱动的资料，包括国内外发展现状、主要应用场景、应用车型等。了解分布式驱动的分类，对这些类别进行优势比较，通过比较了解每种类型的优缺点，并对这些优缺点进行分析对比，提出问题和解决办法。

2）学生需要分组进行实践，每组 3~5 人。团队成员之间需要相互协作、分工明确、确保调研项目的顺利进行，并且制作 PPT 进行讲解。

3）学生个人需要根据实践项目的要求撰写实践报告。报告应包括项目目的、背景、实验过程、数据分析、优化方法和结果对比等内容。报告要求条理清晰、数据准确、分析深入。

2. 新能源汽车智能化技术调研

（1）目的

通过调研新能源汽车智能化的市场，学生可以更直观地学习新能源汽车市场的发展前景，可以更深入了解智能化发展的趋势，接触到新能源汽车发展的最前沿科技。这有助于学生了解课堂中学习不到的知识和内容，对学生的就业和规划有很大的帮助。

（2）背景说明

电动化阶段基本完成。乘联会预计，2023 年我国新能源车渗透率约 35.8%；2023 年 11 月，自主品牌中的新能源汽车渗透率达到 62.1%。智能化商用条件逐渐成熟。业内人士认为，国内新能源汽车品牌崛起后，像之前智能手机的发展一样，致力于为消费者提供更高性价比和更好体验的智能汽车，科技巨头华为、小米等入局将加速这一进程。

（3）要求

1）学生需要详细调研新能源车智能化现状及趋势，对各个新能源新势力品牌进行详细调研，了解各企业的优、缺点。

2）学生需要分组进行实践，每组 3~5 人。团队成员之间需要相互协作，分工明确，确保实践项目的顺利进行。制作调研 PPT，与组内及其他小组成员展开讨论。

3）学生需要根据实践项目的要求撰写实践报告，包括实践目的、背景、过程、结果分析和改进建议等。报告要求条理清晰、数据准确、分析深入。

参 考 文 献

[1] 王刚，荆旭龙. 新能源汽车 [M]. 北京：清华大学出版社，2015.

[2] 邱伟. 新能源汽车动力电池结构及成组技术综述 [J]. 时代汽车，2024（5）：107-111.

[3] 刘长钊，张铁，宋健，等. 纯电动汽车电驱动系统耦合动力学研究 [J]. 汽车工程，2022，44（12）：1896-1909.

[4] 齐春阳，宋传学，宋世欣，等. 基于逆强化学习的混合动力汽车能量管理策略研究 [J]. 汽车工程，2023，45（10）：1954-1964.

[5] 杜爱民，陈垚伊，张东旭. 功率分流式混合动力汽车能量管理策略研究 [J]. 机械设计与制造，2024，400（6）：121-127.

[6] 季新杰，李声晋，方宗德. 单轴并联式混合动力汽车动力系统参数匹配的研究 [J]. 汽车工程，2011，33（3）：188-193，202.

[7] 李豪迪，赵治国，唐鹏，等. 基于负载补偿的功率分流混合动力系统模式切换性能测试方法 [J]. 汽车工程，2023，45（10）：1908-1922，1932.

[8] 马振忠. 基于双排永磁式行星齿轮的混合动力驱动系统的设计与分析 [D]. 镇江：江苏大学，2016.

[9] 翟克宁，张静晨，刘永刚. 基于知识的纯电动汽车两挡变速器挡位决策研究 [J]. 汽车技术，2023（4）：29-35.

[10] 郭璐璐，高兵照，刘启芳，等. 多速电动汽车换挡指令在线最优控制 [J].IEEE-ASME 机电一体化学报 .2017，22（4）：1519-1530.

[11] 彭耀润，王金航，徐寅，等. 混合动力汽车模式切换控制策略 [J]. 汽车实用技术，2023，48（18）：47-51.

[12] 徐坤，骆媛媛，杨影，等. 分布式电驱动车辆状态感知与控制研究综述 [J]. 机械工程学报，2019，55（22）：60-79.

[13] 章恒亮，花为. 分布式驱动系统用轮毂电机及其技术综述 [J]. 中国电机工程学报，2024，44（7）：2871-2885.

[14] 刘浩，钟再敏，敬辉，等. 分布式驱动电动汽车轮边电机传动系统动态特性仿真 [J]. 汽车工程，2014，36（5）：597-602，607.

[15] 陈超. 重型运输车分布式混合动力驱动系统设计研究 [D]. 徐州：中国矿业大学，2019.

[16] 刘天昊. 4WID/S 全电汽车线控转向系统多电机控制策略研究 [D]. 西安：西安理工大学，2022.

[17] 许男，李小雨. 复合工况下四轮驱动电动汽车操纵稳定性控制 [J]. 机械工程学报，2021，57（8）：205-220.

[18] 刘昭. 基于 CARSIM 和 MATLAB 的汽车电子稳定系统联合仿真研究 [D]. 沈阳：东北大学，2016.

[19] 叶宇豪，彭飞，黄允凯. 多电机同步运动控制技术综述 [J]. 电工技术学报，2021，36（14）：2922-2935.

[20] 陆秀银. 基于 S7-300 的多电机神经网络控制系统的研究 [D]. 镇江：江苏大学，2006.

[21] 肖祥慧，史可，袁小芳. 基于模型预测控制的电动汽车轮毂电机转矩控制研究 [J]. 电子学报，2020，48(5)：953-959.

[22] 潘亮，周武能，张杨. 基于模糊 PID 主从式方法的多电机同步控制 [J]. 微型机与应用，2016，35（15）：5-7.

第 6 章
车用整流和 DC/DC 电源技术

车用整流和 DC/DC 电源技术属于新能源汽车电力驱动系统的重要组成部分之一。它主要满足汽车电子系统和设备对直流电压等级的多样性要求,给车灯、ECU、小型电器等汽车附属设备提供电力和向辅助电源充电。为了满足新能源汽车的应用需求,DC/DC 变换器需要具备高效率、高功率密度、高可靠性等特点。

> **学习目标**
> 1. 掌握基础整流电路及其整流滤波电路、典型的 DC/DC 变换电路,如 Buck 降压电路、Boost 升压电路、Buck-Boost 升降压电路。其中 Boost 升压电路为后续车用并联抬压式变换器打下夯实的基础。
> 2. 了解移相全桥变换器和 LLC 谐振变换器的工作原理,熟悉移相和频率控制策略,以及移相全桥变换器的技术难点和 LLC 变换器的等效电路模型。
> 3. 了解大功率交错并联抬压式变换器的工作原理和不同的均流方法,熟悉电流纹波比值和占空比关系。
> 4. 了解无线电能传输电路不同的拓扑结构和工作原理,了解频率、互感等因素对输出的影响,并熟悉无线电能传输系统的控制策略。

6.1 常用整流电路及整流滤波电路

整流电路是电力电子出现最早的一种电路,它是将交流电能转变为直流电能供给直流用电设备。大多数整流电路由变压器、整流主电路和滤波器等组成,其应用范围十分广泛,如直流电动机的调速、发电机的励磁调节、电镀等。整流电路按照组成的器件可以分为不可控电路、半控电路、全控电路 3 种。不可控整流电路完全基于不可控二极管工作,半控整流电路由可控元件和二极管混合而成。此外,还有基于晶闸管、MOSFET、IGBT 等可控器件工作的整流电路,可控整流电路可以承受更大功率而且输出电压可调,在某些情况下还可以"逆向"使用,将直流电转化成交流电。可控整流电路工况以及控制较复杂。按照电路结构划分,电源电路中的整流电路主要有半波整流、全波整流、桥式整流 3 种[1]。本节重点介绍常用且简洁的几种基于不可控二极管的整流电路以及常见的整流滤波电路。

6.1.1 半波整流

半波整流器是最简单的整流器形式,只需要一个二极管即可构成。它只允许交流电压波形的半个周期通过,而阻塞另一半周期的波形。以图6-1为例,半波整流由变压器T、整流二极管VD和负载电阻R_L组成。交流电源是输入方向和大小都随时间变化的正弦波电压u_1,变压器T实现电压转换得到二次电压u_2,整流二极管VD再把电压u_2整流成脉动直流电压U_{R_L},其波形图如图6-2所示。

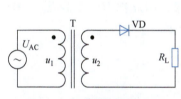

图6-1 半波整流器原理图

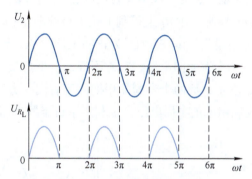

图6-2 半波整流器工作波形

在$\omega t = 0 \sim \pi$阶段中,u_2为正半周电压,即变压器的电压上端为正、下端为负,此时二极管承受正向电压导通,u_2通过二极管加在负载电阻R_L上。在$\omega t = \pi \sim 2\pi$阶段中,u_2为负半周,变压器二次下端为正、上端为负。这时VD承受反向电压不导通,R_L上无电压。在$\omega t = 2\pi \sim 3\pi$阶段中,重复$\omega t = 0 \sim \pi$时间的过程,而在$\omega t = 3\pi \sim 4\pi$时间内,又重复$\omega t = \pi \sim 2\pi$阶段的过程。如此反复,$R_L$只有正半周的电压,负半周的电压则被损失掉,达到了整流的目的。但是,负载电压以及负载电流的大小还随时间而变化,因此通常称它为脉动直流。

半波整流器输出电压的平均值为

$$U_{R_L(AV)} = \frac{1}{2\pi}\int_0^\pi U_{2m}\sin(\omega t)\mathrm{d}(\omega t) = \frac{1}{\pi}U_{2m} \quad (6-1)$$

式中,U_{2m}为变压器输出电压u_2的最大值。

半波整流器输出电压的有效值$U_{R_L\_rms}$为

$$U_{R_L\_rms}^2 = \frac{1}{2\pi}\int_0^\pi U_{2m}^2\sin^2(\omega t)\mathrm{d}(\omega t) = \frac{U_{2m}^2}{4} \quad (6-2)$$

由此可得半波整流电路整流输出电压有效值为

$$U_{R_L\_rms} = \frac{U_{2m}}{2} \quad (6-3)$$

241

6.1.2 全波整流

全波整流电路可以看作是由两个半波整流电路组合成的,如图6-3所示。变压器二次绕组 N_2 中心抽头把其分成两个对称的绕组 N_{21}、N_{22},从而引出大小相等但极性相反的两个电压 u_a、u_b,构成 N_{21}、VD_1、R_L 与 N_{22}、VD_2、R_L 两个通电回路。

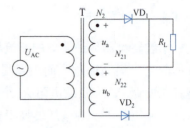

图6-3 全波整流电路

全波整流电路的工作原理可用图6-4所示的波形图说明。在 $\omega t = 0 \sim \pi$ 阶段内,u_{21} 对 VD_1 为正向电压,VD_1 导通,在 R_L 上得到上正下负的电压;u_{22} 对 VD_2 为反向电压,VD_2 不导通。在 $\omega t = \pi \sim 2\pi$ 阶段内,u_{22} 对 VD_2 为正向电压,VD_2 导通,在 R_L 上得到的仍然是上正下负的电压;u_{21} 对 VD_1 为反向电压,VD_1 不导通。如此反复,由于二极管 VD_1、VD_2 轮流导通,负载电阻 R_L 在正、负两个半周作用期间都有同一方向的电流流过,因此称为全波整流。全波整流不仅利用了正半周电压,也利用了负半周电压,从而大大提高了整流效率。

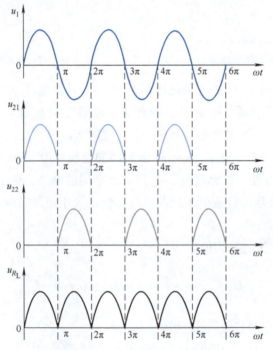

图6-4 全波整流电路工作波形

全波整流器输出电压的平均值为

$$U_{R_L(AV)} = \frac{1}{\pi}\int_0^\pi U_{21m}\sin(\omega t)\mathrm{d}(\omega t) = \frac{2}{\pi}U_{21m} \qquad (6\text{-}4)$$

全波整流器输出电压的有效值 $U_{R_{L\_rms}}$ 为

$$U_{R_{L\_rms}}^2 = \frac{1}{\pi}\int_0^\pi U_{21m}^2\sin^2(\omega t)\mathrm{d}(\omega t) = \frac{U_{21m}^2}{2} \qquad (6\text{-}5)$$

由此可得全波整流电路整流输出电压有效值为

$$U_{R_\text{L\_rms}} = \frac{U_{21m}}{\sqrt{2}} \qquad (6\text{-}6)$$

式（6-4）~式（6-6）中，U_{21m} 为变压器二次电压最大值的 1/2，因为 $u_{21} = u_{22}$，所以 $U_{21m} = U_{22m}$。

6.1.3 桥式整流

桥式整流由 4 个二极管组成，如图 6-5 所示。桥式整流应用最为广泛，出现了很多集成化的整流桥模块方便工程上的使用，如图 6-6 所示。

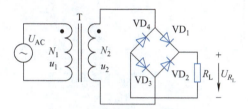

图 6-5 单相整流桥电路原理图

图 6-6 几种单相整流桥模块

桥式整流的工作原理非常简单。当 u_2 为正半周时，电路图如图 6-7 所示。对 VD_1、VD_3 加正向电压，VD_1、VD_3 导通；对 VD_2、VD_4 加反向电压，VD_2、VD_4 截止。电路中构成 N_2、VD_1、R_L、VD_3 通电回路，在 R_L 上形成上正下负的电压。

u_2 为负半周时，电路图如图 6-8 所示。对 VD_2、VD_4 加正向电压，VD_2、VD_4 导通；对 VD_1、VD_3 加反向电压，VD_1、VD_3 截止。电路中构成 N_2、VD_2、R_L、VD_4 通电回路，同样在 R_L 上形成上正下负的另外半波的整流电压。

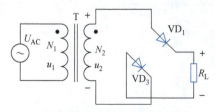 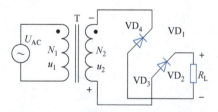

图 6-7 变压器次级电压处于正半周时，桥式整流电路的工作原理　　图 6-8 变压器次级电压处于负半周时，桥式整流电路的工作原理

如此重复下去，结果在 R_L 上便得到图 6-9 所示的全波整流电压，其波形和图 6-4 所示的全波整流波形是一样的。而在全波整流电路中，每只二极管所承受的最大反向电压则是变压器二次电压最大值的 2 倍。

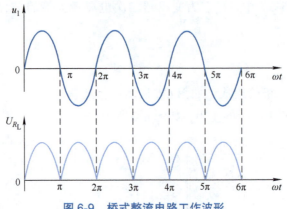

图 6-9 桥式整流电路工作波形

6.1.4 整流滤波电路

交流电经过整流后得到的是脉动直流，这样的直流所含交流纹波很大，不能直接用作电路的电源。滤波电路可以大大降低这种交流纹波成分，让整流后的电压波形变得比较平滑。常见的整流滤波电路有 5 种，分别为电容滤波电路、电感滤波电路、RC 滤波电路、LC 滤波电路、有源滤波电路。

1. 电容滤波电路

电容滤波电路是利用电容的充放电原理达到滤波的作用，电路结构如图 6-10 所示，相应的电容滤波波形如图 6-11 所示。在脉动直流波形的上升段，电容 C 充电，由于充电时间常数很小，因此充电速度很快。在脉动直流波形的下降段，电容 C 放电，由于放电时间常数很大，因此放电速度很慢。在 C 还没有完全放电时再次开始进行充电，这样通过电容 C 的反复充放电实现了滤波作用。

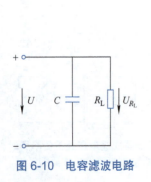

图 6-10 电容滤波电路

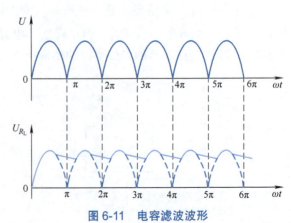

图 6-11 电容滤波波形

2. 电感滤波电路

电感滤波电路是利用电感对脉动直流的反向电动势来达到滤波的作用，电路结构如图 6-12 所示。电感量越大，滤波效果越好。电感滤波电路带负载能力比较强，多用于负载电流较大的场合。

3. RC 滤波电路

使用两个电容和一个电阻组成 RC 滤波电路，又称 π 型 RC 滤波电路，如图 6-13 所示。这种滤波电路由于增加了一个电阻 R_1，使交流纹波都分担在 R_1 上。R_1 和 C_2 越大，滤波效果越好，但 R_1 过大又会造成电压降过大，降低了输出电压。一般 R_1 应远小于 R_L。

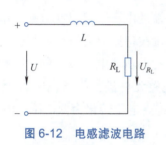

图 6-12 电感滤波电路

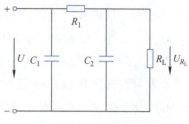

图 6-13 RC 滤波电路

4. LC 滤波电路

与 RC 滤波电路相对的还有一种 LC 滤波电路，如图 6-14 所示。这种滤波电路综合了电容滤波电路纹波小和电感滤波电路带负载能力强的优点。

5. 有源滤波电路

当对滤波效果要求较高时，可以通过增加滤波电容的容量来提高滤波效果。但是受电容体积限制，又不可能无限制增大滤波电容的容量，这时可以使用有源滤波电路，如图 6-15 所示。

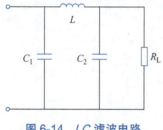

图 6-14 LC 滤波电路

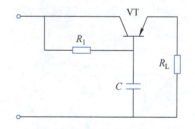

图 6-15 有源滤波电路

其中，电阻 R_1 是晶体管 VT 的基极偏流电阻，电容 C 是晶体管 VT 的基极滤波电容，电阻 R_L 是负载。这个电路实际上是通过晶体管 VT 的放大作用，将 C 的容量放大 β 倍，β 是晶体管的放大倍数，即相当于接入一个容值为电容 C 的（β+1）倍的电容进行滤波。有源滤波电路属于二次滤波电路，前级应有电容滤波等滤波电路，否则无法正常工作。

6.2 典型 DC/DC 变换电路

微信扫一扫,了解 DC-DC 变换器

各种用电设备或者元器件的工作电压不尽相同,为了满足不同用电器供电需求,需要设计能够改变电压的电路。直流/直流(DC/DC)变换电路将直流电变为另一固定电压或可调电压的直流电,也被称为直流斩波电路。它的种类较多,包括 6 种基本电路:Buck 降压电路、Boost 升压电路、Buck-Boost 升降压电路、Cuk 电路、Sepic 电路和 Zeta 电路[2]。前 3 种是最基本也是最常用的拓扑结构。本节主要介绍这 3 种拓扑结构的工作原理和控制技术。

6.2.1 Buck 降压电路

从中学的物理知识我们知道:如果想降低用电器两端的电压,可以在电路中串联一个电阻进行分压。然而,这种简单的降压方式会让很多能量被串联电阻以热的形式浪费。当电路的功率很大时,往往需要庞大笨重的散热系统,这对大功率电源系统的效率和功率密度都十分不友好。现在可以选择用一些"损耗"低的电路元件进行降压,比如开关元件、电感、电容以及二极管。通过合适的设计,可以高效地将高电压转化为低电压。Buck 电路就是一种能够高效降低电压的电路。

1. 工作原理

Buck 降压电路的原理图如图 6-16 所示。该电路由一个开关元件 VT、一个二极管 VD、一个电感 L、一个电容 C 组成。图中各元件均视作理想器件,其工作原理如下。

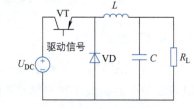

图 6-16 Buck 降压电路结构

1)当开关管 VT 驱动为高电平时,开关管导通,二极管 VD 截止,储能电感 L 被充磁,流经电感的电流线性增加,同时给电容 C 充电,给负载 R_L 提供能量,等效电路如图 6-17a 所示。

2)当开关管 VT 驱动为低电平时,VT 断开,储能电感 L 通过 VD 续流,电感电流线性减少。输出电压靠输出滤波电容 C 放电以及减小的电感电流维持,等效电路如图 6-17b 所示。

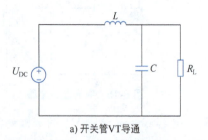

a) 开关管 VT 导通　　　　　　　　b) 开关管 VT 关断

图 6-17 Buck 降压电路等效电路

2. 工作状态

Buck 电路有如下两种工作状态[3]:

1）连续导通模式（Continuous Conduction Mode，CCM）：在一个开关周期内，电感电流从不会到 0，或者说电感从不"复位"，意味着在开关周期内电感磁通从不回到 0。Buck 降压电路 CCM 模式工作波形如图 6-18 所示。

开关管导通时，根据基尔霍夫电压定律（Kirchhoff Voltage Laws，KVL），有

$$U_{DC} - U_{out} = L\frac{\Delta i_L}{\Delta t} \quad (6\text{-}7)$$

式中，Δt 为开关管导通时间，$\Delta t = T_{on} = dT$；d 为占空比；T 为工作周期。

由式（6-7）可得

$$L\Delta i_L = (U_{DC} - U_{out})Td \quad (6\text{-}8)$$

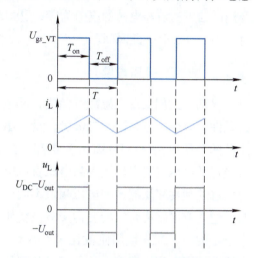

图 6-18 Buck 降压电路 CCM 模式工作波形

开关管关断时，有

$$L\frac{\Delta i'_L}{\Delta t'} = -U_{out} \quad (6\text{-}9)$$

式中，$\Delta t'$ 为开关管关断时间，$\Delta t' = T_{off} = (1-d)T$，且 $\Delta i'_L = -\Delta i_L$。

由式（6-9）可得

$$L\Delta i_L = U_{out}T(1-d) \quad (6\text{-}10)$$

由式（6-8）和式（6-10）可得

$$U_{out} = dU_{DC} \quad (6\text{-}11)$$

从以上的分析过程可以发现：在开关电路中，一个周期因开关作用被分为两段，其中一段时间内电感电流在增加，另一段时间内电感电流在减少。稳定状态下在 1 个开关周期内，电流的增加量与电流的减少量是相等的。电流的变化量正比于电感两端的电压 U_L 和相应时间段的乘积，所以 1 个周期内电感两端的电压 U_L 和相应时间段的乘积和必为 0，即伏秒平衡定律。

2）非连续导通模式（Discontinuous Conduction Mode，DCM）：在开关周期内，电感电流总会到 0，意味着电感被适当地"复位"，即功率开关闭合时，电感电流为零。Buck 降压电路 DCM 模式工作波形如图 6-19 所示。

稳态工作时电感的伏秒平衡，可以得出

$$(U_{DC} - U_{out})T_{on} - U_{out}T_d = 0 \quad (6\text{-}12)$$

可得输出电压

$$U_{out} = U_{DC}\frac{T_{on}}{T_{on} + T_d} \quad (6\text{-}13)$$

由图 6-19 可知，电路系统工作在 DCM 模式下需要满足两个条件：①电感充磁开始以及消磁结束时流经电感的电流为零；②电感消磁时间小于开关管关断时间。

6.2.2 Boost 升压电路

早期，人们发现电感能够储能，通过组合开关元件、电感、电容以及二极管，设计出了一种简单的升压电路——Boost 升压电路。这种电路直接将低电压直流电转换为高电压直流电，与之前学过的利用变压器改变电压幅值不同。直流电源通过逆变网络将直流转变为交流，变压器通过小于 1 的一、二次绕组匝数比 K（$K<1$）将低压交流电转变为高压交流电，再经过整流器变回直流电从而升压。不过这种 DC-AC-DC 的升压电路复杂程度比较高、元件较多，变压器的体积重量也大。

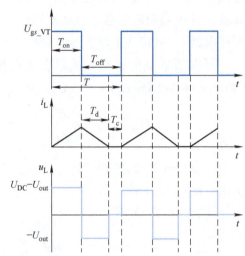

图 6-19 Buck 降压电路 DCM 模式工作波形

1. 工作原理

Boost 升压电路的原理图如图 6-20 所示。该电路由 1 个开关元件 VT、1 个二极管 VD、1 个电感 L、1 个电容 C 组成。

从开关管 VT 的两个状态解释 Boost 电路的工作原理，图中各元件均视作理想器件。

1）当开关管 VT 驱动为高电平时，VT 导通，储能电感 L 被充磁，流经电感的电流线性增加，等效电路如图 6-20 所示。

2）当开关管 VT 驱动为低电平时，开关管关断，输入的能量和电感能量一起向输出端提供能量，形成的回路是：输入 $U_{DC} \to L \to VD \to C \to R_L$，此时负载的供电电压相当于 U_{DC} 加上电感的感应电动势，从而实现升压。等效电路如图 6-21 所示。

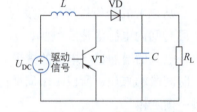

图 6-20 Boost 升压电路结构

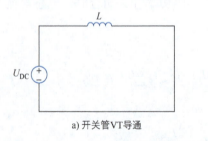

a) 开关管 VT 导通

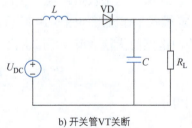

b) 开关管 VT 关断

图 6-21 Boost 升压电路等效电路

2. 工作状态

Boost 电路也有两种工作状态。

1）CCM 模式：Boost 升压电路 CCM 模式工作波形如图 6-22 所示。

根据伏秒平衡定律，可以得出

$$U_{DC}T_{on}+(U_{DC}-U_{out})T_{off}=0 \quad (6-14)$$

可得输出电压为

$$U_{out}=U_{DC}\frac{1}{1-d} \quad (6-15)$$

2）DCM 模式：Boost 升压电路 DCM 模式工作波形如图 6-23 所示。

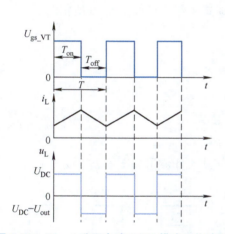

图 6-22 Boost 升压电路 CCM 模式工作波形

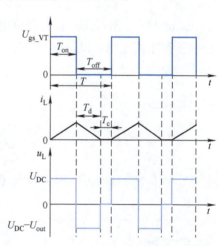

图 6-23 Boost 升压电路 DCM 模式工作波形

根据伏秒平衡定律，可以得出

$$U_{DC}T_{on}+(U_{DC}-U_{out})T_d=0 \quad (6-16)$$

可得输出电压为

$$U_{out}=U_{DC}\left(\frac{T_{on}}{T_d}+1\right) \quad (6-17)$$

6.2.3 Buck-Boost 升降压电路

Buck-Boost 升降压电路的电路原理图如图 6-24 所示。该电路由 1 个开关元件 VT、1 个二极管 VD、1 个电感 L、1 个电容 C 组成。

当开关管导通时，输入的电压对电感充电，形成的回路是：输入 $U_{DC} \rightarrow VT \rightarrow L$；当开关管关断时，电感能量经 VD 释放，形成的回路是：

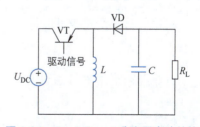

图 6-24 Buck-Boost 升降压电路结构

$L \to C \to R_L \to VD$。

和前文的 Buck 降压电路与 Boost 升压电路类似，Buck-Boost 升降压电路也有两种工作状态，等效电路如图 6-25 所示。

a) 开关管VT导通 b) 开关管VT关断

图 6-25　Buck-Boost 升降压电路等效电路

1）CCM 模式：Buck-Boost 升降压电路 CCM 模式工作波形如图 6-26 所示。根据伏秒平衡定律可以得出

$$U_{DC}T_{on} = -U_{out}T_{off} \tag{6-18}$$

可得输出电压为

$$U_{out} = -U_{DC}\frac{d}{1-d} \tag{6-19}$$

2）DCM 模式：Buck-Boost 升降压电路 DCM 模式工作波形如图 6-27 所示。

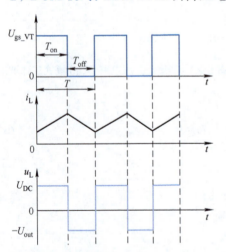
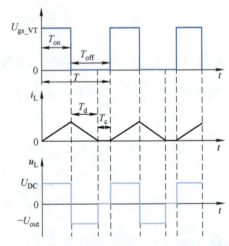

图 6-26　Buck-Boost 升降压电路 CCM 模式工作波形　　图 6-27　Buck-Boost 升降压电路 DCM 模式工作波形

根据伏秒平衡定律可以得出

$$U_{DC}T_{on} - U_{out}T_d = 0 \tag{6-20}$$

可得输出电压为

$$U_{out} = U_{DC}\frac{T_{on}}{T_d} \tag{6-21}$$

6.3 车用移相全桥变换器原理

在早期的大功率电源应用中,硬开关全桥拓扑是应用最为广泛的一种,其特点是开关频率固定,开关管承受的电压与电流应力小,便于控制,特别适合于低压大电流以及输出电压与电流变化较大的场合。但受制于开关器件的损耗,无法将开关频率提升以获得更高的功率密度。例如:一个 5kW 的电源,采用硬开关全桥,即使效率做到 92%,那么依然还有 400W 的损耗,每提升一个百分点的效率,就可以减少 50W 的损耗。特别在多台并机以及长时间运行的系统中,其经济效益相当可观,而且可以减小散热系统的体积与重量。

随后,人们在硬开关全桥的基础上,开发出了一种软开关的全桥拓扑——移相全桥变换器(Phase-Shifting Full-Bridge Converter,PSFB),利用功率器件的结电容与变压器的漏感作为谐振元件,使全桥电源的 4 个开关管依次在 ZVS 导通,来实现恒频软开关,提升电源的整体效率与电磁干扰(Electromagnetic Interference,EMI)性能,当然还可以提高电源的功率密度[4]。

6.3.1 移相全桥变换器原理

PSFB 电路分为超前桥臂(S_1、S_2)与滞后桥臂(S_3、S_4),同一桥臂的上下两个开关管轮流导通实现控制。移相全桥变换器原理如图 6-28 所示。PSFB 有两个重要的控制参数:移相角和死区时间。

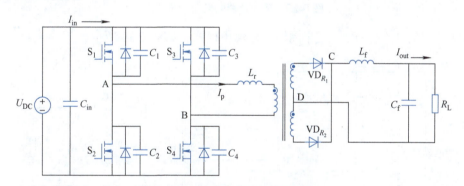

图 6-28 移相全桥变换器原理图

1)移相角:两个对角开关管的导通相位差(0°~180°)。可以通过控制移相角的角度改变原边输出电压占空比,从而调节输出电压。

2)死区时间:同一臂上下两管的关断与开通之间的间隔时间,它可以防止直通问题。

6.3.2 移相全桥变换器控制方法

为便于分析电路工作过程,我们做以下假设:

1)功率开关管的寄生电容应满足 $C_1 = C_2 = C_{lead}$,$C_3 = C_4 = C_{lag}$。

2)滤波电感足够大,满足 $L_f \gg L_r/K^2$,其中 K 为变压器一、二次绕组匝数比。

3)输出滤波电容足够大,其电压可认为是恒压源。

工作模态分析：移相全桥的一个周期中包含 12 个工作模态，如图 6-29 所示。下面以半个周期（$t_0 \sim t_6$）为例进行讲解，电路副边为全波整流电路。

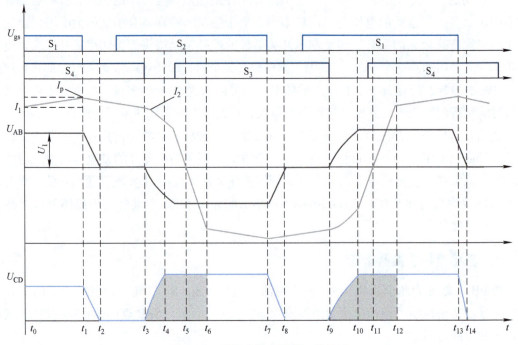

图 6-29 移相全桥变换器工作波形

① 工作模态 1（$t_0 \sim t_1$）：正半周期功率输出模式，如图 6-30 所示。

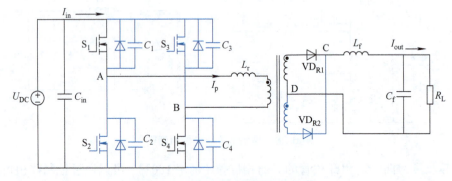

图 6-30 移相全桥变换器工作模态 1

t_0 时刻 S_1、S_4 导通且 U_{AB} 处于恒定状态（$U_{AB} = U_{DC}$），一次电流 I_p 经 S_1、L_r、S_4 向负载供电，同时给结电容 C_2、C_3 充电。变压器二次 VD_{R1} 导通，VD_{R2} 截止，VD_{R1}、L_f、R_L 构成供电回路。滤波电感 L_f 的电流在电压 $U_{Lf} = U_{DC}/n - U_{out}$ 的作用下线性增加。

② 工作模态 2（$t_1 \sim t_2$）：超前桥臂谐振模式，如图 6-31 所示。

在 t_1 时刻 S_1 关断，由于谐振电感 L_r 的存在，电流 I_p 不会突变，仍维持正向（A→B）流动，I_p 从 S_1 中转移到 C_1 和 C_2 支路中，对 C_1 充电并对 C_2 放电，C_1、C_2 与 L_r 发生谐振。由于 C_1、C_2 的作用，S_1 零电压关断。由于谐振电感 L_r 和一次等效滤波电感 L_f 串联，因此电感很大，可认为一次电流 I_p 近似不变，类似于一个恒流源。

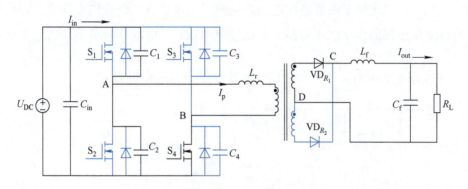

图 6-31　移相全桥变换器工作模态 2

③ 工作模态 3($t_2 \sim t_3$)：一次电流钳位续流模式，如图 6-32 所示。

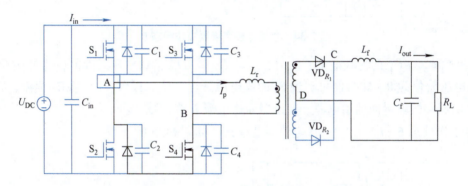

图 6-32　移相全桥变换器工作模态 3

t_2 时刻 C_1 与 C_2 充放电结束。此时 C_2 两端电压为 0，电流经 VD_2 续流，并将开关管 S_2 漏源极的电压箝位为 0，此时便可实现 S_2 的零电压开通。此时 U_{AB} 为 0，一次电流 I_p 仍按原方向继续流动，但是在不断减小。

④ 工作模态 4 ($t_3 \sim t_4$)：滞后桥臂谐振模式，如图 6-33 所示。

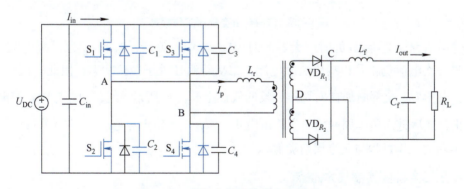

图 6-33　移相全桥变换器工作模态 4

t_3 时刻 S_4 关断。I_p 从 S_4 中转移到 C_3 和 C_4 支路中，对 C_4 充电并对 C_3 放电，谐振电感

L_r 和 C_3、C_4 发生谐振。由于 C_3 和 C_4 的作用，S_4 零电压关断。此时 AB 之间电压由 0 变为负（$U_{AB} = -U_{C_4}$），二次侧变压器感应电动势反向，使得整流二极管 VD_{R_2} 导通，VD_{R_1} 和 VD_{R_2} 同时导通后将变压器的二次绕组短路。在此过程中 VD_{R_1} 中电流不断减小，VD_{R_2} 中电流不断增大。

⑤ 工作模式 5 ($t_4 \sim t_5$)：谐振能量回馈电源模式，如图 6-34 所示。

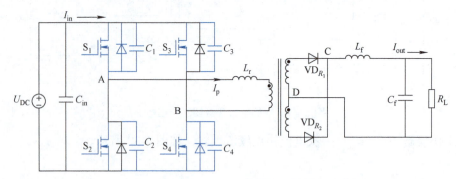

图 6-34　移相全桥变换器工作模式 5

t_4 时刻 C_3 与 C_4 充放电结束。此时 $U_{AB} = -U_{C_4} = -U_{DC}$，$VD_3$ 导通续流，将开关管 S_3 漏源极的电压箝位为 0，此时便可实现 S_3 的零电压开通。体二极管 VD_2、VD_3 续流，将谐振电感 L_r 所储存的能量回馈给电源，变压器原边电流 I_p 线性减小。

⑥ 工作模式 6 ($t_5 \sim t_6$)：一次电流缓变模式，如图 6-35 所示。

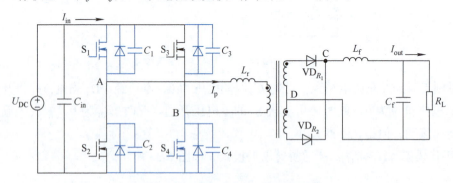

图 6-35　移相全桥变换器工作模式 6

t_5 时刻 I_p 将为零后向负向增大。此时 VD_2 与 VD_3 关断，S_2 和 S_3 为一次电流提供通路。此时一次电流仍不足以提供负载电流，二次绕组还处于短接状态。因此一次绕组电压仍为零，电压 U_{DC} 全部施加在 L_r 两端，反向线性上升。直到 t_6 时刻，VD_{R_1} 与 VD_{R_2} 换流结束，VD_{R_1} 截止，随后进入负半周期的功率输出模式（S_2，S_3）稳定导通。

负半周的工作过程与正半周期类似。

6.3.3　移相全桥变换器技术难点

移相全桥变换器主要有 3 个技术难点，即桥臂 ZVS 的实现、变压器二次侧占空比丢失以及二次整流二极管电压振荡。

1. 桥臂 ZVS 的实现

超前桥臂的 ZVS 实现：超前桥臂实现 ZVS 比较容易，因为其电容充放电过程由 L_r 与原边等效 L_f 共同完成。由于原边等效 L_f 很大，电流 I_p 近似不变，相当于恒流源，因此超前桥臂的并联电容能够迅速充放电，这样即便在很宽负载电流下，也能实现 ZVS。同时，在 PWM 控制方法上要保证驱动信号的死区大于 $2C_{lead}U_{DC}/I_p$。

滞后桥臂的 ZVS 实现：滞后桥臂 ZVS 过程中二次侧处于短路状态，L_f 与变压器原没有联系，只有 L_r 中的能量用来实现零电压开关。但是，由于 L_r 远小于 L_f，其储存的能量有限，因此滞后桥臂的 ZVS 实现比较困难[5]。在变换器轻载或谐振电感较小时，若 L_r 中的能量无法满足电容充放电需求，滞后桥臂将无法实现 ZVS[6]。

要实现滞后桥臂 ZVS，必须满足以下两个条件：
1）谐振电感储能大于参与谐振的滞后桥臂的结电容储能。
2）滞后桥臂开关的死区时间应小于或等于 1/4 谐振周期（L_r 与充放电电容实现谐振）。

2. 二次侧占空比丢失

ZVS 移相全桥 DC/DC 变换器在滞后臂开关管关断后会出现二次侧占空比丢失现象。此时一次电流反向，负载电流进入换向阶段，一次电流较小，不能供给负载电流，导致变压器二次侧两个整流管都导通，电压被二极管钳位至零电压。这个时间段内会出现部分电压方波的丢失，如图 6-36 所示，此时

$$d_{loss}=d-d_{eff}$$

式中，d_{loss} 为丢失的占空比；d_{eff} 为有效的占空比。

影响占空比丢失的因素包括谐振电感、负载电流、变压器电压比和输入电压。增大谐振电感会加剧占空比丢失，但减小谐振电感不利于滞后臂开关管的 ZVS 过程，因此需要选择合适的 L_r。此外，减小变压器电压比也可减少占空比丢失，但会增大开关管通态损耗以及二次侧整流二极管的耐电压。

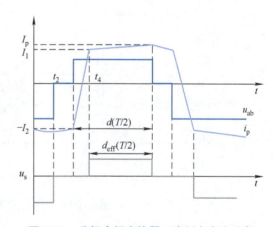

图 6-36 移相全桥变换器二次侧占空比丢失

3. 二次侧整流二极管电压振荡

一次电流换向结束后，电源开始给负载供电，输出整流二极管反向恢复。此时，变压器漏感、整流二极管结电容以及变压器绕组电容之间会发生高频谐振。在整流管结电容充放电过程中，会出现寄生振荡，导致整流管的电压应力增加，缩短元件寿命，造成严重的电磁干扰。为了减小副边寄生振荡，可以使用开关速度快、超快恢复、柔性系数大的二极

管，或增加一些缓冲网络，如 RC、RCD 吸收网络。

目前应用比较多的方法是在一次侧增加二极管钳位缓冲电路，它能抑制整流桥寄生振荡，减小二极管两端承受的尖峰电压。基于移相全桥电路开发的隔离型 DC/DC 电源在电力系统、工业测量系统、汽车电子装置、化工电解电镀、冶金、船舶以及军工等领域均有应用。

6.4 车用 LLC 谐振变换器原理

LLC 谐振变换器具有控制简单、能实现软开关和效率高等优点，是目前应用最为广泛的隔离性 DC/DC 电源模块之一，在车载充电器、LED 驱动器、光伏发电系统、数据中心电源等领域具有重要地位[7-9]。

6.4.1 LLC 谐振变换器的基本原理

图 6-37 是半桥 LLC 谐振变换器拓扑结构，主要由直流电源、逆变网络、谐振网络、变压器及整流网络和负载组成。两个开关管 S_1 和 S_2 构成半桥结构，形成逆变网络，其驱动信号为 50% 固定占空比的互补信号。直流电源 U_{DC} 通过逆变网络会在 a、b 点间产生交流方波电压，它将加载谐振网络的输入端。电容 C_r、谐振电感 L_r 和励磁电感 L_m，构成 LLC 谐振网络（又名谐振腔）。交流方波信号经过谐振网络后产生高频谐振电压，谐振电压或电流经过变压器变换、同步整流管 SR_1 和 SR_2 整流和输出电容 C_o 滤波以后，转变成直流电压或电流给负载供电。

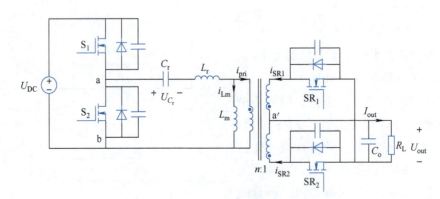

图 6-37 半桥 LLC 谐振变换器拓扑结构

LLC 的谐振网络有两个固有的谐振频率，谐振电容 C_r 与谐振电感 L_r 的谐振频率记为 f_{r1}，此时一次侧励磁电感两端的电压被变压器的二次侧钳位，励磁电感 L_m 两端电压不变，此时 L_m 不参与谐振。f_{r1} 为

$$f_{r1} = \frac{1}{2\pi\sqrt{L_r C_r}} \tag{6-22}$$

当谐振变换器工作时会出现励磁电流 i_m 与谐振腔电流 i_p 相等的情况，此时变换器不通过变压器向负载传输能量，励磁电感 L_m 参与谐振。这种状态下的谐振频率记为 f_{r2}，为

$$f_{r2} = \frac{1}{2\pi\sqrt{(L_r + L_m)C_r}} \qquad (6\text{-}23)$$

根据两个谐振频率 f_{r1}、f_{r2} 与开关频率 f_s 之间的关系，我们可以得到变换器的 3 种工作状态，分别是 $f_{r2}<f_s<f_{r1}$（欠谐振状态）、$f_s=f_{r1}$（准谐振状态）、$f_s>f_{r1}$（过谐振状态）[10]。3 种工作状态下变换器内部的工作模态大体是相似的，主要区别是一次谐振电流与二次侧整流输出电流波形如图 6-38 所示。

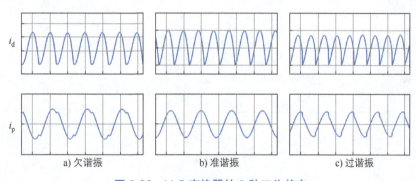

图 6-38 LLC 变换器的 3 种工作状态

LLC 变换器一般工作在欠谐振状态，在此状态下，变换器一次侧的开关管能实现 ZVS，二次侧整流二极管能实现 ZCS，整机效率得到提升。

图 6-39 画出了变换器半个周期内主要工作阶段和波形。各个阶段的等效电路图如图 6-40 所示。

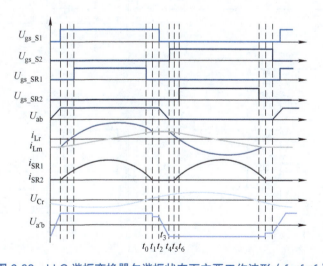

图 6-39 LLC 谐振变换器欠谐振状态下主要工作波形（$f_m<f_s<f_r$）

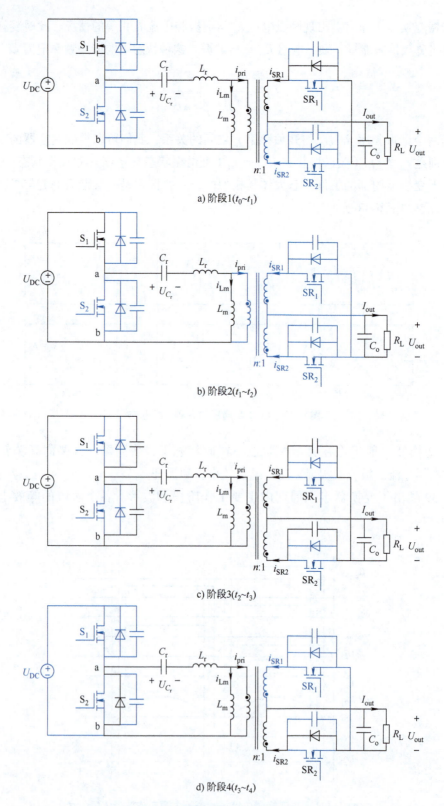

图 6-40 LLC 谐振变换器工作阶段分析（$f_m < f_s < f_r$）

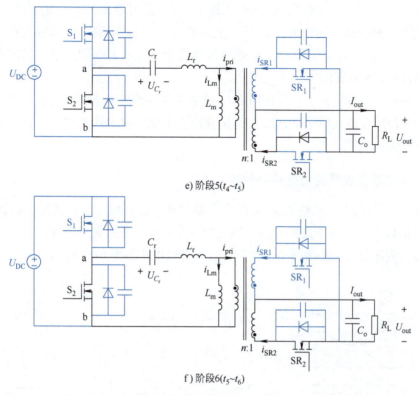

e) 阶段5($t_4 \sim t_5$)

f) 阶段6($t_5 \sim t_6$)

图 6-40 LLC 谐振变换器工作阶段分析（$f_m < f_s < f_r$）（续）

阶段 1（$t_0 \sim t_1$）：在 t_0 时刻之前，开关管 S_1 导通，开关管 S_2 关断，同步整流管 SR_1 开通，SR_2 关断，谐振电容 C_r 与谐振电感 L_r 谐振向二次侧传递功率，此时二次电流经同步整流管 SR_1 导通。在 t_0 时刻，开关管 SR_1 关断，流过 SR_1 的电流由 MOSFET 转移到体二极管。

阶段 2（$t_1 \sim t_2$）：在 t_1 时刻，一次谐振电流下降到等于励磁电流，此时二次电流到达零，同步整流管 SR_1 体二极管自然关断，变压器一、二次无能量交换。谐振电容 C_r 与谐振电感 L_r 和励磁电感 L_m 与三者一起谐振，由于励磁电感较大，因此谐振电流可以认为恒定。在此时刻，二次电流为 0，这意味着二次侧整流管可以实现零电流关断。

阶段 3（$t_2 \sim t_3$）：在 t_2 时刻，原边开关管 S_1 关断，谐振电流 i_{Lr} 开始对开关管 S_1 输出电容进行充电，对开关管 S_2 输出电容进行放电。二次侧同步整流管 SR_1 和 SR_2 的输出电容也同步进行充放电。

阶段 4（$t_3 \sim t_4$）：在 t_3 时刻，谐振电流 i_{Lr} 完成对一次侧开关管输出电容的充放电。$U_{a'b}$ 下降到 0V，S_2 的体二极管自然导通，为开关管 S_2 创造了零电压开通条件。由于此时谐振回路输入电压 $U_{a'b} = 0V$，谐振电容 C_r 的电压全部加在串联谐振电感 L_r 和并联电感 L_m 上。通常情况下，励磁电感 L_m 要比串联谐振电感 L_r 大得多，因此电压主要加在励磁电感 L_m 两端，这使得同步整流管 SR_2 体二极管导通，此后变压器二次电压被钳位在输出电压 U_{out}，即励磁电感被钳位到 nU_{out}。谐振电容 C_r 与谐振电感 L_r 开始二者谐振，再次向二次侧传递功率。

阶段 5（$t_4 \sim t_5$）：在 t_4 时刻，谐振电流还未过 0，此时给出开关管 S_2 的驱动信号，从而实现 S_2 的零电压开通，谐振电流 i_{Lr} 从开关管 S_2 的体二极管转移到 MOSFET 中。

阶段 6（$t_5 \sim t_6$）：在 t_5 时刻，二次侧同步整流管 SR_2 加上驱动信号，二次电流从 SR_2 的体二极管转移到 MOSFET 中。

从以上分析可以看出，主开关管的 ZVS 是通过存储励磁电感中的能量来实现的，与负载无关，因此即使在空载情况下，LLC 谐振变流器也能实现主开关 ZVS，这相对 PWM 变换器具有显著优势。

6.4.2 LLC 谐振变换器的等效电路模型

在图 6-39 的基础上，忽略 LLC 谐振变换器的开关过程后，LLC 谐振变换器的主要工作波形如图 6-41 所示。由于波形对称，因此只需分析半个开关周期即可。在半个开关周期内，LLC 谐振变流器可以分为两个工作阶段，其等效电路如图 6-42 所示。

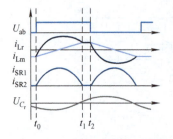

图 6-41 LLC 谐振变换器主要波形

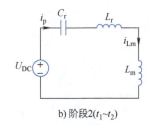

图 6-42 LLC 谐振变换器半个开关周期等效电路图

在阶段 1，励磁电感 L_m 两端电压被输出电压钳位于 nU_{out}，因此流过 L_m 的电流线性上升，谐振回路中谐振电容 C_r 与串联谐振电感在输入与输出电压共同工作下发生谐振，其微分方程为

$$U_{DC} = u_{C_r}(t) + L_r \frac{di_p(t)}{dt} + nU_{out} \qquad (6\text{-}24)$$

$$i_p(t) = C_r \frac{dv_{C_r}(t)}{dt} \qquad (6\text{-}25)$$

式中，L_r 为串联谐振电感；C_r 为谐振电容；U_{DC} 为输入直流电压；i_p 为原边谐振回路电流；u_{C_r} 为谐振电容两端电压；n 为变压器匝比；U_{out} 为输出电压。

励磁电流 i_{Lm} 在开关周期内平均值为 0 且正负对称，而且 $t_2 - t_0 = T_S/2$（其中 T_S 为开关周期），因此有

$$i_{Lm}(t_0) = -i_{Lm}(t_2) \qquad (6\text{-}26)$$

一般而言，励磁电感 L_m 较串联谐振电感 L_r 大得多，并且在额定输入时 LLC 工作于

谐振频率点 f_r 附近，因此阶段 2(t_1-t_2) 时间很短，可以近似认为励磁电流 i_{Lm} 在此阶段恒定，即

$$i_{Lm}(t_1) = i_{Lm}(t_2) \tag{6-27}$$

从而有

$$i_{Lm}(t_0) = -i_{Lm}(t_1) \tag{6-28}$$

此外，在阶段 2 二次电流为 0，一次谐振电流等于励磁电流，即

$$i_p(t_0) = i_{Lm}(t_0) = -i_{Lm}(t_1) = -i_p(t_1) \tag{6-29}$$

又由于在阶段 1 中一次电流为正弦谐振电流，因此有

$$t_1 - t_0 = \frac{T_r}{2} \tag{6-30}$$

式中，T_r 为串联谐振周期。

因此，阶段 1 中励磁电流 i_{Lm} 的变化量为

$$i_{Lm}(t_1) - i_{Lm}(t_0) = \frac{nU_{out}}{L_m}\frac{T_r}{2} \tag{6-31}$$

由式（6-29）和式（6-31）可以得到

$$i_p(t_0) = i_{Lm}(t_0) = -\frac{nU_{out}T_r}{4L_m} = -\frac{nU_{out}}{4L_m f_r} \tag{6-32}$$

$$i_p(t_1) = i_{Lm}(t_1) = \frac{nU_{out}}{4L_m f_r} \tag{6-33}$$

式中，f_r 为串联谐振频率。

谐振电容 C_r 参与谐振的同时也起隔直电容作用，因此 C_r 上既有直流电压分量又有交流谐振分量，C_r 两端之间的直流电压为 $U_{DC}/2$。由于交流谐振电压在 1 个周期内平均值为 0 且正负对称，因此有

$$u_{C_r}(t_0) + u_{C_r}(t_2) = \frac{U_{DC}}{2} \tag{6-34}$$

由于励磁电流在半个谐振周期内平均值为 0，因此一次侧谐振电流在阶段 1 中的平均值就等于变压器一次电流 i_{pri} 的平均值，也就等于二次侧流过 SR_1 的电流折算到一次侧的平均值，即

$$I_{p\_avg|t_0-t_1} = \frac{\int_0^{t_1} i_p(t)dt}{T_r/2} = \frac{\int_0^{t_1} i_{pri}(t)dt}{T_r/2} = \frac{1}{n}\frac{\int_0^{t_1} i_{SR1}(t)dt}{T_r/2} \tag{6-35}$$

又由于二次电流的平均值等于输出电流且在阶段 2 二次电流为 0，因此

$$\frac{\int_0^{t_2} i_{\mathrm{SR1}}(t)\mathrm{d}t}{T_{\mathrm{s}}/2} = \frac{\int_0^{t_1} i_{\mathrm{SR1}}(t)\mathrm{d}t}{T_{\mathrm{s}}/2} = I_{\mathrm{o}} \tag{6-36}$$

从而由式（6-35）和式（6-36）推得

$$I_{\mathrm{p\_avg}|t_0-t_1} = \frac{I_{\mathrm{o}}}{n}\frac{T_{\mathrm{s}}}{T_{\mathrm{r}}} = \frac{I_{\mathrm{o}}}{n}\frac{f_{\mathrm{r}}}{f_{\mathrm{s}}} \tag{6-37}$$

因此在阶段 1 中谐振电容 C_{r} 电压的变化量为

$$v_{C_{\mathrm{r}}}(t_1) - v_{C_{\mathrm{r}}}(t_0) = \frac{1}{C_{\mathrm{r}}} I_{\mathrm{p\_avg}|t_0-t_1}(t_1 - t_0) = \frac{1}{C_{\mathrm{r}}}\frac{I_{\mathrm{o}}}{n}\frac{f_{\mathrm{r}}}{f_{\mathrm{s}}}\frac{T_{\mathrm{r}}}{2} = \frac{I_{\mathrm{o}}}{2nC_{\mathrm{r}}f_{\mathrm{s}}} \tag{6-38}$$

谐振电流 I_{p} 在阶段 2 保持恒定且等于励磁电流，因此阶段 2 中谐振电流的平均值为

$$I_{\mathrm{p\_avg}|t_1-t_2} = i_{\mathrm{p}}(t_1) = \frac{4U_{\mathrm{out}}}{4L_{\mathrm{m}}f_{\mathrm{r}}} \tag{6-39}$$

因此阶段 2 中谐振电容 C_{r} 电压变化量为

$$\begin{aligned} v_{C_{\mathrm{r}}}(t_2) - v_{C_{\mathrm{r}}}(t_1) &= \frac{1}{C_{\mathrm{r}}} I_{\mathrm{p\_avg}|t_1-t_2}(t_2 - t_1) \\ &= \frac{1}{C_{\mathrm{r}}}\left(\frac{nV_{\mathrm{o}}}{4L_{\mathrm{m}}f_{\mathrm{r}}}\right)\left(\frac{T_{\mathrm{s}}}{2} - \frac{T_{\mathrm{r}}}{2}\right) \\ &= \frac{\pi n V_{\mathrm{o}}}{4L_{\mathrm{m}}}\sqrt{\frac{L_{\mathrm{r}}}{C_{\mathrm{r}}}}\left(\frac{1}{f_{\mathrm{s}}} - \frac{1}{f_{\mathrm{r}}}\right) \end{aligned} \tag{6-40}$$

由式（6-34）、式（6-38）和式（6-40）可以得到

$$v_{C_{\mathrm{r}}}(t_0) = \frac{V_{\mathrm{in}}}{2} - \frac{I_{\mathrm{o}}}{4nC_{\mathrm{r}}f_{\mathrm{s}}} - \frac{\pi n V_{\mathrm{o}}}{8L_{\mathrm{m}}}\sqrt{\frac{L_{\mathrm{r}}}{C_{\mathrm{r}}}}\left(\frac{1}{f_{\mathrm{s}}} - \frac{1}{f_{\mathrm{r}}}\right) \tag{6-41}$$

由式（6-32）、式（6-41）可以求得式（6-24）、式（6-25）微分方程的解为

$$\begin{aligned} i_{\mathrm{p}}(t) = &-\frac{nU_{\mathrm{out}}}{4L_{\mathrm{m}}f_{\mathrm{r}}}\cos\omega_{\mathrm{r}}(t - t_0) + \\ &\left[\left(\frac{U_{\mathrm{DC}}}{2} - nU_{\mathrm{out}}\right)\sqrt{\frac{C_{\mathrm{r}}}{L_{\mathrm{r}}}} + \frac{\pi I_{\mathrm{o}}f_{\mathrm{r}}}{2nf_{\mathrm{s}}} + \frac{\pi n U_{\mathrm{out}}}{8L_{\mathrm{m}}}\left(\frac{1}{f_{\mathrm{s}}} - \frac{1}{f_{\mathrm{r}}}\right)\right]\sin\omega_{\mathrm{r}}(t - t_0) \end{aligned} \tag{6-42}$$

$$\begin{aligned} v_{C_{\mathrm{r}}}(t) = &U_{\mathrm{DC}} - nU_{\mathrm{out}} - \frac{nU_{\mathrm{out}}}{4L_{\mathrm{m}}f_{\mathrm{r}}}\sqrt{\frac{L_{\mathrm{r}}}{C_{\mathrm{r}}}}\sin\omega_{\mathrm{r}}(t - t_0) - \left[\frac{U_{\mathrm{DC}}}{2} - nU_{\mathrm{out}} + \frac{I_{\mathrm{o}}}{4nC_{\mathrm{r}}f_{\mathrm{s}}} + \right. \\ &\left. \frac{\pi n U_{\mathrm{out}}}{8L_{\mathrm{m}}}\sqrt{\frac{L_{\mathrm{r}}}{C_{\mathrm{r}}}}\left(\frac{1}{f_{\mathrm{s}}} - \frac{1}{f_{\mathrm{r}}}\right)\right]\cos\omega_{\mathrm{r}}(t - t_0) \end{aligned} \tag{6-43}$$

式中，ω_{r} 为谐振角频，$\omega_{\mathrm{r}} = 2\pi f_{\mathrm{r}}$。

式（6-42）可以重写为

$$i_p(t) = I_{p\_pk} \sin[\omega_r(t-t_0)+\varphi] \tag{6-44}$$

式中，I_{p_pk} 为谐振电流 i_p 的峰值；φ 为谐振电流相角，其定义如下：

$$i_p(t) = \sqrt{\left(\frac{nU_{out}}{4L_m f_r}\right)^2 + \left[\left(\frac{U_{DC}}{2}-nU_{out}\right)\sqrt{\frac{C_r}{L_r}} + \frac{\pi I_o f_r}{2nf_s} + \frac{\pi n U_{out}}{8L_m}\left(\frac{1}{f_s}-\frac{1}{f_r}\right)\right]^2} \tag{6-45}$$

$$\varphi = \arctan\frac{-\dfrac{nU_{out}}{4L_m f_r}}{\left(\dfrac{U_{DC}}{2}-nU_{out}\right)\sqrt{\dfrac{C_r}{L_r}}+\dfrac{\pi I_o f_r}{2nf_s}+\dfrac{\pi n U_{out}}{8L_m}\left(\dfrac{1}{f_s}-\dfrac{1}{f_r}\right)} \tag{6-46}$$

在阶段 1 中，励磁电流 i_{Lm} 在输出电压的作用下线性上升，结合式（6-32）得到励磁电流为

$$i_{Lm}(t) = -\frac{nU_{out}}{4L_m f_r} + \frac{nU_{out}}{L_m}(t-t_0) \tag{6-47}$$

由此可知变压器一次和二次电流分别为

$$i_{pri}(t) = i_p(t) - i_{Lm}(t) \tag{6-48}$$

$$i_s(t) = n[i_p(t) - i_{Lm}(t)] \tag{6-49}$$

在阶段 2 中，由前述假设，一次侧谐振电流等于励磁电流且保持恒定，即

$$i_p(t) = i_{Lm}(t) = i_{Lm}(t_1) = \frac{nU_{out}}{4L_m f_r} \tag{6-50}$$

$$u_{C_r}(t) = u_{C_r}(t_1) + \frac{1}{C_r}\frac{nU_{out}}{4L_m f_r}(t-t_1) \tag{6-51}$$

$$u_{C_r}(t) = \frac{3}{2}U_{DC} - 2nU_{out} + \frac{I_o}{4nC_r f_s} + \frac{\pi n U_{out}}{8L_m}\sqrt{\frac{L_r}{C_r}}\left(\frac{1}{f_s}-\frac{1}{f_r}\right) + \frac{\pi n U_{out}}{2L_m}\sqrt{\frac{L_r}{C_r}}\left(t-\frac{T_r}{2}\right) \tag{6-52}$$

变压器一次电流和二次电流均为 0，即

$$i_{pri}(t) = i_{sec}(t) = 0 \tag{6-53}$$

由式（6-52）可以得到 t_2 时刻的谐振电容电压为

$$u_{C_r}(t) = \frac{3}{2}U_{DC} - 2nU_{out} + \frac{I_o}{4nC_r f_s} + \frac{3\pi n U_{out}}{8L_m}\sqrt{\frac{L_r}{C_r}}\left(\frac{1}{f_s}-\frac{1}{f_r}\right) \tag{6-54}$$

将式（6-41）、式（6-54）带入式（6-34）可以得到

$$U_{DC} = 2nU_{out} - \frac{\pi n U_{out}}{4L_m}\sqrt{\frac{L_r}{C_r}}\left(\frac{1}{f_s} - \frac{1}{f_r}\right) \quad (6\text{-}55)$$

将式（6-55）带入式（6-45）、式（6-46）、式（6-52）化简后，最终可以得到半个开关周期内 LLC 谐振变换器电路参数如下。

励磁电感电流为

$$i_{Lm}(t) = \begin{cases} -\dfrac{nU_{out}}{L_m}\dfrac{T_r}{4} + \dfrac{nU_{out}}{L_m}t, & \text{当 } 0 < t < \dfrac{T_r}{2} \\ \dfrac{nU_{out}}{L_m}\dfrac{T_r}{4}, & \text{当 } \dfrac{T_r}{2} < t < \dfrac{T_s}{2} \end{cases} \quad (6\text{-}56)$$

一次侧谐振电流为

$$i_p(t) = \begin{cases} I_{p\_pk}\sin(\omega_r t + \varphi), & \text{当 } 0 < t < \dfrac{T_r}{2} \\ \dfrac{nU_{out}}{L_m}\dfrac{T_r}{4}, & \text{当 } \dfrac{T_r}{2} < t < \dfrac{T_s}{2} \end{cases} \quad (6\text{-}57)$$

式中，

$$i_{p\_pk} = \sqrt{\left(\frac{nU_{out}}{4L_m f_r}\right)^2 + \left(\frac{\pi I_o f_r}{2nf_s}\right)^2} \quad (6\text{-}58)$$

$$\varphi = \arctan\frac{-\dfrac{nU_{out}}{4L_m f_r}}{\dfrac{\pi I_o f_r}{2nf_s}} = \arctan -\frac{n^2 R_L f_s}{\omega_r L_m f_r} \quad (6\text{-}59)$$

谐振电容电压为

$$u_{C_r}(t_0) = \begin{cases} U_{DC} - nU_{out} - \dfrac{I_o}{4nC_r f_s}\cos\omega_r t - \dfrac{\pi n U_{out} L_r}{2L_m}\sin\omega_r t & \text{当 } 0 < t < \dfrac{T_r}{2} \\ U_{DC} - nU_{out} + \dfrac{I_o}{4nC_r f_s} + \dfrac{\pi n U_{out}}{2L_m}\sqrt{\dfrac{L_r}{C_r}}\left(t - \dfrac{T_r}{2}\right) & \text{当 } \dfrac{T_r}{2} < t < \dfrac{T_s}{2} \end{cases} \quad (6\text{-}60)$$

6.4.3　电压增益公式推导与电压增益曲线分析

如图 6-43 所示，等效电路的输入阻抗为（// 表示并联）

$$Z_{in}(j\omega) = j\omega L_r + \frac{1}{j\omega C_{eq}} + j\omega L_m // R_{eq} \quad (6\text{-}61)$$

LLC 谐振变换器的 FHA 等效电路的增益表达式为

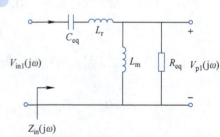

图 6-43　LLC 谐振变换器的 FHA 等效二端口网络

$$H(j\omega) = \frac{j\omega L_m // R_{eq}}{j\omega L_r + \dfrac{1}{j\omega C_{eq}} + j\omega L_m // R_{eq}} \tag{6-62}$$

化简式（6-62）并归一化得到的直流增益表达式为

$$M(F_x, m, Q) = |H(j\omega)| = \frac{(m-1)F_x^2}{\sqrt{(mF_x^2 - 1)^2 + Q^2(m-1)^2 F_x^2 (F_x^2 - 1)^2}} \tag{6-63}$$

其中，励磁电感和谐振电感的归一化为

$$m = \frac{L_m + L_r}{L_r} \tag{6-64}$$

频率归一化为

$$F_x = \frac{f_s}{f_{r1}} \tag{6-65}$$

品质因素归一化为

$$Q = \frac{\sqrt{\dfrac{L_r}{C_{eq}}}}{R_{eq}} \tag{6-66}$$

LLC 谐振变换器市场近年来呈现强劲增长势头，这主要归因于新能源和电动汽车等行业的迅猛发展。全球对可再生能源的强烈需求以及环保意识的不断提升，使得高效可靠的电力转换解决方案变得尤为关键。在这一背景下，LLC 谐振变换器凭借其出色的性能和稳定性，逐渐在市场中占据重要地位。

阅读·思考

随着技术的不断进步和应用领域的拓展，LLC 谐振变换器在新能源汽车领域的应用尤为突出。新能源汽车的发展离不开高效、稳定的电力变换技术，而 LLC 谐振变换器恰好能够满足这一需求。其高效的能量转换效率和稳定的输出电压，使得新能源汽车的续驶里程和动力性能得到显著提升。因此，随着新能源汽车市场的不断扩大，LLC 谐振变换器的市场需求也将持续增长。

此外，数据中心和工业自动化等领域对高效、可靠的电力转换技术同样有着迫切需求。数据中心作为现代信息技术的核心基础设施，需要稳定的电力供应以确保数据的安全性和稳定性。而工业自动化的发展则要求电力转换设备具有高效率和可靠性，以满足复杂工业环境中的各种需求。LLC 谐振变换器以其高效、稳定的特点，在这些领域中得到了广泛应用，为市场的持续增长提供了有力支撑。

除了市场需求的推动，政策支持和技术创新也是LLC谐振变换器市场增长的重要因素。各国政府纷纷出台政策鼓励新能源汽车产业的发展，为LLC谐振变换器市场提供了广阔的市场空间。同时，随着电力电子技术的不断创新和突破，LLC谐振变换器的性能得到了不断提升，为市场的持续增长提供了坚实的技术支撑。

然而，LLC谐振变换器市场也面临着一些挑战。首先，市场竞争激烈，企业需要不断提高产品质量和技术水平以获取市场份额。其次，新技术的不断涌现和市场需求的快速变化，要求企业具备快速响应的能力。因此，企业需要加大研发投入，推动技术创新和产品升级，以应对市场的不确定性和风险。

——摘自《中国LLC谐振变换器行业市场现状分析及竞争格局与投资发展研究报告2024—2029版》——中国产业调研网

想一想1：LLC谐振变换器的挑战

针对以上挑战，企业能采取哪些措施来应对？

想一想2：LLC谐振变换器的应用

LLC谐振变换器的市场强劲增长势头得益于新能源和电动汽车等行业的快速发展，具体有哪些应用？

6.5 车用交错并联抬压式变换器原理

车用变换器作为纯电动汽车和混合动力汽车中的关键部件，其设计和性能对整车的性能和效率具有重要影响。单相Boost变换器在实际应用过程中，由于器件内阻以及实际线路中存在损耗等因素，电压增益的值不会一直随着占空比的增加而增加，而是有一个上限，因此当把占空比的值增加到这个极限值时，其效率会出现下降现象。这说明在需要高输出电压增益的场合，传统的Boost变换器并不适用。同时，在大功率场合下，单相Boost变换器的工作频率无法做得很高，导致电压电流纹波较大。电流和电压应力可能会导致器件寿命的降低，也不利于稳定输出。使用多路单相Boost变换器并联可以提高变换器功率并减小电压电流纹波，由于不同相之间通常采用交错控制，所以称这种变换器为交错并联抬压式变换器。

6.5.1 大功率交错并联抬压式变换器实现原理

两相交错并联拓扑结构如图6-44所示。它由两个基本的Boost变换器并联而成，S_{a2}和S_{b2}替代整流二极管，通过控制两个主功率开关管S_{a1}和S_{b1}错相180°导通。其中S_{a1}和S_{b1}占空比一致为d，S_{a2}和S_{b2}占空比也一致设为$1-d$。功率开关管S_{a1}和S_{b1}被称为升压管，代替二极管的S_{a2}和S_{b2}被称为同步管。两相交错并联电路的特点主要有：输入电流频率是支路电感上电流的2倍，减小了电流纹波，降低了单相电路的功率，减小了功率器件的电气应力。鉴于交错并联电路的特点，在大电流、大功率、低纹波、高功率密度等场合，交错并联 DC/DC 变换器得到了广泛的应用。

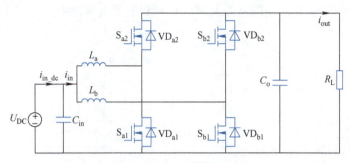

图 6-44 两相交错并联抬压式变换器

与单相 Boost 变换器类似，交错并联抬压式变换器的工作模式一般分为 3 类，即连续导通模式（CCM）、电流临界模式（CRM）和非连续导通模式（DCM）。其中 CCM 又根据电感电流是否始终大于负载电流而细分为完全电感供电和不完全电感供电模式。当变换器工作在 DCM 时，电感上的电流在下个开关周期 T 到来之前下降为 0，使输出电流纹波较大，同时电磁干扰严重，会影响周边电子器件的正常运行，同时也对电感和功率器件等提出了更高的要求。如果一个开关周期 T 结束时，电感电流刚好降到 0，则变换器工作在 CRM，这种状态下对 Boost 变换器控制算法有着极高的要求。当一个开关周期 T 结束时，电感电流没有降到 0，则 Boost 变换器处于 CCM，此时，输出电流纹波较小，控制相对简单，故 Boost 变换器通常工作在连续模式下。

两相交错并联 DC/DC 变换器根据 S_{a1} 和 S_{b1} 的通断状态来划分工作阶段。假设变换器两相的规格完全相同，电感 L_a 和 L_b 上的电压表示为 U_a 和 U_b，电流表示为 I_a 和 I_b。以 CCM 工作模式为例，可将两相交错并联 DC/DC 变换器的工作周期划分为以下 4 个阶段。

第一阶段，S_{a1} 和 S_{b1} 同时导通。由于输出电压高于桥臂中点电压，因此 S_{a2} 和 S_{b2} 处于截止状态，此时流经电感 L_a 和 L_b 上的电流逐渐加大，电感 L_a 和 L_b 储存从电源 U_{DC} 过来的能量；同时，负载完全由电容供电。这一阶段结束的时刻，I_{in} 达到最大值，电路工作状态和波形如图 6-45 所示。

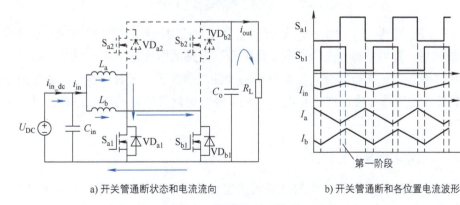

a) 开关管通断状态和电流流向　　　　b) 开关管通断和各位置电流波形

图 6-45 变换器工作周期第一阶段

第二阶段，S_{a1} 导通、S_{b1} 截止、S_{b2} 导通、S_{a2} 截止。此时流经电感 L_a 上的电流继续加大，电感 L_b 开始释放能量，连同电源共同为负载和输出电容供电。电路工作状态和波形如图 6-46 所示。

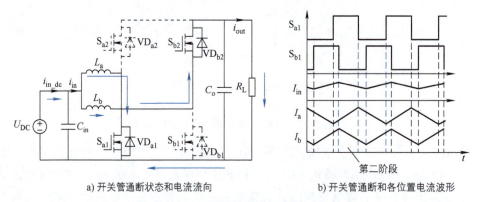

a) 开关管通断状态和电流流向　　b) 开关管通断和各位置电流波形

图 6-46　变换器工作周期第二阶段

第三阶段，S_{a1} 和 S_{b1} 同时截止，S_{a2} 和 S_{b2} 同时导通，此时流经电感 L_a 和 L_b 上的电流逐渐减小，电感 L_a 和 L_b 开始释放能量，连同电源等一起为负载供电。此阶段结束时刻，电感总输入电流达到最小值，电路工作状态和波形如图 6-47 所示。

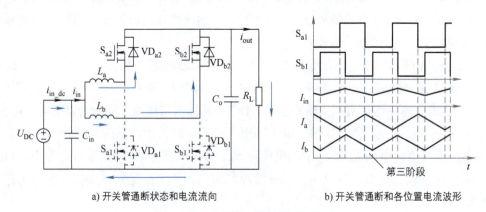

a) 开关管通断状态和电流流向　　b) 开关管通断和各位置电流波形

图 6-47　变换器工作周期第三阶段

第四阶段，S_{b1} 导通、S_{a1} 截止、S_{a2} 导通、S_{b2} 截止，此时流经电感 L_a 上的电流逐渐加大，电感 L_b 释放能量，连同电源一起为负载提供能量。电路工作状态和波形如图 6-48 所示。

交错并联抬压式变换器实现大功率升压功能的原理在于，通过多相 Boost 变换器的并联，采用交替式的工作方法，在一相电感电流下降时通过其他相的电流进行补充，从而提高了系统功率。

6.5.2　拓扑结构的种类及其特点

影响交错并联抬压变换器工作的重要因素包括功率开关管的频率、相位和占空比等。在实际应用中，变换器控制输出的主要方法为占空比控制，所以本节重点分析占空比对电流的影响。在 CCM 模式下，占空比一共分为 $d < 0.5$、$d = 0.5$、$d > 0.5$ 三种情况。

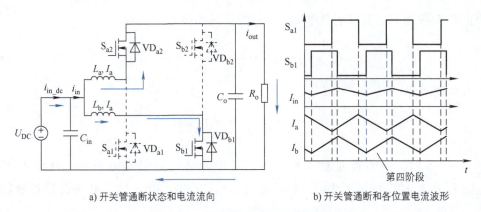

a) 开关管通断状态和电流流向　　b) 开关管通断和各位置电流波形

图 6-48　变换器工作周期第四阶段

1) $d < 0.5$ 时,开关管通断状态和各位置电流波形如图 6-49 所示。从图 6-49 可以看出,输入电流 I_{in} 为 I_a 和 I_b 的叠加,其频率为单相电感上电流的 2 倍。假设每相转换的周期为 T,S_{a1} 和 S_{b1} 占空比为 d。

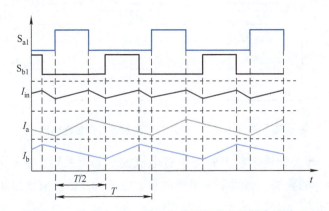

图 6-49　占空比 <0.5 时开关管通断和各位置电流波形

根据伏秒平衡原理可知,当系统处于稳态时,电流呈现周期性改变,一个开关周期内电感的电流变化量最终为 0。对于单个电感可得

$$L \frac{\Delta i_{La}}{\Delta t} = L \frac{\Delta i_{La}}{dT} = U_{DC} \tag{6-67}$$

单个电感上的电流纹波为

$$\Delta i_{La} = \frac{U_{DC} dT}{L} = dC \tag{6-68}$$

式中,$C = U_{DC} T / L$。电感电流上升和下降过程中的斜率分别为

$$\begin{cases} k_{up} = \dfrac{C}{d} \\ k_{down} = \dfrac{C}{1-d} \end{cases} \tag{6-69}$$

根据图 6-49 可知，并联后总电流上升过程中的斜率为

$$k_{\text{in}} = k_{\text{up}} - k_{\text{down}} = \frac{C}{d} - \frac{C}{1-d} = \frac{1-2d}{1-d}C \tag{6-70}$$

总电流纹波为

$$\Delta i_{\text{Lin}} = \frac{1}{2}k_{\text{in}}\Delta i_{\text{La}} = \frac{d(1-2d)}{1-d}C \tag{6-71}$$

2）$d = 0.5$ 时，开关管通断状态和各位置电流波形如图 6-50 所示。从图中可以看出，电感 L_a 和 L_b 的电流频率相同、幅值相同、相位相差 180°，输入电流 I_{in} 经过叠加后纹波为 0。

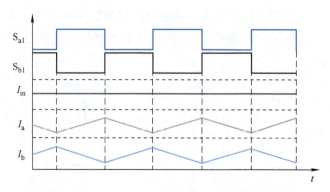

图 6-50　占空比 = 0.5 时开关管通断和各位置电流波形

3）$d > 0.5$ 时，开关管通断状态和各位置电流波形如图所示。从图 6-51 中可以看出，输入电流 I_{in} 为 I_a 和 I_b 的叠加，其频率为单相电感上电流的 2 倍。假设每相转换的周期为 T，S_{a1} 和 S_{b1} 占空比为 d。

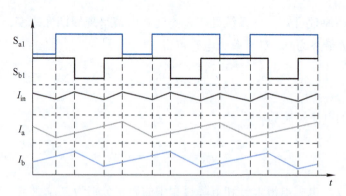

图 6-51　占空比 >0.5 时开关管通断和各位置电流波形

根据图 6-51 可知，并联之后总电流上升过程中的斜率为

$$k_{\text{in}} = k_{\text{up}} + k_{\text{down}} = \frac{C}{d} + \frac{C}{d} = \frac{2}{d}C \tag{6-72}$$

总电流纹波为

$$\Delta i_{\text{Lin}} = \frac{1}{2} k_{\text{in}} \Delta i_{\text{La}} = \frac{2d-1}{2d} C \qquad (6\text{-}73)$$

综合式（6-71）和式（6-73），可知在占空比 $d = 0 \sim 1$ 时，电流纹波为

$$\Delta i_{\text{in}} = \begin{cases} \dfrac{d(1-2d)}{2(1-d)} C, & \text{当} 0 < d < 0.5 \\ 0, & \text{当} d = 0.5 \\ \dfrac{2d-1}{2d} C, & \text{当} 0.5 < d < 1 \end{cases} \qquad (6\text{-}74)$$

根据式（6-74）可以看出，输入电流纹波只与占空比 d 有关。忽略常量 C，绘制电流纹波和占空比的关系，如图 6-52 所示。

设电流总纹波与单电感纹波的比值为 K，总电流纹波等于单相电流纹波的叠加之和，即 $\Delta i_{\text{in}} = \Delta i_{\text{La}} + \Delta i_{\text{Lb}}$。计算可得纹波比值 K 与占空比 d 的关系，如式（6-75）和图 6-53 所示。

$$K = \begin{cases} \dfrac{1-2d}{1-d}, & \text{当} 0 < d < 0.5 \\ 0, & \text{当} d = 0.5 \\ \dfrac{2d-1}{d}, & \text{当} 0.5 < d < 1 \end{cases} \qquad (6\text{-}75)$$

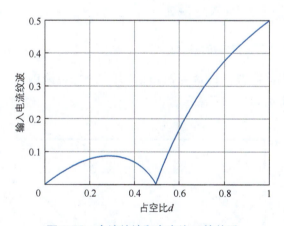

图 6-52 电流纹波和占空比 d 的关系

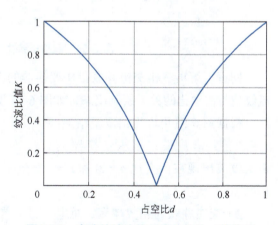

图 6-53 电流纹波比值 K 和占空比 d 的关系

根据上述各个阶段的分析和公式推导，可以得出以下结论：两相交错并联抬压式变换器的输入电流频率为单相 Boost 变换器的 2 倍。当占空比 $d = 0 \sim 0.5$ 时，电流纹波随着占空比的增大而减小；当占空比 $d = 0.5$ 时，电流纹波为 0；当占空比 $d = 0.5 \sim 1$ 时，电流纹波随着占空比的增大而增大。

多相交错并联抬压变换器与两相类似，不再给出具体的电路分析和公式推导，只给出

占空比和纹波之间的关系，即

$$\Delta i_{in} = \frac{(md-h+1)(h-md)}{m^2 d(1-d)} C \quad (6\text{-}76)$$

式中，m 为变换器并联的相数，也代表将占空比 d 平均分成了 m 个阶段；$h = 1$，2，$\cdots$，m，为各个阶段的序号。例如，四相交错并联抬压变换器的拓扑结构如图 6-54 所示，令 $m = 4$，即可得到其总电流纹波表达式为

$$\Delta i_{in} = \begin{cases} \dfrac{1-4d}{1-d}C, & \text{当} 0 \leqslant d < 0.25 \\ \dfrac{3d-4d^2-0.5}{d(1-d)}C, & \text{当} 0.25 \leqslant d < 0.5 \\ \dfrac{5d-4d^2-1.5}{d(1-d)}C, & \text{当} 0.5 \leqslant d < 0.75 \\ \left(4-\dfrac{3}{d}\right)C, & \text{当} 0.75 \leqslant d < 1 \end{cases} \quad (6\text{-}77)$$

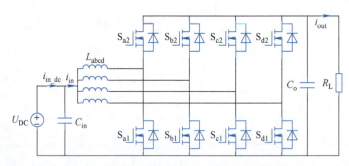

图 6-54 四相交错并联抬压变换器拓扑结构

同理，解出三相交错并联抬压变换器的电流纹波，将 $m = 2$，3，4 几种不同电路的电流纹波与占空比的关系绘制出来，如图 6-55 所示。

根据图 6-55 可以得出以下结论：

1）交错并联式抬压变换器的最大纹波出现在占空比 $d = 0$ 和 $d = 1$ 处。

2）交错并联的相数越多，总电流纹波越小。

3）在 $1/m$，$2/m$，$\cdots$，$(m-1)/m$ 等 $m-1$ 个分界点上，电流纹波为 0。

因此，在进行系统电路设计时，要充分利用这 $m-1$ 个分界点处的占空比，得到最低的电感电流纹波。

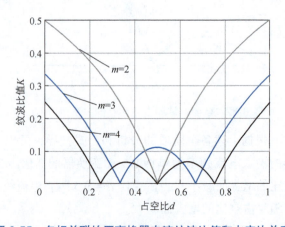

图 6-55 多相并联抬压变换器电流纹波比值和占空比关系

6.5.3 交错并联抬压式变换器均流控制策略

交错并联抬压式变换器涉及电感等器件的并联，在理想状态下流经每个电感上的电流是相等的。实际应用中，由于制作工艺的偏差导致器件不会完全相同，同时受电气参数、信号干扰等因素的影响，因此电流并不会均匀地分配到各个支路电感上。这就会造成某条支路上电流大于其余支路上的电流，将会导致以下问题：

1）会导致支路上的电感、开关功率管等工作的温度与另外一个支路上不等，这会影响到功率开关管的导通压降、开关时间和电感电流的纹波，从而影响整体的输出。

2）长期处于不均流状态会导致某个支路处于极限状态，承担更多的电流、功率等，另一支路承担更少的电流，这会触发相对应的过电压过电流保护，导致该支路退出工作状态，最终导致交错并联变换器难以正常工作，增大了其不稳定的风险。

3）因不均流的情况还会导致器件处于较大的电气应力状态，这会影响元器件的使用寿命。

为使得每个模块间所承受的电应力和热应力相等，需要使用均流控制技术来控制每个模块的电流大小。通过均流控制技术可以防止整个系统中其中一个或几个电源承担重载，而另一些轻载甚至空载运行。常见的均流方式有以下几种[11]：

1）下垂法。下垂法是通过改变电源模块内阻来改变电压输出特性的均流控制方法，所以又称电压调整法。这种均流方式的优点是控制电路简单，模块的电路间没有线路相连接，能够避免模块间的控制信号干扰，因此模块化程度高、生产成本低且易于拓展[12-13]。

2）平均电流法。平均电流法的工作原理如图 6-56 所示，每个并联模块的电流采样的输出端通过一个相同阻值的电阻连接到均流母线上，在母线上生成的电压是所有模块平均电流对应的电压。将电流均值对应的电压与各模块的电流对应的电压比较后，通过均流环补偿，输出值与参考电压相加得到用于表示电流不均衡程度的动态基准电压值。

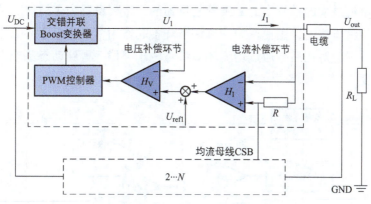

图 6-56　平均电流法控制策略原理

3）主从均流法又被称为主从设置法，主要用于电流型控制的 DC/DC 电源并联系统中，图 6-57 所示为主从均流法的工作原理。在系统中人为设置一个"主模块"，其余设置为"从模块"，从模块根据主模块的输出电流来控制输出。U_{ref} 为主模块的基准电压，U_1 为主模块反馈电压,经过电压放大器输出电压 U_e 作为主模块的电流基准,与主模块的电流检测信号比较后,经电流放大器,输出控制信号电压经 PWM 控制器驱动变换器工作,于是主模块的电流将按电流基准信号调制。将 U_e 接到从模块的电流环输入端成为从模块的电流基准,因此从模块的电流都以 U_e 的值进行调整,使其与主模块的电流基本一致,从而实现均流[14-15]。主从均流法的主要缺点有[16]:①当主模块失效后,会导致系统瘫痪,因此主从均流法无法提高冗余性;②主从模块间需要信号联系;③电压环的频带较宽,容易受外界的噪声影响。

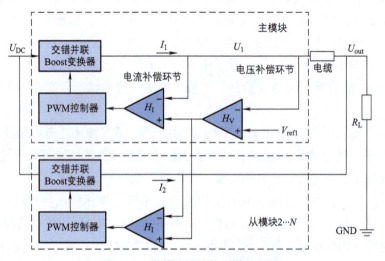

图 6-57 主从均流法控制策略原理

4)最大电流均流法,又被称为民主均流法。其优点在于克服了主从均流法中"主模块故障则电源系统瘫痪"的缺陷,其实质是在几个系统运行时,把输出电流最大的模块自动设置为主模块,而其余模块则设置为从模块。其工作原理如图 6-58 所示,各并联的电源模块中,只有电流最大的模块中的二极管是导通的,将其设置为主模块。输出电流以电压的形式反应在均流母线上,主模块中均流调节环不起作用,只有电压环工作,各个从模块将电流与均流母线值对比后,通过均流环对参考电压补偿,得到动态基准电压值来衡量电流的不均衡程度[17-19]。

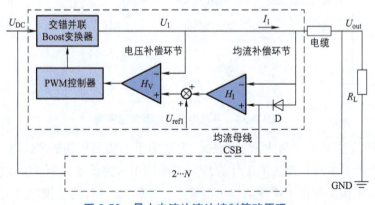

图 6-58 最大电流均流法控制策略原理

5)数字均流算法主要依靠处理器实现,有的处理器自身集成有 A/D 和 D/A 功能,通过采集各模块的电压电流模拟信号转换成数字信号,加入均流控制算法,处理器处理后经过数模转换实现对开关功率管的控制,从而实现均流的目的。嵌入式处理器发展至今,已具有很高的主频和丰富的功能,能实现对并联系统的实时监控,并可以在上面验证各种新的数字控制算法,使并联系统更加稳定和高效,数字均流控制是发展的趋势。

几种控制方法的比较见表 6-1,前几种方法均属于模拟控制方法,有很多不足之处。例如:一旦系统确定,就不能随便更换元器件;元器件很容易受到外界因素的打扰,而对工作过程和系统可靠性产生影响。所以,在进行交错并联抬压变换器系统的设计时,需要提前根据需求规划好各器件的电气参数,并选择合理的控制方式。

表 6-1 不同均流方式优缺点比较

方法名称	均流精度	可靠性	应用范围
下垂法	较差	较好	应用广泛
平均电流法	高	较好	较广泛
主从均流法	较高	差	较少使用
最大电流法	高	较好	应用广泛
数字均流法	高	好	应用广泛

6.6 无线电能传输技术

6.6.1 无线电能传输的理论基础和实现原理

无线电能传输(Wireless Power Transmission,WPT)也被称为无线电力传输、非接触电能传输,是指无需物理接触,直接通过发射器将电能转化为电磁波、激光、微波及机械波等形式的中继能量,隔空传输到接收器,接收器将中继能量转化为电能的传输技术[20]。其中,无线充电技术(Wireless Charging Technology,WCT)源于无线电能传输技术,在新能源汽车领域的应用情况已经得到了广泛的研究和应用。无线充电技术主要有电磁感应式、磁场共振、无线电波式这 3 种,但目前在新能源汽车领域应用比较广泛的是电磁感应式。电磁感应式无线电能传输技术利用电磁感应原理,在发射端和接收端各放置至少一个线圈。发射线圈可将交变电流转化为电磁信号,接收线圈感应发射端的电磁信号产生交变电流。本节主要针对电磁感应式进行介绍。

感应式无线电能传输中的发射线圈和接收线圈构成一个松耦合变压器,其原理与传统的变压器相似,都是基于法拉第电磁感应定律,通过线圈之间交变的磁场耦合来实现电能的转换与传输。传统变压器和松耦合变压器的区别在于耦合的紧密程度:传统变压器磁路完全由铁心构成,如图 6-59a 所示;松耦合变压器一般采用分离铁心或无铁心结构,分离铁心结构的磁路由铁心和气隙共同组成,如图 6-59b 所示,无铁心的传输线圈间完全以空气为介质进行能量传输,如图 6-60 所示。

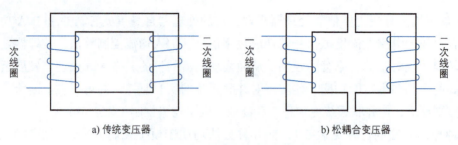

a) 传统变压器 b) 松耦合变压器

图 6-59 传统变压器和松耦合变压器示意图

假设发射线圈与接收线圈中的耦合交流磁通为 Φ，则在接收线圈中产生的感应电动势如式（6-78）所示。

$$e_R = -N_R \frac{d\Phi}{dt} = -2\pi f N_R \Phi_m \cos(\omega t) \quad (6\text{-}78)$$

式中，e_R 为接收线圈的感应电动势；N_R 为接收线圈的匝数；f 为电磁场变化的频率；Φ 为磁通，$\Phi = \Phi_m \sin\omega t$，$\Phi_m$ 表示耦合磁通量峰值；ω 为磁场变化的角频率。

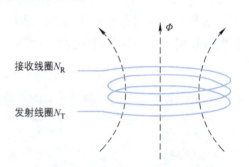

图 6-60 无线电能传输线圈示意图

在本节后续内容中，下角标分别用发射 Transmitter 的首字母 T 表示发射线圈端，用接收 Receiver 的首字母 R 表示接收线圈端。由式（6-78）可见，发射线圈与接收线圈中的最大耦合磁通 Φ_m 是影响感应电动势 e_R 大小的因素之一。Φ_m 越大，说明线圈耦合程度越紧密，即互感越大，电能传输性能越好。在理想情况下，发射线圈和接收线圈内阻为 0Ω、无漏磁、无损耗、磁场全耦合，那么输入电压 u_T 电流 i_T 和输出电压 u_R 电流 i_R 之间的关系为可以表示为

$$\begin{cases} \dfrac{u_T}{u_R} = \dfrac{N_T}{N_R} = n \\ \dfrac{i_T}{i_R} = -\dfrac{N_R}{N_T} = -\dfrac{1}{n} \end{cases} \quad (6\text{-}79)$$

式中，N_T 为发射线圈的匝数；n 为发射线圈与接收线圈的匝数比。

那么，接收线圈中的感应电动势为

$$e_R = u_R = \frac{1}{n} u_T \quad (6\text{-}80)$$

则有

$$p_R = u_R i_R = e_R i_R = \frac{1}{n} u_T i_R = \frac{1}{n} u_T (-n i_T) = -u_T i_T = -p_T \quad (6\text{-}81)$$

式（6-81）是理想传输线圈的瞬时功率，即发射线圈向传输介质发射的功率 p_T 等于接

收线圈功率 p_R。在传输过程中,发射端和接收端电压电流的关系由匝数比决定,能量既不会被消耗,也不会被储存,故而,瞬时功率任意时刻都是大小相等、方向相反。

6.6.2 无线电能传输系统的拓扑结构及其特点

实际使用中,发射线圈和接收线圈之间存在的空气间隙导致两线圈耦合系数很小。为了让能量在电磁场转换时减小损耗,通常会在电路中加入电容进行补偿。系统将工作频率调节到与电容和电感的固有频率一致,形成谐振电路。目前,补偿拓扑结构中最为基本的是串联串联(S-S)、并联并联(P-P)、串联并联(S-P)和并联串联(P-S)4种结构,电路结构如图6-61所示。

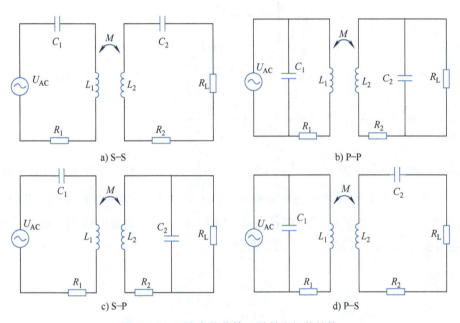

图6-61 无线电能传输4种基本拓扑结构

以串联-串联(S-S)结构为例进行等效电路分析:无线充电发射端等效为一个理想交流电压源和一个串联 LC 谐振电路,接收端等效为 LC 和负载电阻的串联电路,如图6-62所示。其中发射端交流电压源峰值为 U_1、电路电流为 i_1、串联 LC 谐振电路电容和电感分别为 C_1 和 L_1;接收端回路电流为 i_2、电容和电感分别为 C_2 和 L_2、负载电阻 R_L、负载端电压为 U_2;M 为发射线圈 L_1 和接收线圈 L_2 之间的互感。

由图6-62所示的基于电磁感应理论的无

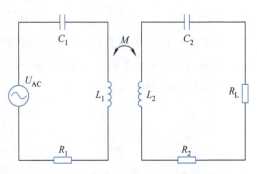

图6-62 无线电能传输S-S型拓扑结构

线充电装置的电路等效模型,根据基尔霍夫电压定律,可以得到如下方程式:

$$\begin{cases} U_1 = i_1(j\omega L_1 + \dfrac{1}{j\omega C_1}) + R_1 - j\omega M i_2 \\ j\omega M i_1 = i_2(j\omega L_2 + \dfrac{1}{j\omega C_2} + R_2 + R_L) \end{cases} \tag{6-82}$$

式中,M 是两线圈间的互感。

由式(6-82)可以求得发射端电流 i_1 和接收端电流 i_2 为

$$\begin{cases} i_1 = \dfrac{U_1}{Z_T + \dfrac{(\omega M)^2}{Z_R}} \\ i_2 = \dfrac{j\omega M U_1}{Z_T Z_R + (\omega M)^2} \end{cases} \tag{6-83}$$

式中,$Z_T = \left(j\omega L_1 + \dfrac{1}{j\omega C_1}\right)$;$Z_R = R_2 + R_L + \left(j\omega L_2 + \dfrac{1}{j\omega C_2}\right)$。

由式(6-85)可知,当 $\omega L_1 - \dfrac{1}{\omega C_1} = 0$ 且 $\omega L_2 - \dfrac{1}{\omega C_2} = 0$ 时,系统等效输入阻抗和输出阻抗呈现纯电阻特性,电源输入的无功功率为 0,输出功率 P_{out} 可以达到最大值。此时,LC 谐振电路中的电感 L_1 与电容 C_1 处于谐振状态,角频率 ω 与发射端电感 L_1、接收端电感 L_2、发射端电容 C_1、接收端电容 C_2 之间的关系为

$$\omega = \dfrac{1}{\sqrt{L_1 C_1}} = \dfrac{1}{\sqrt{L_2 C_2}} \tag{6-84}$$

式中,ω 为角频率,$\omega = 2\pi f$,简化式(6-84)可得

$$f = \dfrac{1}{2\pi\sqrt{L_1 C_1}} = \dfrac{1}{2\pi\sqrt{L_2 C_2}} \tag{6-85}$$

当固有频率 $f = 1/(2\pi\sqrt{L_1 C_1})$ 且 $1/\sqrt{L_1 C_1} = 1/\sqrt{L_2 C_2}$ 时,发射端电流最大,发射线圈产生的磁场最强;接收端固有频率与发射端固有频率相同时,二次线圈能产生最大的感应电流。一般将满足式(6-85)的系统参数的搭配称为系统无功全补偿。

定义谐振电路的参数如下:

$$\begin{cases} L_1 = L_2 = L \\ C_1 = C_2 = C \\ R_1 = R_2 = R \end{cases} \tag{6-86}$$

功率和效率计算公式为

$$\begin{cases} P_{\text{out}} = i_2^2 R_{\text{L}} \\ \eta = \dfrac{P_{\text{out}}}{P_{\text{in}}} = \dfrac{i_2^2 R_{\text{L}}}{U_1 i_1} \end{cases} \quad (6\text{-}87)$$

将式（6-82）、式（6-86）、式（6-87）3个方程进行联立求解，求得

$$\begin{cases} P_{\text{out}} = \dfrac{U_1^2 \omega^2 M^2 R_{\text{L}}}{E^2 + F^2} \\ \eta = \dfrac{\omega^2 M^2 R_{\text{L}}}{AE + BF} \end{cases} \quad (6\text{-}88)$$

式中，

$$A = R + R_{\text{L}}$$
$$B = \omega L - 1/\omega C$$
$$E = AR - B^2 + (\omega M)^2$$
$$F = AB + BR$$

由式（6-88）可以看出，基于S-S拓扑结构的WPT系统的输出功率和效率与输入电压、系统工作频率以及互感值等参数均有关系。当 $B = 0$，即系统工作频率等于谐振频率时，输出功率达到峰值。为探究S-S拓扑最大输出功率和效率与各参数之间的关系，定义系统参数见表6-2。

表6-2 S-S拓扑仿真参数表

电气参数	U_{DC}	L	C	R	f	R_{L}
数值	10V	90μH	100nF	0.15Ω	53kHz	30Ω

图6-63绘制出在谐振频率下输出功率和效率随互感值变化的图像。图6-63显示了系统效率随线圈互感值的增大而增大，最高超过了95%；系统功率先增大后减小，并在互感为6.2μH时输出功率达到峰值159W，但此时系统效率仅有50%。因此，S-S拓扑WPT系统具备以下特点：系统在较低互感时能达到最大输出功率，但效率较低；在高互感情况时效率提高，但输出功率降低。

为了探究系统工作频率对特定互感下输出功率和效率的影响，绘制出互感为20μH情况下输出功率和系统效率随工作频率变化的曲线，如图6-64所示。互感为20μH条件下，在谐振频率53kHz

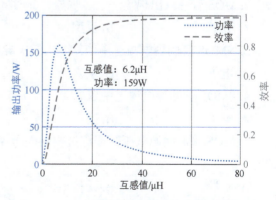

图6-63 S-S拓扑WPT系统谐振状态下的输出功率和效率随互感变化曲线

处达到功率峰值 55.6W，效率约为 90%。输出功率对工作频率极为敏感，当频率变动 3kHz 时，功率急剧下降至 10W 以下。当频率在 40kHz 以下或 80kHz 以上时，系统无法向负载端输出功率。

实际上在互感值为 6.2μH 和工作频率为谐振频率的情况下，系统的输出功率还与等效负载有关。图 6-65 是 S-S 拓扑结构 WPT 系统输出功率和效率随负载电阻变化曲线。随着负载电阻的增大，系统功率和效率都呈现先增大后减小的趋势。但系统的效率受电阻的影响程度很大。

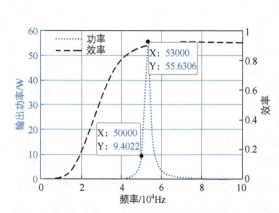

图 6-64　S-S 拓扑 WPT 系统 20μH 下的输出功率和系统效率随工作频率变化曲线

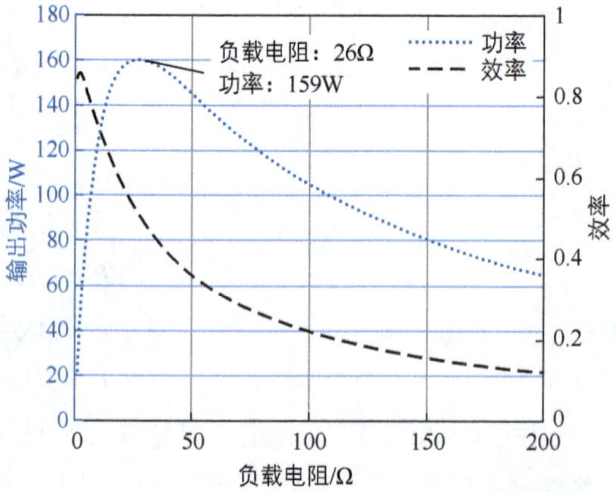

图 6-65　S-S 拓扑 WPT 系统输出功率和效率随负载电阻变化曲线

习题

一、选择题

1. MOS 管的小信号输出电阻是由 MOS 管的（　　）效应产生的。
   A. 体　　　　　　B. 衬偏　　　　　　C. 沟长调制　　　　D. 亚阈值导通

2. MOS 管一旦出现（　　）现象，此时的 MOS 管将进入饱和区。
   A. 夹断　　　　　B. 反型　　　　　　C. 导电　　　　　　D. 耗尽

3. NMOS 管的导电沟道中依靠（　　）导电。
   A. 电子　　　　　B. 空穴　　　　　　C. 正电荷　　　　　D. 负电荷

4. PMOS 管的导电沟道中依靠（　　）导电。
   A. 电子　　　　　B. 空穴　　　　　　C. 正电荷　　　　　D. 负电荷

5. MOS 管的漏源电流受栅源过驱动电压控制，我们定义（　　）来表示电压转换电流的能力。
   A. 跨导　　　　　B. 受控电流源　　　C. 跨阻　　　　　　D. 小信号增益

6. 工作在饱和区的 MOS 管，可以被看作是一个（　　）。
   A. 恒压源　　　　B. 电压控制电流源　C. 恒流源　　　　　D. 电流控制电压源

7. LLC 变换器正常工作时，系统整体呈现（　　）状态。
A. 阻性　　　　　　B. 感性　　　　　　C. 容性　　　　　　D. 阻性或感性

8. LLC 变换器一次侧开关管开通一般是（　　）。
A. 硬开关　　　　　B. ZVS　　　　　　C. ZCS　　　　　　D. 以上都不是

9. 多相并联抬压变换器电流纹波比值主要受（　　）影响。
A. 工作频率　　　　B. 占空比　　　　　C. 相位　　　　　　D. 输入电压

10. 理论上，能够使 m 相交错并联式抬压变换器的电流纹波为 0 的占空比有（　　）个。
A. 1　　　　　　　B. $m/2$　　　　　　C. $m-1$　　　　　　D. m

二、填空题

1. 电力 MOSFET 的通态电阻具有_____温度系数。

2. IGBT 的开启电压 UGE（th）随温度升高而_____，开关速度_____电力 MOSFET。

3. 按照驱动电路加在电力电子器件控制端和公共端之间的性质，可将电力电子器件分为_____和_____两类。

4. IGBT 的通态压降在_____或_____额定电流以下区段具有_____温度系数；在 1/2 或 1/3 额定电流以上区段具有_____温度系数。

5. 在如下器件：电力二极管（Power Diode）、晶闸管（SCR）、门极可关断晶闸管（GTO）、电力晶体管（GTR）、电力场效应管（电力 MOSFET）、绝缘栅双极型晶体管（IGBT）中，属于不可控器件的是_____，属于半控型器件的是_____，属于全控型器件的是_____、_____、_____、_____；属于单极型电力电子器件的有_____，属于双极型器件的有_____、_____、_____、_____，属于复合型电力电子器件的有_____；在可控的器件中，容量最大的是_____，工作频率最高的是_____，属于电压驱动的是_____、_____，属于电流驱动的是_____、_____、_____。

6. 绝缘栅双极型晶体管是以_____作为栅极，以_____和发射极作为发射极与集电极复合而成。

7. 功率场效应管是一种性能优良的电子器件，缺点是_____和_____。

三、问答题

1. 平面栅和沟槽栅的 MOSFET 有什么区别？
2. MOSFET 在新能源汽车上有哪些应用？
3. IGBT 在新能源汽车上有哪些应用？
4. MOS 管与 IGBT 的相同点和不同点各是什么？
5. IGBT 器件栅极电压波形振荡产生的原因有哪些？如何避免？
6. IGBT 器件可以承受反压吗？反向阻断电压能力与 V_{ce} 击穿电压是否有关？
7. LLC 谐振变换器的工作原理是什么？

8. 为什么 LLC 网络要在感性区域工作？
9. LLC 适合用于恒流输出吗？
10. LLC 谐振变换器的失效模式有哪些？
11. 请简述 S-S 型无线电能传输系统功率效率与互感值之间关系。

四、综合实践题

1. 车用交错并联抬压变换器的样机拆解和上机实验

（1）目的

通过对车用交错并联抬压变换器的结构进行分析，熟悉变换器的工作原理和控制方法，了解各关键元器件在电路中的作用，调整占空比来调节输出电压。

（2）背景说明

车用交错并联抬压变换器的拓扑结构较为简单，但是大功率应用中需要非常多的外围电路进行辅助，例如电流检测、电压检测、温度检测等。另外，占空比的控制需要控制电路和驱动电路，驱动电路上存在过流保护等电路。因此，实际的拆装和调试对熟悉大功率交错并联抬压变换器具有重要意义。

（3）要求

1）学生需要详细记录大功率交错并联抬压变换器安装拆解过程中的关键数据，包括安装时间、操作步骤、工具使用等。拆解后，将各个电器元件在电路拓扑中一一对应。使用例程对变换器进行调试，并根据输出电压更改占空比。

2）学生需要分组进行实践，每组 3~5 人。团队成员之间需要相互协作分工明确，确保实践项目的顺利进行。

3）学生个人需要根据实践项目的要求撰写实践报告，包括实践目的、背景、过程、结果分析和改进建议等。报告要求条理清晰、数据准确、分析深入。

2. 移相全桥 DC/DC 变换器建模及仿真实验

（1）目的

通过对移相全桥 DC/DC 变换器的结构进行分析，熟悉变换器的工作原理和控制方法，了解各关键元器件在电路中的作用，调整相位来调节输出电压。

（2）背景说明

车用移相全桥 DC/DC 变换器的拓扑结构较为简单，在移相全桥 DC/DC 变换器中关键的是移相控制，它影响着电路是否能正常工作，例如能否实现 ZVS。因此，熟悉车用移相全桥 DC/DC 变换器的工作具体情况尤其重要。

（3）要求

1）学生使用例程对变换器进行调试，并根据输出电压更改占空比，详细记录车用移相全桥 DC/DC 变换器不同相位情况下的关键数据，包括 ZVS 情况、副边占空比情况以及副边整流二极管电压振荡情况等。

2）学生需要分组进行实践，每组 3~5 人。团队成员之间需要相互协作分工明确，确保实践项目的顺利进行。

3）学生个人需要根据实践项目的要求撰写实践报告，包括实践目的、背景、过程、结果分析和改进建议等。报告要求条理清晰、数据准确、分析深入。

参 考 文 献

[1] BALIGA B J. Fundamentals of power semiconductor devices[M]. Gewerbestrasse：Springer Science & Business Media，2010.

[2] ROBERT W. E. Fundamentals of power electronics[M]. [S.l.]：Green Energy & Technology，2000.

[3] 张卫平. 开关变换器的建模与控制 [M]. 北京：中国电力出版社，2005.

[4] 许章茁，潘健. 移相全桥 ZVS 直流变换器研究综述 [J]. 电源学报，2022，20（4）：11-27.

[5] 韦浩. 移相全桥 DC-DC 变换器的研究与设计 [D]. 绵阳：西南科技大学，2019.

[6] SABATE J A, VLATKOVIC V, RIDLEY R B, et al. Design considerations for high-voltage high-power full-bridge zero-voltage-switched PWM converter[C]//Fifth Annual Proceedings on Applied Power Electronics Conference and Exposition. IEEE，1990：275-284.

[7] WEI Y, LUO Q, MANTOOTH A. Overview of modulation strategies for llc resonant converter[J]. IEEE Transactions on Power Electronics，2020，35（10）：10423-10443.

[8] ALTIN N, OZDEMIR S, KHAYAMY M, et al. A novel topology for solar pv inverter based on an llc resonant converter with optimal frequency and phase-shift control[J]. IEEE Transactions on Industry Applications，2022，58（4）：5042-5054.

[9] WEI Y, LUO Q, MANTOOTH H A. Synchronous rectification for llc resonant converter：an overview[j]. IEEE Transactions on Power Electronics，2021，36（6）：7264-7280.

[10] WEI Y, LUO Q, ALAN M H. A novel llc converter with topology morphing control for wide input voltage range application[J]. IEEE Journal of Emerging and Selected Topics in Power Electronics，2022，10（2）：1563-1574.

[11] 郭首金，尹斌，张志成. 改进型开关电源模块并联均流控制技术 [J]. 电源技术，2013，37（4）：621-623.

[12] 张伊凡，王乐. 浅析开关电源模块并联均流方法 [J]. 电子测试，2013，（5）：34-35，41.

[13] WANG P, LU X, YANG X, et al. An improved distributed secondary control method for dc microgrids with enhanced dynamic current sharing performance[J]. IEEE Transactions on Power Electronics，2016，31（9）：6658-6673.

[14] LI D, MAN H C N. A delay-tolerable master-slave current-sharing control scheme for parallel-operated interfacing inverters with low-bandwidth communication[J]. IEEE Transactions on Industry Applications，2020，56（2）：1575-1586.

[15] MARTINEZ J M, TAN J A O, DE GUZMAN J M, et al. Design of a two-switch forward converter with master-slave active current sharing controller using a digital signal processor[C]//2019 IEEE 11th International Conference on Humanoid, Nanotechnology, Information Technology, Communication and Control, Environment, and Management（HNICEM）. IEEE，2019：1-6.

[16] LUKIC Z, ZHAO Z, PRODIC A, et al. Digital controller for multi-phase DC-DC converters with logarithmic current sharing[C]//2007 IEEE Power Electronics Specialists Conference. IEEE，2007：119-123.

[17] QIAN Z, ABDEL-RAHMAN O, PEPPER M, et al. Analysis and design for paralleled three-port DC/

DC converters with democratic current sharing control[C]//2009 IEEE Energy Conversion Congress and Exposition. IEEE, 2009: 1375-1382.

[18] PAZOUKI E, DE ABREU-GARCIA J A, SOZER Y. A novel fault-tolerant control method for interleaved DC-DC converters under switch fault condition[J]. IEEE Transactions on Industry Applications, 2020, 56（1）: 519-526.

[19] CID-PASTOR A, MARTINEZ-SALAMERO L, ALONSO C, et al. Paralleling DC-DC switching converters by means of power gyrators[J]. IEEE Transactions on Power Electronics, 2007, 22（6）: 2444-2453.

[20] 张波, 黄润鸿, 疏许健. 无线电能传输原理[M]. 北京: 科学出版社, 2018.

第 7 章
车用储能系统和能量管理技术

车用储能系统与能量管理技术是新能源汽车领域的核心系统与技术,在新能源汽车的开发过程中扮演着至关重要的角色。本章系统性地介绍了电化学蓄电池组与燃料电池系统的基础知识与工作原理,并阐述了电池状态精准监测与高效管理的科学方法,然后聚焦于车载储能系统的优化设计与制动能量的高效回收,最后深入剖析了混合储能系统的智能化能量管理策略。

学习目标

1. 掌握电化学储能系统的基础知识以及电化学蓄电池组和燃料电池系统的工作原理,了解电化学储能系统的组成和特征。
2. 了解电池管理系统的结构和功能,掌握电池管理系统在提高系统安全性和效率方面的应用,熟悉不同类型电池的特性和应用。
3. 了解能量管理系统的基本原理和功能,掌握能量管理系统在提高系统安全性和效率方面的应用。
4. 掌握磷酸铁锂电池和三元锂电池的特性及电池电荷状态的测量和计算方法,了解不同类型电池在实际应用中的优缺点。
5. 了解电池管理系统(Battery Management System,BMS)和能量管理系统(Energy Management System,EMS)在实际工程中提高储能系统安全性和效率的应用,掌握能量管理优化策略。
6. 深入了解车载储能系统和能量管理技术,掌握车用储能系统的整体架构和功能,能够认识到能量管理技术在新能源汽车中的重要作用。

7.1 电化学蓄电池组和燃料电池系统简介

新能源汽车采用的电池主要可以分为两种:电化学电池和燃料电池。两种电池通过电极上发生的电化学氧化与还原反应,将化学能与电能相互转换。电池由负极(或阳极)和正极(或阴极)构成,放电时负极(或阳极)发生氧化反应,正极(或阴极)发生还原反应，离子通过电解质传输[1]。

7.1.1 电化学储能组成与特征

微信扫一扫，了解锂电池与三元锂

1. 锂离子电池

通过锂离子在正、负极嵌入和脱出，进行化学能与电能相互转换。其组成部件包括外壳、绝缘材料、安全阀、正/负极引线、正极、电解质、隔膜和负极。正极一般由聚偏二氟乙烯（Polyvinylidene Fluoride，PVDF）粘合正极活性材料如磷酸铁锂、三元材料、钴酸锂等，并混合导电剂在铝集流体上形成，负极则由 PVDF 粘合碳材料、硅碳材料等负极活性材料在铜集流体上形成。电解液由锂盐（如 $LiPF_6$）作为溶质，有机碳酸酯类作为溶剂 [如碳酸丙烯酯（Propylene Carbonate，PC）、碳酸乙烯酯（Ethylene Carbonate，EC）、碳酸二乙酯（Diethyl Carbonate，DEC）、碳酸二甲酯（Dimethyl Carbonate，DMC）等] 的混合溶液。隔膜一般采用聚丙烯和聚乙烯微孔膜。磷酸铁锂（$LiFePO_4$）电池的内部结构如图 7-1 所示。左侧是橄榄石结构的 $LiFePO_4$ 正极，与铝箔连接，中间为聚合物的隔膜，隔开正负电极，允许锂离子 Li^+ 通过而不允许电子 e^- 通过，右侧为碳（石墨）负极，与铜箔连接。整个电池电芯浸润在电解质中，整个电池由金属外壳密闭封装[2]。

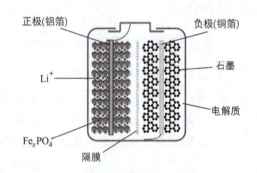

图 7-1 磷酸铁锂电池的内部结构

$LiFePO_4$ 电池在充电时，正极中的锂离子 Li^+ 从正极材料脱嵌，通过聚合物隔膜向负极迁移；在放电过程中，负极中的锂离子 Li^+ 从石墨脱嵌通过隔膜向正极迁移。

正极反应式（放电）：$Li_{(1-x)}FePO_4 + xLi^+ + xe^- = LiFePO_4$

负极反应式（放电）：$Li_xC_6 - xe^- = 6C + xLi^+$

$LiFePO_4$ 电池具有安全性高、使用寿命长、不含重金属和稀有金属、原材料成本低、支持快速充电、工作温度范围广、循环寿命可达到 2000 次等优点。同时也存在振实密度与压实密度很低的缺点，导致锂离子电池的能量密度较低；还存在材料的制备成本与电池的制造成本较高、成品率低、一致性差等缺点。

三元锂电池的正极活性材料使用层型结构的镍钴锰酸锂 $[Li(NiCoMn)O_2]$。充电时，Li^+ 从正极脱出并释放电子，$Ni^{2+/3+}$ 氧化为 Ni^{4+}；Li^+ 通过电解质嵌入碳负极，同时电子通过外电路转移到负极，维持电荷平衡。放电时，电子从负极流经外电路到正极，Li^+ 在电池内部迁移至正极并嵌入层状三元正极材料，同时外电路中的电子还原 Ni^{4+} 为 $Ni^{2+/3+}$。需要注意的是，在充放电循环中，三元材料中的 Mn 元素一般不参与反应；若充电过程中脱锂量较大且截止电压较高（>4.4V vs Li/Li⁺），Co 元素会参与电荷补偿，Co^{3+} 氧化为 Co^{4+}。三元锂电池的结构原理如图 7-2 所示。

(1) 三元锂电池的优点

1) 高能量密度：三元锂电池的单位体积能量密度比磷酸铁锂电池更高。

2) 更长的循环寿命：三元锂电池的循环充放电性能更佳，通常可以循环充放电 2000 次以上。由于其能量密度高、充电频率相对较低，因此使用寿命更长。

3) 耐低温性能：三元锂电池在低温环境下表现优于磷酸铁锂电池，冬季时续驶里程不会显著下降。

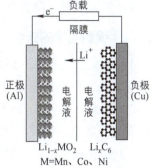

图 7-2　三元锂电池放电原理

(2) 三元锂电池的缺点

1) 生产成本高：三元锂电池的原材料成本高，热管理系统成本也较高，这导致整车价格较高。

2) 易发热：三元锂电池中的活性锂与电解液发生反应会释放热量，因此更容易发热，需要有效的热管理系统来控制温度。

2. 镍氢（Nickel-Metal Hydride Battery，NiMH）电池

NiMH 电池是一种常见的可充电电池，广泛应用于消费电子产品、电动工具和混合动力汽车等领域。镍氢电池的结构如图 7-3 所示，其基本结构由正极（氢氧化镍）、负极（氢吸附合金）和电解液（通常为碱性氢氧化钾溶液）组成[3]。

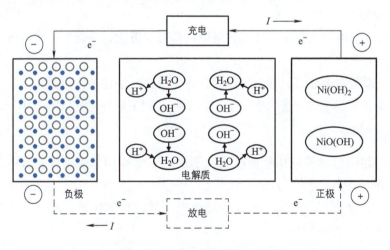

图 7-3　镍氢电池的结构

(1) 镍氢电池的优点

1) 能量密度高：镍氢电池的能量密度相较于镍镉电池（NiCd）有显著提升，能够储

存更多的电能,适合便携设备。

2)环保性好:镍氢电池不含有毒的重金属镉,对环境的污染较小,符合环保要求。

(2)镍氢电池的缺点

1)能量密度有限:虽然镍氢电池的能量密度比镍镉电池高,但仍然低于锂离子电池,限制了其在需要高能量密度的应用中的竞争力。

2)记忆效应:虽然较轻微,但镍氢电池仍可能出现记忆效应。如果电池在每次充电前没有完全放电,会使电池内容物产生结晶,导致电池容量逐渐减少。

3)温度敏感性:镍氢电池在高温或低温环境下的性能会有所下降,高温可能导致电解液分解,低温会降低电池的充放电效率。

4)自放电率较高:尽管自放电率比镍镉电池低,但镍氢电池的自放电率仍然高于锂离子电池,长时间不用时电量损失较大。

5)充电时间较长:镍氢电池的充电速度相对较慢,这在某些应用场景下不够便捷。

3. 超级电容器

超级电容器又称电化学电容器(Electrochemical Capacitor,EC)或双电层电容器(Electrical Double-layer Capacitor,EDLC),是一种介于传统电容器和电池之间的储能设备,其主要结构包括两个电极、电解液和隔膜。超级电容器通过双电层效应和法拉第效应存储电能。

(1)超级电容器的优点

1)高功率密度:超级电容器能够在极短的时间内充放电,功率密度远高于传统电池,非常适合需要快速能量释放的应用场景。

2)长寿命:超级电容器的充放电循环次数可以达到数十万次,显著高于普通电池,使用寿命极长。

3)宽温度范围:超级电容器可以在极端温度条件下工作,适用范围广泛。

4)环保性:超级电容器不含有害物质,生产和使用过程中对环境的影响较小。

(2)超级电容器的缺点

1)能量密度低:超级电容器的能量密度远低于锂离子电池和其他类型的蓄电池,不适合长时间持续供电的应用。

2)电压变化大:超级电容器的输出电压会随着电荷的减少而显著降低,需要复杂的电压管理和转换电路来维持稳定输出。

3)自放电率高:超级电容器在静置一段时间后会自然放电,储存的电能难以长期保持,这对一些备用电源应用是一个问题。

4)成本高:虽然近年来超级电容器的价格有所下降,但其成本仍然较高,尤其是在大规模储能应用中,经济性不如传统电池。

5）体积和重量：为达到同等能量存储，超级电容器的体积和重量往往较大，限制了其在某些空间和重量敏感应用中的使用。

4. 其他新型电池

固态电池是一种新型的锂离子电池技术，其核心特点是使用固体电解质代替传统电池中的液体或凝胶电解质。固态电池的基本结构包括固体正极、固体负极和固体电解质，其主要优势在于提高了安全性、能量密度和循环寿命。半固态电池是一种介于传统液态电池和固态电池之间的技术，它结合了固态和液态电池的优点。半固态电池通常采用固体和液体电解质的混合形式，或使用凝胶状的电解质。固态和半固态电池技术代表了电池技术的未来发展方向，具有更高的安全性和能量密度。然而，这些技术仍面临诸多挑战，如制造成本高和生产工艺复杂等。随着技术的不断进步和完善，固态和半固态电池有望在未来的储能和电动交通等领域发挥重要作用[4]。

7.1.2 电化学储能系统的组成与工作原理

电化学储能系统的主要组成及其工作原理如下[5]：

1）电池组（Battery Pack，BP）：储能系统的核心组成部分。根据设计容量和电压，将电池单元通过串并联进行成组。

2）储能变流器（Power Conversion System，PCS）：控制动力电池组的充电和放电过程，进行交/直流变换。

3）电池管理系统：其组成如图7-4所示，主要负责感知传感器信号、估算电池状态、保护电池安全、对外通信交互、发出执行器动作指令等工作。在整车中，整车控制器（Vehicle Control Unit，VCU）对控制占据主导地位，掌控电池包的主要控制权 [如上下电、充放电功率、电池的荷电状态（State of Charge，SOC）使用区间等]，BMS处于被动地位（能控对象为继电器与热管理相关）。

4）能量管理系统：负责数据采集、网络监控和能量调度。EMS通过通信线与PCS和BMS进行通信，收集其状态及参数，并下发预设逻辑命令，完成储能系统的充放电操作。电池能量管理系统原理如图7-5所示。

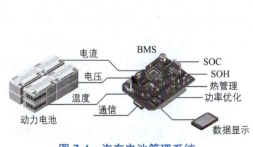

图7-4 汽车电池管理系统

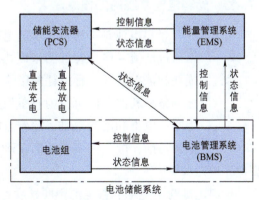

图7-5 电池能量管理系统原理

5）热管理系统（Thermal Management System，TMS）：电池的适宜工作温度在0～40℃之间，电池热管理仿真如图7-6所示。高温会显著影响系统寿命和安全性，低温则可能导致系统容量衰退甚至停止工作。热管理系统根据周围环境温度和电池工作温度调节系统冷却性能，使电池系统处于适宜工作温度区间，延长系统寿命。热管理系统分为风冷、液冷、直冷和相变冷却，目前车载能源系统主要采用液冷或直冷进行电池系统冷却。加热系统主要采用液冷系统或者正温度系数（Positive Temperature Coefficient，PTC）热敏电阻加热[6]。

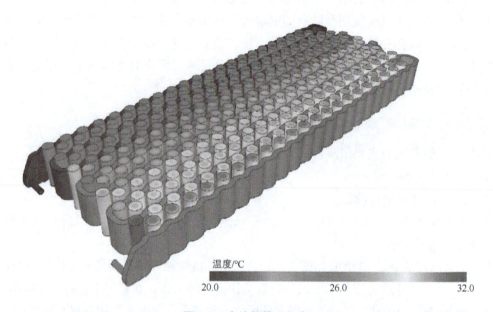

图 7-6　电池热管理仿真

6）其他电气设备：包括急停按钮信号、消防、柜门行程开关等安全保障装置。在紧急情况下，急停按钮信号直接连接PCS、BMS、EMS，确保设备及时停机，保障安全。此外，外部的消防、柜门行程开关等信号也接入EMS，进一步提升设备的安全性。

7.1.3　燃料电池系统的工作原理

微信扫一扫，了解燃料电池

燃料电池是一种将化学能直接转换成电能的发电装置。燃料电池的性能可以通过电流-电压特性图来概述，而燃料电池的输出电压受到活化损耗、欧姆损耗和浓差损耗3种损耗的影响。燃料电池电堆由多个零部件组成，根据双极板制备材料的不同可分为石墨板电堆和金属板电堆，根据冷却方式的不同可分为空冷电堆和液冷电堆。随着氢能源的不断推广，燃料电池电堆的价格逐渐降低。目前，国内许多企业都在研发并生产燃料电池电堆，未来电堆性能有望达到世界领先水平[7]。

燃料电池与干电池、蓄电池不同，后者是一种储能装置，将电能储存起来，供需要时释放。燃料电池则是将化学能直接转换成电能的发电装置，只要持续供应燃料，就能不断产生电能。

氢燃料电池的原理如图 7-7 所示，其中电能产生的 4 个主要步骤如下：

1）将氢气和氧气输送到反应区域。
2）氢气、氧气的电化学反应。
3）氢离子和电子的传导。
4）去除反应的生成物水。

燃料电池电堆的结构如图 7-8 所示，主要组成部件有进气端板、隔膜、正负极集流板、膜电极、冷却板等。

目前根据双极板制备材料的不同，可将燃料电池电堆分为石墨板电堆和金属板电堆。石墨板电堆具有耐腐蚀、寿命长、价格相对低廉、电阻低、导电性能良好等优点，但其功率密度较低，在需要大功率时，石墨板电堆的体积较大，通常用于大功率商用车；金属板电堆具有较高的功率密度、易于小型化，适用于乘用车等狭窄的工作环境，然而，由于金属板通常使用钛金属或不锈钢＋表面镀层处理，成本较高。

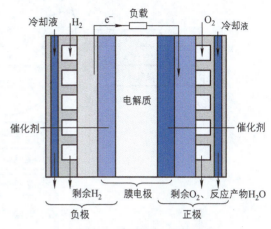

图 7-7 氢燃料电池原理

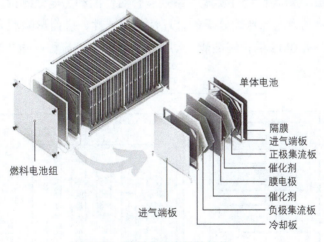

图 7-8 燃料电池电堆的结构

7.2 电池系统状态监测与管理

BMS 在电动汽车的动力电池管理中扮演着至关重要的角色，其功能如图 7-9 所示。BMS 的功能不仅限于监测电池的实时状态，还包括分析电池的剩余电量和健康状态，并实施必要的安全保护措施[8]。

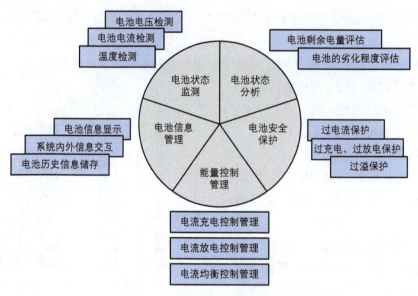

图 7-9 电池管理系统的功能

7.2.1 电池性能测试

为了获取动力电池在不同环境和工况下的工作特性，以便开展动力电池的精确建模并开发高性能的 BMS，需要设计并实施一系列有针对性的动力电池测试。测试方案及实验数据的质量直接影响动力电池特性分析的合理性与完整性，进而影响动力电池模型的准确性和可靠性，最终影响 BMS 的控制性能。动力电池性能测试流程如图 7-10 所示[9]。

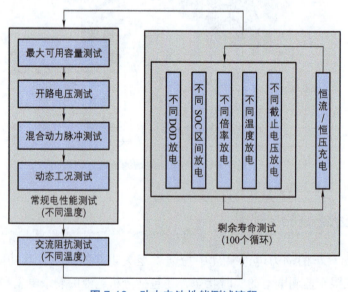

图 7-10 动力电池性能测试流程

1. 动力电池常规电性能测试

(1) 最大可用容量测试

该测试主要通过对动力电池进行充放电来标定其当前条件下的最大可用容量。随着动力电池的老化，其容量会不断衰减。测试不同循环次数和温度条件下的最大可用容量对动力电池 SOC 和健康状态（State of Health，SOH）的估计算法开发与评价具有重要的支撑作用。

基于 GB/T 38661—2020《电动汽车用电池管理系统技术条件》的要求，需要连续 3 次测试动力电池的最大放电容量。测试方法为：将动力电池在标准电流下用恒流恒压（Constant Current Constant Voltage，CCCV）方式充满电。CCCV 充电示意图如图 7-11 所示。静置一段时间后再以恒流放电至下截止电压，连续测试 3 次。若这 3 次测试的放电容量与 3 次测试结果均值的偏差在 ±2% 以内，则本次的最大可用容量测试结果有效，满足可用容量测试的确认条件，并取放电与充电的测试结果的平均值作为动力电池的最大可用容量 C_{max}，否则需要继续测试，直至连续 3 次的放电容量满足确认条件。一般取恒流段充放电倍率为 0.3C。

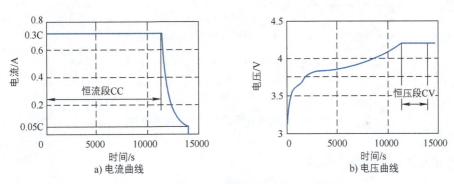

图 7-11　CCCV 充电示意图（充电电流为正）

(2) 开路电压测试

该测试旨在建立动力电池开路电压（Open Circuit Voltage，OCV）与 SOC、可用容量的关系表。每种电池体系都有自己特定的 OCV 曲线，同一温度下该曲线与 SOC 存在固定的关系。同时 OCV 也会受到老化的影响，进而可用于诊断动力电池的 SOH。OCV 分为充电 OCV 和放电 OCV 两组值。充电状态下动力电池开路电压测试方法如下：

1）动力电池以标准电流放电至截止电压，静置 5h，测试其端电压值。该值被视为 SOC = 0% 时的开路电压值。

2）在标准电流下以 CCCV 对动力电池实施充电操作，截止条件是充入容量为 5% 的最大可用容量或者充电电流下降至充电截止电流，静置 5h 后测试端电压值。

3）跳到步骤 2）循环进行，直到动力电池完全充满。

放电状态下动力电池开路电压测试方法如下：

1）以标准 CCCV 充电方式将动力电池充满电，静置 5h，测试其端电压值，该值被视为 SOC = 100% 时的开路电压值。

2）以标准电流恒流放电，截止条件为放电容量达到 5% 的最大可用容量或者动力电池电压降低至放电截止电压，静置 5h 后测试端电压值。

3）跳到步骤 2）循环进行，直到动力电池达到其放电截止电压。

充放电开路电压曲线及其差异如图 7-12 所示。

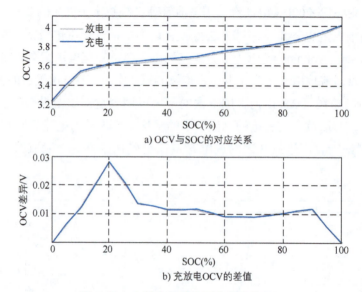

图 7-12　充放电开路电压曲线及其差异

（3）混合动力脉冲特性测试

混合脉冲功率性能（Hybrid Pulse Power Characterization，HPPC）测试是采用连续的脉冲激励序列对动力电池进行充放电操作，以获得动力电池在不同 SOC 值下的动态特性[10]。结合动力电池建模理论，HPPC 测试数据常被用来进行模型参数的离线辨识，获得不同 SOC 点的模型参数表。HPPC 测试步骤具体如下。

1）准备阶段，使用标准电流以 CCCV 充电方式将待测试动力电池充至满电。

2）静置 5h，使动力电池接近于平衡状态。

3）加载混合脉冲电流激励序列，接着对动力电池实施一段时间的恒流放电操作，然后静置 1h。该段时间的恒流放电过程是用来保证前后两次脉冲激励序列试验的 SOC 相隔 5%，从而获得 SOC 在 100%、95%……5% 下的测试数据。

4）重复步骤 3）所设定的测试操作，直到动力电池达到其放电截止电压。为获得更加全面的动力电池极化特性，该实验采用四组不同倍率的电流组成脉冲激励。为防止动力电池在满电状态下过充电，采用恒流恒压充放电对动力电池实施脉冲激励。最终得到的混合动力脉冲特性测试电流如图 7-13 所示（电流幅值取决于不同型号的动力电池）。

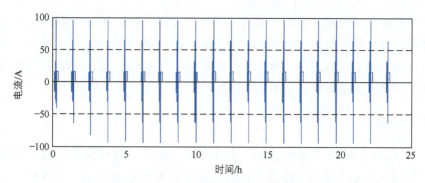

图 7-13 混合动力脉冲特性测试电流

（4）动态工况测试

动态工况测试是指通过模拟实际电动汽车行驶工况中的电流激励而开展的测试，以获取动力电池动态工作特性。基于动态工况测试数据，可以仿真研究 BMS 核心算法在实车应用中的适用性。常见的动态工况测试包括动态应力测试（Dynamic Stress Test，DST）、美国联邦城市运行工况（Federal Urban Driving Schedule，FUDS）、城市道路循环工况（Urban Dynamometer Driving Schedule，UDDS）新欧洲行驶工况（The New European Driving Cycle，NEDC）、中国典型城市运行工况（China Typical City Driving Cycle，CTCDC）。

2. 交流阻抗测试

交流阻抗测试是以小振幅正弦波电压信号（或电流信号）作扰动，使电极系统产生近似线性关系的电流或电压响应，从而测量动力电池体系在某一频率范围阻抗谱的方法。这种"黑箱方法"（一种通过观测外部输入黑箱的信息和黑箱输出的信息的变化关系，来探索黑箱的内部构造和机理的方法）以电压、电流为输入、输出，间接得到电池内部阻抗信息。交流阻抗测试如图 7-14 所示。

在研究电化学阻抗谱的过程中，研究人员基于电化学原理发现了电极界面双电层电容偏离纯电容的特性，由此引申出了分数阶模型，显著提高了对电池频域、时域特性的拟合精度。此外，动力电池交流阻抗谱与老化状态存在强烈的单调映射关系。因此，在获取动力电池交流阻抗谱后，可通过对其中某些特征参数的提取来标定动力电池 SOH。

7.2.2 电池系统管理

动力电池的 SOC 和 SOH 的准确估计是电池管理系统中的核心功能。精确的 SOC 和 SOH 估计能够保障电池系统的安全、可靠运行，优化电池性能，并为电动汽车的能量管

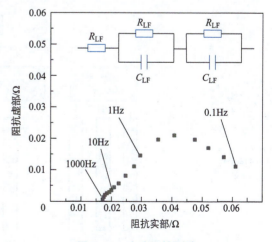

图 7-14 交流阻抗测试

理和安全管理提供重要依据。然而，动力电池具有可测参数量有限且特性耦合、即用即衰、强时变、非线性等特征，车载环境应用又有着全工况（宽倍率充放电）、全气候（-30～45℃温度范围）的应用需求，高精度、强鲁棒性的动力电池 SOC 和 SOH 估计极具挑战，一直是行业技术攻关的难点和国际学术界研究的前沿热点[11]。

1. 电池状态监测

电池状态监测是 BMS 的基础功能，主要涉及电压、电流和温度这三种物理量的实时监测。这些数据是评估电池其他性能指标的基础，例如 SOC 的估算。准确的状态监测对于保证电池的安全性和性能至关重要。

电压监测：用于了解每个电池单体的电压状态，防止过充电或过放电。

电流监测：用于监控充电和放电过程中电流的大小，确保其在安全范围内。

温度监测：用于检测电池和环境温度，防止电池在高温或低温条件下工作导致的潜在安全风险。

2. 电池状态分析

电池状态分析主要包括电池的剩余电量评估及电池劣化程度评估两部分，即所谓的荷电状态评估及健康状态评估。

(1) SOC 评估

SOC 表示电池的剩余电量，类似于传统汽车的燃油表。SOC 的准确估算是电动汽车驾驶人了解电池续驶里程的关键。常用的 SOC 估算方法包括电荷累积法、开路电压法以及卡尔曼滤波法等。准确的 SOC 评估需要结合电压、电流和温度的实时监测数据[12]。

动力电池结构复杂，电化学反应过程和反应阶段复杂且难以确定，而且车载工况恶劣、多变，作为隐性状态量的 SOC 精确值难以得到，常见的动力电池 SOC 估计方法大致可分为 4 类：基于表征参数的方法、电荷累计法、基于模型的方法和基于数据驱动的方法，如图 7-15 所示。

微信扫一扫，了解动力电池的电量管理（SOC 管理）

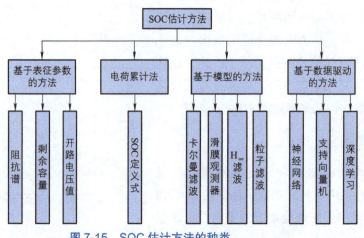

图 7-15 SOC 估计方法的种类

1）基于表征参数的方法。以开路电压法为例，该方法是一种通过测量动力电池在工作电流为零时的开路电压，来估算电池的 SOC 的方法。在实际应用中，OCV 法常利用工作电流为零时测量的电池电压，然后根据 SOC-OCV 曲线反推出电池的 SOC 值，三元锂电池的 SOC-OCV 曲线如图 7-16 所示。

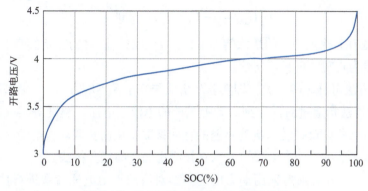

图 7-16　三元锂电池的 SOC-OCV 曲线

2）电荷累积法（Coulomb Counting Method，CCM）。CCM 也称为 CC 法，是一种通过预先知道上一时刻电池剩余电量状态，并对一段时间内动力电池充入和放出的电荷进行统计的方法，从而得到当前电池的荷电状态。若 t_1 时刻电荷量为 Q_{t_1}，t_2 时刻电池电荷量为 Q_{t_2}，则从 t_1 到 t_2 期间电池充入，放出的累计电荷为

$$Q_{t_1}^{t_2} = \int_{t_1}^{t_2} i(\tau) \mathrm{d}\tau \tag{7-1}$$

则有

$$Q_{t_2} = Q_{t_1} - Q_{t_1}^{t_2} \tag{7-2}$$

通过上式求得 Q_{t_2} 后，可以通过比例运算求得此时的 SOC 值。

3）基于模型的方法。该方法利用模型和状态估计算法完成动力电池的 SOC 估计，因此需要建立可靠的数学模型。该方法目前主要以等效电路为主，应用滤波算法和观测器，搭建基于模型的 SOC 估计算法。

4）基于数据驱动的方法。一种不依赖电池内部复杂的电化学机理，而是基于大量实验测试数据来建立外部特性参数与 SOC 之间映射关系的估算方法。该方法不需要深入了解电池内部复杂的化学反应机理，避免了复杂的数学建模过程，可直接通过数据自主学习映射关系。如果有足够多的高质量数据进行训练，能够很好地拟合电池的非线性特性，从而获得较高的 SOC 估计精度。但是该方法的缺点是数据需求大、计算量大、缺乏物理意义。

（2）SOH 评估

SOH 反映了电池的劣化程度和剩余寿命。电池在使用过程中会逐渐衰减，SOH 的评估可以帮助预测电池的寿命终点。一般来说，新动力电池的 SOH 被设定为 100%，对于纯电动汽车而言，可以认为当动力电池的容量只能达到初始容量的 80% 时即不再满足使用要

求。若为混合动力汽车，则采用2倍的初始内阻作为达到寿命终点的条件。SOH通常通过"容量衰减"和"直流内阻谱"来评估。容量衰减指电池的实际容量相对于其初始容量的减少量；直流内阻谱指电池内部阻抗的变化，较高的内阻可能意味着电池老化。

基于容量的电池健康状态 C_{loss} 表征为

$$C_{\text{loss}} = (1 - C_t / C_{\text{rated}}) \times 100\% \quad (7\text{-}3)$$

式中，C_t 为电池在某个时刻 t 的最大容量；C_{rated} 为电池出厂时的额定容量，百分比的数据使得这一指标更为直观，更具可比性。

SOH估计方法可分为两大类，即实验分析法与基于模型的方法，如图7-17所示。

1）实验分析法指通过对采集到的动力电池的电流、电压、温度等实验数据进行分析，相对直接地获取某些能反映动力电池衰退的特征参数，从而实现动力电池SOH的标定。根据所选动力电池参数的不同，它又可分为直接测量法与间接分析法。

2）基于模型的方法则需采用动力电池模型对所选动力电池参数进行估计，以实现动力电池SOH的标定。根据所选估计算法的不同，它又可分为自适应状态估计算法与基于数据驱动的方法。

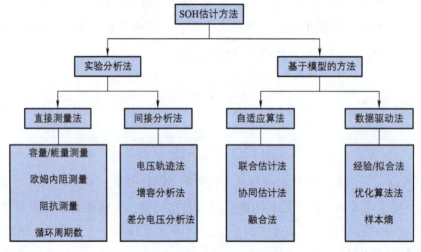

图7-17 SOH估计方法的种类

7.2.3 电池系统保护

电池安全保护是BMS最重要的功能之一，它主要通过状态监测和分析来预防和应对各种潜在的安全问题。

1. 过电流保护

当充放电电流超过电池的安全范围时，BMS会启动过流保护措施。电动汽车启动和加速时需要较大的电流，BMS必须根据不同电池的特性（如过载电流倍率和持续时间）来设置合适的过流保护策略。大多数的磷酸铁锂动力电池都支持短时间的过载放电，能在汽车起步、提速过程中提供较大的电流以满足动力性能的要求。但不同厂家、不同型号的动力电池所支持的过载电流倍率及过载持续时间都是不一致的。过流保护采取的措施可以包括限制电流或切断电流，防止电池因过流而过热或损坏。

2. 过充电、过放电保护

过充电会导致电池内部产生高压和高温，从而损坏电池；过放电则会导致电池电压过低，影响其寿命和安全性。BMS 会设定充放电的截止电压，当电压超出设定范围时，自动切断充电或放电回路以保护电池。

3. 过温保护

动力电池在高温条件下可能发生不受控的化学反应，严重时会引发安全事故，因此过温保护必不可少。由于温度的变化需要一个过程，温度控制往往也具有滞后性，因此温度保护往往要考虑一些"提前量"。BMS 监控环境温度、动力电池组温度及单体电池温度，及时采取措施如降载、停止充放电或警示驾驶人。当温度接近危险门限值时，提前采取防护措施是确保安全的关键。例如，若检测到环境温度或者电池箱温度过高，接近使电池损坏的门限值时，则应采取相应的保护措施；或者检测某个单体电池的温度突然快速上升，虽然还没有达到过温门限值，但仍应采取一定的措施保护系统安全。

7.3　车载储能系统

随着全球化石能源过度消耗和环境污染问题的日益加剧，以可再生能源大规模开发利用和新能源汽车快速发展为特征的新一轮能源革命蓬勃兴起。无论是以太阳能和风能为代表的可再生清洁能源的发电，还是以纯电动汽车为主的新能源汽车的行驶，均离不开储能装置进行能量转化、储存和使用。车载储能系统是车辆（尤其是混合动力和电动汽车）中用于存储和管理能量的系统，其主要目的是提高车辆的能源利用效率和续航能力。混合动力车载储能系统通常结合多种储能技术，如镍氢电池、锂离子动力电池、超级电容器和燃油，以优化车辆在不同工况下的能量分配和使用。

7.3.1　车载储能系统组成

车载储能系统是新能源汽车（如混合动力汽车和纯电动汽车）中用于存储和管理能量的关键系统，其主要组成包括动力电池组、超级电容器、能源管理系统和电力电子设备等[5]。

微信扫一扫，了解混合动力汽车能量管理系统

1. 电池组

作为主要的储能装置，电池组包括镍氢电池和锂离子动力电池。它们负责储存来自充电桩或发动机、发电机的电能，并在车辆行驶时释放电能。典型的动力电池组如镍氢电池和锂离子动力电池，镍氢电池主要用于混合动力汽车的

微信扫一扫，了解纯电动汽车能量管理系统

中低速行驶阶段，以及需要稳定、持续供电的场合；锂离子动力电池适用于电动汽车以及混合动力汽车的高速行驶和加速阶段，提供强劲的动力支持。

2. 超级电容器

超级电容器用于短时间内存储和释放大电流，主要在车辆启动、加速和制动能量回收时发挥作用，适用于需要快速响应和高功率输出的场景，如启动、加速和制动能量回收。一些公交车和电动货车使用超级电容器作为辅助储能装置，提高加速和减速性能。

3. 能源管理系统

能量管理系统控制和优化动力电池组、超级电容器的充放电过程，确保能量高效分配，延长电池寿命。该系统主要包括电池管理系统、控制器、传感器和能量管理算法等。

4. 电力电子设备

电力电子设备主要包括逆变器、DC/DC 变换器等，用于将储能装置的电能转换为车辆驱动电机所需的电能。

7.3.2 多种储能形式与特点

按功能不同，储能形式可以分为功率型储能和能量型储能，不同储能技术的优点和缺点对比见表 7-1。

表 7-1 不同储能技术的优点和缺点对比

储能技术分类	储能技术	优点	缺点
电化学储能	钠硫电池	高能量密度和功率密度	成本高，需要防护
电化学储能	锂离子电池	高能量密度和功率密度，转换效率高	成本高
电化学储能	铅酸电池	价格低	使用寿命短，能量密度低
电气储能	超导储能	使用寿命长，功率密度大	技术不成熟，成本高
电气储能	超级电容器	使用寿命长，功率密度大	能量密度低

1. 功率型储能

这类电源适合小电流长时间放电，功率密度不高。功率型应用对自身损耗大，严重的情况甚至会影响电源寿命。典型代表有铅酸电池、锂离子电池等，主要的功率型储能装置比较见表 7-2。

表 7-2 功率型储能装置主要参数比较

参数	锂离子电池	燃料电池	钠硫电池	铅酸电池
能量密度 /（W·h/h）	200 ~ 400	600	300 ~ 400	30 ~ 50
功率密度 /（W/L）	13000 ~ 100000	0.2 ~ 20	90 ~ 200	75 ~ 300
放电时间	min ~ h	s ~ 24h+	s ~ h	s ~ h
效率（%）	65 ~ 75	34 ~ 44	85	70 ~ 90
循环寿命 / 次	600 ~ 1200	$10^3 ~ 10^4$	4500	300 ~ 1000

2. 能量型储能

这类电源天生能够大电流放电，不过能量密度不高。如果要做功率类使用，那价格会异常昂贵而且重量、体积巨大。典型代表有超级电容器等。主要的能量型储能装置比较见表 7-3[13]。

表 7-3　能量型储能装置主要参数比较

参数	超级电容器	超导储能
日自放电率（%）	20～40	10～15
能量密度/（W·h/L）	2～30	0.2～6
比能量/（W·h/kg）	2.5～15	0.5～5
功率密度/（W/L）	40000～120000	1000～4000
比功率/（W/kg）	500～5000	500～2000
响应时间/ms	>10	>10
效率（%）	85～95	75～80
循环寿命/次	10^5～10^6	10^6

7.3.3　能量分配

在新能源汽车中，合理的能量管理和分配至关重要。EMS 通过实时监测车辆的行驶状态和储能装置的状态，动态调整能量的分配策略，确保车辆在不同工况下的最佳性能。表 7-4 展示了几种典型工况下的能量分配策略。

表 7-4　车载能量分配

工作状态	工作策略
启动和加速	超级电容器提供瞬时高功率输出，满足快速加速的需求。锂离子动力电池辅助提供额外的动力，确保平稳加速
中低速行驶	镍氢电池提供稳定的电能供应，适合持续的中低速行驶。锂离子动力电池在需要时辅助供应能量，尤其在较长的中速行驶阶段
高速行驶	锂离子动力电池作为主要能源提供高功率输出，支持高速行驶。燃油内燃机在需要时启动，提供额外的动力支持和延长续驶里程
制动能量回收	超级电容器吸收制动时的能量，快速储存并在需要时释放，提高能量利用效率；镍氢电池和锂离子动力电池进行能量回收存储，优化整车能量管理
长途行驶和持续高负荷	内燃机作为主要动力来源，提供持续稳定的动力输出。动力电池组（镍氢和锂离子动力电池）在必要时辅助，确保动力需求

通过合理分配和耦合各个储能装置的工作特点，混合动力车载储能系统能够在不同的驾驶工况下提供最佳的能量利用效率和驾驶体验。这不仅提高了车辆的整体性能和续驶里程，还实现了更高的能源利用效率和环保性能。

阅读·思考

随着全球石化能源的过度消耗和环境污染问题的日益加剧，以可再生能源大规模开发利用和新能源汽车快速发展为特征的新一轮能源革命蓬勃兴起。无论是以太阳能和风能为代表的可再生清洁能源的发电，还是以纯电动汽车为主的新能源汽车的行驶，均离不开储能装置进行能量转化、储存和使用。2023年8月26日，由中国科学院大气物理研究所、国家发展和改革委员会产业经济与技术经济研究所、中国科学院科技战略咨询研究院联合研究编撰的《电动汽车与分布式储能系统发展报告》白皮书在上海发布。该报告指出，电动汽车与分布式储能系统协同发展是实现城市能源消费转型的重要途径之一，基于小型标准电池充换电一体化的能源储存和应用模式可以加速汽车和城市新能源的发展。

——摘自：《电动汽车与分布式储能系统发展报告发布》—公众号：中国电力报

想一想1：国家政策对新能源汽车车载储能系统发展的影响

国家政策在推动车载储能系统发展中起到了哪些关键作用？还有哪些政策可以进一步促进车载储能系统的发展？

想一想2：车载储能系统技术面临的难题

如何应对电池成本高、充电基础设施不完善等挑战？

想一想3：未来新能源汽车的储能系统的发展

未来车载储能技术的发展方向是什么？

7.4 制动能量回收

制动能量回收是指在汽车减速过程中，通过能量转换装置将部分制动能量转换并储存为其他形式的能量，以便在车辆驱动时再次利用。在现有储能装置技术尚不够完善的情况下，再生制动技术的应用对于提高电动汽车的能量利用效率和解决续驶里程问题具有重要意义。

汽车行驶过程中应尽可能多地回收制动能量。理论上，通过单独使用再生制动可以回收每次制动产生的能量，但实际上由于多种条件的限制，再生制动力矩难以完全满足需求。为确保制动的稳定性，还需与原有的机械摩擦制动系统结合，形成混合制动机构。混合制动机构根据两者的作用方式可分为串联制动和并联制动两种模式[14]。

7.4.1 串联制动工作原理

串联制动的工作方式随着整车制动力的需求而变化，始终优先使用再生制动系统，并尽量让其最大限度地参与，其制动力分配图如图7-18所示。当需求的制动力较小时，仅靠再生制动系统即可满足整车制动需求，电动汽车的制动力由电机提供。当需求的制动力较大时，由于再生制动系统的制动力固定，因此无法满足整车的制动力需求，此时必须有机械制动系统参与，以提供不足的制动力。

串联制动系统一般是需要通过与网络防抱死

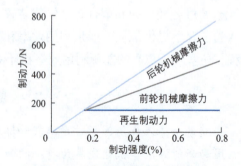

图7-18 串联制动制动力分配图

制动系统（Antilock Brake System，ABS）系统联合形成集成控制，它可以调整单个车轮的液压制动力，并能够最大限度地利用再生制动力与路面附着条件，其原理如图7-19所示。串联制动系统的工作原则决定了在再生制动力利用上比其他方式更为彻底，因此所能回收的能量相对比较高。同时，串联制动系统也有一定的局限性，即结构复杂、成本相对较高而且需要集成的控制系统。

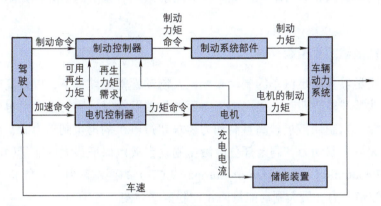

图7-19　串联制动控制原理图

7.4.2　并联制动工作原理

并联制动系统的特点是再生制动力和机械摩擦制动力之间的比例是一固定值，即整车制动力在二者之间始终按照固定比例进行分配且在参与工作的时间上具有同时性，其制动力分配图如图7-20所示。

并联制动与串联制动系统相比，再生制动系统利用方面不如串联方式充分，所能回收的能量也相对较少，其原理如图7-21所示。但并联制动系统也有其优点，只需要对原有传统机械制动系统稍加变动即可实现，因此结构相对比较简单、制造成本低。

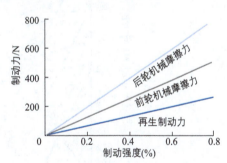

图7-20　并联制动制动力分配图

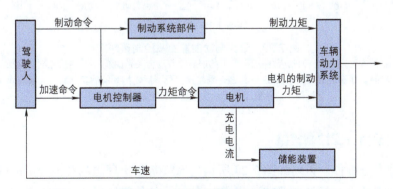

图7-21　并联制动控制原理图

7.4.3 制动能量回收策略

制动能量回收控制策略是制动能量回收技术的核心，策略在满足制动安全法规的要求下，解决前后轮上制动力的分配问题及电机制动力与机械制动力在驱动轴上的分配问题。一方面实现制动稳定性，另一方面改善再生制动控制效果，提高能量回收率。不同的控制策略对于制动能量的回收有着不同的效果，制动能量回收系统的研究都是基于控制策略的优化与拓展。

1. 最大制动能量回收控制策略

在制动力矩足够且满足汽车的制动安全以及制动性能的前提下，以最高能量回收率回收能量，当制动需求较小即制动强度小于路面的附着系数时，制动全部由再生制动完成且保证制动安全性；当制动需求较高且制动力需求超过电机的再生制动力时，再生制动完全工作以提供最大再生制动力，剩余部分由液压制动完成以保证最大的能量回收率。由于制动安全法规（Economic Commission of Europe，ECE）的要求限制，只能将上限按照ECE安全法规来分配制动力。最大制动能量回收控制策略如图7-22所示。

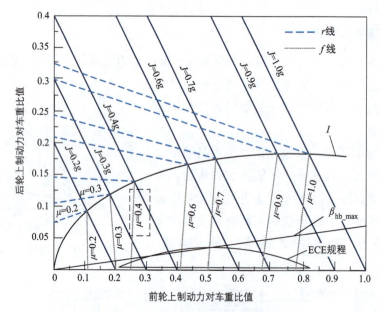

图7-22 最大制动能量回收控制策略图

J—附着系数 μ—在各种J值路面条件下的前后轮制动力关系曲线 I—前后轮同时抱死前、后轮制动器制动力的关系曲线 r组线—前轮没抱死、后轮抱死的后轮制动力关系曲线 f组线—前轮抱死、后轮没抱死的后轮制动力关系曲线

2. 理想制动力分配控制策略

理想制动力分配控制策略如图7-23所示，该策略基于理想制动力分配曲线，优先考虑制动安全性的制动力分配控制策略；以安全为主，在合理分配制动力的条件下尽可能提高

回收能量。在低制动力需求时，由电机的再生制动单独提供制动力，制动需求逐渐提高后，再生制动无法满足制动需求，再生制动和液压制动共同工作[15]。

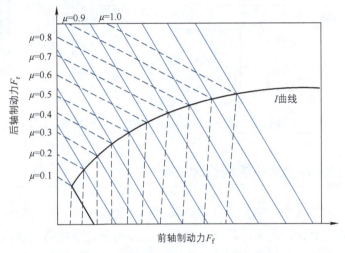

图 7-23　理想制动力分配控制策略图

3. 基于模糊控制的再生制动力控制策略

模糊逻辑控制是一种以经验为基础并将其转化为定性模糊的控制规则，其定义为"以模糊集合为理论、用模糊语言变量及模糊推理为基础的一类控制方法"。由于优秀的适应性、容错性以及鲁棒性，该方法较为适合作为新能源汽车的制动控制策略建模。基于模糊控制的再生制动力控制策略如图 7-24 所示[16]。

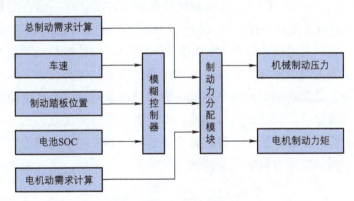

图 7-24　基于模糊控制的再生制动力控制策略

4. 基于神经网络的再生制动控制策略

基于神经网络的再生制动控制策略如图 7-25 所示。该策略对于采用多层感知器人工神经网络（Multilayer Perceptron-artificial Neural Network，MLP-ANN）的新能源汽车，根据前桥制动力分配曲线，采用 4 层前馈人工神经网络计算后桥再生制动力和机械制动力分配，可以提供具有各种行驶中回收能量时充电状态下再生和机械制动力的知识的训练数据表。

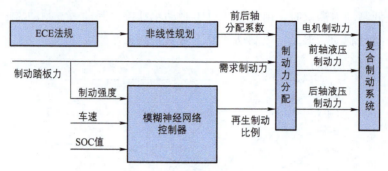

图 7-25 基于神经网络的再生制动控制策略

7.5 混合储能系统的智能化能量管理策略

在电动汽车实时运行中，能量管理策略对混合储能系统的功率分配起到至关重要的作用。能量管理策略需要在满足电动汽车负载需求的前提下，以提高电动汽车性能、减少锂电池寿命退化同时提高运行效率为目标，合理分配混合储能系统两个能量源所承担的负载功率[10]。

7.5.1 混合储能系统的功能与特点

常见的储能技术包括能量型的锂离子电池和功率型的超级电容器等，各储能技术参数、优势特点、适合场景各不相同。混合储能形式多样，多为两种或两种以上不同性能特点的储能技术组合，可简单分为：不同类型储能的混合，比如超级电容器 + 磷酸铁锂；同类型储能技术的混合，比如 1C+0.25C 磷酸铁锂电池等。混合储能结合能量型储能的经济性和功率型储能充放电速度快特性，能大幅提升储能系统的整体性能和经济性[17]。

混合储能技术是目前电力系统储能领域的研究重点，与传统单一储能技术相比，混合储能技术结合了多种不同储能方式，综合利用了多种技术的优势，弥补了单一储能技术的缺陷，同时也克服了储能系统运行效率偏低、成本偏高等问题，是解决分布式电源输出功率间歇性问题的有效途径。同时，混合储能技术更为灵活与智能化，通过计算机、物联网等新技术手段，能够对储能系统中各种储能设备进行协调控制，使得整个系统的储能效率得到最大化提升，同时实现对供电网络的动态调节和优化调度，增强微电网的运行稳定性及供电质量。

7.5.2 基于规则的能量管理策略

基于规则的能量管理策略主要包括确定性规则的能量管理策略、基于分频的能量管理策略和模糊逻辑控制的能量管理策略等[17]。

1. 基于确定性规则的控制策略

基于确定性规则的控制策略通常根据专家经验设计，具有简单可靠的优点，但难以根据负载变化实现最优化控制。典型的基于确定性规则的控制策略包括恒温器控制策略、功率跟随策略以及逻辑门限策略。

(1) 串联恒温型控制策略

利用发电机和发动机产生的电能驱动汽车。根据蓄电池组 SOC 值的工作范围，控制发动机的起停工况。输入为蓄电池 SOC 状态，输出为发动机需求转速和转矩。

1) 当蓄电池 SOC 低于最低值时，发动机起动，驱动发电机给电池充电。
2) 当蓄电池 SOC 高于最高值时，发动机关闭。
3) 当蓄电池 SOC 处于最高和最低值之间时，发动机持续工作直到 SOC 达到最高值。
4) 发动机工作在最佳工作点，输出燃油消耗最低的转速和转矩。

(2) 恒温器控制策略的基本思路

当功率型储能装置的荷电状态达到阈值上限时，能量型储能装置停止输出；当功率型储能装置的荷电状态低于阈值下限时，能量型储能装置按照预定功率输出，使功率型储能装置的荷电状态在阈值下限和上限之间波动。

逻辑门限策略以固定的阈值为门限，根据预先设定的规则进行控制。其门限值主要根据工程经验或专家知识得出。如图 7-26 所示，当电机在驱动模式下工作时，能量型储能装置提供主要的功率需求，超出阈值的部分由功率型储能装置提供；当电机在制动模式下工作时，能量型储能装置吸收主要功率，超出阈值的部分由功率型储能装置吸收。

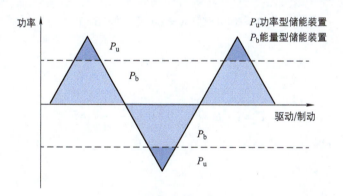

图 7-26 逻辑门限控制策略示意图

2. 基于模糊规则的控制策略

基于模糊规则的策略不依赖于精确的系统模型，因此特别适用于车辆等非线性、不确定性的时变系统。基于模糊规则的策略包括模糊逻辑策略、自适应模糊逻辑策略和多目标模糊融合策略等。模糊逻辑控制是基于丰富操作经验总结出来的、用自然语言表达的控制策略，具有不依赖精确模型、对系统参数不敏感、鲁棒性强的特点。模糊逻辑控制主要包含模糊化、模糊推理和解模糊 3 部分。首先将模糊逻辑控制器输入的精确值进行模糊化，再将模糊化的输入通过模糊推理得出模糊结果，最后模糊结果经过解模糊转化为准确的模糊逻辑输出。

基于模糊逻辑的混合动力汽车能量管理策略可以按照下面的步骤设计。

1）建立模糊规则。

2）根据模糊 IF-THEN 规则，用公式表示模糊关系。

3）用模糊关系进行推理。

4）用示意图表示基于模糊逻辑的混合动力汽车能量管理策略。

示例：假设混合动力汽车的状态：电池荷电状态 = 56%（最小 SOC_{min} = 40%，最大 SOC_{min} = 60%）；汽车速度 = 30km/h；汽车需求功率 = 25kW。

根据前面能量管理策略的模糊规则，确定对电动机和内燃机的需求功率。

求解：对应给定的汽车状态，有模糊集合 A、B 和 C（解模糊过程中"。"表示模糊规则运算的一个符号，表示两个矩阵作交集取小集；R 为一种运算规则，表示模糊关系）。

$$\begin{cases} A = \dfrac{2}{5}x_2 + \dfrac{3}{5}x_3 \\ B = \dfrac{2}{5}y_1 + \dfrac{3}{5}x_2 \\ C = \dfrac{13}{14}z_4 + \dfrac{1}{14}z_5 \end{cases} \quad (7\text{-}4)$$

$$D = B \circ A \circ C \circ R = B \circ A \circ T' = B \circ T'' \quad (7\text{-}5)$$

$$T'' = A \circ T' \quad (7\text{-}6)$$

$$T' = C \circ R = \begin{bmatrix} 0 & 0 & 0 & \dfrac{13}{14} & \dfrac{1}{14} \end{bmatrix} \circ R \quad (7\text{-}7)$$

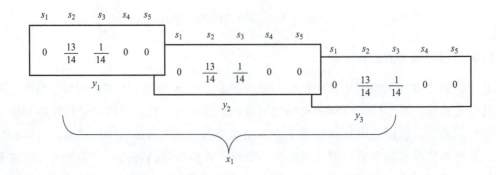

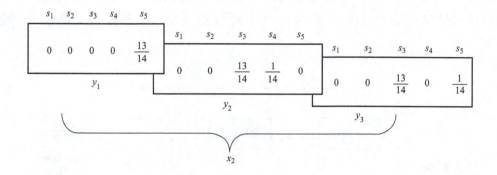

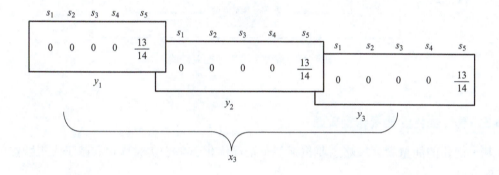

$$T'' = A \circ T' = \begin{bmatrix} 0 & \dfrac{2}{5} & \dfrac{3}{5} \end{bmatrix} \circ T' = \begin{bmatrix} 0 & 0 & 0 & 0 & \dfrac{3}{5} \\ 0 & 0 & \dfrac{2}{5} & \dfrac{1}{14} & \dfrac{3}{5} \\ 0 & 0 & \dfrac{2}{5} & 0 & \dfrac{3}{5} \end{bmatrix} \quad (7\text{-}8)$$

模糊推理 D 的输出为

$$D = B \circ T'' = \begin{bmatrix} \dfrac{2}{3} & \dfrac{1}{3} & 0 \end{bmatrix} \begin{bmatrix} 0 & 0 & 0 & 0 & \dfrac{3}{5} \\ 0 & 0 & \dfrac{2}{5} & \dfrac{1}{14} & \dfrac{3}{5} \\ 0 & 0 & \dfrac{2}{5} & 0 & \dfrac{3}{5} \end{bmatrix} = \begin{bmatrix} 0 & 0 & \dfrac{1}{3} & \dfrac{1}{14} & \dfrac{3}{5} \end{bmatrix} \quad (7\text{-}9)$$

通过去模糊化，单击需求功率的定义值为18.626kW；所以内燃机需求功率为25kW-18.626kW = 6.374kW，从而满足汽车的行驶要求。模糊逻辑策略控制结构如图 7-27 所示。

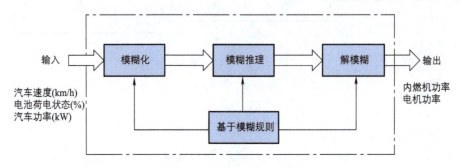

图 7-27 模糊逻辑策略控制结构

7.5.3 基于优化的能量管理策略

基于优化的能量管理策略主要包括基于全局优化、基于实时优化和基于人工智能的能量管理策略。

1. 基于全局优化的能量管理策略

对于特定的道路工况，采用最优控制理论，对多个储能装置的功率输出进行全局最优化和动态分配，以实现系统整体的全局最优。通常以充放电效率最优、寿命影响最小以及动力电池 SOC 变化最小为目标函数，预先判断储能装置最后要达到的目标状态，然后根据车辆当前的运行状态，运用某种优化方法寻找从当前状态过渡到目标状态的最佳路径。该最佳路径也就是决定储能装置功率分配的函数。

除了目标函数外，还要设置约束条件，例如以能量储存系统为约束设置最大充电功率、最大放电功率；以电机系统为约束设置最大推进功率、最大再生功率。应用于混合储能系统的全局优化方法有动态规划算法、模拟退火算法、进化算法等。

2. 基于实时优化的能量管理策略

实时优化策略用瞬时成本函数代替全局成本函数，求解不同储能元件之间的最优功率分配，克服了依赖工况信息、计算复杂度高等问题。实时优化策略包括模型预测控制、神经网络控制、进化算法等。

模型预测控制能够根据当前状态，结合系统模型预测未来事件，从而及时更新控制策略。在锂离子动力电池组 SOC 和放电电流的约束下，以混合储能系统母线电压偏差值和总体损耗率为优化目标，以电池电流为控制变量的模型预测控制混合储能系统控制策略基本思路如图 7-28 所示。

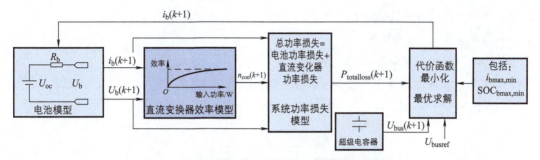

图 7-28　模型预测控制混合储能系统控制策略基本思路

在油电混合的混合动力汽车能量流管理中，常通过基于成本函数优化策略对电动机和发动机的输出功率进行分配。用于优化混合动力汽车的能量流动的成本函数定义为

$$J = C_{fuel}P_{eng} + (C_{electric} + C_{bat\_life} + C_{ene\_bal})P_{motor} \quad (7\text{-}10)$$

式中，C_{fuel} 是实际燃油消耗的权重系数，单位为 g/(kW·T_{eng})；$C_{electric}$ 是电量消耗的权重系数；C_{bat_life} 是电池寿命损耗的权重系数；C_{ene_bal} 是荷电状态远离理想荷电状态时所需要消耗能量的权重系数。

式（7-10）中满足如下条件：

$$P_{demand\_veh} = P_{engine} + P_{motor} \quad (7\text{-}11)$$

式中，P_{demand_veh} 是汽车的需求功率；P_{engie} 是发动机输出功率；P_{motor} 是电动机输出功率。

驱动时，$P_{demand\_veh} \geq 0$，有

$$P_{motor} \leq \min(|P_{max\_dis\_bat}|, P_{max\_prop\_mot}) \quad (7\text{-}12)$$

$$P_{eng} \leq P_{max\_eng} \quad (7\text{-}13)$$

再生制动时，$P_{demand\_veh} \leq 0$，有：

$$P_{motor} > \max(-P_{max\_chg\_bat}, P_{max\_regen\_mot}) \quad (7\text{-}14)$$

$$P_{eng} \leq P_{max\_eng} \quad (7\text{-}15)$$

式中，$P_{max\_chg\_bat}$ 是下个控制阶段中储能系统允许的最大充电功率；$P_{max\_dis\_bat}$ 是下个控制阶段中储能系统允许的最大放电功率；$P_{max\_prop\_bat}$ 是下个控制阶段中限制的电动机最大推进功率；$P_{max\_regen\_bat}$ 是下个控制阶段中限制的电动机最大再生功率。采用黄金分割法对成本函数进行局部优化，得出最优的电动机和发动机功率分配。具体策略如图 7-29 所示。

优化案例中结构、参数和工作条件如下。

1）混合结构：并联。

2）控制时间间隔：10ms。

3）发动机：最大功率 50kW，效率 map 图。

4）驱动电机：额定功率 30kW。

5)汽车工作速度:110km/h。

6)汽车需求功率:40kW。

7)电池系统设定的荷电状态:60%。

8)电池系统荷电状态工作区间:40%~60%。

9)电池寿命:早期。

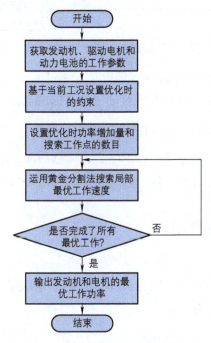

图 7-29 实时功率分配优化算法

给定工作条件下功率的最佳组合是发动机输出 25kW,驱动电机输出 15kW,经过计算,得到每 10ms 的计算结果见表 7-5。

表 7-5 每 10ms 的计算结果

序号	总消耗 g/(kW·10g)	发动机功率/W	电动机功率/W	汽车需求功率/W	发动机速度/(r/min)	电动机消耗	发动机消耗	电池寿命消耗
1	0.0623	50022	−10022	40000	2000	−0.004377	0.06675	0.001
2	0.0611	24444	15556	40000	2000	0.014077	0.044572	0.0001
3	0.0593	29986	10014	40000	2000	0.0087503	0.050573	0.001
4	0.0592	24882	15118	40000	2000	0.013563	0.045047	0.0001
5	0.0803	64972	−14972	50000	2500	−0.006092	0.086316	0.001

3. 基于人工智能的能量管理策略

随着人工智能(Artificial Intelligence,AI)技术的发展,基于学习的控制算法也开始应用在混合动力汽车能量管理策略中。基于学习的控制算法主要分为离线学习和在线学习两种。

神经网络是最常见的离线学习算法,可以有效应用于混合动力汽车(Hybrid Electric Vehicle,HEV)能量管理策略中,但预先训练的模型不能实现在线学习,因此其在不同车辆和行驶工况下的适应性受到限制。

以强化学习(Reinforcement Learning,RL)为主的在线学习控制策略也在 HEV 的能量管理策略中得到了研究和应用,例如使用时序差分学习(Temporal Difference Learning,TD-Learning)算法以车辆需求功率、车速及电池电量为状态变量对电池输出电流进行优化,相比于基于规则的控制策略大幅降低了燃油消耗率。强化学习算法是一种数据驱动的学习算法,无需依赖专家经验提前设定规则,仅依靠自身收集的数据便可以实现迭代优化。同时,强化学习算法的核心思想来自动态规划算法,在训练过程完成收敛之后,可以达到接近全局最优的控制效果,具有良好的优化性能。

习题

一、选择题

1. 燃料电池的工作原理不包括( )步骤。
   A. 氢气和氧气输送到反应区域　　B. 氢气和氧气的燃烧
   C. 氢离子和电子的传导　　　　　D. 生成物水的去除

2. 电池管理系统(BMS)的功能不包括( )。
   A. 提高电芯一致性　B. 提供电池保护　C. 实现数据传输　D. 增加系统成本

3. 超级电容器的循环寿命范围是( )次。
   A. 300~1000　　B. 10^5~10^6　　C. 600~1200　　D. >10000

4. 混合储能系统的主要优势是( )。
   A. 价格低　　　　　　　　　　　B. 单一储能技术的高效利用
   C. 综合性能和经济性提升　　　　D. 储能装置的单一性

5. 过温保护主要考虑的因素不包括( )。
   A. 环境温度　　　B. 电池组温度　　C. 单体电池温度　　D. 电池电量

6. ( )储能技术的响应时间最短。
   A. 锂离子电池　　B. 飞轮储能　　　C. 超级电容器　　　D. 超导储能

二、填空题

1. 燃料电池通过_____将化学能直接转换为电能。
2. 电池管理系统(BMS)的设计原则是_____。
3. 锂离子电池的能量密度范围是_____。
4. 超级电容器的日自放电率范围是_____。
5. 飞轮储能的比能量范围是_____。

6. 功率型储能适合_____放电。

7. 电池管理系统中的从控模块（BMU）用于反馈电芯的_____和_____信息。

三、问答题

1. 燃料电池的工作原理包括哪些步骤？
2. 解释混合储能系统的优势及其组成形式。
3. 为什么热管理对储能系统至关重要？
4. 过温保护的主要机制是什么？
5. 能量型储能和功率型储能有什么区别？

四、综合实践题

1. 设计并分析一种新能源汽车的车载储能系统和能量管理策略

（1）目的

通过该作业，学生将综合运用所学的车用储能系统和能量管理技术知识，设计一种新能源汽车的车载储能系统，并制定相应的能量管理策略。该作业旨在提升学生的实际工程设计能力和团队协作能力。

背景说明：新能源汽车能源管理系统是在满足汽车基本技术性能（如动力性、驾驶平稳性等）和成本等要求的前提下，根据各部件的特性及汽车的运行工况，实现能量在能源转换装置（如发动机、驱动电机、储能装置、功率变换模块、动力传递装置、发电机和燃料电池等）之间按最佳路线流动，使整车的能源利用效率达到最高。

（2）要求

1) 实践内容包括车载储能系统设计、电池管理系统设计、能量管理系统设计。

车载储能系统设计：选择电池类型（如磷酸铁锂电池、三元锂电池等），并说明选择的理由；设计电池组结构，包括电池组的容量、功率和安装位置等；超级电容器应用：设计超级电容器在储能系统中的应用，说明其在起动、加速和制动能量回收中的作用。

电池管理系统设计：设计 BMS 的主要功能和结构；说明 BMS 如何提高系统的安全性和效率。

能量管理系统设计：设计 EMS 的基本框架和主要功能；说明 EMS 如何在不同工况下优化能量分配，确保系统的高效运行。

2) 3 人或 4 人为一小组，要求分工明确、协作完成。

3) 学生个人需要根据实践项目的要求撰写实践报告。报告应包括项目目的、背景、实验过程、数据分析、优化方法和结果对比等内容。报告要求条理清晰、数据准确、分析深入。

2. 电动汽车制动能量回收系统的拆解与测试

（1）目的

本实践项目旨在通过实车安装拆解与实验，深入研究电动汽车制动能量回收系统的原理与应用，利用实际数据评估其效能，并提出优化建议。通过此项目，学生将掌握电动汽车制动能量回收系统的基本原理、安装拆解技能，以及运用科学方法分析和解决问题的能力，为提升电动汽车能效和续驶里程提供实践依据。

(2) 背景说明

随着环保理念的普及，电动汽车已成为未来交通发展的重要方向。然而，电动汽车的续驶里程仍是消费者关注的重点。制动能量回收系统作为提高电动汽车能效的关键技术之一，能够在车辆制动时将机械能转化为电能并储存起来，从而延长电动汽车的续驶里程。因此，对电动汽车制动能量回收系统的研究与实践具有重要意义。

(3) 实践内容

1) 理论学习：学生首先通过文献调研和理论学习，掌握电动汽车制动能量回收系统的基本原理、组成部件及工作原理。

2) 实车安装拆解：学生分组进行，每组 4 人或 5 人，明确分工，确保实践项目顺利进行。选取一辆电动汽车作为实验对象，进行制动能量回收系统的安装拆解，详细记录拆解过程中的关键数据，包括安装位置、连接方式、部件组成等。观察并记录制动能量回收系统在实际车辆中的布局和运行状态，为后续评估提供数据支持。

3) 制动能量回收系统效能测试：设计实验方案，对电动汽车制动能量回收系统的效能进行测试，记录不同制动工况下的能量回收效率、电池充电量等数据，并分析测试数据，评估系统的性能表现。

4) 提出优化建议与撰写实践报告：根据实验数据和评估结果，提出针对电动汽车制动能量回收系统的优化建议，如改进部件设计、优化控制策略等。撰写实践报告，包括实践目的、背景、过程、结果分析、优化建议等内容，报告要求条理清晰、数据准确、分析深入。

3. 电动汽车制动能量回收系统的优化设计

(1) 目的

通过本次实践，学生将掌握电动汽车制动能量回收系统的设计与优化方法，提升在能量管理和系统控制方面的综合应用能力。

(2) 背景说明

制动能量回收系统在电动汽车中扮演着重要角色，通过将制动过程中产生的能量回收并存储在电池中，提高车辆的能效和续驶里程。然而，现有的制动能量回收系统在能量回收效率、驾驶体验和系统稳定性方面仍有优化空间。探索如何设计并优化制动能量回收系统，使其在不同驾驶条件下均能达到最佳性能，成为当前电动汽车研发的重点。

(3) 实践内容

1) 系统建模：建立一个电动汽车的制动能量回收系统模型，模拟车辆在不同驾驶条件下的制动过程，分析能量回收效率。

2) 控制策略设计：设计一种优化的制动力分配控制策略，确保在最大化能量回收的同时，维持良好的驾驶体验和车辆稳定性。

3) 仿真分析：利用仿真软件，对所设计的控制策略进行模拟测试，比较其与传统制动能量回收系统的效率和稳定性差异。

4）优化建议：基于仿真结果，提出进一步提升能量回收效率和系统响应速度的优化建议。

5）实验报告：每组 2～3 人，撰写一份实验报告，详细描述制动能量回收系统的设计、仿真分析过程、结果讨论以及优化建议。

参 考 文 献

[1] 姜顺明. 新能源汽车基础 [M]. 北京：北京大学出版社，2015.

[2] 孙克宁，张乃庆，王振华，等. 锂二次电池原理、关键材料及应用 [M]. 北京：化学工业出版社，2022.

[3] 贺林，石琴. 动力电池 [M]. 北京：机械工业出版社，2021.

[4] 冯振华，邱祥云，张涛，等. 全固态锂电池热安全性研究进展 [J]. 精细化工，2024，41（5）：960-970.

[5] 余勇，年珩. 电池储能系统集成技术与应用 [M]. 北京：机械工业出版社，2021.

[6] 肖曦，田培根，于璐，等. 动力电池梯次利用储能系统电热安全研究现状及展望 [J]. 电气工程学报，2022，17（1）：206-224.

[7] 王士博，孔令国，蔡国伟，等. 电力系统氢储能关键应用技术现状、挑战及展望 [J]. 中国电机工程学报，2023，43（17）：6660-6681.

[8] 许铀，魏亮亮，刘鲁新，等. 电池管理系统（BMS）设计与制造技术 [M]. 北京：机械工业出版社，2023.

[9] 王顺利，于春梅，毕效辉，等. 新能源技术与电源管理 [M]. 北京：机械工业出版社，2019.

[10] 谭晓军. 电动汽车智能电池管理系统技术 [M]. 北京：机械工业出版社，2020.

[11] 常凌燕. 新能源汽车动力电池管理技术 [M]. 北京：化学工业出版社，2023.

[12] 侯书增，伍志明，程雪，等. 基于模型的动力电池 SOC 估计方法研究进展 [J]. 电源技术，2024，48（1）：38-44.

[13] 张晓虎，张熊，张克良. 储能技术在轨道交通再生制动能量回收的应用 [J]. 中国电机工程学报，2023，18（2）：210-220.

[14] 常九健，张煜帆. 基于 EMB 的纯电动汽车制动能量回收优化控制策略研究 [J]. 汽车工程，2022，44（1）：64-72.

[15] 苏楠，宋峰伟，王鹏. 电动汽车制动力的分配分析及优化 [J]. 汽车实用技术，2020，45（17）：8-10.

[16] 屈滨，韩涛，张怡，等. 基于模糊控制的纯电动汽车再生能量回收技术 [J]. 控制工程，2023.

[17] 乔亮波，张晓虎，孙现众，等. 电池 – 超级电容器混合储能系统研究进展 [J]. 储能科学与技术，2022，11（1）：98-106.

[18] 武旭东，王靖岳，薛春伟，等. 混合动力汽车电池寿命预测及能量控制管理策略 [J]. 科技导报，2024，42（2）：79-89.

[19] 严锐浩，许亮. 基于模糊控制优化小波分解的 FCHEV 能量管理策略 [J]. 电源学报，2024（9）：1-12.